KB151723

중세 여성철학자 트리오

이 저서는 2017년 정부(교육부)의 재원으로
한국연구재단의 지원을 받아 수행된 연구임(NRF-2017S1A6A4A01020516).

This work was supported by the National Research Foundation of Korea Grant funded by the Korean Government(NRF-2017S1A6A4A01020516).

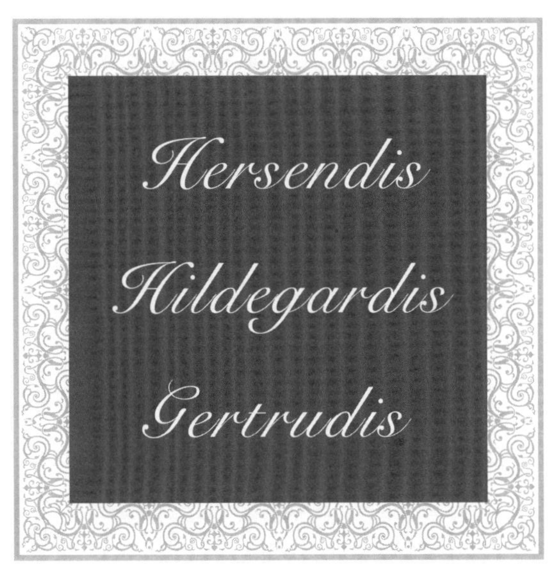

중세 여성철학자 트리오

신창석 지음

일조각

{ 일러두기 }

- 성서 인용은 『공동번역 성서』, 개정판[가톨릭용](대한성서공회, 1999년)을 따랐으며, 구약 및 신약의 복음과 서간은 문장 부호를 생략하고 제목, 장, 절로 표기하였다.
- 그리스어 주요 단어는 가능하면 알파벳으로 전용하여 병기하였다.
- 라틴어 단어의 한글 발음은 널리 사용되는 방식을 우선으로 삼고, 나머지는 대학 라틴어 발음법을 따랐다.
- 중세의 인명과 지명은 라틴어식을 원칙으로 하되, 한국에서 독일어, 영어, 프랑스어, 이탈리아어 등으로 널리 사용되고 있는 경우에는 한글 표기 방식을 따랐다.
- 중세의 고유명사는 처음 나올 때 가능하면 라틴어를 병기하였다.
- 중세의 인명과 주요 인명은 처음 나올 때 생몰 연도를 표시하였다.
- 라틴어 원문의 번역이나 본문에서 독자의 이해를 돕기 위해 저자가 첨가한 내용은 [ ] 안에 넣었다.
- 각주에 인용한 원전 및 참고문헌은 각 장의 말미에 모아 두었다.
- 제3장에서 폭넓게 인용되는 엘로이즈와 아벨라르의 서한은 제3장 말미의 인용표에 정리해 두었다.
- 서양 참고문헌의 책명은 이탤릭으로 표기하였다.

머리말

진정한 여성주의는 휴머니즘이다. 그렇다면 휴머니즘이란 무엇인가? 휴머니즘은 인간으로서 인간답게 살기 위한 실존 유형을 추구한다. 휴머니즘은 다양한 인간학적 근거에 따라 여러 관점으로 전개되었다. 휴머니즘은 항상 인간이란 무엇인가를 물어보고 충분한 대답을 희망한다. 인간에 대한 다양한 대답에 따라 휴머니즘의 방향과 지평도 달라진다. 근세로 접어들면서 인본주의자들이 추구한 인간중심주의만이 휴머니즘은 아니다. 오히려 인본주의는 굳이 구분한다면 남성들을 중심으로 한 문예부흥의 일환이었다. 근세 인본주의 이전에도 휴머니즘은 존재했다. 특히 중세의 여성철학자들도 그리스도교적 시대 분위기 속에서 나름대로의 고유한 휴머니즘을 구가했다.

서양 중세는 13세기에 들어서면서 머나먼 동양으로부터 말발굽 소리를 울리며 달려온 칭기즈칸의 진격을 맞이했다. 지도에도 없던 머나먼 아시아로부터 시작된 몽골 기마민족의 진격은 온 유럽을 뒤집을 것 같았다. 그전부터 서양 중세 그리스도교는 오랫동안 자신들이 동방이라고 부르던 아라비아 세계의 침략을 받고 있었다. 이제 그리스도교는 그들이 알고 있던 동방 그 너머의 동양이라는 드넓은 세계를 처음으로 체감하는 동시에 자신들이 세계 속에서 작은 종교요, 좁은 영토요, 무력한 집단에 지나지 않는다는 사실을 실감했다. 이렇게 중세의 위기는 시작되었다.

물론 중세 유럽에 들이닥친 위기는 대외적인 것만이 아니었다. 13세기의 그리스도교는 정치적으로도 근본부터 흔들리고 있었다. 그리스도교는 유럽을 섭렵한 유일 종교라는 칭호를 포기해야 하는 상황에 빠지기도 했다. 일국의 왕은 초국가적이던 황제를 상대로 승리를 했다. 이와 더불어 잔인하기 짝이 없는 종교전쟁이 유럽의 그리스도교 문화권 내에서 발발했다. 수백 년 동안 계속될 동방과의 십자군전쟁이 11세기부터 진행되고 있었지만, 유럽 본토의 프랑스, 이탈리아, 독일 지역에서도 수십 년에 걸친 전쟁이 시작되었다.

누구나 위기가 도래하고 있다는 것을 알고 있었다. 서양 중세가 받은 충격은 종교, 정치, 문화, 영토에 대한 한계를 자각하는 계기가 되었다. 서양은 보다 넓고 강력한 세계와 처음으로 직면했으며, 전례가 없는 위기에 창조적으로 대처해야 하는 절박함을 느꼈다. 서양 중세는 이러한 위기를 극복하려는 계속된 시도 속에서 가장 서양다운 서양을 구상했으며, 드디어 중세 황금기를 형성하는 기회를 맞이했다.

13세기의 그리스도교는 자신들의 고유한 종교체계와 교리문제에서 벗어나 이슬람교와 불교를 상대로 논쟁을 벌여야 했다. 서양 중세는 고대적 그리스도교의 미몽에서 깨어나 새로운 세계를 실감하게 되었지만, 다른 한편 서양 밖에서 제기된 도전을 받으면서 역설적으로 세계를 향한 선교를 꿈꾸게 되었다.

아라비아 문화권은 이미 고대 그리스 문화를 수용하여 정치와 군사뿐만 아니라 철학과 과학을 통해 유럽에 잠입하고 있었다. 특히 아라비아의 철학과 과학, 수학은 아라비아어에서 라틴어로 번역되어 그리스도교 문화와 학문의 핵심으로 성장하던 파리대학과 볼로냐대학에서 싹트고 있었다. 고대 그리스 문화란 중세 대학의 근간이 된 아리스토텔레스의 철학을 말한다. 아리스토텔레스철학은 처음에는 서양 중세에 새롭고 혁명적이며 생소할 뿐만 아니라 이단으로 보였다. 이에 그리스도교는 아리스토텔레스 철학을 금지시킨 반면에, 중세 대학은 그야말로 '새로운 학문'으로 수용하기에 바빴다.

중세의 대학에 자리를 잡은 아리스토텔레스철학은 세속적이고 현실적 지식을 전파하고 그리스도교의 개혁을 소화하면서 유럽의 학문과 종교, 그리스 고전과 성서, 이성과 신앙의 조화를 실현해 나갔다. 조화의 시대, 이것이 중세 황금시대를 규정하는 표현이다. 중세 황금기는 대학을 뿌리로 스콜라철학을 꽃피운 것이다. 스콜라철학은 구체적으로 캔터베리의 안셀무스, 페트루스 아벨라르, 알베르투스 마그누스, 토마스 아퀴나스, 보나벤투라, 마이스터 에크하르트로 이어지는 철학과 대학의 선구자들을 중심으로 전개되었다.

그러나 남성이 인류의 전부가 아니듯이, 여기까지가 중세의 전부는 아니었다. 서양 중세의 위기를 극복하려는 또 하나의 부드러운 움직임이 있었으니, 그것은 위기의 어두운 하늘에 혜성처럼 등장한 여성철학자들이었다. 그들은 인간의 가장 인간다운 지평에 집중하고 있었다. 중세 여성철학자들은 인간의 영성적 지평을 바라보며, 나름대로 신비로운 길을 개척하기 시작했다.

철학은 위기나 권태에 빠지면 곧장 고전으로 돌아가려는 회귀본능을 발휘했다. 철학이 탄생한 그곳으로, 그리스와 로마의 고전 그리고 성서로 돌아가려는 철학적 회귀본능을 발휘했다. 중세의 정신적 위기에 직면한 여성철학자들 역시 이러한 회귀본능을 유감없이 발휘했다.

12세기로 접어들면서 유럽에는 새로운 종교적 움직임이 감지되었다. 건설에 박차를 가하던 중세 유럽의 도시에는 성당의 설교대에 나설 수 없었던 일반 시민들이 남녀를 불문하고 광장의 설교자로 등장하기 시작했다. 설교자들은 타락한 성직자들과 관리들을 비판하는 가운데 성서에 나오는 '사도들의 삶vita apostolica'을 모범으로 설파했다. "초대 그리스도교의 삶으로 돌아가자!" 설교자들은 '가난한 그리스도'를 부르짖었으며, 이런 신앙운동은 12세기 그리스도교 청빈운동과 그리스도교 개혁의 계기가 되었다.

중세의 청빈운동은 그리스도교의 수도원 공동체로 발전했다. 새로운 공동체는 당시 시대상과는 달리 사회적 차별을 두지 않았다. 청빈운동에는 귀족과 하인, 부자와 빈자, 남성과 여성의 차별이 없었다. 여성들 가운데 독신녀와 유부녀뿐만 아니라 직업여성들까지도 이러한 신앙운동에 가담했다.

특히 여성들의 자의식은 분명하면서도 결단력이 있었다. 영성생활을 추구하던 기존의 수도회에도 들어갈 수 없었고 자유로운 학문을 구가하던 대학에도 초대받지 못한 여성들은, 그들 자신을 위한 새로운 '삶의 방식modus vivendi'을 모색했다. 바로 여기서 인류 역사에 유래가 없던 베긴네Begine라 불리는 여성들의 활동이 시작되었다. 베긴네들은 공인된 수도원 밖에서 신앙과 청빈을 추구하는 여성들의 자유로운 공동체를 만들었다. 유럽의 역사는 베긴네의 활동을 여성들의 황금시대를 개척한 최초의 여성해방운동으로 간주하기도 한다.

베긴네들은 가난한 그리스도를 받아들이고 그리스도를 따르는 새로운 길을 열어 나갔다. 그들은 특히 서서히 등장하던 중세 도시를 중심으로 사회복지를 위한 다양한 직업 활동과 구제 활동을 전개하기에 이르렀다. 도시에서 활동하던 의식 있는 여성들의 베긴네운동은 여성 수도회가 탄생하는 터전이 되었다. 비로소 여성들도 그들만의 수도원을 만들어 영성적 삶을 추구하게 되었으니, 이것이 바로 중세 여성철학자들의 산실이 되었다.

중세를 대표하는 여성철학자들은 대체로 부드러운 철학과 뜨거운 신앙을 통해 영성적 활동에 집중했다. 인간의 가장 인간다운 존재 지평을 영성으로 보았기 때문이다. 그들은 영성의 지평에서 신의 절대적 현실성을 직시하고자 했다. 그들은 예언적 현시visio와 내밀한 체험을 통해 여성신비주의라는 새로운 지평을 열어 나갔다. 그들은 남성뿐만 아니라 여성도 중세 철학에 숨결을 불어넣었다는 사실을 보여 주는 극소수의 고귀한 증인들이 되었다. 후대의 철학은 이를 '여성신비주의Frauenmystik'라 불렀다. 여성신비주의자들은 현대에 이르러 비로소 여성철학자라는 호칭을 얻었다. 이는 21세기 여성주의에 힘입은 바도 클 것이다.

엘로이즈Hersendis, 1095경~1164경는 귀족가문 출신으로, 대학이 처음으로 형성되고 있던 파리에서 고전교육을 받았다. 그녀는 샹파뉴 지역에 있던 시토수도회 계열의 파라클레 수녀원장을 지냈으며, 거기서 세상을 떠났다. 엘로이즈는 수도회에 입회하기 전 철학자이자 신학자이며 역시 수도자였던 아벨라르와의 비극적 연애로 더욱 유명하다. 수녀원장이 된 엘로이즈는 중세 여성 수도회의 생활방식과 영성생활을 위한 일련의 개혁을 시도했다. 20세기 이후 엘로이즈는 억압받던 여성의 권리를 신장하기 위해 노력한 중세 여성지도자로 더욱 주목받고 있다.

힐데가르트 폰 빙엔Hildegardis Bingensis, 1098~1179은 가장 위대한 여성철학자이자 여성신비가에 속한다. 그녀는 생전에 '독일 예언녀'로 알려졌으며, 그녀의 작품은 『라틴교부총서』에 "성녀 힐데가르트"라는 제목으로 수록되었다. 21세기에 와서야 비로소 교황 베네딕트 16세는 힐데가르트를 성인 명부에 올리면서 '교회의 보편적 박사'로 추대했다. 힐데가르트는 음악가

일 뿐만 아니라 의사, 자연치료사, 의학자, 식물학자, 동물학자로서 자연과학 분야에서도 괄목할 만한 업적을 이루었으며, 특히 독일철학사에 여성철학자로서 인상적 발자취를 남겼다.

헬프타의 제르트루다Gertrud von Helfta, 1256~1302는 중세의 위대한 여성신비가이자 여성철학자이다. 그녀는 독일 여성신비주의의 산실인 헬프타수녀원을 대표한다. 그녀의 영성은 예수성심에 대한 강렬한 사랑의 체험과 헌신에 기초한다. 제르트루다는 성 베네딕트와 성 베르나르두스의 영성을 수련했으며, 라틴어를 위시하여 음악, 문학, 문법학, 예술 등에 능통했다. 그녀는 생의 중반이던 1281년 1월 27일 그리스도 발현의 신비 체험을 했으며, 이후로는 중병에 시달리면서도 삶이 끝날 때까지 신비적 내적 상태로 일관된 영성생활을 강행했다. 현재 제르트루다는 페루와 스페인 안틸라의 수호성녀이기도 하다.

중세 여성철학자 삼인방에 대한 소개가 인간의 가장 인간다운 영성과 인간의 평등하고 고귀한 존엄성을 드러내는 데 어떤 식으로든 도움이 되기를 바란다. 또한 일반적 관심으로는 출판이 불가한 현실에 특수 분야의 학술작업을 가능케 한 한국연구재단과 일조각의 출판 관계자 여러분께 진심으로 감사를 드린다.

2021년 대구가톨릭대학교 신창석

Prof. Dr. Shin, Chang-Suk

차례

{제3장} 사랑의 개혁가, 엘로이즈

제1장

성의 의미와 기원

리라를 켜는 연인

(A.D. 50~A.D. 79, 폼페이 화산지역 프레스코화, 대영박물관 소장, C. Raddato. https://www.flickr.com/photos/carolemage)

현대에 이르러 여성들의 권리가 신장되면서 성性, sex, gender 개념은 사회와 문화의 다방면에 걸쳐 새로운 화두로 자리를 잡고 있다. 그렇다면 성 개념은 어디서 유래하는가? 남성과 여성이라는 구별과 차이에 대한 개념은 어디서 유래하며, 어떤 종류가 있을까? 성에 대한 라틴어 어원에서 알 수 있을 것이다. 나아가 고전으로서의 성서에 나타나는 성 개념을 통해 알 수 있을 것이다. 고대 그리스 문화의 문헌에서도 성의 기원을 찾아볼 수 있을 것이다. 성에 대한 성서 및 그리스도교의 견해는 실제 역사와는 무관하게 대체로 단호하고 명백하다. 반면 그리스 문화권의 성에 대한 견해는 다분히 신화적이고 문학적이며 심리학적이다. 따라서 고대 그리스는 성에 대한 다양한 상상과 사고를 가능케 하는 심층적 자료를 제공할 것이다.

1
성의 언어적 의미

인간에 대한 최상위의 분류는 성적 구분이다. 현대에 이르러 성평등, 성인식, 성차별, 성폭력, 성희롱, 성범죄 등의 복합어에 사용되는 성의 의미는 어디서 비롯되는가? 20세기 말부터 성sex 개념의 자리에 대신 사용되기도 하는 젠더gender 개념은 어디서 유래하고 어떻게 출현하게 되었는가? 학술 용어로 사용되는 라틴어의 성 개념은 어디서 유래하는가?

성의 어원

성에 해당하는 라틴어 '섹수스sexus'는 'seco', 'secare'에서 기원한다. '세코seco'는 1인칭 현재형 동사로 '가르다', '나누다'를 의미한다. 여기서 영어 '섹션section', '섹터sector' 등의 '분리'라는 의미를 가진 서양 개념들이 파생되었다. 이렇게 '섹수스'는 언어적으로 이미 '가름'이나 '나눔'이라는 의미를 가지고 있다. 그러나 섹수스도 처음에는 '유genus, 類' 개념이었으며, 그것도 생물학적 구분으로서 암수를 '종spcies, 種' 개념으로 포괄하는 유 개념이었다. 즉, 인류人類가 흑인종黑人種, 황인종黃人種, 백인종白人種으로 분류되는 바와 같다. 그리스적 어원에서 비롯되어 성별 및 종류를 나타내는 유 개념으로는 유전자gene의 어원이 된 게누스genus, γεν가 있었다.

라틴어권에서는 키케로Marcus Tullius Cicero, B.C. 106~B.C. 43가 처음으로 섹수스라는 단어를 사용하기 시작했다.[1] 키케로가 말하는 sexus는 암수의 '성별' 및 식물 등에 나타나는 '양성동체'의 의미를 지니고 있었다. 당시 다른 로마인 저자들은 섹수스를 '여성' 및 '식물의 성별'로 사용하고 있었다. 18세기에도 '섹수스'는 식물의 성별을 의미하다가, 19세기에 비로소 인간에게도 적용되면서 인간의 '성sex 행위' 일반이라는 의미로 전이되었다.[2]

현대에 사용되는 성sex 개념은 섹수스에서 나왔다. 성 개념은 첫째로 남

---

1 Brandes, H., Sexualität, H.J. Sandkühler, *Europäische Enzyklopädie zu Philosophie und Wissenschaften*, Bd. 4, Hamburg, 1990, 277쪽.

2 Brandes, H., 같은 곳.

성과 여성의 유 개념으로서의 성sexus을 뜻하며, 둘째로 인간의 성 행위라는 의미로 고정되었다. 현대의 성sex 개념은 결국 사용된 지 백여 년밖에 지나지 않았다는 사실이 드러난다. 여기서 아이러니한 것은 '가르다' 내지는 '나누다'의 어원을 가진 성 개념이 오늘에 이르러 남녀의 구분에 기초한 인간의 '성 행위' 내지는 '성sexuality' 일반을 의미하게 되었다는 사실이다. 그렇다면 이러한 성 개념은 단순히 자연적이고 생물학적 성sex을 의미할 뿐인가?

젠더의 언어적 발생과 의미

'젠더gender'는 사회학적 의미의 성을 뜻한다. 젠더의 어근 'gen(γεν)'은 '성' 또는 '출생'을 의미하는 그리스어 'genea(γενεα)'에서 유래한다. '제네아γενεα'는 라틴어 동사 '제네라레generare'로 사용되면서 '낳다' 내지는 '생산하다'는 의미를 가진 수많은 단어의 근간이 되었다. 현대적 의미의 영어 젠더gender는 이를 계보로 20세기에 만들어진 조어이다.

문법적으로 라틴어의 명사와 형용사는 남성, 여성, 중성이라는 세 가지 '성sexus'과 동시에 단수와 복수라는 두 가지 '수numerus'를 가진다. '수numerus'의 약자는 'n'으로 널리 사용되고 있다. 또한 라틴어의 유 개념 성sex은 남성masculinum, 여성femininum, 중성neutrum이라는 세 가지의 종 개념으로 구분된다. 인간의 성에 대한 생물학적 구분이 남녀 성으로 양분되는 것과 달리, 사물의 성에 대한 문법적 구분은 남성, 여성, 중성으로 삼분되는 것이 특징이다.

라틴어의 언어적 내지는 문법적 성 구분에 해당하는 '젠더'는 1980년대 초반부터 역사가들이 여성을 특별한 연구 대상으로 삼으면서 사회적·심리적 성 개념으로 사용되기 시작했다. 곧 역사가들은 성적 차별화의 구조가 남녀 모두에게 어떤 영향을 주었는지 나타내기 위해 양분되는 '성sex' 개념 대신에 삼분되는 '젠더gender'를 사용하기 시작한 것이다.

1995년 9월 5일 베이징에서 열린 제4차 세계여성대회에서는 생물학적 성sex 개념과 구별되는 사회적·문화적 성 개념으로 젠더gender를 사용하는 것이 바람직하다는 결정을 내렸다.[3] 그 후 젠더 개념은 '성평등gender equality' 개념과 함께 다방면에 걸쳐 일반화되었다. 따라서 젠더에는 남녀의 생물학적 차이를 강조하는 성sex 개념보다는 대등한 남·녀 간의 관계를 드러내는 동시에 사회적·문화적 지위에 있어서도 '성평등'을 실현해야 한다는 여성주의적 의미가 포함되어 있다. 그렇다면 현대 사회는 왜 생물학적 성 구분과는 의미를 달리하는 새로운 젠더라는 성의 구분을 필요로 했는가?

그렇다고 해서 젠더 개념이 남성과 여성의 생물학적 차이를 부정하는 것은 아니다. 오히려 젠더는 일반적 남성다움과 여성다움이라는 규정에 자연적 기질과 함께 사회적·문화적 영향이 각인되어 있다는 사실을 지적하고 이를 드러내고자 하는 의도를 가지고 있다. 남성과 여성이라는 개념 속에는 생물학적 본성뿐만 아니라 사회적 환경과 문화 그리고 교육과 훈련에 의해 형성된 성적 기질이 혼합되어 있다는 사실을 상기시키는 것이다.

현대 문화가 만들어 낸 젠더 개념은 남성과 여성의 구별 속에 인위적으로 형성된 불평등과 차별이라는 사회적 현실을 찾아내는 동시에 이를 극복하고자 하는 문제의식을 포함하고 있다. 결국 젠더 개념은 생물학적 성 개념에 혼합되어 있는 사회적·문화적 차별성을 색출하여 치유하고자 하는 여성학적 시도인 동시에 인본주의적 배려로 볼 수 있다.

---

3 『제4차 세계여성회의 북경선언·행동강령BEIJING DECLARATION』, 한국여성개발원, 1995년 12월. 한국여성개발원은 2007년 한국여성정책연구원으로 바뀌었다.

그렇다면 젠더는 학문적으로 연구되어야 할 새로운 범주인가? 현대의 연구에 따르면, 이제 더 이상 섹슈얼리티만으로 표현하기 어려운 성 구분이 드러나고 있다. 위스너 행크스Wiesner-Hanks는 생물학적 성 개념에 포착되지 않는 성적 범주를 다음과 같이 설명한다.

> 아메리카의 많은 집단 사이에는 남성 또는 여성의 것으로 귀착되는 옷과 일, 그 밖에 다른 특징들을 모두 가지고 있는 개인들이 있었다. 적은 경우이기는 하지만 이들은 지금도 있다. 이들은 대부분 형태상으로는 남성이다 …… 이들과 처음 마주친 유럽인들은 이들을 동성애자라고 생각했으며, 따라서 아라비아어로 남성 매춘부를 의미하는 '버다치berdache'라고 불렀다 …… 오늘날에는 이들을 '두 영혼을 가진 이'라고 부른다. 유럽인들은 이들의 섹슈얼리티에 더 관심을 두었지만, '두 영혼을 가진 이'는 성적 활동보다는 복장과 일, 그리고 종교적인 역할에 의해 다른 남성과 구별되었다. 따라서 이들의 차이점은 섹슈얼리티라기보다는 젠더의 차이라고 할 수 있다. 실제로 많은 집단에서 '두 영혼을 가진 이'는 여성화된 남성이 아니라 제3의 젠더로 간주되었다.[4]

또한 위스너 행크스는 남녀의 생물학적 차이가 아니라 사회적·문화적 차이로 인해 벌어지는 성차별을 젠더 개념으로 포착한다. 그는 또한 성적 구분의 영역이 전이되고 있다는 사실을 다음과 같이 지적한다.

> 여성을 이야기할 때는 그 가족의 상황을 설명하면서 이루어지는 것이 보통

---

4 메리 E. 위스너 행크스, 『젠더의 역사Gender in History』, 노영순 옮김, 역사비평사, 2006, 292~293쪽.

이지만, 남성의 행동과 업적을 이야기할 때는 그들이 결혼했는지 또는 아이가 있는지는 언급하지 않은 채 진행되는 경우가 많다. 예를 들어 프랑스 사상가 장 자크 루소가 혼외로 낳은 아이가 여럿이며 이들을 모두 각기 다른 곳으로 입양시켰다는 사실을 언급한 전기가 거의 없는 것과 달리 영국의 엘리자베스 1세 여왕이나 19세기 미국의 대표적인 여성 참정론자 수전 앤서니가 결혼도 하지 않았고 아이도 없었다는 사실을 언급하지 않은 전기는 하나도 없다. 그러나 가족의 구조와 관계, 양상과 규범, 결혼 관행과 가족생활 전통은 남성에게도 커다란 영향을 미치기 때문에, 이런 사실을 무시한다면 역사는 불완전할 수밖에 없다. 가족은 인류의 가장 오래된 사회조직체이며, 아이가 마주하는 첫 번째 사회조직이다. 때문에 남성이나 여성 모두 가족 내에서 젠더에 관해 학습한 내용을 바꾸기란 그 무엇보다도 어렵다.[5]

이와 같이 위스너 행크스는 현실적으로 생물학적 구분에 포착되지 않는 성적 구분의 영역이 존재한다는 것이다. 그는 개인의 정신에 있어서 생물학적으로 다른 성을 자신과 일체화하는 개인들이 존재한다는 현상을 지적하고 있다. 그렇다면 젠더는 새로이 연구되어야 할 학문적 영역을 확보할 수밖에 없다. 이제 다양한 분야의 학자들이 성sex보다는 젠더gender를 사회적·문화적으로 더욱 적절한 용어로 받아들이는 상황이 도래했다. '성의 역할'을 '젠더의 역할'로, '성의 차이'는 '젠더의 차이'로 바꿔서 서술하는 학자들이 늘어나는 상황이다.

5 메리 E. 위스너 행크스, 같은 책, 45~46쪽.

2
성서에 나타난 성의 구별

종교의 고전일 뿐만 아니라 인류의 고전에 속하는 성서는 인간의 성적 구분을 분명히 한다. 특히 구약성서는 창조론적 관점에서, 신약성서는 사회적 관점에서 성을 구분한다. 또한 구약성서의 창조론적 관점과 신약성서의 사회적 관점은 성의 구별에 대한 지평의 차이를 드러내기도 한다.

구약성서의 성적 구별

구약성서는 창조된 인간을 처음부터 아담과 하와에서 유래하는 남성과 여성이라는 두 가지 성으로 확실하게 구분하여 나타낸다. 즉 인간은 남자이거나 여자이다. 이런 원초적 구분은 남자도 아니고 여자도 아닌 인간을 배제하는 셈이다. 창세기에 의하면, 하느님은 창조의 여섯째 날에, 즉 마지막 날에 인간을 창조했다. 그 드라마틱한 장면은 다음과 같이 서술되고 있다.

> 하느님께서는 "우리의 모습을 닮은 사람을 만들자! 그래서 바다의 고기와 공중의 새, 집짐승과 모든 들짐승과 땅 위를 기어 다니는 모든 길짐승을 다스리게 하자!" 하시고, 당신의 모습대로 사람을 지어 내셨다. 하느님의 모습대로 사람을 지어 내시되 남자와 여자로 지어 내시고, 하느님께서는 그들에게 복을 내려 주시며 말씀하셨다. "자식을 낳고 번성하여 온 땅에 퍼져서 땅을 정복하여라. 바다의 고기와 공중의 새와 땅 위를 돌아다니는 모든 짐승을 부려라."[6]

---

6 창세기, 1, 26–28.

나아가 구약성서에서는 아담과 하와의 원죄 및 성적 수치심을 통해 간접적으로 성에 대해 언급한다. 또한 구약성서는 인간과 하느님의 관계, 혼인에 대한 야훼의 약속 등에 대한 상징을 통해 성적인 영역을 거론하기도 한다. 즉 인간은 근본적으로 하느님과의 유사성을 통해 부분적이나마 신적인 것을 부여받았다. 나아가 인간은 하느님을 원형으로 삼고 있는 모상, 곧 '하느님의 이미지image of God'이다. 한 사람의 모상imago이 그 사람의 초상화나 사진인 것처럼, 하느님의 모상imago Dei이 곧 인간이라는 것이다.[7]

여기서 원형exemplum과 모상imago은 존재론적으로 전혀 다른 존재이다. 예를 들어, 개별자로서의 인간은 생명을 가진 육체이며, 그의 사진은 단지 모습이 닮은 종이에 지나지 않는다. 인간과 그의 사진이 존재론적으로 다른 것처럼, 원형인 하느님과 모상인 인간도 존재론적으로 판이하다. 그럼에도 불구하고 사진은 그 실물인 인간과 닮았으며, 사람들은 사진을 대할 때 마치 실재 인물을 대하듯 말하곤 한다. 그렇다면 인간은 어떤 지위를 통해 그 원형인 하느님과 닮은 존재인가?

그리스도교에서 하느님은 순수 정신으로서 완전한 이성과 자유로운 의지 그리고 온전한 권능을 가지고 계신다고 한다. 그러기에 하느님은 전지전능하신 분이라고 말한다. 이러한 하느님에 비해 인간은 비록 불완전하나마 생각하는 이성과 자유로운 의지 그리고 자기 행위에 대한 권리를 가지고 있다. 인간은 결국 이성, 의지, 권리를 통해 하느님의 모상이라 불리는 것이다. 따라서 모상으로서의 인간은 우주 속에서 그의 원형인 하느님을 향해 살아가도록 창조된 특수한 지위를 차지하고 있다. 결국 우주에서

7 Chang-Suk, Shin, *Imago Dei und Natura hominis: Der Doppelansatz der thomistischen Handlungstheorie*, Würzburg, 1993, 62쪽 이하 참조.

차지하는 이러한 특수한 지위에 있어서 남성과 여성은 평등하며, 공히 '하느님의 모상'이라는 점에서는 아무런 차이도 보이지 않는다.

결국 구약성서는 창조론적 관점에서는 남성과 여성의 평등을 선언한 셈이다. 말하자면 남성과 여성은 온전히 창조주 하느님의 유사성similitudo Dei이요, 하느님의 모상imago Dei이다. 하느님의 모상인 한에서 인간은 예외 없이 하느님의 피조물로서 아무런 구별도 없을 뿐만 아니라 그 어떤 차이나 차별도 없다.

신약성서의 성적 구별

신약성서는 종교를 성적 구별과 혼합하지 않는다. 신약성서는 구약성서보다 더욱 강력하게 혼외적인 성적 본능을 금지하고 나선다. 그런 가운데서도 특히 디모테오 I서는 "젊은 과부를 대하는 태도"에서 성에 대해 사회적으로 건전한 긍정을 나타낸다. 실제로 바오로 사도는 신자들에게 의지할 데 없는 과부들을 돌보아 줄 것을 당부하면서 다음과 같이 말했다. "그러므로 젊은 과부들은 재혼하여 자녀를 낳고 가정을 다스리기를 바랍니다."[8]

또한 고린토 전서는 결혼에 대해 말하면서 인간이 지켜야 할 성적 의무와 경계에 대한 지시를 내렸다고 볼 수 있다. 바오로 사도는 고린토 신자들이 남자와 여자의 관계를 묻자 다음과 같이 말했다.

> 남편은 아내에게 남편으로서 할 일을 다하고 아내도 그와 같이 남편에게 아내로서 할 일을 다하십시오. 아내는 자기 몸을 자기 마음대로 할 수 없고

8 디모테오 I, 5, 14.

오직 남편에게 맡겨야 하며 남편 또한 자기 몸을 자기 마음대로 할 수 없고 오직 아내에게 맡겨야 합니다. 서로 상대방의 요구를 거절하지 마십시오.[9]

그렇다면 여기서는 남성과 여성을 성적 관점에서 어떻게 보고 있는가? 바오로 사도의 말은 분명히 남성과 여성의 관계가 도덕적으로, 성적으로 대등한 관계라는 사실을 선언하고 있다. 그러나 바오로 사도는 이 말이 명령이 아니라 충고라고 덧붙였다. 왜 그랬을까? 어쩌면 당시의 사회는 남성과 여성을 사회적으로나 성적으로 동등하게 바라보지 않았기 때문일 것이다. 나아가 성서적 의미의 성은 인간을 남성과 여성으로 확고하게 구분하는 이분법을 공고히 한 셈이다.

3 그리스신화에 나타난 성의 구별

그리스신화는 지혜의 여신 소피아Sophia, 사랑의 여신 에로스Eros, 그리고 수많은 다산의 여신에 대해 이야기하고 있다. 그리스신화는 지혜의 부드러움과 혼돈chaos을 몰아내는 사랑의 조화와 다산의 풍요로움을 피력하고 있다. 이는 고대문화가 영위하던 모계사회의 기원과 질서를 알려 주는 것이다. 이런 가운데 특이하게도 그리스신화는 성서적 관점과는 달리 성의 이분법을 벗어나 제3의 성에 대한 기원을 보여 주고 있다. 그렇다면 그리스 철학자 플라톤Platon, B.C. 428경~B.C. 348경의 작품 『향연Symposion』을 통해 전해지는 아리스토파네스Aristophanes의 신화는 성의 기원을 어떻게 말하고

---

9 고린토 I, 7, 3-5.

있는가? 또한 그리스 시대 아리스토파네스의 신화를 유럽 르네상스 시대는 어떻게 이해했는가?

플라톤 『향연』의 에로스

기록으로 남아 있는 서양 사상사의 원천은 고대 그리스다. 그리스 문화권에서 성에 대한 신화를 전해 주는 책은 플라톤의 대화편 가운데 『향연』이다. 『향연』은 그의 말년에 저술되었다. 그 주제는 또 다른 제목으로도 알려진 '사랑의 대화'가 말해 주듯이 에로스eros, 즉 사랑이다. 에로스는 원래 그리스신화에서 사랑의 신을 지칭하는 이름이었지만, 점차 애정적 사랑을 의미하게 되었다.

그리스 시가인 아폴로니오스Apollonios의 「아르고나우티카」에서 오르페우스는 사물들의 원천에 대해 노래했다.[10] 이미 세상 이전에 카오스chaos가 존재했고, 또 모든 존재자를 먹어 치우는 크로노스chronos 이전에 에로스Eros가 있었다는 것이다.[11] 헤시오도스 역시 카오스 다음에 에로스를 등장시키면서,[12] 다음과 같이 칭송했다. "가장 오래되고 그 자체로 완전하고 현명한 에로스여!"[13]

플라톤은 스승 소크라테스Socrates, B.C. 470경~B.C. 399가 누명을 쓰고 사형된 후, 아테네 근교의 아카데모스 장군 성역에 자신의 고유한 학원 아카데미

---

10 *Apollonii Rhodii Argonautica*. ed., H., Fraenkel, Oxford, 1961.

11 마르실리오 피치노, 『사랑에 관하여—플라톤의 《향연》 주해』, 조규홍 옮김, 나남, 2011, 28쪽 이하 재인용.

12 Hesiod, *Theogonie* 120–122. übers., Albert von Schirnding, Zürich/Düsseldorf, 2002.

13 Hesiod, 같은 책, 116 이하.

아를 설립했다. 플라톤은 스승 소크라테스를 애도하여 아카데미아의 지도 이념으로 '사랑'을 선택했다. 그리스 철학자들 사이에서 스승과 제자는 단순한 사회적 관계를 넘어서서 남성이든 여성이든 상관없이 서로 사랑의 관계를 지향하는 일련의 전통이 있었다. 플라톤도 자신의 위대한 스승 소크라테스에게서 사랑을 느꼈기 때문에, 참된 사랑을 아카데미아에서 실천하고 싶었던 것이다. 이런 연유에서 숭고한 사랑을 '플라토닉 러브'라고도 부른다.

소크라테스는 그리스 귀족 청년들의 영혼을 일깨우고자 일생을 바친 철학자다. 그는 일정한 직업도 없이 아테네의 번화가를 떠돌며, 역시 정신적 이상을 찾아 거리를 헤매던 청년들과 진리나 참된 선에 대한 토론을 일삼았다. 이러한 소크라테스의 철학적 행각은 당시 권력과 부를 추구하던 소피스트들과 귀족들의 미움을 사고 말았다. 소크라테스는 아테네 귀족 청년들의 영혼을 타락시켰다는 모함을 받아 법정에 섰고 결국 사형에 처해졌다. 억울하게 죽은 소크라테스에 대한 제자 플라톤의 사랑은 절실했다. 그래서 플라톤은 『향연』에서 사형을 앞둔 소크라테스와 여러 제자의 대화 속에 사랑의 의미를 추구하는 장면을 설정해 놓았다.

여기서 파이드로스Phaidros는 먼저 철학자 파르메니데스의 말을 인용하면서 '에로스'가 그리스 신들 가운데서도 가장 오래된 신이라는 것을 주장한다. "창조의 신은 모든 신 가운데 에로스를 맨 처음으로 만들었다."[14] 그럼으로써 그는 에로스야말로 인간에게 가장 '좋은 것(善)'을 주는 신이라는 사실을 드러내려는 것이었다. 나아가 파이드로스는 에로스의 선성이 남성

---

14 플라톤, 『소크라테스의 변명—크리톤·파이돈·향연』, 황문수 옮김, 문예출판사, 1999, 207쪽.

이나 여성에게 동등하게 작용한다는 것을 강조한다. "오직 사랑하는 사람만이 다른 사람을 위해 목숨을 바칠 것입니다. 이 말은 남자만이 아니라 여자에게도 해당됩니다."[15]

이와는 달리 파우사니아스Pausanias는 에로스가 가장 신성하면서도 야비한 존재라고 주장한다. 그는 사랑의 양면성을 강조함으로써 사랑이 가진 현실적 아이러니를 적나라하게 드러내고자 한다. "사랑의 문제에서는 절대적으로 옳은 것도 절대적으로 옳지 않은 것도 없으며, 모든 일이 그때그때의 사정에 달려 있습니다."[16]

또 한 사람의 중립적 등장인물 에릭시마코스Eryximachos는 에로스가 상호 대립하는 것들을 통일시키는 자연의 원리라고 말한다. 그는 에로스를 선도 아니요 악도 아닌, 무심한 자연의 원리로 환원시켜 버린다.

아가톤Agathon은 에로스가 가장 젊은 신神이요, 인간의 영혼에서 탄생하는 신이라고 한다. 결국 그는 에로스의 미美와 선善으로부터 모든 인간과 다른 신들의 선이 비롯된다고 주장한다.

소크라테스는 사랑에 대한 제자들의 다양한 주장을 실마리로 삼아, 에로스를 이해하기 위한 비판적 대화를 풀어 나가고자 한다. 대화가 무르익어 갈 때 아리스토파네스가 등장한다. 그는 그때까지 동류들이 말한 사랑의 특성들을 벗어나는 특이한 이야기를 시작한다. 에로스는 인간의 잃어버린 반쪽에 대한 한 맺힌 그리움이요, 인간이 회복해야 할 합일의 과제라는 것이다. 그 근거로 아리스토파네스는 인간의 성적 기원을 알려 주는 그리스신화를 소개한다.

15 플라톤, 같은 책, 208쪽.

16 플라톤, 같은 책, 217쪽.

플라톤 『향연』에 나타나는 성의 기원

서양 문화에서 최초로 성의 기원을 이야기하는 것은 바로 『향연』에서 아리스토파네스가 전하는 신화이다. 아리스토파네스는 인간의 그리스적 기원을 설명하는 것이 곧 성에 대한 기원을 알려 주는 것처럼 말한다. 어쩌면 인간의 기원이 곧 성의 기원이자 사랑의 기원이라는 것을 암시하는지도 모른다. 아리스토파네스는 이제 '사랑의 비밀'을 밝혀 주겠다고 운을 떼면서 그리스신화에 나오는 성Sex의 기원을 들려준다. 그는 사랑의 비밀을 말하기 전에 다음과 같이 인간의 원초적 구조부터 이야기한다.

"우선 인간의 구조와 그 구조가 겪은 변화를 알아야 합니다. 원래 인간의 구조는 현재와 달랐기 때문입니다. 처음에는 지금의 우리처럼 남성과 여성이라는 두 가지 성性이 있었던 것이 아니고, 제3의 성이 있었습니다. 제3의 성은 남녀의 성을 모두 갖고 있었으나 지금은 없어졌습니다. 그러나 그 명칭만은 지금도 남아 있습니다. '남녀동체'는 명칭만이 아니라 형태에서도 구별되는 성으로서, 남자와 여자의 특징을 모두 갖고 있었지만, 지금은 이름만 남아서 모욕하는 말로 사용되고 있습니다. 둘째로 사람들은 완전한 원을 형성하는 이중의 등과 옆구리를 갖고 있어서 둥근 모양을 하고 있었습니다. 손이 네 개에 다리가 네 개였고, 둥근 목에 붙어 있는 하나의 머리에는 똑같은 두 개의 얼굴이 정반대의 방향을 바라보고 있었습니다. 귀도 네 개였고 생식기도 두 개였으며 나머지도 이와 같았습니다. 이 사람들은 우리와 마찬가지로 똑바로 서서 앞쪽으로나 뒤쪽으로 마음대로 걸어 다닐 수 있었지만, 급히 방향을 바꾸려고 할 때에는 여덟 개의 팔다리를 모두 사용했으며, 공중제비를 하는 곡예사가 수레바퀴 모양을 하고 재주넘기를 하는 것처럼, 원형을 이루며 빨리 굴러갈 수도 있었습니다. 세 가지 성이 있었으며, 그들이 이러한 성질을 가졌던 이유는 원래 남성은 태양에서 생겼고 여성은 땅에서 태어났으며 남녀의 두 성을 가진 성(양성)은 태양과 땅의 성질을 다 갖고 있는 달에서 생겼다는 사실에 있습니다. 그들이 둥근 모양을 가졌고 쇠테처럼 굴러다니게 된 것은 부모를 닮았기 때문입니다. 그들의 힘과 정력은 그들을 아주 무서운 존재로 만들었고, 그들의 자만은 대단했습니다. 그들은 신들로 승격했고, 하늘에 올라가서 신들을 맹렬하게 공격한 에피알테스와 오토스에 관한 호메로스의 이야기도 이러한 존재들을 다룬 것입니다."

이에 제우스를 비롯한 신들은 이런 존재를 처리하기 위해 고민한다. 없애면 제물을 바칠 인간이 없어지고 그냥 두자니 오만 방자하여, 제우스의 묘안을 따르게 된다.

"나는 그들을 둘로 쪼개어 놓겠소. 이렇게 함으로써 그들은 지금보다 약해지고 동시에 그 수가 늘어남으로써 우리에게는 더욱 이익이 될 것이오. 그들은 두 발로 똑바로 서서 걷게 될 것이오. 그 다음에도 그들이 방자한 기색을 보이고 조용히 하지 않는다면, 나는 그들을 다시 둘로 쪼개 놓을 것이고, 그들은 한 발로 깡충깡충 뛰어다니게 될 것이오."

"이와 같이 인간은 원래의 몸이 양분되었기 때문에 반쪽은 잘라져 나간 다른 반쪽을 그리워하게 되었습니다. 그들은 만나게 되면 서로 얼싸안았고, 그들의 그리움은 점점 커지기만 했으며, 기아와 아무 일도 하지 않으려는 태만 때문에 죽어 갔습니다. 그들은 서로 떨어져서는 아무 일도 할 수 없었기 때문입니다. 한 쌍 중의 한 쪽이 죽고 다른 쪽이 남았을 때에는, 남은 쪽은 또 다른 쪽을 찾아내어 껴안았습니다. 이렇게 해서 그들은 계속 죽어 갔습니다."

이에 제우스는 그들의 생식기를 앞으로 돌려놓는다.

"이렇게 변화시킨 제우스의 의도는 두 가지였습니다. 곧 남성이 여성과 쌍을 이루면 아이를 낳게 되어서 종족을 유지할 것이지만, 남성과 남성이 쌍을 이루면 어쨌든 교접의 욕망은 만족되므로 이 욕망으로부터 해방되어 다른 활동을 하려고 하게 되고 생업에 열중할 것입니다. 따라서 아득한 옛날부터 인간은 서로 느끼는 선천적 사랑eros, 곧 두 존재가 하나로 결합하고 인류가 상처를 고침으로써 우리에게 옛날의 상태를 회복시켜 주는 사랑을 갖고 있었던 것입니다."[17]

여기서 아리스토파네스가 전하는 성의 기원에 대한 이야기는 그야말로 신화이다. 신화는 나름대로의 상징적 의미를 전해 주며, 다음과 같은 의미를 시사하고 있다.

첫째는 사랑에 대한 정의이다. 인간들 사이의 사랑은 타인이나 이웃을 지향하는 행위이기 이전에, 자신의 잘려 나간 반쪽에 대한 그리움이라는 사실이다. 결국 인간들 사이의 사랑은 자기애의 원천을 지향하는 근본적 성향으로 나타나고 있다.

둘째로, 아리스토파네스에 의하면, 성은 남성andros, 여성gyne, gynaikos, he philogynia, 그리고 남녀동체 내지는 양성androgynous으로 구별된다. 이런 세 가지의 성적 구별은 물론 육체적 성을 나타내기도 하지만, 인간의 심리적 성을 암시하는 동시에 강조하려는 것으로 보인다.

물론 아리스토파네스가 말하는 신화는 현실에 대한 묘사가 아니라 신화적 상징을 전하는 것이다. 그렇더라도 신화는 현실을 벗어나서 전개될수록 인간의 심리적 기원을 보다 자유롭게 표현할 수 있는 내면적 풍요와 너그러운 상상력을 가지고 있다. 따라서 아리스토파네스가 말하는 제3의

---

17 플라톤, 같은 책, 227~228쪽을 참조하라. 번역문은 글자 그대로 인용된 것이 아니라, 본문의 개념에 적합하게 약간의 수정을 거쳤다.

성은 오히려 인간이 처해 있는 심리적 성을 보다 솔직하게 드러내는 셈이다. 나아가 그리스신화가 구별하는 세 종류의 심리적 성은 현대에 부각되는 젠더 개념을 암시하는 것 같기도 하다.

인간은 육체적인 성을 떠나서 심리적으로도 남성이거나 여성일 뿐만 아니라 또한 남녀성 내지는 양성에 속할 수 있다는 것이다. 이것이 인간의 심리적 성이 가지는 현상이라면, 인습과 문화의 압박에 묻혀 있다가 현대에 이르러 표출되고 있는 양성애자, 동성애자 내지는 트랜스젠더 문제를 보다 진솔한 인간의 실존적이고 사회심리적인 차원에서 되돌아봐야 할 것이다.

성의 기원에 대한 피치노의 해설

마르실리오 피치노M. Ficino, 1433~1499는 중세 말기에 태어나 르네상스의 꽃을 피운 사상가로, 특히 플라톤 해설가로 유명하다. 그는 플라톤의 『향연』을 해설하는 가운데 아리스토파네스가 말하는 성의 신화적 기원에 대해서도 매우 상세하게 해설했다. 피치노는 플라톤의 『향연』에서 제기되는 각각의 주장을 대변하는 인물들을 등장시켰다.[18] 피치노는 그리스신화를 해석한 것이지만, 르네상스 시대의 성에 대한 이해를 전해 준 셈이 된다.

피치노는 아리스토파네스가 말한 신화에는 신적 신비가 감추어져 있다고 주의를 환기시킨다. 그리고 성에 대한 신화를 먼저 다음과 같이 요약한다.[19]

---

18 마르실리오 피치노, 『사랑에 관하여—플라톤의 《향연》 주해』, 2011, 283쪽의 옮긴이 해설 참조. 아리스토파네스가 전하는 성의 기원은 크리스토포로 란디노의 이름으로 해설되지만 여기서는 저자 피치노의 해설로 인지할 것이다.

19 마르실리오 피치노, 같은 책, 92~93쪽. 피치노의 요약을 옮기는 것은 르네상스 시대에 플라톤이 전하는 성의 신화가 어떻게 이해되었는가를 여실히 보여 주기 때문이다. 또한 옮긴이는 제3의 성을 '혼성'으로 번역하기도 하는데, 이는 곧 양성동체를 지칭한다.

> 인간들은 일찍이 세 종류의 성性을 갖고 있었는데, 이른바 남성, 여성, 그리고 양성으로서 [각각] 태양과 땅과 달의 자녀라고도 합니다. 그들은 물론 온전했었습니다. 그러나 교만함 때문에, 곧 스스로 신과 동등해지길 원했기에 그만 둘로 갈라지게 되었습니다. 만일 그들이 더욱 교만해진다면, 또 다시 [둘로] 나뉠 것이라고 합니다. 분열이 이루어짐으로써 반쪽은 다른 반쪽을 향해 열정을 품게 되니, 그 같은 열정이 온전함을 회복시켜 줄 것입니다. 그것이 성사될 경우 인류는 행복한 미래를 갖게 될 것입니다.

피치노는 해설에 앞서 '인간'을 오로지 '영혼'으로 보겠다는 입장을 명확히 했다. 곧 인간은 오로지 영혼일 뿐이며,[20] 인간의 영혼은 신적일 뿐만 아니라 불멸한다는 것이다. 반면에 그에게 육체는 도구요, 물질적 양quantitas이요, 수동태passio요, 영혼의 작품opus에 지나지 않았다. 인간을 오로지 영혼으로 본다는 피치노의 대전제는 곧 성의 구별을 영혼의 구별로 본다는 결론을 이끌어 냈다.

피치노는 인간이 남성, 여성, 그리고 양성으로 구별되는 것도 도덕적 구별로 받아들였다. "신의 광채를 어떤 이들은 용기로 받아들여 남성이 되었고, 어떤 이들은 절제로 받아들여 여성이 되었으며, 또 어떤 이들은 정의로 받아들여 양성이 되었다고 여겨집니다."[21] 도덕적 구별에서 남성은 용기, 여성은 절제, 양성은 정의를 의미한다. 신의 세계에 존재하는 태양과 땅과 달이 인간에게는 용기의 남성, 절제의 여성, 그리고 정의의 양성으로 나타났다는 것이다.

---

20 homo solus est animus.

21 마르실리오 피치노, 같은 책, 93쪽 이하.

4
그리스철학에 나타난 성의 구별과 여성철학

그리스철학은 근본적으로 신화mythos의 시대를 로고스logos의 시대로 바꾸어 가는 위대한 사색의 과정에서 태동했다. 로고스란 말, 곧 논리와 이성을 의미한다. 따라서 그리스철학은 환상적 신들의 이야기를 인간적 논리로 전환시키는 가운데 태어났다. 이러한 전환은 또한 어머니 중심의 문화를 아버지 중심의 문화로 이끌어 가는 계기가 되기도 했다. 그리스철학은 모계 사회에서 부계 사회로 넘어가는 과정에서 성의 구별과 여성의 지위에 대해 다양하고 풍성한 식견을 보여 주었다. 예를 들어, 카바레로는 그리스철학에 등장하는 남성주의 자체를 비판하면서 철학의 여성적 해석과 여성철학을 시도했다.[22]

그리스 비극에서의 성적 구별

그리스 비극에서는 성적 구별과 함께 여성에 대한 편견도 함께 나타난다. 특히 여성 등장인물을 통해 여성 스스로를 비하하고 비난하도록 하는 장면들이 연출되었다. 그리스 비극이 비록 역사적 기록은 아니더라도, 당시의 성적 구별에 대한 시대적 인식을 어느 정도 보여 줄 것이다.

에우리피데스Euripides의 「힙폴뤼토스」에서 여주인공 파이드라Phaidra는 힙폴뤼토스Hippolytos의 새어머니가 된다. 파이드라는 청정 생활을 하던 전처의 아들 힙폴뤼토스에게 반해 상사병에 걸려 버렸다. 비극적 사랑에 빠져

22 Cavarero, A., *Platon zum Trotz: Weibliche Gestalten der antiken Philosophie*, ed. G. Grassi, Berlin, 1992, 13쪽.

버린 파이드라는 세상의 여인들을 향해 이렇게 외쳤다. "내 행위가, 내 병이 불명예스럽다는 것을 나는 알고 있었고, 게다가 내가 만인이 싫어하는 존재인 여자라는 것도 잘 알고 있지요."[23] 비록 비극 속의 대사라 할지라도 당시 여성은 만인이 싫어하는 존재였다는 사회 분위기를 엿볼 수 있다.

남자 주인공 힙폴뤼토스 역시 여성은 재앙이라는 사실을 여러 번 토로한다. "여자가 얼마나 큰 재앙인지는, 여자를 낳아 기른 아버지가 단지 재앙에서 벗어나기 위해 지참금을 주어 여자를 시집보내버리는 것만 봐도 확실히 알 수 있지요."[24] 나아가 여자로 인해 비극에 처한 힙폴뤼토스는 여자란 집안에 받아들이지 말아야 할 "해로운 피조물"이요, 특히 "영리한 여자"일수록 더 큰 재앙이라고 한탄했다.

게다가 여성에 대한 부정적 시각의 근거까지 볼 수 있다. "왜냐하면 퀴프리스는 오히려 영리한 여자들 속에 재앙을 낳기 때문이요. 재주가 없는 여자는 생각이 모자라 어리석은 짓에서 벗어나 있어요."[25] 또한 힙폴뤼토스는 여자들이 사악하기 때문에 미덕을 배워야 한다고 끝맺는다.[26] 이는 역설적으로 여성도 남성과 같이 교육을 통해 도덕적으로 인간다운 품성을 갖출 수 있다는 사실을 보여 주기도 한다.

에우리피데스의 다른 작품 「안드로마케」에서도 여성에 대한 이러한 기조는 계속된다. 여성들은 인간에게 해악으로 태어났다는 것이다. "신께서는 사나운 길짐승에 대해서는 인간들에게 해독제를 주셨는데, 독사나 불보

---

23 에우리피데스, 『에우리피데스 비극 전집 1』, 「힙폴뤼토스」 405f, 천병희 옮김, 도서출판 숲, 2009, 107쪽; 같은 책, 616f, 115쪽.

24 에우리피데스, 같은 책, 「힙폴뤼토스」 627f.

25 에우리피데스, 같은 책, 「힙폴뤼토스」 642f.

26 에우리피데스, 같은 책, 「힙폴뤼토스」 666f.

다 더 사나운 악녀를 다스릴 약은 아직 누구도 발견하지 못했으니 …….”[27] 또한 결혼한 여성들의 교류를 막아야 한다는 대사도 볼 수 있다. “현명한 남편은 아내와 결혼한 뒤에는 다른 여인들이 집으로 아내를 찾아오게 내버려 두어서는 안 돼요. 그들은 못된 짓만 가르쳐 주니까요 …… 외간 여자들이 집으로 찾아오는 일은 이익이 되기는커녕 화근만 될 뿐이니까요.”[28] 심지어 극중에 등장하는 코러스는 헤르미오네가 같은 여성이면서도 여성을 지나치게 비하한다고 꼬집기도 한다.[29]

그리스 비극은 남성상과는 구별되는 부정적 여성상을 분명하게 나타낸다. 다른 한편 여성에 대한 비하를 지적할 만큼 이미 성적 차별에 대한 도덕적 저항을 보여 주기도 한다. 에우리피데스의 비극은 여러 가지 이유로 최초로 반여성주의antifeminism의 빌미를 제공했다는 지적을 받기도 한다. 하지만 그의 작품들이 주로 인간의 비극을 다루었다는 사실을 잊지 말아야 할 것이다.

크세노폰의 여성에 대한 보고

그리스철학에서 당시 사람들의 성적 구별에 대해 언급하는 문헌은 많지 않다. 하지만 그중에서도 단연 돋보이는 것은 소크라테스의 제자 크세노폰Xenophon, B.C. 430경~B.C. 354경의 보고서다. 크세노폰은 철학자이면서 그리스 사회에 대한 보고서를 작성한 최초의 저널리스트이기도 하다. 따라서 그는 자신의 저널리스트적 품위를 위해서라도 역사적 사실에 기초해서 기록했을

27 에우리피데스, 같은 책, 「안드로마케」 270f, 276쪽.

28 에우리피데스, 같은 책, 「안드로마케」 944f, 303쪽.

29 에우리피데스, 같은 책, 「안드로마케」 954f, 303쪽 참조.

것이다.

크세노폰은 그리스철학 시대의 풍류를 전하는 자신의 책『향연』을 이런 말로 시작한다. "나는 훌륭하고 좋은 사람들의 심각한 일들뿐만 아니라 그들이 장난삼아 하는 일들도 언급할 가치가 있다고 생각한다."[30] 이런 집필 정신으로 인해 크세노폰은 이미 그때부터 "철학자들 가운데서 최초로 역사를 기록한 사람"으로 알려져 있었다.[31]

크세노폰은『향연』에서 다른 철학자들의 입을 빌려 그리스 시대의 성적 구별과 여성의 지위에 대해 마치 기사를 쓰듯 소상하게 전한다. 등장인물들의 대화 장면도 매우 특이하다. 플루트를 연주하는 소녀의 음률에 맞추어 무용하는 소녀가 링을 던지면서 춤을 추는 장면에 이르러, 소크라테스는 여성의 본성에 대해 이렇게 말했다.

> 여러분, 다른 많은 사례에서도 그러하지만, 지금 이 소녀의 묘기를 통해서도 분명히 알 수 있는 사실은 여자들의 본성이 남자들의 본성보다 절대 뒤처지지 않는다는 것입니다. 물론 여자들이 남자들보다 판단력이나 육체적 힘에 있어서 부족하다는 점은 예외이지만요. 그러니까 당신들 중 어떤 사람이 아내를 가지고 있다면, 그녀가 마땅히 알아야 할 것이라고 바라는 것은 무엇이든, 용기를 내어 자신의 아내에게 가르치도록 하세요.[32]

소크라테스의 말이 끝난 다음에 무용수 소녀는 칼을 꽂은 링 안으로 넘

---

30 크세노폰,『경영론·향연』, 오유석 옮김, 부북스, 2015, 151쪽.

31 Laertius, D., *Leben und Meinungen berühmter Philosophen*, übers. O. Apelt, Hamburg, 2015, 91쪽.

32 크세노폰,『경영론·향연』, 160~161쪽.

나드는 위험한 재주를 부리기 시작했다. 이를 보는 사람들은 소녀가 다칠까 봐 두려움에 빠졌지만, 정작 소녀는 능숙하고 안전하게 묘기 부리기를 계속했다. 그러자 소크라테스는 이렇게 평가했다. "제가 생각하기에, 이 광경을 목격한 사람들은 용기가 교육 가능하다는 사실을 부인할 수 없을 겁니다. 저 무용수는 여자이면서도 이처럼 용감하게 칼 속으로 뛰어들지 않았습니까?"[33] 게다가 이어지는 철학자들의 토론은 남성이든 여성이든 상관없이 인간은 교육을 통해 용기 등과 같은 덕목을 향상시킬 수 있다는 사실을 분명하게 드러낸다.

아리스토텔레스의 여성관

서양문학사에서는 비극 작가 에우리피데스 또는 시인 메난드로스Menandros가 최초로 여성을 열등한 존재로 다루었다고 알려져 있다. 그러나 그리스의 여성관에 결정적 영향을 끼친 것은 작가들이 아니라 철학자들이었을 것이다. 특히 아리스토텔레스Aristoteles, B.C. 384~B.C. 322경는 인간 생명의 원천에 대한 신화를 과학적 차원으로 끌어올리려고 시도한 최초의 철학자이다.[34]

아리스토텔레스는 자신이 만들어 낸 생물학 내지는 정치학의 관점에서 여성을 열등한 존재로 간주했을 뿐만 아니라, 이러한 사실을 철학적 담론을 통해 논증하고자 했다. 연구자들은 여성을 폄하하는 듯한 아리스토텔레스의 대표적 관점으로 그의 책 『정치학』 내지는 생물학 논문을 인용하곤 한다. 거기서 아리스토텔레스는 남성을 여성보다 우월한 존재로 간주했으

33 크세노폰, 같은 책, 163쪽.

34 Lerner, G., *Die Entstehung des Patriarchats*, München, 1997, 255쪽.

며, 심지어 여성을 생물학적 결여체로 보았다는 것이다.[35] 그러나 이러한 일반적 이해는 여전히 검증을 필요로 한다.

아리스토텔레스는 『정치학』에서 인간의 존재론적 차원이 아니라, 그야말로 도시국가 폴리스에서 생활하는 인간의 인간에 대한 지배와 피지배라는 실천적이고 정치적인 차원에서 자유인과 노예, 남성과 여성, 아버지와 어린이의 관계를 거론한다. 어원적으로도 폴리스polis를 영위하는 기술이 곧 정치politica를 의미하게 되었다. 먼저 노예에 대한 아리스토텔레스의 견해는 다음과 같다.

> 노예들도 [이성, 용기, 정의와 같은] 그러한 자질을 지니고 있는가—그렇다면 자유인과의 차이는 어디에 있는가? 또는 노예는 그런 자질을 가지고 있지 않다고 하면, 노예도 인간이요, 지성에 참여하기 때문에, 이는 모순이다.[36]

아리스토텔레스는 본질적으로 노예도 지성에 참여하는 인간이라는 것을 확실히 한 셈이다. 그는 계속해서 똑같은 문제가 여성과 어린이들에게도 제기된다는 사실을 거론했다. "여성과 어린이도 완전한 품성적 자질을 가지고 있는가, 여성도 이성적이고 용감하며 정의로우며, 어린이에게는 무질서뿐만 아니라 이성도 주어질 수 있는가, 아니면 그럴 수 없는가?"[37]

---

35 마리트 룰만 외, 『여성철학자』, 이한우 옮김, 푸른숲, 2005, 35쪽: 아리스토텔레스에게 여성이란 남성에 비해 열등한 존재일 뿐만 아니라, 심지어 '발생학發生學'에 관한 논문에서 보이듯 "여성적인 피조물"은 생물학적 결여체이자 "훼손된 남성"이었다. 그가 이렇게 말한 이유는 남성의 종자만이 하나의 영혼을 빚어 낼 수 있기 때문이라는 것이었다.

36 Aristoteles, *Politik I*, übers. E. Schütrumpf, Berlin, 1991, 1259b 26f.

37 Aristoteles, 같은 책, 1259b, 30~32.

아리스토텔레스에 의하면, 생명 내지는 영혼의 조건에도 능동적 부분과 수동적 부분이 있듯이,[38] 자유인과 노예, 남성과 여성, 아버지와 어린이라는 관계에서도 지배하는 부분과 지배를 받는 조건이 존재한다는 것이다. 그러나 이러한 조건들은 다양한 방식으로 존재하며, 인간의 경우 실천이성에 직결되는 능력에 따라서 다음과 같이 구별된다. "노예는 실천이성에 대한 능력을 전혀 소유하지 않으며, 여성은 그런 능력을 가지고 있지만 충분히 활용하지 못하고 있으며, 어린이 또한 그런 능력을 가지고 있지만 충분히 개발하지 못한 상태이다."[39] 사회적으로 오직 노예만이 실천이성의 능력을 소유하지 못한다면, 아리스토텔레스가 말한 실천이성은 도덕적 책임과 의무를 갖는 정치적 능력을 포함하는 것으로 보아야 할 것이다.

아리스토텔레스가 『정치학』에서 말한 실천이성에 직결된 능력이란 현대적 의미로 보면 판단력이며, 정치적 관점에서는 결정권 내지는 투표권으로 이해될 수 있다. 예를 들어, 현대에 이르기까지 어린이는 여전히 정치적 결정권을 갖지 못하고 있다. 하지만 여성들은 대부분의 나라에서 결정권을 회복하여 남성과 동등한 정치적 결정권을 갖게 되었다는 현실을 상기해야 할 것이다.

나아가 아리스토텔레스는 행위나 실천에 있어서도 이에 비례하는 결론을 내렸다. "언급한 모든 부류가 훌륭한 자질의 태도를 소유하고 있지만, 여성과 남성의 이성적 절제력은 동일하지 않으며, 용기와 정의에 있어서도 마찬가지라는 것은 명백하다. 소크라테스도 가정했던 바와 같이, 오히

---

38 Aristoteles, 같은 책, 1260a, 4~6: 이러한 [지배와 피지배라는] 구별은 이미 혼(생명)의 조건에서 밝혀진다. 곧 혼 안에서는 어느 한 부분이 본성적으로 다른 부분에 대해 지배력을 행사하지만, 다른 부분은 지배를 받는다.

39 같은 곳.

려 하나의 용기는 지배자에게 고유하며, 또 다른 용기는 피지배자에게 고유하며, 이와 같은 것이 언급한 다른 자질에도 해당된다."[40] 남성과 여성은 인간적 자질뿐만 아니라 자질의 표현에 해당하는 태도를 소유하고 있지만, 절제, 정의, 용기의 실행 방식은 사회적 지배자인지 피지배자인지에 따라 다르게 나타난다는 것이다.

아리스토텔레스는 결론적으로 국가를 구성하는 기본 요소인 가정의 관점에서 남성과 여성, 아버지와 어린이의 지위를 다음과 같이 공고히 했다.

> 남성과 여성, 아버지와 어린이는 가정을 구성하고, 모든 가정은 국가의 구성요소이기 때문에, 또한 구성요소의 최적 상태는 전체의 최적 상태[태평성대]를 목적으로 삼아야 한다. 따라서 여성뿐만 아니라 어린이들도 이런 상태를 향해 교육되어야 한다. 어린이와 여성 또한 훌륭한 자질을 갖추는 것은 국가의 훌륭한 상태에 영향을 끼치기 때문이다. 여성들은 자유인의 절반을 구성하며, 어린이로부터 제도에 참여하는 시민들이 배출되기 때문이다.[41]

아리스토텔레스가 말하는 국가의 기본은 계급사회이던 폴리스의 가정이다. 그리스의 가정은 생물학적으로는 남성과 여성으로 구성되었지만, 정치적으로는 자유인과 어린이 그리고 노예로 구성되어 있었다. 물론 노예의 절반과 어린이의 절반도 생물학적으로는 남성에 속한다. 아리스토텔레스는『정치학』에서 성적 차이와 사회적 차이를 구별하는 가운데 정치적 원리를 드러내고자 했으며, 자유인 남성과 자유인 여성뿐만 아니라 어린이와

---

40 같은 곳.

41 Aristoteles, *Politik I*, 1260b, 12~20.

노예까지도 폴리스의 구성원으로 보았다.

정치적 관점에서 여성은 '결여체'라기보다는 임신과 출산, 양육을 통해 자유인을 배출하는 역할로 국가에 기여하는 존재이다. 다만 여성은 이러한 역할을 위한 생리적 조건으로 인해 정치활동에서 제한되었을 뿐만 아니라 보호되고 교육되어야 하는 존재라는 것이다. 일반적으로 아리스토텔레스는 생물학적 관점에서 남성을 여성보다 우월한 존재로 보았다고 알려지고 있다.[42] 그러나 그의 생물학적 관점은 우선적으로 당시 자유인과 노예라는 계급사회 아테네의 정치적 원리를 도출하기 위한 지평이었으며, 아리스토텔레스만의 고유한 지평도 아니었다. 따라서 그의 여성관은 관점의 변화에 따라 재해석되어야 할 여지를 가지고 있다.

---

42 Aristoteles, *Lehrschriften. De Generatione animalium*, Paderborn, 1959, 89쪽 이하, 608b, 1–14.

{ 참고문헌 }

마르실리오 피치노, 『사랑에 관하여—플라톤의 《향연》 주해』, 조규홍 옮김, 나남, 2011.

마리트 룰만 외, 『여성철학자』, 이한우 옮김, 푸른숲, 2005.

메리 E. 위스너 행크스, 『젠더의 역사Gender in History』, 노영순 옮김, 역사비평사, 2006.

에우리피데스, 『에우리피데스 비극 전집 1』, 천병희 옮김, 도서출판 숲, 2009.

『제4차 세계여성회의 북경선언·행동강령BEIJING DECLARATION』, 한국여성개발원, 1995년 12월.

크세노폰, 『경영론·향연』, 오유석 옮김, 부북스, 2015.

플라톤, 『소크라테스의 변명—크리톤·파이돈·향연』, 황문수 옮김, 문예출판사, 1999.

Apollonii Rhodii Argonautica. ed., H., Fraenkel, Oxford, 1961.

Aristoteles, *Lehrschriften. De Generatione animalium*, Paderborn, 1959.

————, *Politik I*, übers. E. Schütrumpf, Berlin: De Gruyter, 1991.

Brandes, H., Sexualität, H.J. Sandkühler, *Europäische Enzyklopädie zu Philosophie und Wissenschaften*, Bd. 4, Hamburg: Felix Meiner, 1990.

Cavarero, A., *Platon zum Trotz: Weibliche Gestalten der antiken Philosophie*, ed. G. Grassi, Berlin: Rotbuch Verlag, 1992.

Chang-Suk, Shin, *Imago Dei und Natura hominis: Der Doppelansatz der thomistischen Handlungstheorie*, Würzburg: Königshausen u. Neumann, 1993.

Hesiod, *Theogonie*. übers. Albert von Schirnding, Zürich/Düsseldorf: Artemis und Winkler, 2002.

Laertius, D., *Leben und Meinungen berühmter Philosophen*, übers. O. Apelt, Hamburg: Felix Meiner, 2015.

Lerner, G., *Die Entstehung des Patriarchats*, München: Campus Verlag, 1997.

제2장

중세철학과 여성철학자

받아쓰기: 콘라드 폰 뷔르츠부르크
(Konrad von Würzburg, 1220경~1287)**의 초상**

[중세 독일 민네장Minnesang 필사본의 미니어처,
Meister des Codex Manesse (Grundstockmaler),
Public domain, via Wikimedia Commons]

현대는 동양이든 서양이든 문화적으로 중세의 유산에 의존하는 부분도 많고 또 기대하는 바도 크다. 여기서 중세란 서양 관점의 중세시대를 말한다. 그러나 바로 이 중세시대에 동양과 서양이 본격적으로 접촉하고 서로 막대한 영향을 끼치기 시작했다. 서양의 중세가 절정기로 치닫던 13세기 초반에 제4차 십자군이 유럽을 벗어나 동방으로 진격했으며, 이어서 마치 답방이라도 하는 듯 아시아에서 출발한 몽골군이 러시아를 거쳐 그야말로 난데없이 유럽에 출몰했다. 20세기 세계대전이 일어나기 700년 전의 이런 사태야말로 가장 극적인 동서양의 만남이었다.

서양 중세는 소위 필로소피아philosophia를 학문의 근간으로 삼았다. 필로소피아로서의 철학이란 원래 서양의 고유한 학문을 의미한다.[1] 또한 '지혜에 대한 사랑 philo-sophia'에서 지혜를 뜻하는 라틴어형 '소피아sophia'는 언어적으로 남성형이 아니라 '여성형' 명사이다. 소피아는 문화 전반에서도 '여신'으로 등장한다. 또한 지혜는 그야말로 문법적 성에서도 여성femininum이다. "붓이 칼보다 강하다"는 말처럼, 여성적 지혜는 남성적 무력

1 마리트 룰만 외, 『여성철학자』, 이한우 옮김, 푸른숲, 2005, 14쪽.

보다 강하다. 그러나 이는 주로 상징의 세계에서나 남아 있는 일이다. 그리스 문화에서 학문의 역사가 시작된 이래 20세기에 이르기까지 '철학'이 전반적으로 남성 중심으로 전개된 것은 부정할 수 없는 사실이다. 그럼에도 불구하고 "위대한" 여성철학자들을 길러 낸 중세시대라는 관점에서 중세철학을 탐방해 보고자 한다.

철학을 양분하는 서양철학과 동양철학이라는 구분은 그 자체로 역사적 모순을 내포하는 말이다. 왜냐하면 철학이라는 개념은 서양에서 그리스시대의 학문을 전거로 하여 중세시대에 대학의 발생과 함께 성립되는 서양의 학문체계와 학문구조를 말하기 때문이다. 철학에 상응하는 동양의 학문을 꼽는다면 유학儒學이나 불학佛學이 될 것이다. 따라서 여기서 철학philosophia이란 서양철학을 말하며, 여성철학자 역시 굳이 말하자면 철학의 전개와 발전에 기여한 서양 여성철학자를 말한다.

중세철학사는 철학의 본격적 전개에 해당한다. 중세철학사를 대표하는 스콜라철학의 바탕에는 거대하고 복합적인 심층부가 존재한다. 따라서 먼저 스콜라철학의 전개 과정을 두루 살핀 다음에, 다른 시대에 비해 특별히 수많은 여성철학자를 키워 낸 중세의 심층부를 들여다봐야 할 것이다.

1
중세철학의 특성과 시대 구분

중세시대는 명칭 자체가 그리스도교 중심의 구분이다. 중세는 예수 그리스도가 태어난 '주님의 해Anno Domini'를 시작으로 삼은 서기를 기준으로 하여 500년경에서 1500년경까지의 약 천 년의 기간을 말하기 때문이다. 중세시대는 476년 서로마제국이 패망한 다음 529년 동로마제국의 유스티니아누스Justinianus, 482~565 황제가 국교이던 그리스도교의 일치를 위해 플라톤의 아카데미아를 불태우면서 고대 그리스철학을 금지한 시점부터 시작되었다. 한편 중세시대는 유럽의 르네상스가 시작되고 마르틴 루터M. Luther의 종교개혁이 일어난 1500년경에 끝났다. 그러나 중세시대가 천 년에 걸쳐 지속되었다는 것을 상기한다면, 기원후 역사의 중심에 자리한 시대의 다양성과 역동성도 함께 기억해야 할 것이다.

중세시대의 지리적 근거는 라틴어를 사용하던 오늘의 유럽과 지중해 주변의 아프리카에 걸쳐 있었으며, 당시 유럽이 동방이라 부르던 아라비아 지역과 경계를 마주하고 있었다. 엄격한 의미의 중세中世란 라틴어 계열을 근간으로 하는 유럽 문화권의 시대 구분이다. 즉 중세는 라틴어라는 언어적 구분에서 출발하여 고대와 근세 사이의 역사적 구분으로 확장된 것이다. 물론 오늘날에는 거의 모든 문화권에서 고대, 중세, 근세라는 시대 구분을 일반화하여 적용하고 있다.

중세는 상식적으로 그리스 고대라는 문화적 권위와 근세라는 르네상스적 현실성의 중간에 처한 시대다. 그래서 중세는 가끔 그리스 고대의 여파이자 현대를 준비한 과도기에 지나지 않는다고 가볍게 생각되기도 한다. 이를 뒤집어 생각해 볼 필요도 있다. 그러면 중세는 고대에 생명을 불어넣어 문화적이고 학문적 가치를 새로이 발굴해 냈고, 근세의 학문과 문화에 기초를 제공하여 현대를 낳았다. 이런 의미에서 중세는 인류 역사의 중심부를 차지하고 있는 황금시대golden age요, 이후의 인류가 끊임없이 향수를 느끼고 회귀하려는 시대이기도 하다. 따라서 중세는 인류의 문화가 제대로 정착하지 못하고 타향살이를 한다고 느낄 때마다 다양한 학자에 의해 재조명되어 왔다. 중세가 가진 이러한 특성은 여성철학자들의 활동과 관련해서도 마찬가지 방식으로 재연되고 있다.

중세철학의 복합적 의미

일반적으로 말하는 세계사의 중세시대와 서양철학사에서 말하는 중세철학의 시대는 다른 방식으로 구분될 수도 있다. 특히 유럽을 중심으로 하는 관점에서는 그리스도교가 중세철학의 결정적 요인으로 자리 잡았기 때문이다. 동방의 유대인을 중심으로 발생한 그리스도교는 즉시 서방의 유럽으로 전파되기 시작했다. 그리스도교가 이스라엘에서 유럽 본토로 전파되는 과정에서 그리스 문화의 순수철학을 만나 대결과 타협을 거듭한 역사는 시대적으로 고대에 속한다. 그렇지만 그리스도교가 그리스철학을 만나고 수용하는 역사에 대한 서술은 중세철학에 포함된다. 이는 특히 중세철학이 학술 개념이나 학명을 정립하는 과정에서 두드러졌다. 유럽에서 '중세철학philosophia medii aevi'이라 부르는 것은, 어림잡아 말하더라도 다음과 같은 네 가지 복합적 의미를 가지고 있다.

첫째, 중세철학은 대체로 그리스도교 교부Pater들의 철학이었으며, 교부학Patrologia이란 학문으로 시작되었다.[2] 중세를 준비하던 초기의 중요한 철학자들로는 『신국론』의 저자 아우구스티누스Augustinus, 354~430,[3] 『철학의 위안』을 남긴 보에티우스Boethius, 480경~524,[4] 그리고 상당 기간 디오니시우스로 알려진 위-디오니시우스 아레오파기타Pseudo-Dionysius Areopagita를 들 수 있다.[5] 특히 서기 850년까지는 제대로 된 철학교육이 이루어지지 않았

---

2 독일어로 교부학은 'Patristik'라 하며, 그리스도교 교부들에 의한 신학과 철학을 의미한다. 교부학Patrologia이란 명칭은 개신교 신학자 요하네스 게르하르트J. Gerhard의 저서 『Patrologia』에서 사용되기 시작했다.

3 아우구스티누스, 『신국론』, 성염 역주, 분도출판사, 2004.

4 보에티우스, 『철학의 위안』, 정의채 옮김, 바오로딸, 2007.

5 500년경에 글을 쓰던 저자는 자신을 신약성서, 사도행전 17, 34에 나오는 사도 바오로의 제자라고 진술함으로써 디오니시우스로 알려졌지만, 시기적으로 다른 사람이기 때문에 위-디

으며 철학사에서 제외될 만큼 깜깜했다는 뜻에서 그야말로 '암흑시대'라고 부르기도 한다. 이로 인해 중세시대 전체를 암흑시대로 오판하는 경우도 있었다.

둘째, 서기 900년에서 1050년까지는 로마문명이 멸망한 이후 고대로부터 전해진 몇몇 원전을 보존하거나 해명하는 데 급급하던 시기였다. 다만 유럽을 통일한 카를 대제Carolus Magnus, 747경~814의 야심 찬 교육개혁으로 대성당에서 학교schola를 운영하는 구조가 형성되었다. 그러나 11세기 중반까지도 죽은 철학자들의 사회는 계속되었다. 요하네스 에리우게나Johannes Eriugena는 카를 대제의 궁정에 살면서 그리스 교부들의 저술을 라틴어로 번역하기도 하고 신플라톤주의를 소개하기도 했다. 또한 후일 실베스테르 2세Silvester II 교황이 된 게르베르트Gerbert von Aurillac, 950경~1003와 같은 연구가들은 수학과 천문학에 관한 고대 원전을 사용하기도 했다. 그러나 두 철학자는 이 시대의 예외로 간주될 정도이다.

셋째, 11세기 중반의 중세철학은 철학적 변증법을 신학에 접목한 투르의 베렌가리우스Berengarius Turonensis, ?~1088와 함께 출발했다. 이 시기에 소위 중세 여성철학자들도 서서히 이름을 드러내기 시작했다. 이후 중세철학은 캔터베리의 안셀무스Anselmus Cantuariensis, 1033경~1109로 이어졌으며, 다양한 역풍을 맞으면서도 끊어진 적 없는 플라톤과 아우구스티누스의 전통을 이어 갔다. 이런 사조는 역사적 '중세의 종말'을 넘어서서 현대의 실존철학에 이르기까지 영향을 끼친 철학의 큰 흐름 가운데 하나이다.

넷째, 중세철학은 아리스토텔레스적 사유방식과 증명방식을 개발하여 대학universitas을 설립하고 발전시킨 스콜라철학Scholastica의 시대를 맞

오니시우스란 이름이 붙었다.

이했다. 대략 12세기 중반에서 13세기 말까지로, 일명 '중세 황금기'라고도 부르는 찬란한 철학의 시대다. 스콜라철학 내지는 중세 황금기란 바로 다음과 같은 석학들의 시대를 일컫는다. '위대하다'는 호칭에 걸맞은 알베르투스 마그누스Albertus Magnus, 1200경~1280를 필두로, 그의 제자로 시대의 대표작 『신학대전』을 저술한 토마스 아퀴나스Thomas Aquinas, 1225~1274, 토마스와 활동 시기가 겹치는 이탈리아 비테르보Viterbo 출신의 보나벤투라Bonaventura, 1221~1274, 끝으로 영국 경험주의의 최전방 투사 로저 베이컨Roger Bacon, 1220경~1292경이 인류 역사에서 위대한 업적을 낳은 황금시대를 장식했다.

중세철학의 발단

중세철학은 초기와 중기 그리고 근세로 넘어가는 말기로 나누기도 한다. 사실 중세 초기라는 구분은 중세철학사에서 거의 의미가 없는 말이다. 중세 초기의 철학적 시도나 사상은 미미했기 때문이다. 최초로 유럽을 성립시킨 카를 대제는 이러한 철학적 암흑시대를 치유하기 위해 획기적인 교육개혁을 모색했다.[6] 그는 미개한 시기를 먼저 벗어난 잉글랜드의 신학자 앨퀸Alcuin, 735~804을 궁정으로 초빙하여 유럽의 교육개혁에 대해 자문을 구한다. 그 결과 카를 대제는 789년에 "보편적 권고Admonitio generalis"라는 말로 시작되는 칙령을 선포한다. 그는 황제의 이름으로 모든 그리스도교 주교좌성당과 수도원은 성직자의 교육을 위한 '학교schola'를 갖추어야 한다고 선언했다. 가톨릭 성직자들은 올바로 하느님을 경배하기 위해서라도

6 Angenendt, A., *Das Frühmittelalter*, Stuttgart/Berlin/Köln, 1990, 304쪽 이하 참조.

말하고 쓰는 단어의 의미를 분명하게 알아야 한다는 것이었다.[7] 이에 앨퀸은 권력과 지혜야말로 황제에게 필요한 것이라고 화답했다. 권력은 교만한 자를 누르고 약한 자를 보호하기 위한 것이며, 지혜는 예속된 자들을 충실히 보살피고 가르치기 위한 것이기 때문이었다.[8]

학교에서 사용되던 라틴어는 교육을 통해 정화되고 개선되어 중세를 넘어서까지 보편적 학술용어, 즉 학명으로 자리 잡았다. 그때부터 라틴어는 문법적으로 세련되어졌고, 유럽 모든 대학의 공용어가 되었다. 또한 라틴어는 그리스도교 신앙을 위해 봉사하는 가운데 그야말로 학문의 전환기를 마련했다. 이 전환기는 이후 전 시대에 걸친 인류의 교육 구조와 방향을 제시한 셈이었다. 결국 라틴어는 학교 문화, 즉 대학과 학문의 분류 그리고 학술적 관행을 창조하는 가운데 13세기의 중세 황금시대를 체계적으로 전개하는 공식 언어가 되었다.

11세기 중반부터 학교를 터전으로 싹트던 중세철학의 단초는 역사의 전체적 전개 과정에서 이해해야 한다. 11세기에는 농경 방법의 개선과 도시의 발달로 인해 괄목할 만한 경제 성장을 이룩했다. 기아에 헤매는 일은 흔치 않게 되었으며, 인구는 증가하기 시작했다. 미개한 문명이 어느 날 갑자기 농경 문제를 해결해 버렸다고 말할 수는 없다. 그러나 문화의 중심은 농경 지역에서 유럽 각지의 새로운 도시로 옮겨 갔다.

인류 문화에서 무역은 지속되고 있었지만, 특히 이때부터 비교적 급격하게 증가하기 시작했다. 유럽의 그리스도교 문화생활은 큰 수도원이나 주교관에 국한되지 않고 그야말로 도시를 중심으로 성행하기 시작했다. 도

---

7 Weinfurter, S., *Karl der Große*, München, 2013, 182쪽.

8 Alcuin, *De fide S. Trinitatis*, Epistula nuncupatoria, PL 101, 11D-12A 참조.

시의 발생과 번성은 중세철학을 성립시키는 데 특별한 역할을 담당했다. 도시는 오랫동안 농민들의 도시로 낙후되어 있었지만, 이제 새로운 바람이 부는 문화의 무대로 부상했다.

도시는 금융, 건축, 농업 이외의 분야로 세분화하는 분업을 일으켰으며, 봉건주의적 위상을 넘어서서 전개되는 공공의 헌법을 제정하면서 시민의 새로운 정체성을 일깨웠다. 시민들은 무엇보다도 도시의 주인이던 대주교나 귀족으로부터의 새로운 자유를 거듭하여 요구했다. 이로써 중세사회의 내부에 구속과 자유라는 대립 구도가 형성되었다.

이런 대립은 중세 초기까지만 해도 전혀 생각할 수 없던 일이었다. "12, 13세기에 '도시의 공기는 자유를 만든다'는 원칙이 점차 확립되었다 …… 도시는 리베르liber, 즉 자유와 법에 의해 보호받는 '자유인'의 휴식처로 간주되었다. 많은 사람이 점차 일자리와 빵과 정의와 머리를 가릴 지붕을 찾아 도시로 몰려들었다."[9] 그리스도교 중세 시민들의 자유의식은 제일 먼저 개혁수도회의 탄생이라는 역사적 현상으로 이어졌다.

세속화하고 타락한 교회에 대한 반작용으로 등장한 새로운 수도원들은 주로 「베네딕트 규범Regula Benedicti」을 명상적 삶의 모델로 삼았다. 수도자들은 점차 금욕적 독신주의를 확립했으며, 지역의 지배권으로부터 벗어나 수도원장과 교황에게 순명하는 삶을 추구했다. 수도자들은 행정적으로도 독립하여 수도원의 지도자를 직접 선출했다. 이와 같이 개혁수도회인 베네딕트회와 시토회, 클뤼니 수도원 등은 교황청으로부터 세속 권력에 대한 면책 특권을 보장받고 활동했다. 이런 수도회들은 정신적 야망과 육체적 욕망을 어떻게 대상화하고 다스릴 수 있는가를 당대에 보여 주었다. 개

9 프리드리히 헤르, 『중세의 세계』, 김기찬 옮김, 현대지성사, 1997, 66쪽.

혁수도회들은 그들을 지배하던 세속으로부터의 지양이라는 새로운 의식을 수도자뿐만 아니라 가톨릭의 일반 성직자들에게도 부여하게 되었다.

그레고리우스 개혁과 시민의식의 변화

중세다운 중세의 의식변화는 의외의 순간에 일어났으며, 그레고리우스 7세Gregorius VII, 1020경~1085 교황의 개혁으로부터 야기되었다. 1073년 로마에서 알렉산데르 2세Alexander II, 1010경~1073 교황의 장례미사를 올리고 있던 성직자들과 시민들 사이에서 "일데브란도Ildebrando를 교황으로!"라는 외침이 터져 나왔다. 그때나 지금이나 시민들이 교황을 직접 선출하는 일은 없었다. 그리스도교 중세에서 더욱 상상하기 어려운 자유의 외침은 교황청의 수석 부제에 지나지 않았던 일레브란도를 결과적으로 그레고리우스 7세 교황으로 선출하는 계기가 되었다.[10] 이는 중세 역사에서 획기적이던 그레고리우스 개혁Reformatio Gregoriana을 불러일으켰다. 물론 당시의 개혁은 황제나 제후들의 세속 권력으로부터 가톨릭 교권을 확립하는 것이었지만, 그래도 이전에는 볼 수 없던 개혁이었다. 그 내용은 대체로 다음과 같았다.

첫째, 교황 우위권의 재확인이었다. 이전에는 세속 우위권에 따라 황제가 교황을 선출한 적도 있었는데, 그때부터 가톨릭교회의 추기경들이 스스로 교황을 선출하게 되었다. 이로써 로마 가톨릭 사제단이 동의하는 교황 우위권이 확립되었으며, 동시에 세속 권력으로부터 가톨릭교회의 독립을 실현했다.

둘째, 성직 서임권의 회복을 통한 성직자들의 생활과 가톨릭교회의 쇄

10 일데브란도Ildebrando di Soana 또는 힐데브란트Hildebrand는 교황 그레고리우스 7세가 로마교황청의 수석부제로 일할 때까지의 이름이다. 부제는 사제를 돕는 직책 내지는 사제가 되기 전 단계의 성직자다.

신이었다. 당시 세속 권력의 성직 서임권으로 인해 성직이 매매되기도 하고 교회의 재산이 남용되기도 했다. 나아가 타락한 성직자들의 결혼, 축첩과 같은 부패도 조장되었다. 그런데 교황의 서임권 회복으로 주교와 성직자들의 권한이 강화되었으며, 교권이 로마에 집중됨으로써 교회의 다양한 병폐를 해소할 수 있었다.

이러한 개혁을 상징적으로 보여 주는 사건이 1076년 말부터 시작된 '카노사의 굴욕'이다. 성직 서임권을 차지하려던 신성 로마제국Sacrum Romanum Imperium의 황제 하인리히 4세Heinrich IV, 1050~1106는 가톨릭교회로부터 파문을 당하자, 카노사에서 그레고리우스 7세에게 무릎을 꿇고 용서를 청할 수밖에 없었던 것이다. 이는 교황권의 확립을 만방에 알리는 역사적 사건이 되었다.

그레고리우스 7세 교황의 개혁은 성직 서임권과 관련해서는 격렬한 논쟁을 거치기도 했다. 서임권은 단순히 국경을 초월하는 교황권의 지위를 높이는 데 국한된 것이 아니었기 때문이다. 논쟁의 양상 또한 형식적 기량만 발전시키는 것이 아니었다. 정치적 논쟁은 통치권을 굳히기도 했지만, 흔들어 버리기도 했다. 나아가 이런 논쟁은 종래의 생활양식에 대해 자명한 이해를 촉구했을 뿐만 아니라, 당연하게 받아들이던 질서에 대해서도 문제를 제기했다.

베렌가리우스의 변증법적 사고와 중세의 전환

첫 번째 밀레니엄의 해, 서기 1000년이 다가오면서는 아리스토텔레스의 논리학과 보에티우스에 대한 관심이 일어났던 반면에, 1050년경에는 변증법dialectica에 대한 관심이 뜨거워졌다. 변증법은 학교schola 설립과 함께 태동한 자유기예학이라는 교양 과목의 하나였지만, 점차 토론의 핵심 기술,

그야말로 논쟁을 위한 변증법으로 발달했다. 특히 투르의 베렌가리우스는 변증법을 로마가톨릭의 '최후만찬' 교리에 그대로 적용하는 위험한 토론을 불러일으켰다. 이 토론은 단순한 신학 내적인 논쟁이 아니라, 정치와 문화 심지어 국가적 충돌까지 야기시켰다.[11]

사제들은 미사의 성찬식에서 빵을 들고 주저 없이 "이 빵은 내 몸이니라", 즉 그리스도의 몸이라고 선언했고, 또 사람들은 묻지도 따지지도 않고 그냥 성체의 기적으로 받아들였다. 변증법을 배운 베렌가리우스는 달랐다. 이 빵이 그리스도의 몸이 된다면, 이 빵에 도대체 무슨 일이 일어나는가? 사제가 제대에서 말하는 "이 빵은 내 몸이니라"라는 문장을 베렌가리우스는 순수 의미론적으로 분석했다. 그 결과 베렌가리우스는 그리스도의 몸이 이 빵 안에 현존한다는 의미가 될 수 없다고 단언했다. 그는 이 문장에 대해 문법과 변증법의 규칙을 지킬 것을 요구했다. 결국 베렌가리우스는 '이 빵'의 지시대명사 '이'는 빵의 실체를 나타낼 뿐이라고 주장했고, 반대파는 그 빵이 '실체적으로substantialiter' 그리스도의 몸이 된다고 주장했다. '실체적으로'라는 말은 순수철학 개념이지만, 반대파는 가톨릭 교리에 따라 성찬식을 통해 빵의 실체가 그리스도의 몸으로 대체되었다고 말할 수밖에 없었다.

1059년 라테란Lateran 공의회는 결국 베렌가리우스에게 단순한 빵이 아닌 그리스도의 몸이 "신자들의 입안에서 부서진다"는 것을 서약하도록 강요했다. 그러나 베렌가리우스는 죽음의 위협을 무릅쓰고 '이 빵'의 실체substantia와 우유accidens를 변증법적으로 분석했다. 결론적으로 그는 실체

11 K. 플라시, 『중세철학 이야기』, 신창석 옮김, 서광사, 1998, 88쪽 이하 베렌가리우스의 논증 전체를 참조하라.

를 물리적 물체로 간주하는 유사 물질적이고 원시적인 실재 개념을 비판했으며, 성찬식을 통해 그리스도가 오로지 정신적으로 빵 안에 현재한다는 실재 개념을 확보했다.

베렌가리우스는 자신의 철학적 기조를 포기할 수 없었다. 인간은 '하느님의 모상imago Dei'으로서 사유하는 존재이며, 모상의 존엄성에 따라 사유의 논리적 법칙과 진정한 존재의 법칙을 따라야 한다는 것이었다. 현실적으로 베렌가리우스는 11세기의 변증법을 증명해 보였지만, 그의 철학은 세기의 이단으로 내몰리고 말았다.

베렌가리우스의 변증법 사건은 관념의 역사뿐만 아니라 중세 역사의 전환점이 되었다. 가톨릭교회는 문법학자나 변증론자를 단죄할 수는 있었지만, 철학적 지식을 무시할 수는 없었다. 오히려 교회는 변증법과 문법을 가톨릭 교리를 위한 도구로 삼으려 했다. 베렌가리우스로 인해 단련된 가톨릭 성찬교리는 성직자들의 새로운 역할에 가치를 부여했으며, 성스런 빵을 전해야 하는 사제들의 독신제도를 확립하는 데 기여했다.[12] 그야말로 그리스도의 몸을 나눠 주는 사제의 손으로 여자의 몸을 만져서야 되겠는가?

안셀무스의 합리적 신앙

1050년대에 베렌가리우스의 분위기를 잇는 또 한 사람의 기이한 인물이 등장했다. 역시 신앙의 합리성을 주장한 안셀무스다. 이성적 논증에 투신한 독불장군 베렌가리우스와는 달리, 안셀무스는 전통적 입장에 서 있던 란프랑크Lanfrank, 1010~1089의 제자로 성장했다. 스승 란프랑크는 제자에게 성서의 가치와 교부들의 권위를 중요하게 가르쳤으며, 자신의 영국 캔터베

---

12 K. 플라시, 같은 책, 95쪽.

리 주교직도 물려주었다. 주교가 된 안셀무스는 '캔터베리의 안셀무스'로 널리 알려질 정도였다. 그렇지만 안셀무스 자신은 학문적 관점에서는 성서와 교부들의 인용을 업신여겼다. 나아가 그는 베렌가리우스와 마찬가지로 개념의 필연성과 이성의 합리성을 학문적 기초로 삼았다.

캔터베리의 안셀무스 역시 변증법과 문법을 자신의 무기로 갈고 닦았다. 그러나 그는 베렌가리우스와는 달리 자신의 무기를 성찬교리를 분석하는 데만 사용하지는 않았다. 안셀무스는 아우구스티누스의 관점을 받아들여 이성의 필연성을 근거로 하는 세계관을 구축해 나갔으며, '신앙의 합리성ratio fidei'을 위한 철학을 추구했다. 그는 1070년에서 1090년 사이에 신앙에 내포된 진리를 해설하기 위한 종교적 권위를 의식적으로 내던져 버렸다. 그런 다음 신앙에 대한 지극히 합리적 방법론을 개발했다. 이제 권위 말고 이성으로 신앙을 설명하겠다는 것이다.

안셀무스는 『프로슬로기온』에서 개념의 의미 분석을 통해, 하느님은 존재하지 않는 것으로 생각될 수 없다는 사실을 이성적으로 논증하고자 했다. 그는 또한 모든 사유하는 존재에 있어서 가장 중요한 신앙의 진리는 이성의 힘에 의해 이성 자체에 주어질 수 있다는 것을 증명하고자 했다. 안셀무스는 무신론자를 어릿광대로 가정해서 자신의 신존재증명을 다음과 같은 이야기로 제시했다.

우리는 실로 하느님이야말로 그보다 더 큰 것이라고는 아무것도 생각될 수 없는 어떤 것이라는 사실을 믿습니다. 그 어릿광대가 진심으로 하느님은 존재하지 않는다고 말했다고 해서, 결국 그러한 것은 없는 것입니까? 그러나 그 바보가 내가 **그보다 더 큰 것이라고는 아무것도 생각될 수 없는 어떤 것**이라고 말하는 것을 듣는다면, 그는 들은 바를 틀림없이 이해할 것입니다. 그리고 비록 그가 그런 것이 실존한다는 것을 보지는 못하더라도, 그가 이해하는 그 무엇은 그의 이성 안에 있습니다.

왜냐하면 하나의 사물이 이성 속에 있다는 것과 그 사물이 실존한다는 것을 통찰하는 것은 다른 사실이기 때문입니다. 화가가 만들어 낼 것을 미리 생각한다면, 그가 만들 것을 이미 이성 안에 가지고 있겠지만, 그가 아직 만들어 내지 않은 그것이 실존한다는 사실을 인식하지는 못합니다. 그러나 화가가 그것을 이미 만들어 내었다면, 이미 만들어 낸 것을 이성 속에도 가지고 있을 것이요, 또한 그것이 실존한다는 것도 통찰할 것입니다.

그러므로 그 어릿광대는 적어도 그보다 더 큰 것이라고는 아무것도 없는 어떤 것이 이성 속에 있다는 사실에 설득될 것입니다. 그가 그것을 듣는다면 이해하고 또 이해된 것은 이성 속에 있기 때문입니다. 그리고 틀림없이, 그보다 더 큰 것이라고는 아무것도 생각될 수 없는 것은 오직 이성 속에서만 있을 수는 없습니다. 그것이 적어도 단지 이성 속에만 있다면, 그보다 더 큰 것은 현실 속에도 존재한다고 생각될 수 있기 때문입니다. 그러므로 그보다 더 큰 것이라고는 아무것도 생각될 수 없는 것이 단지 이성 속에만 존재한다면, 결국 그보다 더 큰 것이라고는 아무것도 없는 바로 그것은 그보다 더 큰 것이 생각될 수 있는 것이 되어 버립니다. 그러나 결코 그럴 수 없습니다. 그러므로 의심의 여지없이 **그보다 더 큰 것이라고는 아무것도 생각될 수 없는 것**은 이성 속에 존재할 뿐만 아니라 현실 속에도 존재합니다.[13]

안셀무스가 이 증명에서 제시하는 것은 하느님의 명칭, 즉 철학적 신神

13 Anselmus Cantuariensis, *Proslogion*, cp.2, Lateinisch—deutsche Ausgabe, ed. von F.S. Schmitt, Stuttgart, 1962, 84~87쪽.

개념이다. 무신론자든 유신론자든 신 개념에 대한 공통의 정의를 바탕으로 토론할 수 있다는 것이다. 안셀무스는 하느님을 "그보다 더 큰 것이라고는 아무것도 생각될 수 없는 어떤 것"으로 정의를 내렸다. 그렇다면 그보다 더 큰 것이라고는 아무것도 생각될 수 없는 어떤 것은 그야말로 사고 속에 존재할 뿐만 아니라 현실에도 존재하지 않으면 안 된다. 그래야만 신 개념의 정의에 부합하기 때문이다.

어쨌든 안셀무스의 논증은 11세기에 실시되던 학교의 문법과 변증법이 낳은 천재적 결실이었다. 그의 증명은 당대에 가우닐로Gaunilo, 11세기경라는 적수를 만나서 치열한 논쟁을 주고받았다.[14] 나아가 안셀무스의 증명은 이후 철학적 방향을 결정하는 잣대가 되기도 했다. 예를 들어, 토마스 아퀴나스와 근세의 임마누엘 칸트I. Kant는 안셀무스의 증명을 비판하고 부정한 반면에, 둔스 스코투스Duns Scotus, 1266~1308를 비롯하여 데카르트Descartes, 라이프니츠Leibniz, 셸링Schelling, 헤겔Hegel과 같은 철학자들은 원칙적으로 이 증명을 인정했다.[15]

중세 대학의 성립

12세기로 접어들면서 '학교'는 교육 문화로 정착되었고, 라틴어는 세련된 학술용어로 정화되었다. 이제 학교보다 더 높은 차원의 대학universitas 문화가 신생 도시들을 중심으로 형성되었다. 각 도시의 대학은 유럽을 기

---

14 가우닐로는 11세기 베네딕트회 수사로서 서신을 통해 안셀무스의 광대를 대신하여 그 유명한 "잃어버린 섬"의 비유로 논쟁을 벌였다. 대주교였던 안셀무스 또한 무명이던 가우닐로 수사의 반박 문헌이 소실될 것을 우려하여 자신의 논증저서 『Proslogion』과 나란히 기록되도록 명령해 두었다.

15 논쟁의 상세한 전개는 역시 K. 플라시, 『중세철학 이야기』, 111~115쪽을 참조하라.

반으로 세계화의 발걸음을 내딛기 시작했다. 이후 대학 문화는 시간적으로는 거의 천 년을 넘어 와 현대까지, 공간적으로는 지구촌 전체의 교육 문화를 섭렵하기에 이르렀다.

그렇다면 대학은 어떻게 탄생했고 또 어떻게 세계의 교육구조로 발전하게 되었는가? 중세 대학은 도시의 발생과 책의 등장 그리고 대학인들의 유랑이라는 세 가지 요인에 의해 발생했으며, 또한 이런 요인들이 활성화되면서 유럽 전체로 전개되었다.

첫째로, 도시는 자연적 환경이 허용하는 그 이상의 인구가 모여 제도와 규정에 따라 살아가는 인위적 공간이다. 알고 싶은 자, 책을 읽고 싶은 자, 앎을 통해 신분 상승을 꾀하는 자, 무역으로 부를 축적하고 싶은 자, 사회적 출세를 원하는 종교와 정치의 예비 지도자, 법률가나 의사가 되고 싶은 자들이 몰려들어 도시를 형성하게 되었다. 따라서 대성당이나 대수도원의 학교가 있던 도시부터 우선적으로 대학이 들어섰다. 먼저 프랑스의 파리Paris, 샤르트르Chartres, 투르Tours, 이탈리아의 볼로냐Bologna와 나폴리Napoli, 스페인의 톨레도Toledo, 영국의 캔터베리Canterbury와 옥스퍼드Oxford, 독일의 쾰른Köln과 하이델베르크Heidelberg의 학교들이 일찍부터 대학의 면모를 갖추었으며, 경쟁하는 도시들도 속속 대학을 준비하기에 이르렀다. 따라서 유럽에는 대체로 하나의 도시에 하나의 대학이 운명 공동체처럼 동반 성장했다. 도시는 의사, 법률가, 성직자와 같은 전문가를 필요로 했고, 대학은 지식을 전개할 경제력과 권력을 갖춘 최적의 환경이 필요했기 때문이다. 따라서 도시는 대학의 요람이었다.

둘째로, 책의 등장은 유럽의 문화 지배권을 전사에게서 학자에게로 넘기는 계기가 되었다. 당시 책은 고가의 귀중품이었기 때문에 대농원이나 성채와 같은 엄청난 가치를 지녔다. 책이 있는 곳에는 전문지식을 배우려는 사람들이 모였으므로, 인재를 모집하여 도시를 발전시키고 싶은 지도자는 우선 책을 소장해야만 했다. 12세기 대학이 설립될 당시 권력자들의 도서관에 소장되어 있던 책은 대체로 성서와 자유교양 일곱 과목, 교부들의 저술, 십자군전쟁 이래로 동방에서 서방으로 수용되던 아리스토텔레스의 저술들이었다.

셋째로, 유랑은 중세 대학인들의 특징적 생활방식이었다. 대학생들은 지식과 진리로 인도할 교수를 찾아 서슴없이 국경을 넘나들었고, 교수들은 자신의 지식을 펼치고 경력을 쌓을 도시와 학생들을 찾아 도시에서 도시로 이동했다. 나아가 그리스도교 유럽에서 진행된 대학생과 교수들의 이동은 당시 가톨릭의 보편주의를 지향하고 있었다. 이런 의미에서 가톨릭은 '보편'을 뜻하는 그리스어 '카톨루스katholous'에서 파생한 의미 그대로 보편주의를 표방했다. 오늘의 '세계화' 역시 대학이 지향하던 보편주의의 다른 이름에 지나지 않는다.[16]

예를 들어, 이탈리아 출신이자 독일 종족이던 토마스 아퀴나스는 현재의 이탈리아 나폴리대학에서 학업을 시작했고, 파리대학을 다니다가 독일의 쾰른대학에서 알베르투스 마그누스의 제자로 수학했으며, 서른 살이 되기 전에 프랑스 파리대학의 교수로 초빙되었다. 그 후 토마스는 수도회의 임무를 띠고 잠시 파리를 떠났다가 다시 파리대학 교수로 재직했으며, 결국에는 이탈리아 나폴리대학의 총장으로 돌아와 대학생활을 마감했다. 그의 인생행로는 당시 '대학의 삶vita universitatis'을 보여 주는 대표적 사례 가운데 하나이다.

---

16 '세계화globalization' 개념은 지구, 천구 내지는 무리를 의미하는 라틴어 '글로부스globus'에서 파생되었다.

스승과 책을 찾아 도시로 이동하던 대학생들은 유럽에서 첨단 문화를 전하는 학문과 문화의 선구자들이었다. 그들은 대학생들의 노래 '카르미나 부라나carmina burana'를 불렀으며, 정신적 유행을 지배하는 가운데 초국가적 여론을 형성했다. 결국 대학생과 교수들은 다국적 봉건 제후들의 권력으로부터 독립된 학문의 자유를 구사하기 위한 초국가적 '조합' 내지는 '연합체'를 구성하기에 이르렀다. 이것이 이른바 '하나unius의 버전versio'을 의미하는 '대학교universitas' 명칭의 기원이다.

역사적으로 최초의 대학이 파리대학과 볼로냐대학 둘 중 어느 대학인지는 아직까지도 분명하지 않다. '볼로냐대학'은,[17] 1158년에 프리드리히 1세Friedrich I Barbarossa, 1122~1190 황제로부터 면학을 위한 법적 특권Authentica habita을 받았다.[18] 황제는 학생과 교수에게 국가 경찰에 의한 체포의 면제, 볼로냐 지역의 지배권자가 아닌 교수 또는 주교 앞에서만 재판받을 권리, 지역 주민에게 금전을 빌려주지 않을 권리 등을 법적으로 부여했다. 특히 볼로냐대학에는 학생들의 주도로 구성된 대학생 길드Guild가[19] 있었으며, 후일에는 교황의 보증까지 얻어 내어 소위 최초의 대학으로 성립되었다.

파리대학은 진리를 찾아 유랑하던 학생들이 파리 센강 옆의 노트르담 대성당학교로 모여들면서 시작되었다. 지식에 열광하던 그들은 말하자면

---

17 원명은 Università di Bologna이다. Kintzinger, M., *Wissen wird Macht: Bildung im Mittelalter*, Ostfildern, 2007, 153~154쪽 참조.

18 Schalm, A., *Die Authentica "Habita" Friedrich Barbarossas von 1155/58—Ihre Entstehung und die Folgen*, Norderstedt, 2008, 4쪽 참조.

19 영어 길드는 당시 지역의 언어였으며, 독일어로 춘프트Zunft, 이탈리아어로는 아르티Arti라고 불렀다. 길드의 원래 라틴어 명칭은 콜레기움collegium이며, 복수형은 콜레기아collegia이다. 콜레기움은 로마시대에 생겨나 카를 대제 시절에 법적 지위를 획득하며, 중세의 다양한 직종 분야에 걸쳐 조합 내지는 연합의 조직으로 결성되었다. 학문하던 사람들도 콜레기움을 조직했으며, 영어 형태의 칼리지college들은 영어권 대학의 근간을 이룬다.

학문 분야의 길드, 즉 '교수와 학생들의 연합'을 구성했다.[20] 이 연합체는 그냥 만들어진 것이 아니라 교황과 황제, 파리의 왕과 시민들 사이의 오랜 갈등과 타협을 거쳐 비로소 법적 지위를 획득한 것이었다. 교황 첼레스티노 3세Caelestinus III, 1106~1198는 1190년에 최초로 이 연합체에 자치권을 부여했다. 이어서 1198년에는 교황 인노첸시오 3세Innocentius III, 1160경~1216가 자치권을 보장했다. 1200년에는 프랑스의 필리프 2세Philipp August II, 1165~1223 왕이 교수와 학생들을 위한 최초의 행정적 특권을 부여함으로써, 소위 소르본Sorbonne을 핵심으로 하는 파리대학의 역사가 시작되었다.

파리대학을 만든 위인들과 파리대학이 배출한 학문적 위인들이 결국 스콜라철학의 터전을 닦아 나가게 되었다. 이러한 위인들 가운데 처음 파리에서 두각을 드러낸 청년은 철학자 아벨라르Abaelardus, 1079~1142였다. 파리가 그냥 유럽의 중심지가 아니라 교육의 중심지가 되어 갈 때쯤이었다. 아벨라르는 수많은 학생을 파리의 대성당학교로 끌어 모았으며, 이 학교의 역동성이 결국 파리대학이 되었다. 당시 그의 제자 중에는 영국의 학문을 주도할 솔즈베리의 요하네스Joannes Salisberiensis, 1115경~1180도 있었다. 아벨라르는 대학을 탄생시킨 새로운 지식의 내적 경향을 구현했을 뿐만 아니라 외적 조직을 통해 대학운동을 펼치는 효시가 되었다.[21]

아벨라르는 교수 중의 교수라는 명성을 얻으면서 12세기의 가장 중요한 철학자가 되었다. 후일 한 교황은 그를 단죄했지만, 첼레스티노 2세 Caelestinus II, 미상~1144 교황은 그의 제자이기도 했다. 아벨라르는 새로운 방법론을 통해 철학과 신학뿐만 아니라, 12세기에 드디어 싹트기 시작하던 법

20 라틴어 원명은 'universitas magistrorum et scholarium'이다.

21 Rashdall, H., *The Universities of Europe in the Middle Age*, Vol. I, Oxford, 1936, 43쪽 이하.

학을 학문의 하나로 부각시켰다. "아벨라르는 새로운 것을 가르치고, 새로운 것을 적었다."[22] 이 말은 칭찬이 아니었다. 저명한 반대파들이 비난하는 말이었는데, 실제로 아벨라르는 유럽의 철학사와 문화사에 참으로 새로운 장을 열었다. 아벨라르는 신앙으로부터 학문을 구별해 냈고 또 지식인을 대표하는 프로라는 의미에서 최초의 전문직 교수professor였다. 그는 제자들에게 스스로를 새로운 지식을 발굴하는 철학자philosophicus로 부르도록 요구하기도 했다. 나아가 아벨라르는 이곳 파리에서 후일 위대한 여성철학자가 될 엘로이즈를 가르치면서 그야말로 더는 일어날 수 없는 사랑의 비극을 연출하기도 했다.[23]

중세 대학의 세계화

13세기 초반에 파리대학으로부터 유럽의 수많은 대학이 파생하게 되었다. 축제에서 일어난 우연한 사건이 기폭제가 되었다. 1228년 전 유럽의 학생들이 몰려든 파리의 사육제에서 파리시의 군인들과 대학생들 사이에 패싸움이 벌어졌다. 불행하게도 파리대학의 한 학생이 살해되고 말았다. 이에 자치권을 가진 파리대학 측은 파리시 당국에 살인사건에 대한 적절한 조처와 안전 보장을 요구했다. 그리고 만약 1개월 내에 파리시가 이 요구를 실행하지 않으면, 다른 도시로 이주하겠노라고 경고했다. 그럼에도 이 경고는 무시되었고, 결국 1229년 파리대학은 해산해 버렸다. 그들은 6년 뒤에도 충분한 조처와 보장이 이루어지지 않으면 파리로 귀환하는 일은 없을 것이라고 선언하고, 다른 지역이나 고향으로 홀연히 떠나 버렸다.

---

22 Wilhelm von St. Thierry, "Epistola ad Gaufridum Carnotensem et Bernardum Abbatem", PL 182, 1933, 531쪽.

23 K. 플라시, 『중세철학 이야기』, 149쪽 이하 참조.

파리를 벗어나 오를레앙Orléans으로 이주한 교수와 학생들은 실제로 1235년쯤 교양 중심의 오를레앙대학을 설립했다.[24]

파리대학의 해산에는 다른 정치적·사회적·종교적 문제도 얽혀 있었다. 교황과 황제의 권력 투쟁, 개혁 수도자들과 일반 성직자들 사이의 알력, 다국적 대학생들과 도시민들의 문화적 갈등이 이미 피비린내를 풍기고 있었다. 파리대학의 이주를 기회로 그레고리우스 9세Gregorius IX, 1145경~1241 교황은 칙령을 통해 세속의 권력으로부터 자신의 권위를 지키고 대학의 자치권을 보호하고 싶었다. 그래서 교황은 "학문의 어머니parens scientiarum"로 시작되는 칙령「학문의 어머니」를 반포했다. 이것이 소위「대학의 마그나 카르타Magna carta」, 곧 최초의 대학헌장이다.[25]「학문의 어머니」는 프랑스의 국왕과 파리의 대주교 그리고 성직자들과 시민뿐만 아니라 결국 전 세계를 대상으로 학문하는 대학인들의 특권을 공고히 하는 장엄한 칙령이었다.「학문의 어머니」는 최고 교육기관에 '우니베르시타스universitas'라는 명칭을 최초로 부여했으며,[26] 이후 파생되는 모든 대학의 자치권을 보장하는 법적 근거가 되었다.

파리대학의 이주 사태는 지역 권력에 저항한 스트라이크 내지는 데모였지만, 대학 발생사에 뜻밖의 결과를 초래했다. 파리대학은 이미 국제적 면모를 갖추고 있었으며, 당연히 영국 출신의 학생들도 있었다. 당시 영국의 왕 헨리 3세Henry III, 1207~1272도 대학의 세계화에 대한 감각을 가지고 있었다. 그는 파리대학의 영국 출신 인재들에게 고국으로 돌아올 것을 정중하

24 d'Irsay, S., *Histoire des universités françaises et étrangères, des origines à nos jours. Tome I, Moyen Âge et Renaissance*, Paris, 1933, 193~195쪽 참조.

25 Gregorius IX, Bulla "parens scientiarum", www.hs-augsburg.de 참조.

26 Parens scientiarum: Universitas magistrorum et scholariorum parisiis commoratium.

게 요청했다.[27] 이에 영국 출신의 교수와 학생들은 옥스퍼드 지방으로 몰려갔다. 그곳에는 이미 도미니코회와 프란치스코회 수도자들이 소규모 칼리지를 형성하고 있었기 때문이다. 수도자들과 파리에서 온 인재들은 기존의 칼리지를 중심으로 옥스퍼드대학을 설립하고 발전시키는 데 결정적 역할을 했다.[28] 또한 파리에서 고국으로 돌아온 일부 학생과 교수들은 케임브리지Cambridge로 갔다. 그들 또한 새로운 칼리지를 만들었으며, 결국 케임브리지대학으로 키워 냈다. 가까운 두 대학은 합쳐서 '옥스브리지Oxbridge'라 불리게 되었으며, 영국을 대표하는 세계적 명문으로 이름을 떨치게 되었다.

13세기에 일어난 파리대학의 해체는 역사적으로 대학의 세계화를 실현했다. 파리대학의 이주는 대학헌장「학문의 어머니」를 통해 세속 권력으로부터 학문을 해방시키는 동시에 유럽 대륙을 넘어서까지 수많은 신생 대학을 파생시키는 계기가 되었다. 파리대학은 지금까지도 문화와 예술의 도시 파리에서 신학과 철학을 떠받드는 소르본을 중심으로 고고한 자태를 지키고 있다.

13세기에 들어서면서 젊은 나이에 가톨릭 개혁수도회에 수도자로 입회한 다음, 대학생으로 파리대학에서 배우고, 졸업 후에는 교수로 대학에서 가르치는 철학자들이 속속 등장했다. 이들은 또한 유럽의 대학들을 세우면서 공부하고 유랑하는 가운데 학교의 철학을 만들어 갔으니, 그것이 '스콜라철학'이다. 파리대학과 관련해서는 알베르투스 마그누스, 보나벤투

---

27 Cardini, F., *Universitäten im Mittelalter[=Antíche università d'Europa]*, Deutsche Ausgabe, München, 1991, 70쪽.

28 Leader, D.R., *A History of the University of Cambridge: Volume 1, The University to 1546*, Cambridge University Press, 1989, 276쪽 이하 참조.

라, 토마스 아퀴나스와 같은 철학자들이 중세 황금시대의 스콜라철학을 이끌어 나갔다.

옥스퍼드와 케임브리지의 모든 칼리지를 터전으로 삼은 영국의 위인들도 언급하지 않으면 안 될 것이다. 옥스브리지는 앵글로-색슨적이고 경험적 태도를 고수하는 학문적 전통을 세워 나갔다. 13세기에는 프란치스코회 수도자요 아리스토텔레스 번역가요 논리학의 대가이던 로버트 그로세테스트Robert Grosseteste, 1175~1253가 옥스퍼드를 중심으로 활약했다. 그는 1224년 옥스퍼드대학의 초대 총장이 되었으며 후일 링컨교구의 주교가 되었다. 또한 프란치스코회 수도자 로저 베이컨은 놀라운 학문적 경력으로 '경이로운 박사Doctor mirabilis' 호칭을 받았다. 그는 옥스퍼드대학과 파리대학을 오가며 활약한 경험론의 투사요 과학자다. 특히 베이컨은 아리스토텔레스적 스콜라철학을 상대로 "실험 과학적" 스콜라철학을 세웠으나, 가톨릭교회로부터는 단죄되기도 했다. 이후 둔스 스코투스, 윌리엄 오컴William of Occam, 1288경~1347 등으로 이어지는 영국 계열의 학맥은 수도회의 이름을 따라 프란치스코학파라고 불리기도 한다.

여성들에게는 불행하게도 옥스브리지의 학칙에는 일찍부터 "여성은 칼리지의 구성원이 될 수 없다"는 조항이 들어 있었다. 심지어 1874년까지도 칼리지 학생들에게는 원칙적으로 결혼마저 금지되어 있었다. 1750년경 여류시인 엘리자베스 몬태규E. Montagu, 1718~1800와 엘리자베스 베시E. Vesey, 1715~1791의 문학토론 살롱에 여성해방을 암시하는 '블루 스타킹Blue stocking'이라는 말이 처음으로 맴돌았다. 이런 분위기가 케임브리지대학에도 전해져 초기 페미니스트 사라 데이비스Sarah E. Davies, 1830~1921는 1869년에 최초로 여학생 기숙학교 형식의 거튼Girton 칼리지를, 1875년에는 두 번째 뉴햄Newham 칼리지를 설립하게 되었다. 세 번째로는 '여성교육협회'가 비로소 옥스퍼드대학에 '레이디 마거릿 홀LMH' 칼리지를 세웠다. 유럽 본토에서는 1900년이 되어서야 비로소 독일의 프라이부르크Freiburg대학과 하이델베르크Heidelberg대학에 여학생들이 입학할 수 있었다.[29] 한편 여학생들에게 학위를 인정한 것은 1920년 옥스퍼드대학이 처음이었다.

대결과 조화의 중세 황금기와 스콜라철학

'중세 황금기' 내지는 '중세 전성기'란 말은 단점과 장점을 함께 가지고 있다. 단점이란 역사적으로 중세 황금기에 대한 문화적 근거가 미미하다는 사실과, 사상적으로 잔인할 만큼 격렬한 갈등과 대립의 시대였다는 사실이다. 장점이란 중세 황금기가 인류의 역사에서 학문적으로나 문화적으로 현대와 연결되는 융성기였으며, 다시는 되돌아갈 수 없을 만큼 위대한 조화의 시대였으며, 짧으나마 고전적 풍요를 실현했던 '청명시대'였으며,[30] 가장 서양다운 서양을 만들었다는 사실이다. 대체로 중세 황금시대라는 역사적 분류는 다른 세기에 비해 객관적이라는 평가를 받고 있는데, 그중에서도 가장 활발했던 13세기를 지칭한다. 13세기는 결국 인류의 사상사에서 날카로운 대립과 아름다운 조화를 뽐내는 고딕성당의 첨탑과 같은 시대였다.

13세기의 충돌과 위기는 다양한 대결로 전개되었다. 외부적으로 유럽 본토는 세계 밖의 아시아에서 출발한 몽골군의 위협을 최초로 경험하게 되었다. 당시 유럽의 그리스도교 문화는 거대하고 강력한 비그리스도교 세계에 던져진 소수 집단임을 실감하면서 스스로를 자각하게 되었다.

29 페터 자거, 『옥스포드 & 케임브리지』, 박규호 옮김, 갑인공방, 2005, 28쪽 이하 참조.

30 Gilson, E., *History of Christian Philosophy in the Middle Age*, London, 1955, 325쪽; 요셉 피퍼, 『토마스 아퀴나스—그는 누구인가』, 신창석 옮김, 분도출판사, 1995, 21쪽.

카롤링거 왕조 이래 국교로 삼았던 그리스도교는 한계를 느꼈으며, 이는 영토나 국력에 한정된 것이 아니었다. 1253년경에는 칭기즈칸Čhinggis Qan, 1162~1227의 성채인 카라코룸Karakorum에서 그 전에는 결코 상상도 할 수 없던 일이 일어났다. 그리스도교 개혁수도회 수도자와 이슬람교도 그리고 아시아의 불교 승려 사이에 역사적 대논쟁이 벌어진 것이다. 어떤 역사가는 이 사건을 고대 그리스도교의 미몽에서 깨어나는 세계 선교의 출발로 보기도 한다.[31] 어쨌든 그리스도교는 역사상 최초로 아시아로부터 제기된 심각하고 처절한 도전을 받았다.

아라비아 세계 또한 군사적이고 정치적인 위력뿐만 아니라 학문과 철학을 통해 유럽 전체에 위용을 떨치고 있었다. 아라비아는 일찍이 드물고 기이한 경로로 찬란한 그리스 문화와 학문을 흡수하여 새로운 아라비아 문화를 이룩하고 있었다. 아라비아의 학문이란 결국 그리스의 이성과 논리였으며, 더욱 엄밀히 말하자면 아리스토텔레스의 철학을 가리켰다. 아라비아어로 정착한 아리스토텔레스의 저술들이 라틴어로 번역되면서 파리, 볼로냐, 옥스퍼드, 나폴리 등과 같은 유럽의 대학에서 활발하게 연구되고 있었다. 그리스도교 유럽의 입장에서는 아리스토텔레스철학이 생소했지만 혁신적 사고였다. 아리스토텔레스철학은 계시 신앙보다는 자연적 이성에 기초하고 있었기 때문에, 그리스도교 유럽에는 당연히 위험하고 이단적인 것으로 보였다.

그리스도교 유럽 내부에도 순결교파Katharos와 발데스교파Waldenser 같은 이단들이 성행하고 있었다. 로마 교황청은 유럽 전역에 걸쳐 종교재판을

31 Heer, F., *Europäische Geistesgeschichte*, Stuttgart, 1953, 147쪽.

일삼고 있었으며, 급기야 십자군전쟁과 같은 강력한 수단을 동원했다.[32] 가톨릭교회의 이러한 강성 대응은 결국 실패로 끝나지만, 개혁수도회라는 부드러운 대안을 찾는 계기가 되기도 했다.

순결교파는 그리스어로 순결한 사람καθαρός을 뜻했기 때문에, 카타리파라고도 불렀다. 이들은 또한 프랑스 남부의 알비Albi와 툴루즈Toulouse를 중심으로 생겨나서 알비파라고도 했다. 순결교파의 교리는 고대에서 발현한 마니교Manism의 이원론과 영지주의의 유산이었다. 순결교파는 가톨릭교회의 세속화와 타락을 빌미로 모든 물질과 권력을 끊어 버리는 극단적 금욕주의를 제창하고 나섰다. 로마 교황청은 결국 1209년 십자군을 일으켜 이들을 단죄하고 섬멸하고자 했다.

페트루스 발데스Petrus Waldes, ?~1218가 만든 발데스교파는 처음에는 가톨릭 공동체로 출발했다. 그러나 그들은 교회의 인가를 받지 못하면서 이단으로 낙인찍혔다. 발데스교파는 복음주의, 청빈사상과 성서낭독, 그리고 성당이 아닌 길거리 설교라는 선진적 선교기법을 사용했다. 그들은 당시 프랑스를 기점으로 독일과 이탈리아 지역으로 세력을 펼쳐 나갔다. 이 교파는 이후로도 살아남아 종교개혁에 영향을 끼쳤으며, 현재까지도 극소수지만 남아메리카와 이탈리아에 분포하고 있다.

이단에 대한 가톨릭의 강성 대응이 실패한 곳에서 그나마 유일한 대안이 싹트고 있었다. 그것은 이단들과 유사한 신앙생활을 추구하는 새로운 수도회의 발족과 개혁운동이었다. 예를 들어 도미니코회의 설립자 "도미니코의 개혁운동은 발데스교파에서 출발했다."[33] 가톨릭의 개혁수도회는

---

32 Bernhart, J., *Der Vatikan als Weltmacht*, Leipzig, 1930, 177쪽 이하.

33 Scheeben, H.C., *Der heilige Dominikus*, Freiburg, 1931, 143쪽.

이단들과 비슷하게 복음적 청빈정신을 추구했을 뿐만 아니라, 이단자들을 진정한 인간적 동반자로 받아들이는 관용의 정신을 가지고 있었다.

수도회의 개혁운동은 관점에 따라 여러 가지 주제어로 표현될 수 있다. 말하자면 중세 그리스도교는 대학을 통해, 개혁수도회를 통해 또는 스콜라철학을 통해 13세기의 도전과 위기를 극복하고 조화와 풍요를 성취했다고 말할 수 있다. 이런 대안들은 서로 내적 유대를 간직하고 있었을 뿐만 아니라, 실은 거의 동일한 위인들에 의해 수행되었다. 대안 가운데 하나인 대학은 고대 그리스의 지혜를 현세적으로 의식하고 실현하면서 전 유럽으로 퍼져 나갔다. 유럽 전역에 퍼진 중세 대학의 내적 에너지는 다름 아닌 가톨릭의 개혁수도회들이었다.

개혁수도회는 전래의 수도원처럼 고정된 장소나 적막강산에 은둔한 것이 아니었다. 그들은 도시로 뛰쳐나왔지만 또한 청빈을 지키기 위해 구걸하면서 생활했다. 당시까지만 해도 구걸 또는 동냥은 성직자나 수도자들에게 금지된 행각이었다.[34] 여기서 개혁수도회란 구체적으로 프란치스코회와 도미니코회를 지칭했지만, 그들의 학문적·정치적·문화적 영향력으로 인해 다양한 별명으로 역사에 기록되어 있다. 즉 은둔의 수도자들이 도시로 나와 탁발이나 동냥으로 생계를 유지했기 때문에 탁발수도회, 사유재산의 소유나 축적을 거부했기 때문에 청빈수도회, 자신들 소유의 교회 없이 길거리 설교로 명성을 떨쳤기 때문에 설교수도회라는 별칭이 붙었다. 또한 개혁수도회가 벌인 청빈운동은 곧 초대 교회의 복음과 성서를 결정적 징표로 삼았기 때문에 복음주의evangelism라고도 불렀다.[35]

---

34 Scheeben, 같은 책, 164쪽.

35 Chenu, M.D., *Das Werk des heiligen Thomas von Aquin*, Heidelberg, 1960, 38쪽 이하 참조.

대학을 터전으로 활동하던 개혁수도회 안에서 성서를 따르던 복음주의와 철학을 추구하던 아리스토텔레스주의가 극적으로 만나게 되었다. 복음주의와 아리스토텔레스주의는 결과적으로 스콜라철학이라는 화살을 쏘아 올린 활의 양쪽 매듭이 되었다. 실제로 볼로냐대학에서 아리스토텔레스 연구로 명성을 날리던 롤란도Rolando da Cremona, 1178~1259 교수는 도미니코회에 입회했으며, 1229년에는 수도회 최초로 파리대학 철학부 수석교수로 초빙되었다.[36] 그가 바로 토마스 아퀴나스의 스승이다. 롤란도의 교수 임용은 파리대학 학생운동의 시발점이 되기도 했다.

프란치스코회도 도미니코회의 롤란도 교수와 비슷한 방식으로 파리대학에 입성했다. 보나벤투라의 스승 알렉산더 할렌시스Alexander Halensis, 1185경~1245는 신학부 교수로 있다가 프란치스코회에 입회했다. 이렇듯 앞다투어 개혁수도회에 입회한 대학의 전위적 지성들이 스콜라철학의 초석이 된 것이다.

파리의 도미니코회는 최초의 성서 개정판과 성서사전 출판이라는 거대한 사업을 벌였다. 이와 동시에 금지령이 떨어져 있던 아리스토텔레스의 『자연학』에 대한 주석도 이루어졌다. 이로써 복음주의와 아리스토텔레스주의라는 기이한 활의 시위를 당긴 것이었다. 그러나 이 활은 격돌의 시위가 되어 버렸다. 즉 유럽 그리스도교 문화는 사상적으로 아리스토텔레스주의와 대결했으며, 현실적으로는 아라비아계 주석가들과의 충돌이었다. 이븐 시나Ibn Sina로 약칭 되는 아라비아인 아비첸나Avicenna, 980경~1037는 의사이자 철학자였지만, 무엇보다도 아리스토텔레스를 체계적으로 주석함

---

36 Filthaut, E., *Roland von Cremona O. P. und die Anfänge der Scholastik im Predigerorden*, Oldenburg, 1936 참조.

으로써 유럽과 이슬람세계에 새로운 토론의 장을 제공했다.

또한 이븐 루시드Ibn Ruschd로 약칭 되는 아베로에스Averroës, 1126~1198는 의학백과사전을 편찬하기도 했지만, 철학에서는 거의 모든 아리스토텔레스의 작품을 주석했다. 아리스토텔레스가 스콜라철학 전체에 걸쳐 "그 철학자Philosophicus"로 명성을 날렸다면, 아베로에스는 "그 주석가Commentator"라는 대명사로 호칭될 정도였다. 한편 그리스도교 유럽에서는 토마스 아퀴나스가 아베로에스에 상응하는 아리스토텔레스 주해서를 저술했다. 나아가 스콜라철학은 저명한 유대인 철학자 모세스 마이모니데스Moses Maimonides, 1135~1204와도 격돌했다.[37]

격돌의 철학적 난제는 대체로 다음과 같은 물음으로 요약될 수 있다. 아리스토텔레스의 학문과 아라비아 학문이 하나의 통일된 그리스도교 세계관에 수용될 수 있는가? 다분히 플라톤적인 아우구스티누스의 그리스도교 사상과 자연과학적 아리스토텔레스를 동시에 지향할 수 있는가? 아우구스티누스 사상은 그리스도교 사상을 대변했지만, 그는 일찍이 플라톤의 사상을 그리스도교에 원용했다. 원천적으로 플라톤은 아리스토텔레스의 스승이지만 이원론적 이데아론을 추구했고, 아리스토텔레스는 일원론적인 실재주의를 추구하지 않았던가? 이 물음들은 스콜라철학의 다양성에 걸맞게 상이한 방식으로 대답되곤 했다.

프란치스코회 회원이던 보나벤투라는 누구보다도 아우구스티누스주의와 아리스토텔레스주의의 차이를 강조했다. 보나벤투라는 아리스토텔레스주의로 기울어지던 파리의 스콜라철학에 맞서 신플라톤주의적 계기를 마련하고자 했다. 나아가 그는 극단적 아리스토텔레스주의들 때문에 분열

37 원래 유대식 이름은 모세스 벤 마이몬Mosche ben Maimon이다.

하던 철학과 신학의 그리스도교적 통일성을 구축하고자 시도했다.[38] 마침내 보나벤투라는 시대를 관통하는 프란치스코회의 규범이 되었다. 이와는 달리 도미니코회의 알베르투스 마그누스와 토마스 아퀴나스는 아라비아 사상가들에 대항하여 아리스토텔레스를 끝까지 밀고 나갔다. 이들은 아리스토텔레스의 사상을 정화시켜서라도 그리스도교적인 전통과 종합시키고자 했다. 한편 라틴 계열의 아베로에스주의자들은 철학적 탐구와 이론적 삶을 위한 충분한 자율성을 호소하기도 했다.

보나벤투라와 토마스 아퀴나스의 시도와 아베로에스주의자들의 호소는 각자의 관점일지언정 치열한 철학적 탐구로 이어졌으며, 중세를 넘어서서 근세와 현대로 이어지는 스콜라철학의 대세를 이루었다. 특히 토마스 아퀴나스는 그야말로 성서주의와 아리스토텔레스주의, 신학과 철학, 신앙과 이성의 '종합' 내지는 '조화'를 성취하여 도미니코회뿐만 아니라 가톨릭사상 전체의 규범이 되었다.

아리스토텔레스의 작품과 그에 대한 아라비아 주석서들이 금지령을 극복하고 라틴어로 번역된 것은 12세기 후반이었다. 그리스어에서 라틴어로 번역되었든, 아라비아어에서 라틴어로 번역되었든, 이러한 번역 작업은 엄격한 아리스토텔레스 논리학의 구조와 분위기를 이용하지 않으면 안 되었다. 따라서 유럽 그리스도교와 대학들은 아리스토텔레스의 그리스어 학술 용어도 함께 라틴어로 수용했다. 결국 라틴어로 규정된 학술 용어, 즉 지금까지도 학술 논문들의 서두에 등장하는 라틴어 학명은 '스콜라철학'의 도구로 사용되면서 중세 모든 대학의 통일된 언어로 확립되었다.

---

38 Speer, A., Bonaventura, in: *Philosophen des Mittelalters*, Hrsg., Theo Kobusch, Darmstadt, 2000, 169쪽.

중세의 가을

중세 후기 내지는 말기는 대체로 1300년에서 1500년까지를 일컫는다. 중세 후기에 접어들기 전에 이미 성서주의와 아리스토텔레스주의가 격돌하던 스콜라철학의 전성기부터 상이한 철학적 흐름이 발생하고 있었다. 정확히 말하자면, 아리스토텔레스의 형이상학을 비판하는 경향이 포착되고 있었다. 비판적 철학자들은 논의를 시작하면서 바로 아리스토텔레스 형이상학의 이상, 예를 들면 스콜라철학이 시도하던 논리적 '신존재증명'을 비판하고 나섰다. 그들은 또한 아리스토텔레스의 현실적 영역과 초월적 영역의 분리를 공격하면서 하나의 통일된 자연학을 시도했다. 이러한 시도는 변화의 다양성을 철학적으로 시험하는 예리한 출발점이 되었다.

옥스퍼드대학의 프란치스코회 교수이던 윌리엄 오컴은 스콜라철학의 약점을 꼭 집어냈다. 그는 아리스토텔레스가 플라톤을 상대로 시도한 비판을 스콜라철학을 상대로 하여 시도하고자 했다. 특히 토마스 아퀴나스는 순진하게도 모든 인간적 인식이 감각적 경험에서 출발한다는 아리스토텔레스적 실재론을 그대로 받아들였다는 것이다. 또한 토마스가 둔스 스코투스처럼 소박하게도 언어의 형식을 그대로 사물의 형식으로 간주했다는 것이다.

오히려 윌리엄 오컴은 '보편적 명칭'에 보편적인 어떤 것이 비례한다는 실재론적 입장을 비판하고 나섰다. 그의 비판은 대체로 이러하다. 현실적인 것은 오로지 그 자체로 개별적이다. 보편적 '인간성'이 실존하는 것이 아니라, 다만 개개의 이 인간, 저 인간이 실존할 뿐이다. 보편적 구조란 오직 우리의 언어와 사유에 의한 후차적 구조일 뿐이기 때문이다. 이렇게 오컴은 보편자universale를 부정하는 '유명론자nominalist'의 대표가 되었다. 오컴의 생각과 함께 새로운 의식이 자라났다. 즉 세계는 그냥 주어져 있는 것이 아니라, 인간 자신도 세계의 형성을 함께 결정한다는 자아의식이다.

문화 분야의 자율성에 대한 자아의식도 증가했다. 그 결과 국가와 교회, 지식과 신앙의 관계에 대해서도 새롭게 규정하게 되었다. 이러한 인간의 자아의식과 함께 중세 후기를 장식하는 또 하나의 철학적 다양성이 탄생했으니, 그것은 그리스도교 유럽에 처음 등장한 신비주의였다. 특히 이는 토마스의 제자 마이스터 에크하르트Meister Eckhart, 1260~1328로 인해 '독일 신비주의'라고도 불리었다. 에크하르트 역시 파리대학에서 배우고 가르쳤으며, 도미니코회 소속의 수도자였으며, 토마스 아퀴나스 이후 두 번째로 파리대학 수석교수를 차지했다. 하지만 스콜라철학은 독일 신비주의에 대해서도 거부 반응을 일으켰다.

윌리엄 오컴이 하나의 개념과 그 개념이 지칭하는 현실의 엄청난 격차를 지적했다면, 이런 지적은 신비mysterium라는 개념에도 그대로 적중했다. 에크하르트를 '신비'와 연결하는 순간은 동시에 그를 숭고한 철학자로 승격시키는 순간이 되어 버렸다. 다른 한편 '신비'는 에크하르트를 고립시켜서 더 이상 이해될 수 없도록 만들어 버렸다. 그렇지만 에크하르트의 신비주의 철학은 스콜라철학과 분리되는 또 하나의 철학이 아니었으며, 중세철학의 두 가지 주류 가운데 하나도 아니었다. 스콜라철학은 논리적이고 신비주의 철학은 탈이성적이라는 섣부른 단정도 적절하지 않다.

스콜라철학은 대학의 삶에서 태동했고, 신비주의는 대학 밖에서 탄생했다는 것도 사실이 아니다. 마이스터 에크하르트는 원래 토마스를 공부한 토마스주의자이자 그의 파리대학 후계자다. 하지만 에크하르트는 알베르투스 마그누스와 프라이베르크의 디트리히Dietrich von Freiberg, 1240/1245~1318경를 통해 특별히 신플라톤주의에 접근하게 되었다. 에크하르트는 알베르투스 사상 가운데 토마스가 보지 않은 것과 알베르투스의 제자 디트리히가 토마스에 반대하여 작업한 철학을 집중적으로 강화해 나갔다. 이러한 철학적 운신으로 인해 에크하르트의 현실적 실타래는 꼬여 갔지만, 학문적으로는 자신만의 독보적인 궤도를 그려 나갔다. 에크하르트의 전 작품이 편집되고 출판된 현재까지도 그의 철학적 노정은 그야말로 여전히 '신비'로 남아 있다.[39]

중세의 가을은 신비주의에 대한 종교재판으로 물들기 시작했다. 에크하르트는 결국 가톨릭교회로부터 이단으로 고발당했으며, 생의 마지막 해이던 1328년 당시 아비뇽에 있던 교황청 법정에서 종교재판을 받았다. 하지만 에크하르트는 이단이라는 법정 선고가 떨어지기 직전에 숨을 거두어 버렸다. 우연하게도 윌리엄 오컴에 대한 이단재판도 같은 시기에 진행되고 있었다. 오컴 역시 아비뇽 교황청에 투옥되었다가 결국 가톨릭교회로부터 파문당했다. 그는 특히 인간의 성선설과 자유의지에 의한 구원을 주장하는 펠라지우스주의Pelagianism에 속한다는 의심을 벗어나지 못했다.

15세기에 이르러 니콜라우스 쿠사누스Nicolaus Cusanus, 1401~1464는 이러한 사상적 충돌을 해소해 나갔다. 그는 자신의 뜻대로 철학적 사유와 자연과학적 사유에 있어서 중세를 넘어서는 또 하나의 새로운 길을 열게 되었다. 그러나 쿠사누스의 철학적 길은 이미 중세를 지나서 근세의 문을 두드리고 있었다.

그렇다면 중세는 언제 끝났는가? 철학사에서는 여전히 이 문제가 똑 부러지게 해결되지 않았다. 이 문제가 학문적으로 제기된 적도 없다. 13세기의 그리스도교 문화에 정착하던 아리스토텔레스 주석의 전통은 17세기에 이르기까지 유럽의 모든 대학에서 중단 없이 이어졌다. 특히 개혁수도회

---

39 Meister Eckhart, *Corpus Philosphorum Teutonicorum Medii Aevi*[=CPTMA], hg., Alessandra Beccarisi, Leinen, 1977.

에 이어 창설된 예수회 신부로 철학자이자 신학자인 프란시스코 수아레스 Francisco Suárez, 1548~1617는 중세를 넘어서는 스콜라철학의 전개에 강력한 영향력을 발휘했다. 수아레스의 철학은 자연권의 대변인이 되었으며, 그의 형이상학은 근세의 라이프니츠G.W. Leibniz, 1646~1716에게 감동을 주었다. 수아레스의 철학적 저술은 가톨릭계 대학의 철학 교육과정뿐만 아니라, 심지어 종교개혁 이후 독일 개신교의 대학교육에도 영향력을 발휘했다.

19세기와 20세기까지도 개념뿐만 아니라 이론으로도 통일된 분위기의 스콜라철학을 재건하려는 강력한 시도들이 있었다. 물론 스콜라철학은 발생할 때부터 다양하고 저항적이어서 통일된 분위기로 존재한 적은 단 한 번도 없었다. 다만 근세 이후의 신스콜라철학과 신토미즘은 현대에 이르기까지 프랑스와 독일, 스페인, 이탈리아 등에서 정치와 법률, 윤리학과 분석철학, 교회의 조직과 행정 그리고 개인적 삶의 의미를 추구하는 데 끈질긴 힘을 발휘하고 있으며, 그야말로 현재진행형이다.

2
중세철학의 역할과 관심

서양철학사에서는 그리스에 집중된 고대철학이나 세계화에 던져진 현대철학과 마찬가지로 중세철학 역시 중세의 상황에 적합한 다양한 역할을 수행했다. 스콜라철학이 자리 잡던 11세기에 페트루스 다미아니Petrus Damiani, 1006~1072는 절묘하게도 "철학은 신학의 시녀"라는 말을 회자시켰다.[40] 그렇다면 철학은 신학에 대해 무엇을 봉사하는 시녀인가? 당시 철학

40 Reindel, K., Hrsg., Die Briefe des Petrus Damiani, in: *Die Briefe der Deutschen*

은 대학의 학문이나 가톨릭의 교의를 배우기 위한 기초로서 '자유교양artes liberales'이라는 의미가 강했다.[41] 그렇다면 신학이 대학의 구조와 학문의 체계가 성립되던 과정에서도 여전히 하느님에 대해 탐구하는 학문으로 정립되고 있던 도상이었기 때문에, 학문적으로는 오히려 신학이 철학적 방법을 필요로 했다고 볼 수도 있다.

중세철학의 학문적 역할

11세기까지만 해도 중세철학은 여전히 미개하던 서유럽을 일깨우면서 선진적이던 동로마 내지는 아라비아와의 문화적 격차를 없애는 데 치중하고 있었다. 중세철학은 유일신 사상으로 경직되어 있던 그리스도교 세계관을 확장하고 지구촌에 다양한 거대 종교들이 있다는 사실을 일깨워 주었다. 물론 그리스도교의 끈질긴 압박과 파문으로 인해 철학자들은 수난을 당하기도 했다. 그런 와중에도 중세철학은 그리스도교의 사상적 위계질서를 정립하는 데 기여했다. 중세철학은 습득한 논리적 지식을 대학의 구조와 학문 체계의 원리로 실현해 나갔다. 중세의 철학적 탐구는 고대의 지적 유산을 재연하던 초기의 백과사전과 같은 학문적 겉치레를 점진적으로 극복해 나갔다. 이는 오늘날 전 세계의 대학을 구성하고 있는 교과와 학과들의 조직과 결코 무관하지 않다.

중세철학이 대학과 함께 번성하기 전까지 학문은 그저 그리스도교의 성서 해석과 이해를 위한 도구에 지나지 않았다. 아우구스티누스 이후로 모

Kaiserzeit, Band 4, Hannover, 1989, Nr. 119, 354쪽: philosophia ancilla theologiae.

41 Seckler, M., Philosophia ancilla theologiae: Über die Ursprünge und den Sinn einer anstößig gewordenen Formel, in: *Theologische Quartalschrift 171*, 1991, 161~187쪽 참조.

든 지식을 종교적 목적을 위한 수단으로 삼는 것이 전통이었다. 중세철학은 이런 전통을 극복하고 대학의 설립과 함께 학문의 자율성을 구축해 나갔다. 중세철학은 근대적 르네상스 직전이던 14세기부터 이미 이성적 호기심을 부활시키고 있었다. 말하자면 중세철학은 고대 원전의 분산, 다양한 견해를 가진 교회 역사가들 간의 의견 충돌, 중세의 아라비아인 및 유대인들과의 교류에서 야기되는 수많은 전통의 갈등을 하나의 특정한 전통사회로 정리하는 성과를 이룩했다. 중세철학은 그리스도교 세계가 아무런 문제의식 없이 대충 믿어 왔던 모순적 자기 해명의 방법을 처음으로 의식한 것이었다.

중세철학은 갈등 해소를 위한 명제의 구분과 해석을 통해 학술적 논문 양식을 개발하고 정립했다. 중세철학은 드높은 판단 기준을 세웠으며, 고대의 자료에 힘입어 인간의 자의식을 표출했다. 중세철학은 대학과 도시를 결합시켜 역사적으로 새로운 중세적 공동체를 가능하게 했다. 중세철학은 인류가 처음 겪은 민족 대이동 이후의 사회와 개인의 관계를 정립하는 가치관을 형성했다. 중세철학은 사상적 격변 속에서도 구약성서의 가치관, 초대 교회의 가치관, 고대 후기의 가치관, 또는 스페인 지역, 독일 지역, 이탈리아 지역, 프랑스 지역, 영국 지역 등의 다양한 민속적 전통을 대학이라는 하나의 교육 및 학술 구조로 통합하는 성과를 이루었다.

11세기 이래로 중세철학은 분열되어 있던 다양한 유산을 윤리적으로뿐만 아니라 논리적으로도 확실하게 소화하도록 요청받았다. 중세철학은 자유교양을 기초로 삼는 새로운 방식으로 법학과 신학을 창조해 냈다. 중세철학은 이런 점에서 고대의 유산이던 자유교양과 신학의 관계도 정립한 셈이었다.

훈족Huns族이 촉발시킨 유럽의 민족 대이동으로 인해 게르만족German族이 고도의 문화와 접촉했을 때만 해도, 중세 문화는 여전히 미개한 문화였다.

9세기에 와서야 카를 대제가 비로소 유럽에 '학교schola'의 설립을 천명했으며, 1157년 프리드리히 1세 바르바로사 황제가 서로마를 유럽의 신성 로마제국으로 승격시켰다. 카를 대제 때부터 신성 로마제국 승격 때까지 중세 철학은 학교 문화를 터전으로 고대 유산을 수용하면서 비로소 유럽의 고유성을 자각하게 되었다.

게르만 민족을 주축으로 하는 신성 로마제국은 동로마와 아라비아가 이룩한 고도의 문화를 따라 잡으려고 총력을 기울였다. 그 일환으로 철학하는 문화가 정착될 때쯤, 르네상스라고 부르기에는 부족하지만 적어도 역사적으로 정향된 철학적 자명성을 추구하게 되었다. 유럽인들은 고대 그리스 문화가 얼마나 올바른 진리를 설파했는지, 얼마나 폭넓은 삶의 인식에 도달했는지, 또한 자신들에게 그리스도교를 얼마나 깊이 있게 전달해 주었는지 분명하게 알고 싶어 했다.

철학과 신학의 관계

철학은 신학과 어떤 관계를 맺게 되었는가? 그리스도교의 하느님이 알려지기 이전에 신학의 그리스적 어원은 "신θεός에 대한 가르침 내지는 신의 말씀λόγος"이었으며, 라틴어 '신학theologia' 역시 그리스어를 그대로 조합한 "신theos에 대한 가르침logos"이었다. 그리스 문화에서의 '신학'이란 그리스신화에 등장하는 신들에 대한 탐구를 뜻했으며, 플라톤의 저술에 처음 등장했다.[42] 한편 고대 유대인들과 교회 역사가들은 성서를 윤리적 존엄성과 논리적 귀결이라는 관점에서 이해하기 위해 전력을 기울이고 있었다.

그리스도교의 종교적 신념을 변호하려는 호교론은 학문적 체계를 갖추

---

42 Platon, Politeia 379a.

지 못했으며, 다만 논리적 공격에 대한 답변 자료를 정리하는 정도였다. 유럽의 그리스도교 문화는 아리스토텔레스의 논리학적 저술을 통해 비로소 사고 자체를 각성하기 시작했다. 몇 세기에 걸친 대성당의 '학교' 교육에 의한 사고 훈련은 11세기 말이 되어서야 비로소 중세 시민들의 의식을 일깨울 수 있게 되었다. 논리적으로 각성된 사람들은 그때부터 고대 저술가들보다 한 걸음 더 나아가고자 했으며, 결국 그리스도교 신앙의 내용을 더욱 조직적으로 고찰할 필요성을 느꼈다.[43]

철학과 신학의 탐구 방법에 대해 분명한 경계를 긋는 것은 사실상 불가능에 가깝다. 그런데 철학과 신학은 근본적으로 일체의 실재성이라는 같은 대상을 다른 관점에서 바라본다. 일체의 실재성에 직면하여 철학은 세계를 향한 관점에 서 있고, 신학은 하느님의 말씀theos logos에 대한 경청이라는 관점에 서 있다. 철학은 현실적인 모든 것을 관찰하면서도 사물을 있는 그대로 관찰하고자 한다. 신학은 하느님의 말씀이 들려주는 계시에 오롯이 귀를 기울이고자 한다. 그렇다면 하느님의 계시는 무엇을 보여 주는가? 이것을 아는 만큼 신학의 대상도 분명해질 것이다.

우선 철학적 관점에서 들여다보자. 철학은 인간의 자연적 인식 능력으로 파악할 수 있는 것들도 신학의 기록된 계시 안에 포함되어 있다고 본다. 예를 들어, 토마스 아퀴나스는 심지어 이런 엄중한 사실을 증명하고자 시도했다.[44]

그렇다면 철학자들의 관점에서 본 신학적 계시의 내용은 무엇이었는가? 철학자들의 대표로 플라톤에게 물어보았다면, 그는 주저하지 않고 이렇

43 Southern, R.W., *The Making of the Middle Ages*, New Haven, 1961, 53쪽 이하 참조.

44 토마스 아퀴나스, 『대이교도대전 I』, 신창석 옮김, 분도출판사, 2015, 제4장의 철학적 논증을 참조하라.

게 대답했을 것이다. 세계는 제작자이신 신demiurgos의 공정한 선으로부터 비롯되었으며,[45] 신은 만물의 시작과 과정 그리고 끝을 관장하며,[46] 신의 정신이 세계를 다스리고,[47] 죽은 다음에는 선한 사람이 악한 사람보다 더 나은 보상을 받을 것이며,[48] 영혼은 불멸할 것이다.[49] 플라톤 역시 그리스도교의 계시와 그렇게 다르지 않은 내용을 말했다. 이렇듯 신학과 철학은 세계 전체를 다루고 있었으며, 공통의 주제도 세계와 인간의 구원이었다.

토마스 아퀴나스 역시 단호하게 다음과 같이 말했다. "가장 철학적 철학인 제일철학은 다른 모든 학문의 기록과 일치한다."[50] 여기서 '제일철학philosophia prima'이란 아리스토텔레스가 말한 형이상학이다. 토마스가 말하는 다른 모든 학문에는 물론 신학도 포함되어 있다. 나아가 토마스는 신학도 철학적 인식과 지혜에 충실할 것을 요구했다. 즉 신앙의 인식은 자연적 인식을 전제로 삼아야 하며,[51] 신학자들은 현실적 지혜에도 충실해야 하며, 창조에 대해 오류를 범하는 사람들은 신앙의 진리에서도 벗어나기 마련이라는 것이다.[52]

신학은 세계와 인간에 대해서도 오류를 범하면 안 되기 때문에, 모든 현실적 학문과 관계를 맺지 않을 수 없다. 철학은 글자 그대로 '지혜에 대한

---

45 Platon, Timaios, 29–30.

46 Platon, Nomoi, 715e.

47 Platon, Philebos, 30d.

48 Platon, Phaidon, 63e.

49 Platon, Menon, 81f.

50 Thomas Aquinas, *Summa contra gentiles*, II, 4: aput philosophos, philosophia prima unitur omnium scientiarum documentis.

51 Thomas de Aquino, *De veritate*, q.14, a.9, ad 8.

52 Thomas de Aquino, *Summa contra gentiles*, II, 3.

사랑'이기 때문에, 지혜 이외에는 그 어떤 것에도 시중을 들지 않는다. 철학은 지혜에 이바지할 뿐이니, 당연히 어느 것의 시녀도 아니다. 여타의 학문과 구분되는 철학의 고유성이야말로 철학 이외의 그 어떤 목적에도 종속되지 않는다.

중세철학의 사회적 역할

중세의 대학에서 성서를 해석하면서 깨달은 논리적 상관관계의 중요성은 당시 성립되던 다른 학문 분야에도 적용되기 시작했다. 대학에 자리를 잡아 가던 법학, 의학, 자연과학과 같은 전문 지식도 철학이 제시하는 논리적 방법론을 도입했다. 철학을 근간으로 삼은 학문은 단순히 흩어진 다양한 지식을 수집하고 정리하는 작업을 넘어서서 지식을 검증하고 축적하게 되었다. 지식은 백과사전과 같은 수집이나 연대기적 서술에서 진일보하여 보편타당하면서도 역사적인 시야를 갖추어 나갔다.

13세기 중세 황금기에 이르러 백과사전의 지식은 새로운 원리와 조직적 질서로 수렴된 전문사전으로 변모했다. 영국의 프란치스코회 출신 스콜라철학자 바르톨로메우스Bartholomaeus Anglicus, 1190~1250는 19권으로 된 중세 대학 최초의 전문사전 『사물의 고유성』을 편찬했다.[53] 이는 당시 '백과사전encyclopedia'의 전형이 되었다. 프랑스 출신의 도미니코회원 빈첸시우스Vincentius Bellovacensis, 1184경~1264도 자연, 그리스도교 교리, 역사의 3부작으로 된 전문 참고서 『대경』을 저술했다.[54] 여기서 '대경'은 지식을 반영하는 '큰 거울'을 의미한다.

53 원제는 Liber de proprietatibus rerum이며, 1235년 이후에 편찬되었다.

54 원제는 Speculum maius이며, 1256년 편찬되어 1474년에 최초로 인쇄되었다.

중세철학은 봉건사회의 시민적 삶을 현저히 변화시켰다. 사회의 변화를 견인한 결정적 물음은 다음과 같았다. 중세사회를 움직이는 정치권력은 과연 신적 권위의 표현인가? 고대철학으로부터 유래하는 윤리적 규범이 권력으로 연장되었는가? 아니면 중세의 사회규범은 민족 대이동 이후의 변화된 시대적 조건 속에서 새로이 탄생되었는가?

중세를 연 아우구스티누스는 로마제국의 멸망 내지는 인류의 종말이라는 충격에 대해 그리스도교적 대답을 내놓았다. 그는 그리스도교를 기반으로 하는 최초의 역사철학을 제시했다. 즉 인류의 역사는 '하느님의 나라'와 '지상의 나라'의 대결을 통해 발전한다는 것이었다. 또한 6세기의 철학자 위-디오니시우스 아레오파기타는 사도 바오로가 개종시킨 철학자로 잘못 알려지면서 막강한 위력을 발휘했다. 그의 저서 『디오니시오스 위서 Corpus Dionysiacum』는 위계질서에 대한 고대 후기적 원리를 철학과 신학으로 채색했다. 그는 신플라톤주의의 영향을 받은 부정신학과 신비주의를 근거로 교회 당국의 사회적 지배권 형성에 기여했다.

이후 중세에 소개된 아리스토텔레스의 정치학은 중세의 봉건적 위계질서를 지탱하던 사고방식을 현저히 약화시켰다. 나아가 그리스의 민주적 정치학을 받아들였다는 사실은 곧 자유를 획득하려던 중세 도시인들의 투쟁 요인이 되었다. 아리스토텔레스의 정치학은 군주정체의 우위성뿐만 아니라 자유인과 노예의 차등에 대해서도 인정하는 편이었다. 그렇지만 그는 위계질서를 찬양하던 고대 후기에 대해서도 별로 언급하는 바가 없었다. 이러한 아리스토텔레스를 수용하던 중세철학은 스스로를 순수이론에 지나지 않는다고 여겼지만, 결국 시민의 자유를 향한 사회적·정치적 귀결을 초래하게 되었다.

중세 초기의 철학자들은 지식 전체를 곧장 실천에 연관시켰다. 그래서 수학은 근본적으로 학교의 산술이나 부활절 시기를 계산하기 위한 교회의 전례에 이바지했다. 그러나 대학이 설립되면서 지식을 실천적 목적에 직접 사용하는 것은 어느 정도 완화되었다. 이론적 삶을 추구하던 아리스토텔레스의 학문적 이상향은 중세의 대학 체계 속에서 제도적 공간을 찾아냈다. 이로써 아리스토텔레스적 이성의 자립성은 사회적 현실성을 갖추게 되었다. 비록 중세 도시의 사회, 문화, 경제를 바탕으로 대학이 성립되었다고 할지라도, 사회에서 차지하는 대학의 특수한 지위는 후기로 가면서 도시의 직접적이고 실용적인 요구로부터 점점 멀어져 보편화의 길을 걷게 되었다.

근세철학의 전조

중세 말기로 접어들면서 도시와 대학의 소원한 관계는 새로운 개혁의 시대를 맞이하고 있었다. 다양한 형식의 개혁이 모든 것을 오로지 순수 이론적으로 인식하려는 대학의 학문을 압박했다. 특히 프란치스코회의 실천적 관심은 이성과 이론보다는 의지와 활동을 우위에 두었다. 그들은 로마시대의 키케로Cicero를 수용하는 가운데 수사학을 실천적 지혜로 재평가했으며, 인간성 자각을 위한 단순 노동과 예술의 의미를 재발견하려고 했다.

중세의 가을이 드리우면서 니콜라우스 쿠사누스가 근세로 넘어가는 과도기의 인물로 등장한다. 그는 처음에는 중세의 마지막을 장식한 위대한 완성자로, 다음에는 근세의 기초를 놓은 개척자로 알려졌다. 물론 쿠사누스 자신은 '중세'라는 개념을 알지도 못했고 사용하지도 않았다. 시대적 전환기의 소용돌이도, 새로운 시대의 출현도 그 스스로는 의식하지 못했다. 쿠사누스의 다음 세대가 비로소 자신들이야말로 새롭다는 자의식을 가지게 되었으며, 중세를 극복한 세대라고 자처했던 것이다.

쿠사누스는 철학에도 공식을 도입하고 있었다. 그는 유한과 무한의 일치라는 심오한 철학을 간단한 수학 공식으로 설명하면서도 신학적 논의로 승화시켰는데, 공식 그 자체에 이미 근대적 특성이 드러나고 있었다. 예를 들어, 그의 무한성에 대한 수학적 해명을 살펴보자.

사각형과 원은 규정되고 유한한 도형이다. 이 둘은 대립하며, 결코 일치할 수 없다. 그런데 누가 이 사각형을 규칙적으로 5각형, 6각형…… 결국 'n-각형'으로 늘려 간다고 가정하자. 아무리 많은 수의 다각형으로 늘어나더라도, 이 다각형은 결코 원과 온전히 일치하지는 않을 것이다. 그러나 이 다각형이 수학적으로 '무한대infinitum'가 된다면, 문제는 달라진다. 즉 무한각형은 원과 동일하게 된다. 대립한 것들이, 곧 다각형과 원이 서로 일치하는 '무한대의 다각형'은 이제 어떤 대상도 갖지 않으므로, 그 자체로 모순 개념이 된다. 우리가 무한대의 연속성 속에 있는 것으로 생각하는 바로 그것은, 우리 자신에 의해 무한대에 이르는 정렬의 실제적 관통에서는 결국 완성될 수 없는 것으로 남는다. 무한은 다각형과 원이 일치하는 바로 그곳에 존재하는 것으로 생각된다. 무한성에 대한 수학적 사유는 하느님이라 불리는 무한성의 일치에 대한 사유를 풀어 나가는 실마리가 될 것이다.[55]

쿠사누스는 근대적 과학의 길을 가지는 않았지만, 창조적 자의식 속에서 근세철학을 위한 과학적 사고를 준비했다. 그의 철학은 수학적 공식과 영원성의 사상을 위한 과학적 탐구의 원리로 세계에 적용되었으며, 실재하는 개별자에게는 미래과학을 의미했다. 쿠사누스는 일찍부터 인본

---

55 Jaspers, K., *Nikolaus Kusanus*, München, 1964, 18쪽 이하 참조.

주의에 동참하면서 알려고 하는 자들의 호기심을 일깨웠다. 그는 정치적 활동에도 적극적으로 참여했다. 쿠사누스의 사상은 브루노Bruno, 라이프니츠, 하만Hamann, 셸링 등이 수행할 근세 후기 철학의 뚜렷한 전조가 될 것이었다.

근세철학을 위한 또 하나의 전조는 쿠사누스가 엿보던 인본주의였으며, 이런 사조는 특히 이탈리아 지역을 중심으로 일어났다. 유럽 그리스도교 문화의 신 중심주의 터전에서 고대 그리스의 인간 중심주의가 부활했으며, 이는 페트라르카Petrarca, 보카치오Boccaccio 등이 주도하는 르네상스로 전개되었다. 인본주의는 그리스도교 문화가 그리스의 고전과 지혜를 존중하던 태도의 연장선이었다.

중세 그리스도교 문화가 고대 그리스철학의 전거를 묵살하거나 금지해버린 것에 대한 저항의 표시로 인본주의가 탄생한 것은 결코 아니었다. 그리스 고전은 진작부터 중세 전반에 걸쳐 교재로 활용되고 있었다. 그리스도교의 학교뿐만 아니라 대학을 준비하던 교양학부studium generale와 대학의 기본교육은 성서와 함께 그리스 고전과 교부들의 저서를 사용했으며, 또 그것이 전부였다.

중세의 여성철학자들도 대부분 성서와 그리스 고전을 기초로 자유교양artes liberales 교육을 받았다. 중세 그리스도교 문화는 그리스 고전을 라틴어로 번역하고 학습하고 활용하기 위해 최선을 다하고 있었기 때문이다. 인본주의는 여기서 한 걸음 더 나아가 그리스 고전 그 자체에 초점을 맞추어 탐구하는 태도를 취했으며, 나름대로 새로운 고전의 역사를 써내려 갔던 것이다.

철학적 신학의 우위성

중세철학은 특별한 주제를 우위에 두고 있었으며, 이 또한 철학의 사회적 역할이었다. 중세철학은 수학의 정초라는 데카르트Descartes 이후의 관심과는 다른 가치관을 가지고 있었다. 예를 들어, 중세철학은 아우구스티누스나 데카르트와 같이 회의주의의 극복을 원천적 과제로 삼지는 않았다. 오히려 중세철학은 인식론적 경향보다는 그리스와 아라비아 학문에서 유래하는 우주론적 경향을 띠고 있었다. 말하자면 자연과학으로부터 분리되는 것이 중세철학의 근본적 지향은 아니었다.

고대 후기의 교육구조에서 수용한 7과목의 자유교양은 형식을 중요시했기 때문에, 문법과 논리학에 특별한 관심을 기울였다. 중세의 철학 수업은 우선적으로 논리학을 가르쳤으며, 논리학은 사유와 존재의 일치라는 기조를 따르는 존재론이기도 했다. 철학은 실체를 중심으로 하는 범주론이었기 때문에, 아리스토텔레스의 『해석학Peri Hermeneias』이 개발한 명제를 논리적으로 한층 더 발전시켰다. 나아가 철학 수업은 스토아철학에서 유래하여 아우구스티누스의 『교사론』에 편입된 언어논리학적 정리를 보완했다.[56]

중세 전반에 걸쳐 인식론이 우위에 있지는 않았지만, 그래도 인식론적 문제는 다방면에 걸쳐 파급효과를 일으켰다. 중세철학은 아우구스티누스가 씨름하던 고대 회의주의와의 대결을 주시하고 있었으며, 초월적 신학에 대항하여 확실한 인식 가능성을 방어해야만 했다. 또한 중세철학은 보에티우스가 『철학의 위안』에서 대상주의자들의 인식론을 비난하는 수단으로 사용하던 탁월한 문헌들에 대해서도 잘 알고 있었다. 나아가 중세철

---

56 Augustinus, A., *De magistro. Über den Lehrer*: Lat./deutsch, übers. u. Hrsg., von B. Mojsisch, Stuttgart, 1998.

학은 아리스토텔레스가 능동지성을 치밀하게 설명한 부분이 정확히 무엇을 의미하는지도 설명해 내야만 했다. 이런 과제로 인해 중세는 철학적 신학이라는 독특한 길에 들어섰다.

특히 파리 노트르담 대성당학교의 스콜라 신학자이던 페트루스 롬바르두스Petrus Lombardus, 1095경~1160의 『명제집』은 철학적 신학의 전형이 되었다.[57] 『명제집』을 해설하는 것이 대학 수업의 일부가 될 정도였다. 『명제집』에 대한 주해서들이 다루던 인식론적 문제는 14세기에 이르러 모든 철학적 신학을 점유할 만큼 발전했다. 특히 프라이베르크의 디트리히가 전개한 지성론은 인식론에 기초한 지성의 구성적 능력을 발견했다. 즉 인간의 능동지성은 '영광의 빛lumen gloriae'을 통해 드러난 '하느님의 모상imago dei'이므로, 원칙적으로 모든 것을 인식할 수 있다는 자신감의 근거가 되었다.[58]

나아가 윌리엄 오컴은 자신의 『명제집주해서』에서 감각적 지각에 대한 전통적 확실성을 송두리째 뒤흔들어 버렸다.[59] 인간이 감각적 사물을 직접적으로 지각할 경우, 그 사물이 실존하는지 확신할 수 없다는 것이다. 현대인은 지금 지각하고 있는 별의 빛이 이미 오래전에 해체되어 버린 별의 빛일 수도 있다는 사실을 잘 알고 있다. 그러나 오컴이 저술할 당시에는 별들이 얼마나 멀리 떨어져 있는지 계산할 수 없었다. 그럼에도 불구하고 오컴은 어느 별이 이미 해체되었을지라도 그 별에 대한 관찰은 여전히 남

---

57 Lombardus, P., *Sententiae*, PL 192, 519–964.

58 Flasch, K., *Dietrich von Freiberg: Philosophie, Theologie, Naturforschung um 1300*, Klostermann, 2007, 220쪽.

59 Guillelmi de Ockham, *Opera philosophica et theologica*, *Reihe Opera theologica*, *1*, St. Bonaventure, New York, 1967–1986.

을 수 있다고 말했다.[60] 따라서 현존하지 않는 사물에 대한 직접적이거나 직관적 인식도 가능하다는 것이었다.

중세철학이 전반적으로 철학적 신학을 했다면, 고도의 방식으로 이를 수행했다. 중세철학은 바로 여기서 가장 위대한 원천성을 보여 주었다. 그래서 소위 안셀무스의 존재론적 논구와 신神 개념은 고대적 발상임에도 불구하고, 철학적 신학이 이룩한 고유성을 지니고 있었다. 중세가 신 개념에 부여하고 있던 어떤 특수한 뉘앙스를 파악하지 못한다면, 아마도 중세철학을 거의 이해할 수 없을 것이다.

중세의 철학적 신학이 가진 가치와 해명 능력에 있어서 가장 우선적인 것은 하느님임에 틀림이 없었다. 하느님은 우주의 설계자이고 모든 진정한 인식은 하느님에게로 환원되어야 하기 때문에, 하느님에 대한 존재론적·우주론적·영지주의적 관심이 혼합되어 있었다. 철학적 신학이 지속적으로 수행한 과제는 민속종교가 아니었다. 철학적 신학은 그리스철학에 가까운 제일원리primum principium를 추구하면서 신 개념을 계시와 연관시켰고 종교의식과 화해시켰다.

중세의 철학적 신학이 전개한 종교철학적 활력은 11세기 이래로 식어 갔지만, 논리적 확실성과 윤리적 가치관을 세우려는 시대적 요구는 포기하지 않았다. 중세는 논리 법칙에 대한 치열한 작업을 통해 일상적 경험과 학문적 경험, 그리고 종교적 문헌에 대한 경험을 축적해 나갔다. 이런 경험은 논리적으로나 윤리적으로 인정할 만한 어떤 것이 나올 때까지 지속되었다. 그러나 이러한 논리적 정리는 도구에 지나지 않는다는 사실이 드러

60 Guillelmi de Ockham, ibid., *Reihe Opera theologica, 1*, Scriptum in librum primum Sententiarum, prologus et distinctio prima, q.1., St. Bonaventure, 1967.

나자, 철학적 신학은 다시 엄밀한 논리학의 경계 자체를 다양한 방식으로 반성했다.

페트루스 다미아니는 하느님의 업적을 형식논리학의 모순율에 적용하는 것은 곧 하느님을 비하하는 것이라고 간주했다. 논리학의 법칙도 하느님 앞에서는 무효라고 부정해 버렸다.[61] 그 전에 위-디오니시우스도 논리적 기술에 대항하여 부정신학theologia negativa을 이끌어 냈다. 이는 물론 아우구스티누스에게서도 발견되던 것이다.

부정신학은 하느님을 수식하는 최상위의 것과 최하위의 것을 부정하는 가운데 출발하고 전진했다. 부정의 길via negativa은 하느님을 지칭하는 모든 명칭, 개념뿐만 아니라 생명이나 선성과 같은 최상급의 개념까지도 하느님의 수식어로는 적합하지 않다고 부정하면서 정진하고자 했다.[62] 부정신학은 하느님이 긍정문으로는 결코 규정되거나 서술될 수 없는 존재라고 가르쳤다. 그리스도교의 교리나 성사, 계시, 삼위일체성은 결코 하느님 자신에게 그 자체로 귀속되는 규정들이 아니었기 때문이다. 결국 철학적 신학은 부정의 길에 이르러 절정을 맞이한 셈이다.

3 중세의 문헌과 철학에 대한 관심

중세철학의 위상은 현실적으로는 대형 도서관이나 박물관에 소장되어 있는 문헌을 통해 알 수 있다. 중세철학은 파리, 로마, 밀라노, 베네치아, 피

61 Heinzmann, R., *Thomas von Aquin*, Stuttgart, 1994, 108쪽.

62 Theill-Wunder, H., *Die archaische Verborgenheit*, München, 1970, 160~165쪽 참조.

렌체, 뮌헨 등의 중세도시에 있는 대형 박물관 그리고 지금까지도 살아 있는 대학 도시의 문서실이나 대수도원들이 소장하고 있는 수천 권의 필사본에 담겨 있다. 20세기의 중세철학자 움베르토 에코Umberto Eco는 이런 상황을 자신의 고증적 소설 『장미의 이름』을 통해,[63] 다음에는 영화를 통해 드라마틱하게 보여 주었다.[64] 에코는 정확하게 1327년, 즉 중세 후기의 정치, 사회, 종교의 갈등에 대한 생생한 그림을 전해 주었다. 그렇다면 숀 코네리 주연의 영화에서 보여 준 중세 도서관의 장엄한 문헌들은 어떤 철학적 가치를 가지고 있는가? 인쇄술이 발달하지 못했던 당시 중세철학의 문헌들은 어떻게 출판되었으며, 이런 문헌에 대한 현대적 관심의 근거는 무엇인가?

중세 문헌의 출판

문헌의 가치는 그 책을 읽는 사람들의 철학적 개념이 결정한다. 역으로 독자의 철학적 개념은 자신이 관심을 가지고 씨름하는 문헌에 의해 결정될 것이다. 유럽에서 인쇄술이 발명된 것은 중세가 저물어 가던 말기의 일이다. 동양에서는 최초로 고려시대인 1377년에 직지심체요절直指心體要節의 금속활자 초인본이 출간되었다. 서양에서는 구텐베르크Gutenberg로 널리 알려진 요하네스 겐스플라이슈Johannes Gensfleisch, 1400경~1468가 1440년대에 처음으로 금속활자 인쇄술을 발명했다. 그 후 1480년에서 1520년에 이르는 시기의 출판은 필사본들 가운데서도 특별히 철학적 관심을 끄는 것들만 선택하여 책의 형태로 인쇄했다. 인쇄술이 개발되었어도 책은 여전히

63 움베르토 에코, 『장미의 이름』 상·하, 이윤기 옮김, 열린 책들, 2011.

64 Eco, U., *Il nome della rosa*, Bompiani, Mailand, 1980.

고가의 소장품이었기 때문이다.

아우구스티누스나 보에티우스와 같이 높은 권위를 가진 저자의 책은 아무런 부담 없이 출판될 수 있었다. 출판의 부흥과 함께 학계에 등장한 인본주의자들은 새로운 그리스어 지식으로 위-디오니시우스 아레오파기타를 직접 라틴어로 번역했다. 그들은 편집, 번역, 출판을 통해 형식과 체면에 치우쳐 있던 대학의 운영을 혁신하고자 했다.

인본주의자 파베르 스타풀렌시스J. Faber Stapulensis, 1460경~1536는 여러 세기에 걸친 신비주의 사상가들의 저술을 편찬하려는 원대한 목표를 세웠다. 그는 1502년 위-디오니시우스의 전집을 편찬하면서 『생동하는 신학』이라는 제목을 붙였다.[65] 1515년에는 슈트라스부르크에서 클리히토배우스Clichtovaeus, 1472~1543와 함께 주석을 달고 감수하여 이 전집을 다시 출판했다.[66] 스타풀렌시스는 놀랍게도 여성철학자 힐데가르트 폰 빙엔 수녀의 주저 『길을 알라Scivias』를 신비주의 저술의 일환으로 함께 편찬했다. 철학사에서 최초로 여성철학자의 저술이 출판된 것이었다. 16세기부터 필사가 아니라 움직이는 금속활자로 책을 출판하는 그야말로 생동하는 인쇄시대가 도래한 것이었다.

16세기부터 인문주의가 유행했음에도 불구하고, 대학에서는 여전히 아라비아 계통의 아비첸나와 아베로에스 같은 아리스토텔레스주의 관련 저술도 출판되었다. 나아가 대학 강단에서 명성을 떨치던 개혁수도회 출신 저자들의 출판도 요구되었다. 이들은 알베르투스 마그누스, 토마스 아퀴나스, 보나벤투라, 둔스 스코투스와 같은 스콜라철학의 거장들이었다. 역

65 Senger, H.G., Ludus sapientiae, in: *Studien zum Werk und zur Wirkungsgeschichte des Nikolaus von Kues*, Leiden/Boston/Köln, 2002, 250쪽: Theologia vivificans.

66 Ritter, A.M., *Dionys vom Areopag*, Tübingen, 2018, 43쪽.

시 수도회의 요구로 윌리엄 오컴이나 애지디우스 로마누스Aegidius Romanus, 1243경~1316의 저술도 일찍이 금속활자로 찍혔다.

철학 야사에서 부리당의 당나귀로 알려진 파리대학 교수 요하네스 부리다누스Johannes Buridanus, 1300경~1358의 논리학, 변증법, 자연학 관련 저술들도 인쇄되었다. 부리다누스는 윌리엄 오컴의 가장 중요한 제자로 유명론자다. 그는 자연과학에 심취하여 임페투스이론을 만들기도 했다.[67] 후일 이 이론은 오류로 밝혀졌다. 하지만 부리다누스는 운동을 수학적으로 표기하고 계산하는 기초를 제공하면서 근대적 역학의 발전에 크게 기여했다.

파리대학의 교수이자 하이델베르크대학의 설립자로 알려진 잉헨의 마르실리우스Marsilius von Inghen, 1335경~1396 총장의 논리학과 자연학 저술들도 출판되었다. 독일의 스콜라철학자 가브리엘 비엘Gabriel Biel, 1420경~1495 역시 '고대적 방법via antiqua'과 '근대적 방법via moderna'을 잘 분별하여 사용했는데, 그의 저술들도 출판 대열에 올랐다. 부리다누스, 마르실리우스, 가브리엘 비엘은 모두 유명론자다. 이들의 공통점은 16세기까지도 철학적으로는 주목을 받지 못했지만 근대적 과학 발전에는 크게 기여했다는 사실이다.

출판이 이루어지던 시기라고 해서 모든 철학문헌이 출판된 것은 아니었다. 9세기의 자유교양 교사이자 그리스어 번역가인 요하네스 에리우게나, 베르나르두스Bernardus를 필두로 한 12세기 고전과 자연연구의 중심이던 샤르트르 학파Ecole de Chartres, 13~14세기에 걸친 신비주의의 대가 마이스터 에크하르트 같은 철학자들의 문헌들은 출판 사업의 초창기부터 등장하지는 않았다. 사상적으로 그들의 시대가 오지 않았기 때문이었다.

---

67 12세기 중엽 알페트라기우스Alpetragius(?~1204경)는 운동량의 원시적 개념을 처음으로 임페투스impetus라 불렀고, 부리다누스는 임페투스를 물체의 질량과 속도에 연관되는 값이라고 생각하고 자유낙하운동에 적용시키려고 노력했다.

중세의 핵심 문헌들 가운데 특정 저술들은 그 중요성에도 불구하고 16세기 초부터 단절되어 버렸다. 이는 물론 문헌에 대한 관심이 떨어진 때문이기도 하지만, 부분적으로는 자연학에 대한 그리스도교의 금지령 때문이기도 했다. 그럼에도 불구하고 인쇄술이 나오던 초기의 출판 사업은 다양한 방면에 걸쳐 전반적으로 활성화되었으며, 치열한 경쟁적 분위기를 보이기도 했다.

17세기 스콜라철학의 아시아 유입과 출판

17세기 유럽 본토에서 중세 고전의 출판 열기가 식어 갈 때, 역사에서는 최초로 경이로운 학문의 동서 교역이 일어났다. 가톨릭 예수회의 공동 창설자인 프란치스코 하비에르Franciscus Xaverius, 1506~1552는 선교를 위해 일찍이 아시아로 갔다. 그는 유럽의 수도회 본원에 학문적 자격을 갖춘 교수 요원들을 아시아 지역의 선교사로 보내 줄 것을 요청했다. 하비에르는 중국, 조선, 일본의 수준 높은 학문을 경험했기 때문에, 책을 통한 선교, 소위 문서선교를 할 수 있다고 믿었다.

하비에르의 특별한 요청 이후 17세기에 아시아로 간 선교사들은 대체로 유럽 대학에서는 잃어버린 스콜라철학자들이었다. 이들은 동양에서 주로 한자를 사용하여 저술하고 출판했다. 당시 조선에서는 이들의 학문과 저술을 '서학'이라 불렀으며, 특히 실학파들은 중국을 통해 수입한 서학 서적에 열중했다. 조선의 실학파들이 탐독한 서학은 서양의 관점에서는 스콜라철학이었던 셈이다.

로마에서 수사학과 철학을 공부한 마테오 리치Matteo Ricci, 1552~1610는 제일 먼저 1594년 중국 남창南昌에서 가톨릭교리서 『천주실의』를 제일 먼저 출판했다. 이는 곧장 아시아의 베스트셀러가 되었다. 리치는 1596년에는 아리스토텔레스와 중세의 고전암기법을 소개한 『서국기법』, 1605년에는 고대 스토아 철학자 에픽테토스의 잠언을 편역한 『이십오언』, 1607년에는 '기하학'의 어원이 된 유클리드의 『기하원본』을 한문으로 출판했다. 또한 마르티노 마르티니Martino Martini, 1614~1661는 중세 여성철학자들도 즐겨 주제화하던 '우정amicitia'에 대한 저술 『구우편』을 출판했다.[68]

로마대학에서 수사학 교수로 활동한 루드비코 불리오Ludovico Buglio, 利類思, 1606~1682 역시 중국 선교사로 파견되었다. 그는 로마의 교수요원답게 한문을 먼저 습득하고 한문학자가 되었다. 그는 1668년 신학입문서인 『성교요지』부터 출판하기 시작했다.[69] 특히 불리오는 스콜라철학을 대표하는 토마스 아퀴나스의 『신학대전』 제1부와 제3부를 『초성학요』라는 제목으로 1654년부터 1682년에 걸쳐 북경에서 출판하는 성과를 올렸다.[70] 이는 아시아에서 번역된 최초의 서양철학 내지는 신학 총서일 것이다. 서지학자 카를로스 좀머포겔Carlos Sommervogel, 1834~1902의 도서 목록에 따르면, 불리오 신부는 제목만 3쪽에 달하는 총 80여 권의 서학서를 저술했다.[71] 그의 저술들은 중세의 철학과 신학을 아우르는 스콜라철학에 해당될 것이다.

중국의 명·청시대에 활동한 이탈리아 출신 선교사 프란치스코 삼비아시

---

68 Martini, Martino, 逑友篇: De Amicitia, Hangzhou, 1661. 마르티니 신부의 생애와 저작에 대해서는 Longo, G.O., *Il gesuita che disegnò la Cina: La vita e le opere di Martino Martini*, Milano, Springer, 2010을 참조하라.

69 라틴어 저명은 "Compendium doctrinae Christianae"이며, 후일 정약종이 저술한 『주교요지』의 원형이다.

70 『신학대전』이라는 제목은 현대에 와서 일본에서 붙인 것이다. 이는 라틴어 제목과 맞지 않는다. 『초성학요』는 몇 세기 전에 붙여진, 초월적 학문이라는 의미의 '초성학theologia의 요약summa'이라는 절묘한 제목이다.

71 Sommervogel, C., *Bibliothèque de la Compagnie de Jésus II*, Brüssel und Paris, 1890-1900, 363쪽 이하.

Francesco Sambiasi, 畢方濟, 1582~1649는 스콜라철학의 영혼론을 『영언여작』이라는 제목으로 1624년 상해에서 처음 출간했다.[72] 『영언여작』은 영혼의 라틴어 '아니마anima'의 의미를 살려 한자 亞尼瑪로 음역할 정도로 스콜라철학의 전통적 분류와 논술방식을 따랐다. 삼비아시는 서광계徐光啓의 도움을 받아 아리스토텔레스 및 토마스 아퀴나스의 전통에 서 있는 영혼의 존재, 존엄성, 기능, 우월성을 동양에 소개했다.

18세기의 중세에 대한 향수

18세기 프랑스의 계몽주의자들은 그리스도교 성직자들과 군주들의 권력을 상대로 투쟁하는 과정에서 봉건적 권력의 원천이 중세에서 비롯되었을 것이라고 여겼다. 계몽주의자들은 중세시대에 대한 인본주의자들의 조롱을 새삼스럽게 거론하고 나섰다.

이와는 달리 콩도르세Marquis de Condorcet, 1743~1794 같은 역사학의 대가는 대수나 화학의 발전은 아라비아 문화 덕택이며, 논리적 사고의 훈련은 스콜라철학의 영향이라는 것을 인정했다. 이로 인해 18세기부터 중세에 대한 일종의 향수가 되살아났으며, 성채의 광장에 폐허로 남아 있던 중세 건축물들도 재건되기 시작했다.

독일 지역에서는 청년 괴테Goethe, 1749~1832와 헤르더J. Herder, 1744~1803가 슈트라스부르크의 대성당과 여태껏 주의를 끌지 못하던 중세 고딕양식에 감격해 마지않았다. 당시의 낭만주의자들은 독일의 옛 도시들이 가지고

---

72 프란치스코 삼비아시, 『영언여작』, 김철범·신창석 공역, 일조각, 2007. 조선의 신후담은 저서 『서학변西學辯』에서 『영언여작』에 대해 조목조목 비판했으며, 권철신은 생명에 대한 생혼·각혼·영혼의 분류와 화기수토火氣水土라는 질료의 분류를 신뢰한다고 밝혔다. 이로 보아 『영언여작』은 1624년에서 1724년 사이에 조선으로 전래되었을 것이다.

있던 수많은 길모퉁이의 마술적 단면을 다시 찾아 나섰다. 보아스레Sulpiz Boisserée, 1783~1854라는 도미니코회 수사는 옛 독일 화가들의 작품을 수집했다. 후반기의 괴테는 이러한 수집품들을 관람했으며, 『파우스트』의 오페라 같은 마지막 장면에 중세의 교회사가들을 등장시키기도 했다.

왕정복고 시기 부르봉 왕조가 회복된 다음의 낭만주의적 프랑스 문학은 중세의 재발견을 외쳤다. 당시 사람들은 산업화로 근대적 정신이 메말라 갈수록, 새로운 실증주의와 오랜 전통의 갈등을 견딜 수 없는 것으로 여기게 되었다. 또한 사회주의 혁명이 시민성을 무섭게 위협하면 할수록, 신앙심이 풍부하고 조화로우며 시적 분위기에 젖어 있던 중세에 대한 향수와 감격도 더욱 깊어졌다.

중세에 건축된 대성전을 보수하는 과정에서 세인들을 뒤흔들 사건이 일어났다. 13세기에 시작되어 1880년까지도 부러진 듯 미완성으로 남아 있던 독일 쾰른Köln 대성당의 첨탑을 완성시킨 일이었다. 개신교 계열의 군주들은 중세에 대한 이러한 근대적 감동을 가톨릭교회와 보수 민족주의를 위한 정치적 향수라고 비난하기도 했다. 그렇지만 당시 로마 교황청은 새로이 등장한 민족주의 세력으로부터 정치적 위협을 받고 있었기 때문에, 민족주의자들이 자신들의 권력을 가톨릭교회를 위해 봉사할 수 있도록 기회를 만들어 주었다.

조제프 드 메스트르Joseph de Maistre, 1753~1821는 계몽주의에 대항하던 프랑스의 정치철학자다. 그는 당시의 시대적 불안을 막을 수 있는 이상적 방패는 교황청뿐이라고 낭만적으로 생각하기도 했다. 그러나 가톨릭교회 자체도 신학적 방향에 대한 내부적 논쟁으로 지쳐 있는 상태였다. 당시 가톨릭교회가 직면한 현실적 문제는 첨예한 시대적 사조였다. 즉 자유방임주의, 실증주의 그리고 세기 중반에 번져 나가던 유물론을 어떻게 아무런 통일된 이론적 근거나 엄격한 조직 없이 견제해 낼 수 있을까? 중세적 사유의 부활은 바로 가톨릭사상이 필요로 하는 통일성을 약속하는 것이었다.

이탈리아와 스페인에 있던 몇몇 신학교의 학문적 전통은 스콜라철학의 분위기 속에서 끊어지지 않고 그대로 남아 있었다. 17세기와 18세기 독일 개신교 계열의 대학들이 추구하던 철학도 '스콜라철학'의 분위기였으며, 게다가 매우 엄격한 스콜라철학을 준수하고 있었다. 그리스도교 신학 자체는 가톨릭이든 개신교든 결코 중세의 뛰어난 신학 유형으로부터 벗어날 수 없었다. 심지어 종교개혁을 성취한 마르틴 루터의 교의신학마저도 스콜라철학의 그늘을 벗어날 수 없었다.

19세기 중세철학의 사조와 토미즘의 회귀

19세기 말부터 20세기 중반까지 중세철학 문헌을 편찬하던 사람들은 좁은 시야로 중세의 정신적 삶을 바라보았다. 이들의 편찬 작업은 학문과 역사의 보편적 가치에 대해서는 별로 관심을 두지 않았던 것으로 보인다. 그들은 대체로 가톨릭 수도회가 가진 지배적 관심을 대변할 뿐이었다.

예를 들어, 도미니코회는 주로 토마스 아퀴나스의 전집을 편찬했다. 마찬가지로 프란치스코회는 그들만의 스승이었던 보나벤투라와 알렉산더 할렌시스 및 둔스 스코투스를 편찬했다. 그러나 교황과 대립을 일삼았던 윌리엄 오컴은 편찬에서 제외되었다. 다양성을 수용하던 베네딕트회도 1938년이 되어서야 비로소 캔터베리의 안셀무스의 저술을 출판했다.

19세기 계몽주의와 실증주의에 물든 지식인들은 교황청에 대해 상당히 비판적이었다. 물론 교황청의 지상 권력도 힘을 잃어 가고 있었다. 이를 의식한 교황들의 이념정치는 신학교나 수도원학교에 남아 있던 전통을 1850년경부터는 가톨릭교회의 공식적 교육이념으로 부상시켰다. 그리하여 교황 레오 13세Leo XIII, 1810~1903는 1879년에 "영원한 아버지Aeterni Patri unigenitus"로 시작되는 회칙을 통해 토마스 아퀴나스의 가르침을 그리스도교 철학의 척도로 선포했다.[73] 이 회칙을 통해 교부들의 정신유산을 물려받았으면서도 고대철학을 수용한 토미즘을 전 세계 가톨릭대학의 학문적 수호자로 삼아 헛되고 사악한 철학을 물리치기를 희망했다. 이에 새로이 일어나던 신스콜라철학도 전반적으로 강한 자극을 받게 되었다.

교육활동을 중시하던 도미니코회와 예수회는 토마스 아퀴나스의 철학을 공식화하기 위해 고군분투하게 되었다. 그러나 독일 지역의 대학에서는 역풍이 일어나 토마스의 공식화에 대한 저항이 발생하기도 했다. 독일 신학자들은 중세 사유 가운데 하나의 사조일 뿐인 토마스를 유일한 초시대적 진리로 인정할 수 없었다. 그들은 역사적으로 깊은 사유와 치열한 개혁의 태풍을 거쳐 왔기 때문이었다.

나아가 요하네스 폰 쿤Johannes von Kuhn, 1806~1887을 위시한 일부 독일 신학자는 더 이상 중세철학으로 회귀할 수 없을 만큼 칸트의 비판철학, 셸링의 독일 관념론, 헤겔의 변증법과 같은 강력한 철학의 세례를 받고 있었다. 이러한 독일식의 철학적 저항은 토마스 아퀴나스라는 단 한 사람의 중세 철학자를 독보적으로 그리고 강제적으로 격상시켰기 때문에 일어난 역풍이었다.

그럼에도 불구하고 토마스 아퀴나스에 대한 가톨릭의 높은 평가는 수많은 편찬사업과 역사철학적 분석 작업을 야기했다. 이런 과정에서 학자들은 토마스의 사상에 들어 있던 수많은 인용 중에서 기대하지 않았던 위-

---

73 Kluxen, K., Aeterni Patris Unigenitus, in: *Lexikon für Theologie und Kirche*, Bd.1, Freiburg, 1986, 187쪽.

디오니시우스와 아우구스티누스, 아비첸나와 아베로에스의 인용을 발견하게 되었다. 이러한 인용을 추적하게 되면, 곧장 원전과 원전의 인용이라는 복잡한 문헌의 거미줄 조직에 얽혀 들기 마련이었다. 그들은 토마스 이외의 다른 중세에 대해서는 별로 아는 바가 없었기 때문에, 그리고 역사적 이해보다는 현실적 가치를 앞세웠기 때문에, 토마스에게 유일무이한 지위를 부여하게 되었다. 그러나 이는 지속될 수 없는 사조로 드러났다. 신스콜라철학 운동이 진지한 역사적 탐구를 실시하면서 다음과 같은 놀라운 결론에 도달했기 때문이었다. 즉 진정한 역사적 현실에는 어떤 스콜라철학의 제후도 존재하지 않는다는 사실이었다.

그렇지만 토마스 아퀴나스로 되돌아 간 그리스도교 철학은 현대적 분열을 극복할 수 있는 가능성도 발견했다. 말하자면 토미즘은 학문과 문화의 상대적 자율성을 저촉하지 않고서도 철학 할 수 있다는 가능성을 찾아냈다. 넓은 의미의 토미스트들은 전통주의와 합리주의, 현실주의와 이상주의 사이에서 하나의 건전한 중용을 취할 수 있으며 현대철학의 분열을 극복할 수도 있다는 희망을 가졌다. 나아가 토미스트들은 철학과 그리스도교 신앙의 조화를 의심하지 않아도 좋을 만큼 비교적 자립적으로 철학 할 수 있었다. 가톨릭교회는 이러한 신스콜라철학의 정신적 형성에 힘입어 1870년에서 1960년까지의 극도로 긴장되었던 한 시대를 넘어서게 되었다.

20세기 말부터는 토마스 아퀴나스에 대한 신스콜라철학의 접목도 침체되는 분위기이다. 적어도 학문적 발전의 척도가 되는 국가들에서는 이런 분위기가 여실히 드러났다. 현대인이 드디어 중세에 대한 편견과 관심에서 해방될 수 있게 되었다는 가정을 유력하게 하는 것은 아무것도 없다. 지금은 철학에 대한 관심이 다방면으로 열려 있으며, 역사적 사실에 대해 비판적으로 대해야 한다는 것도 잘 알려져 있다.

현대철학은 역사적 사실을 가로막는 결정적인 것을 찾아내야 할 것이다. 또한 현대인은 현대적 관심을 확정된 것으로 보아서는 안 될 것이다. 오히려 새로운 관심의 근거를 끊임없이 찾아내야 할 것이다. 현대인은 역사적 세부 사항에 대한 관심 자체에 대해 문제를 제기해야 할 것이다. 현대적 관심을 재구성하려는 시도는 지금까지 알려지지 않았던 역사적 사실이나 무시되었던 관계들을 밝혀내야 할 것이다.

중세철학의 유구성

현대를 되돌아보기 위한 역사적 관심이 중요하다면, 중세에 대한 관심 또한 예외일 수 없다. 어떻게 500년에서 1500년에 이르는 천 년이라는 철학의 전개 과정을 못 본 척하면서 건너뛸 수 있겠는가? 또는 16~17세기의 이론이나 생활양식을 고대 그리스철학이나 성서에 직접 결부시킬 수 있겠는가? 이러한 비약적 가정은 결코 역사적 사유와 타협할 수 없으며, 그럼에도 불구하고 이를 밀고 나간다면 결국 사이비가 될 것이다.

종교개혁을 일으킨 마르틴 루터는 스콜라철학과 연결되어 있었다. 계몽주의의 주체를 확립하여 근세의 아버지가 된 데카르트 역시 중세철학의 원천과 결합되어 있었다. 인간의 사유가 결코 멈출 수 없는 것이라면, 원초적 달걀로부터 나오는 철학이란 존재할 수 없다. 중세철학이 현대에 끼친 영향은 철학적 관점에 따라 크게 달라질 것이다. 여기서는 편파성을 피하기 위해 대체로 중립적 성향을 지키고 있는 독일 철학자 쿠르트 플라쉬의 폭넓은 관점을 중심으로 중세철학의 영향에 대해 살펴볼 것이다.[74]

---

74 Flasch, K., *Mittelalter Geschichte der Philosophie in Text und Darstellung Bd. 2.*

20세기 하임소에스의 중세 형이상학 연구는 특정한 철학적 주제나 해결 방안이 고대, 중세, 현대에 얼마나 공통적인가를 잘 보여 준다.[75] 가톨릭 철학자인 클레멘스 베움커C. Baeumker, 1853~1924의 연구는 무엇보다도 플라톤과 신플라톤주의의 전통이 알려 주는 유구성을 여지없이 드러낸다. 베움커는 중세철학에서 토마스 아퀴나스가 추구한 아리스토텔레스철학과 나란히 아우구스티누스 사상이나 프로클로스Proklos 사상과 같은 신플라톤주의의 독자적 전통까지 밝혀 낸 것이다.

9세기경 요하네스 에리우게나의 사상은 독일 관념론 시대부터 지대한 관심을 끌었으며, 그때부터 그의 주저들도 편찬되기 시작했다.[76] 또한 캔터베리의 안셀무스의 저술도 폭넓게 편찬되었다.[77] 그도 더 이상 토마스의 불완전한 전주자로 간주되지 않게 되었다.

프랑스의 사르트르학파에 대한 연구도 증가했으며, 그들의 학문사적 중대성도 인식되기 시작했다. 1900년경의 보나벤투라 추종자들은 그를 가능한 한 토마스에 근거해서 해석하려고 시도했다. 그러나 현대의 에티엔 앙리 질송Étienne-Henry Gilson이나 비슷한 성향의 연구자들은 토마스와는 또 다른 보나벤투라의 사유방식을 인지했다.[78] 토마스 아퀴나스와 나란히 알베르투스 마그누스, 로저 베이컨, 근본주의자 애지디우스 로마누스, 겐트의 하인리히Henricus de Gandavo, 1240~1293도 함께 등장했기 때문이다. 그리고

Stuttgart, 1982, 36~46쪽 참조.

75 Heimsoeth, H., *Die sechs großen Themen der abendländischen Metaphysik und der Ausgang des Mittelalters*, Stuttgart, 1965.

76 Sheldon-Williams, I.P., (Hg.), *Iohannis Scotti Eriugenae Periphyseon (De Divisione Naturae) liber primus*, Dublin, 1968.

77 Anselmus Cantuariensis, *Opera omnia*, tom. 5, ed. F.S. Schumit, Seckan, 1938-1946.

78 Gilson, E., *Die Philosophie des hl. Bonaventura*, Darmstadt, 1960를 참조하라.

프란치스코 수도회가 비호하던 둔스 스코투스의 저술이 편찬되면서, 그 역시 토마스주의와는 엄격하게 분리되었다.

19세기에 들어서면서 헤겔 추종자들 사이에서 독일인들의 민족적 분위기와 세기말의 신비주의적 향수에 편승하여 마이스터 에크하르트가 세인들의 관심을 불러일으켰다. 또한 새로이 싹튼 플라톤적 전통의 유구성에 대한 관심은 1932년 이후로 에크하르트뿐만 아니라 니콜라우스 쿠사누스의 저술을 검증하여 편찬하기 시작했다. 이 두 개의 편찬사업은 오늘까지도 진행 중에 있다. 에크하르트와 쿠사누스를 토마스적으로 해석하려는 시도가 완전히 사라진 것은 아니지만, 지금은 이런 시도를 실패한 것으로 간주해도 좋을 것이다.[79]

플로티노스Plotinos, 프로클로스, 아우구스티누스 전통의 고유성과 중세 사상의 다양성에 대해서는 오늘날 더 이상 왈가왈부할 수 없을 것이다. 아리스토텔레스주의와 함께 플라톤의 전통 또한 토마스 아퀴나스의 사상을 부각시켰다는 사실도 드러나고 있기 때문이다.[80] 20세기 세계대전이라는 파멸적 상황에 충격을 받은 사람들이 한동안 철학사의 유구성에 치중해 온 것도 사실이다.

어쨌든 지금은 아리스토텔레스 전통의 유구성도 새로이 발견되고 있다. 그리스도교 내에서는 아리스토텔레스와 융합된 토마스 아퀴나스만이 유일한 것도 아니었다. 중세와 근세 초기에는 지식과 신앙을 방법적으로 분리시키려는 아리스토텔레스에 대한 해명 작업도 있었다. 일찍이 알베르투

---

79 Flasch, K., *Die Metaphysik des Einen bei Nikolaus von Kues*, Leiden, 1973, 특히 158쪽 이하 참조.

80 Hirschberger, J., *Geschichte der Philosophie*, Bd. 1, Freiburg, 1965; Kremer, K., *Der Einfluß der neuplatonischen Seinsphilosophie auf Thomas v. Aquin*, Leiden, 1966.

스 마그누스는 이러한 관점을 표명했으며, 소위 라틴 아베로에스주의자들도 이러한 노선을 추구했다.

중세철학의 현대적 방향

아리스토텔레스를 해석하는 전통은 특히 14세기에서 17세기에 이르기까지 이탈리아의 파도바대학universitas studii Paduani에서 활동한 철학자들 사이의 상관관계 속에서 충분히 증명되었다.[81] 당시 아리스토텔레스주의자들은 무엇보다도 자연에 관해 신학적 간섭으로부터 방해받지 않는 자율적 학문 개념을 정립하고자 노력했다. 이들의 중세적 사유는 근세철학과 현대철학의 동기가 어떻게 발생했는지 잘 보여 준다. 이미 14세기에 갈릴레이라는 선구자도 있었다.[82] 양적인 자연측정이라는 방법도 중세 후기 학문론의 성공적 사례 가운데 하나였다. 1300년대부터는 현대철학의 결정적인 방향들이 다양하게 등장했다.

프란치스코회의 라이문두스 룰루스Raimundus Lullus, 1232~1316는 개념의 상관관계를 도식적이고 수학적인 근거 위에 세울 수 있는 하나의 '보편학문ars generali'을 만들려고 시도했다. 그는 이성의 도움으로 진리와 허위를 구분하고, 그중에 진리를 받아들이고 허위를 지적하는 논리적 기술 내지는 학문, 즉 대학문magna ars을 기획했다. 그는 경험적 언어에 의존하지 않는 어떤 개념의 연계를 논리적으로 기계화하려는 발상을 했다. 이런 발상은

81 찰스 로어가 발표한 중세와 근대의 아리스토텔레스 주해서 목록을 참고하라. Lohr, Ch., Medieval Latin Aristotle Commentaries, in: *Traditio 23*, 1967, 313~413쪽 외 다수; Renaissance Latin Aristotle Commentaries, in: *Studies in the Renaissance 21*, 1974, 227~289쪽.

82 Maier, A., *Die Vorläufer Galileis im 14. Jahrhundert*, Rom, 1949 참조.

라이프니츠에게 전해졌으며, 고트로브 프레게F.L. Gottlob Frege, 1848~1925에게는 수학이 논리학으로 귀결될 수 있다는 수리논리학의 현대적 기초를 쌓게 했다.[83]

언어 분석을 통해 중세적 형이상학을 비판하는 철학적 방향도 등장했다. 특히 윌리엄 오컴과 그의 학파는 형이상학을 비판하고 나섰다. 보편논쟁에서 오컴의 입장을 대변한 니콜라우스Nicolaus de Autricuria, 1300경~1369는 실체substantia 개념과 원인론을 비판하는 가운데 아리스토텔레스주의에 맞섰다. 결국 1346년에 니콜라우스의 극단적 유명론은 가톨릭교회에 의해 단죄되었고, 다음 해에는 그의 저서가 파리에서 불태워졌다. 하지만 언어 분석을 통한 그의 철학적 작업은 현대 영국 경험주의의 근본적 동기를 형성함으로써 중세의 데이비드 흄D. Hume이라 불리고 있다.[84]

수학과 나란히 가장 먼저 자율적 학문이 된 형식논리학은 바로 이런 전제조건 아래서 제2차 세계대전 이후 앵글로-색슨 계열 국가에서 비약적 발전을 했다. 동시에 논리철학적 문제점도 제기되었다. 형식논리학의 엄격한 어법은 과연 얼마나 일상의 언어와 윤리적 가치판단, 신앙의 내용이라는 실질적 영역으로 확장될 수 있겠는가? 결국 형식논리학 위에 제2차적이고 융통성 있는 또 하나의 논리학을 상정해야 하지 않겠는가? 이런 물음을 던진 형식논리학은 인간의 사고를 더욱 수량화하고 기호화하여 보다 철저한 기호논리학으로 전개되었다.

엄격한 아리스토텔레스주의로부터 독일 관념론에 이르는 이성intellectus

---

83 Frege, F.L. Gottlob, *Die Grundlagen der Arithmetik: eine logisch—mathematische Untersuchung über den Begriff der Zahl*, Breslau, 1884.

84 Schneider, J.H.J., Nicolaus von Autrecourt, In: *Biographisch—Bibliographisches Kirchenlexikon Bd. 6*, Herzberg, 1993, 684쪽.

중심의 철학적 방향도 전개되었다. 아리스토텔레스는 이성이 모든 사물을 이해할 수 있도록 만든다고 보았다. 플로티노스는 한 걸음 더 나아가서 이 말에 대한 이론적 기초를 다졌으며, 어떻게 이성이 생산성을 띠는 모든 것이 되는가를 밝혀냈다. 이러한 정리들은 프로클로스뿐만 아니라 아우구스티누스에게도 보전되었다.

아베로에스는 아리스토텔레스의 이성에 대한 정리에 주석을 달았다. 그는 이성을 어떤 물질적인 것과 분리되어 있는 본질적으로 능동적이고, 그래서 인간성과는 상이한 실체를 가진 일종의 신적인 것으로 설명했지만, 그 외의 다른 어떤 방도를 찾아내지는 못했다. 토마스 아퀴나스는 이러한 아베로에스의 해석에 반대했다. 토마스는 정신의 개별적인 불멸성에 대한 관심으로 인해 정신적으로 인식한다는 사실을 개별적 인간에 근거하여 분석하려고 했다. 그래서 토마스는 아리스토텔레스가 언급한 이성의 본질적 역동성을 신성 아래에 두었다.

그렇지만 토마스 아퀴나스의 바로 다음 세대에서 반작용이 나타났다. 즉 프라이베르크의 디트리히는 어떤 신학적 동기에 의해서도 약화되지 않는 이성의 역동성을 찾아 나섰다. 그는 이성에 대해 아리스토텔레스의 엄격성을 완벽하게 따르는 정의를 목적으로 삼고 있었다.[85] 디트리히는 이성과 하느님의 관계에 대한 새로운 정의를 바탕으로 마이스터 에크하르트를 자극하게 되었다. 이런 전통은 모스부르크의 베르톨트Berthold von Moosburg, ?~1361를 거쳐 니콜라우스 쿠사누스에 이르는, 중세적 조건에 적합한 정신이론을 위한 본질적인 계기가 되었다. 이런 계기는 독일 관념론을 통해 지속적으로 실현되었다. 이들의 철학적 업적과 상호관계는 최근에 이르러서

85 Dietrich von Freiberg, *Opera omnia*, tom. 1, Prolegomena, Hamburg, 1977.

야 깊이 연구되고 있다.[86]

어떻게 역사가 일반 학문의 대상이 될 수 있는가? 중세도 이 문제를 둘러싸고 씨름했다. 오랫동안 중세는 추상적이고 초역사적 존재론의 시기로 간주되었다. 그러나 중세의 고유한 역사적 안배에 관한 문제가 근대적 종말론을 통해 제기되기 시작했다. 알렉산드리아의 그리스도교 역사가들에 의한 영지주의gnosis는 그때까지 유대인과 그리스인에게 퍼져 있던 지혜의 유산을 현실화하고자 모색했다. 영지주의는 역사의 이론이 되려고 한 것이다. 아우구스티누스도 『신국론』에서 이러한 영지주의 노선을 계속 이끌어 나갔다. 토마스 아퀴나스 또한 어떻게 그리스도교 신앙의 주된 사실들이 아리스토텔레스에 의한 자연적 배열에 따라 보편적인 것으로 분류되는가를 알아내고자 했다.

중세철학은 신스콜라철학의 전통을 통해 여전히 현대까지 영향력을 발휘하고 있다. 중세철학은 가톨릭신학의 자명성을 위해서도 커다란 의미를 지니고 있다. 그러나 중세철학의 활성화는 가톨릭신학 밖에서도 이루어지고 있다. 후설Husserl의 현상학과 하이데거Heidegger의 실존철학은 아우구스티누스의 시간론을 계기로 삼은 것이다.[87] 야스퍼스Jaspers는 아우구스티누스를 통해 결정적 경험을 했으며, 비트겐슈타인Wittgenstein 또한 언어철학적으로 중요한 곳에서 아우구스티누스를 인용했다.

19세기에 태어난 여성철학자 에디트 슈타인Edith Stein, 1891~1942은 개념적

---

86 Schulz, W., *Der Gott der neuzeitlichen Metaphysik*, Pfullingen, 1957; Bracken, E.v., *Meister Ekhart und Fichte*, Würzburg, 1943; Beierwltes, W., *Platonismus und Idealismus*, Frankfurt a.M., 1972.

87 아우구스티누스, 『고백록』, 최민순 옮김, 바오로딸출판사, 2010, 제11장 참조.

으로 난해한 토마스 아퀴나스의 『진리론』을 독일어로 번역했다.[88] 나아가 그녀는 토마스의 사상을 자신의 스승이자 현상학자인 후설 및 실존철학을 추구하던 하이데거와 연계하는 연구를 시도했다.[89] 에디트 슈타인은 유럽에서 대학에 입학하여 박사학위를 받은 최초의 여성 세대다. 그러나 또한 여성이기 때문에 교수자격 논문은 통과하지 못했고, 유대인이기 때문에 아우슈비츠수용소의 희생양이 되고 말았다. 그렇더라도 에디트 슈타인은 중세철학을 연구한 첫 번째 여성철학자라는 명성을 갖게 되었다. 또한 수녀가 되어 가르멜수도회의 개혁과 여성철학, 여성교육에 기여한 공로로 1988년 교황 요한 바오로 2세에 의해 가톨릭 성녀의 반열에 올랐다.

이렇듯 현대에 와서는 여성철학자들까지 중세철학을 되돌아보기도 하지만, 여전히 중세철학은 고대의 여파나 현대의 준비로 간주되고 있다. 이것이 바로 중세가 고대와 현대의 '중간시대'라는 편견의 일종이며, 이런 편견이 철학의 창조적 탐구와 역사적 연속성을 해친 것도 간과할 수 없는 사실이다. 나아가 중간시대라는 편견을 넘어설 수 있는 결정적 시도 가운데 하나가 중세 여성철학자들의 활동을 조명하는 일이 될 것이다.

4
중세 위기 속의 세계화와 여성의 등장

중세는 스콜라철학과 대학도시, 고딕의 안정감, 그리스도교 신학과 아리스토텔레스철학의 종합, 신앙과 이성의 조화로 인해 결국 그리스도교 중

---

88 Stein, E., *Des hl. Thomas von Aquino Untersuchungen über die Wahrheit—Quaestiones disputatae de veritate,* 2 Bd., Freiburg, 1952.

89 이은영, 『에디트 슈타인과 중세 스콜라철학의 수용』, 으뜸사랑, 2014 참조.

심적이라는 인상으로 각인되었다. 그러나 중세 전반을 지배하는 그리스도교적 분위기의 조화는 사상적 위기와 문화적 갈등, 국제적 충돌을 총체적으로 겪는 과정에서 이루어진 것이었다.

스콜라철학은 고대 그리스철학과 아라비아사상, 유대사상의 유입을 학문적으로 소화하는 가운데 '대학'을 설립했으며, 학술 언어인 라틴어를 공용으로 하는 교육의 전형을 성립시켰다. 대학교육은 현대 인류 문화의 근간이 되었으며, 지금까지 세계의 교육구조를 섭렵하고 있다. 결과적으로 중세 황금시대의 의미는 종교적·정치적·문화적 위기를 대학을 중심으로 하는 학문적 조화로 전환시킨 역동성에 있다.

그러나 스콜라철학의 상아탑은 드러난 상층부만 있었던 것이 아니라 위대하면서도 복합적인 심층부도 있었다. 11세기에 십자군전쟁이 시작되었으며, 유럽의 서방과 동방을 수차례 왕래한 십자군들의 순례는 종교, 정치, 문화를 송두리째 뒤흔들고 있었다. 십자군전쟁의 와중이던 13세기에 몽골군이 유럽의 지평선에 출몰했다. 몽골의 유럽침공 이전까지만 해도 중세는 당시의 동서방을 포괄하는 좁은 유럽에 한정되어 있었다. 아시아까지 동방의 의미에 포함시키는 거시적 관점으로 중세를 바라보면, 스콜라철학의 심층부는 더욱 복합적이고 방대해진다.

먼저 스콜라철학을 중심으로 하는 중세에 대한 오해와 편견을 반추해 보고, 중세의 가장 위대한 심층부에 속하는 중세 여성들을 조명해 볼 것이다. 중세 여성들의 의식은 어떻게 변화되었으며, 여성들의 의식을 변화시킨 역사적 배경은 무엇이었을까? 중세 여성들의 의식 변화는 매우 다층적이고 복잡하게 이루어졌기 때문에, 여기서는 십자군전쟁을 동반한 궁정 문화와 그리스도교의 성모 마리아 공경만을 의식 변화의 계기로 삼을 것이다.

중세철학에 대한 오해와 진실

중세사는 현대인의 삶이나 학문과 무관한 옛날 옛적의 이야기가 아니다. 21세기 세계화를 누리고 있는 현대인들은 한 손에 핸드폰을 들고 있지만, 여전히 중세에 설립된 궁전이나 대성당의 첨탑이 하늘을 찌르는 고색창연한 도시로 여행을 다니지 않는가? 세계화 시대 청년들은 옆구리에 첨단 노트북을 끼고 다니지만, 여전히 중세가 창안해 냈고 그 이래로 별반 변하지 않은 학교schola와 대학universitas에서 배우고 있지 않는가? 그렇다면 현대인에게 중세다운 중세란 어떻게 회상되고 있는가?

그리스도교 일색의 중세는 사실 그 실존이 흔들리던 위기의 시대였다. 현대인에게 중세는 적어도 대성당이 서 있는 중세도시와 스콜라철학으로 각인되어 있음에는 의심의 여지가 없다. 실제로 스콜라철학은 13세기의 고고한 대학과 대성당, 궁정을 중심으로 전개되었다. 이들은 중세도시의 성채 안에 공존했다.

유럽이 이러한 도시를 거점으로 성취한 중세다운 중세는 향후 인류의 문화, 종교, 학문, 정치를 결정하는 전환기가 되었다. 중세다운 중세는 다가올 인류를 위한 설계를 제공했으며 영향력을 행사했기 때문이다. 그러나 중세는 첨탑들의 도시가 보여 주는 바와 같이 평화롭고 안정된 문화의 축적만을 통해 이루어진 것은 아니다. 그리스도교 중세는 황금기의 찬란한 문화와 역사적 영향력에 비례하는 위기의 시대였다. 스콜라철학이 절정에 이른 시기는 중세가 그 실존을 위협받을 정도의 총체적 위기와 변혁의 순간이기도 했다.

중세의 그리스도교는 십자군전쟁에 의한 동방 이슬람 문화와의 대결과 아시아 몽골의 유럽 침공을 통한 충돌을 계기로 세계 무대에 첫발을 내딛게 되었다. 이러한 첫 발걸음도 그냥 이루어진 것이 아니었다. 서유럽은 학문적 기득권을 가지고 있던 동방의 이슬람교도들을 향해 수차례 진격하던 와중에, 강력한 전투력을 가진 아시아의 몽골로부터 상상을 초월하는 기습을 받았다.

중세 봉건사회의 세습적 권력 의식은 시민적 자유 의식과 충돌했으며, 권위를 내세운 그리스도교 신앙은 탐구를 표명하는 이성과 대결해야 했다. 또한 그리스도교 신학은 아라비아를 통해 들어온 그리스 자연철학과 목숨을 건 논쟁을 벌여야 했다. 결국 13세기는 이러한 복합적 대결과 충돌을 극복하면서 인류의 역사에서 빛나는 조화의 시대, 즉 문화, 종교, 철학에 걸친 중세다운 중세를 구가하게 된 것이다.

중세다운 중세는 한마디로 위기를 통한 조화였다. 중세다운 중세의 절반은 그리스도교가 내적으로 깊이 받아들이던 오묘한 심층부에 있었다. 따라서 중세다움의 절반은 드러난 조화의 반경 밖에 있었으며, 곧장 조화의 심층부를 형성했다. 이 절반의 심층부가 특히 중세에 대한 오해와 편견을 불러일으킨 진원지다. 이러한 심층부의 일부는 다양한 상징 개념으로 표현되기도 한다. "이런 시각에서 보면 서구 중세 내내 끊임없이 준동하는 이단들, 마녀들, 종교재판들, 이단척결 군사행동들, 의심스러웠던 신비주의 운동들이 좀처럼 이해되지 않는다 …… 서구 중세는 몰적mole 시각에서는 그리스도교 일원화 사회였으나 분자적으로 들여다보면 매우 다양한 그 무엇들이 꿈틀대고 맞부딪치고 있었던 사회였다."[90] 학계나 전문가들 사이에는 이미 잘 알려져 있는 바와 같이, '중세 마녀사냥'은 단순한 오해에 지나지 않는다. 전반적으로 근세의 '마녀사냥'1450~1750으로 오래전에 확인되었다. 다만 그리스도교 사회의 심층부에 속하는 '마녀' 개념은 이미 중세

90 이충범, 『중세 신비주의와 여성』, 도서출판 동연, 2011, 17쪽.

부터 형성되어 있었다.

중세시대에 대한 큰 오해 가운데 하나는 여성에 대한 차별과 혐오이다. 현대 연구자들이 새로이 부각시킨 전쟁, 이단, 이교도, 개혁, 종교재판, 신비주의, 법률, 연금술, 점성술, 의술, 예언, 신심운동 등과 같은 중세 심층부에 대한 상징 개념들은 '여성', 즉 페미나femina라는 젠더와 밀접한 관계를 맺고 있다. 그렇다고 해서 인류의 역사를 크게 분류했을 때 현대는 말할 것도 없고 고대나 근세에 비해 중세 여성들이 특별히 차별을 받았다는 견해는 오해에 지나지 않는다. 노예나 농민 또는 성채 안의 사람들을 뜻하는 '부르주아Bourgeois' 밖의 피지배층이나 프롤레타리아라는 사회적 구분 이외에 특별히 중세시대에 여성이 차별받은 젠더였다는 근거를 찾아내기란 결코 쉽지 않다.

중세철학은 스콜라철학으로 대변되는 학교와 대학에서만 이루어졌다는 오해도 받고 있다. 이런 오해는 특히 21세기에 들어서면서 적극적으로 해명되고 있으며, 역사 속의 여성철학자들이 조명을 받으면서 서서히 벗겨지고 있다. 특히 중세 여성철학자들은 그리스 고대나 근세 시대보다 더욱 적극적으로 활동했다는 사실이 드러나고 있다. 그럼에도 불구하고 현대까지 여성철학자들의 다양한 활약이 묻혀 있었던 것은 그들의 활동이 중세의 심층부에 속하는 신비주의, 이단, 마녀, 의술, 예언, 신심운동 등과 깊이 연계되어 있었기 때문일 것이다.

중세의 심층부를 지탱하던 여성들은 군대에 들어갈 수 없었던 것처럼 대학에도 초대받지 못했다. 물론 여성들은 중세뿐만 아니라 정확히 20세기 초반까지도 군대와 마찬가지로 대학에도 갈 수 없었다. 중세 황금기의 학문하던 남성들은 원래 길드의 일환이던 콜레기아collegia, 소위 말하는 칼리지college를 조직하여 대학을 만들었다. 여성들은 근대화가 이루어질 때까지도 이런 대학 문화를 누릴 수 없었다. 대신 중세의 여성들은 그에 비견될 만한 수녀원 문화를 이룩했으며, 수녀원 안팎에서 스콜라철학의 일파이기도 한 여성 신비주의의 길을 닦았던 것이다.

십자군전쟁의 위기와 영향

스콜라철학scholatica, 말 그대로 '학교schola의 철학'으로 대표되는 중세철학 시대는 사실 고고한 상아탑과는 거리가 먼 양대 전쟁을 동반하는 가운데 성취되었다. 그 전쟁은 중세 봉건 제후들이 최초로 결속한 초국가적 종교전쟁이었으며, 인류가 최초로 경험한 대륙 간의 세계대전이었다. 그 하나는 11~14세기의 약 300년에 걸친 십자군전쟁으로, 그리스도교와 이슬람교가 격돌한 종교전쟁이었다. 또 하나는 그리스도교와 이슬람교가 대결한 십자군전쟁터의 피아를 가리지 않고 덮쳐 온 몽골군의 침공이었으니, 이는 13세기에 유럽이 존재조차 상상할 수 없었던 세계로부터의 출현이었다.

동방과 서방이 본격적으로 접촉하고 서로 막대한 영향을 끼치기 시작한 것은 고전적 고대도 아니고 모던하다는 근세도 아니었다. 국가와 국가가 아닌 동방과 서방의 격돌은 당시까지만 해도 스스로 암울하게 여기던 중세시대에 시작되었다. 중세시대에 서방Occident은 '저무는 태양sol occidens'의 땅이라는 의미로, 동방Orient은 반대편을 가리키는 '떠오르는 태양sol oriens'의 땅이라는 의미로 사용되었다. 중세의 오리엔트 동방은 동로마제국의 영토, 유럽의 동쪽, 곧 아라비아 내지는 이슬람 문화권까지로 한정되어 있었다. 그래서 십자군들은 세상 끝까지 행군해서라도 예루살렘의 성지를 탈환하겠다고 했으니, 예루살렘까지가 글자 그대로 그 시대의 '세계mundus'였다.

그리스도교를 표방하던 서유럽의 프랑크족은 서로마제국을 무너뜨리고 패권을 잡았지만, 문화적으로는 여전히 찬란한 동로마의 문화를 배우던 시기였다. 이들의 십자군전쟁은 머나먼 동방까지 약 300년 동안 무려 7차에 걸쳐서 지속되었기 때문에, 복잡다단한 전쟁의 의미와 영향 그리고 결실이나 손실을 단편적으로 정리해 내는 것은 거의 불가능하다. 다만 십자군들은 진격만 거듭한 것이 아니었다. 십자군은 이슬람과 대적하여 1099년 예루살렘을 처음으로 탈환했으며, 1204년에 난공불락으로 알려진 동방의 수도 콘스탄티노폴리스를[91] 점령했다. 그런데 십자군은 가혹하고 비극적이며 파괴적 전투만을 일삼은 것은 아니었다.

동방 점령기를 전후로 십자군은 정복과 살인의 시련을 겪으면서 참회에 빠졌으며, 신앙의 빛을 따라가는 예루살렘 '순례' 내지는 영적 '여행'으로 각성되기도 했다. 십자군전쟁crux cismarina은 점차 '십자군 순례peregrinatio'로 순화되었으며, 학문적이고 문화적 관점에서 정리될 수 없을 정도의 다양한 성과를 초래하기도 했다. 이런 성과는 향후 서유럽의 중세 문화를 승격시키는 결정적 계기가 되었다. 십자군들은 성지를 탈환하겠다는 일념으로 무작정 동방으로 진군했다가 서유럽으로 귀향할 때는 감격한 순례자가 되기도 했다. 특히 콘스탄티노폴리스는 서유럽의 미개한 순례자들 앞에 화려한 문화적 위상을 고스란히 드러냈다. 감격에 빠진 서방의 순례자들은 문화 전도사로 변신하여 양손 가득 수려하고 장엄한 동방의 문물을 가지고 본국으로 돌아왔다.

진격에 지치고 상처 입은 순례자들은 특히 판토크라토로스 수도원과 같은 전문적이고 숙련된 의사들이 활동하던 사회 구호조직에 깊은 감동을

91 고대 그리스의 비잔티움Byzantium이던 콘스탄티노폴리스Constantinopolis는 아시아와 유럽이 만나는 항구도시 콘스탄티노플로, 현재 이름은 이스탄불이다.

받았다.[92] 콘스탄티노폴리스는 부유하고 쾌적했을 뿐만 아니라 수려한 궁정 생활과 정치적 행동을 위한 귀족적 패턴을 누리고 있었다. 또한 귀족들은 드넓은 세계를 대하는 국제 도시의 품격에 맞는 외교적 기술도 가지고 있었다. 동방의 문화는 실제로 콘스탄티노폴리스가 점령되기 전부터 서유럽 내지는 로마 가톨릭과의 정치적 화해와 종교적 일치를 위해 전방위로 외교전을 펼치고 있었다. 그 당시 다분히 여성적이던 동방의 궁정 문화는 귀족 숙녀들의 '호노라리아'를 정치적 연합을 꾀하는 외교에 활용하고 있었다.[93]

실제로 십자군전쟁이 한창이던 1136년 콘스탄티노폴리스에서는 성 소피아 성당의 대주교 니케타스Niketas von Nikomedien와 테살로니카의 대주교 바실리오Basileios von Achrida가 서방에서 파견된 하벨베르크의 안셀무스Anselmus Havelbergensis, 1099경~1158 주교를 맞이하여 동서 화합과 교리적 합의를 위해 격앙된 토론을 벌이기도 했다. 이때 동방의 황제는 내심 분노하면서도 너그러운 외교적 역량을 발휘할 줄 알았다. 당시 안셀무스 주교는 다분히 철학적인 토론을 자세히 기록한 저술을 남겼다.[94] 그는 고도의 동방 문화에 감격한 채 귀향길에 올랐으며, 그 영향으로 세계사를 성령의 영감에 의한 지속적 진보로 성찰하는 새로운 이론을 도출해 내기도 했다. 300년이 지나 15세기의 철학자 니콜라우스 쿠사누스는 똑같은 경로로 동방 순례를 하고 귀향하던 지중해의 선상에서 모든 민족과 종교의 미래 지향

---

92 판토크라토로스Pantokratoros 수도원은 그리스 북동쪽의 아토스산에 예수의 변모를 지향하여 1363년에 봉헌된 수도원이다. 도서관에는 그리스어로 된 약 350권의 필사본들과 3,500권의 인쇄본들이 소장되어 있다.

93 호노라리아honoraria는 궁정의 귀족 숙녀들에게 부여되던 명예 고위관직이다.

94 Anselmus Havelbergensis, *Anticimenon*, Münster, 2010 참조.

적 통일이 동트는 것을 예감했다.

십자군들도 죽을 고비와 극단적 고통, 헛된 희생을 감내하는 가운데 스스로 영혼의 상처를 치유하고자 했다. 그들의 인고와 희생은 다양하고 오묘한 영적 노래와 우화를 만들어 냈다. 평범한 십자군들도 궁정 로망roman courtois을 노래하는 '연가Minnesang'를 부르기 시작했다. '민네Minne'란 중세 독일어로 연인들의 '사랑'을, 특히 궁정의 로맨틱하고 에로틱한 사랑을 말한다. 십자군들은 점차 남녀의 사랑뿐만 아니라 민중의식까지 표현해 내면서 신과 인간에 대한 연민, 가족에 대한 그리움, 그리고 인간관계까지 가감 없이 노래 불렀다. 십자군들이 엿들은 동방의 다양한 우화도 귀향길의 귓속말을 타고 서방의 구석구석까지 흘러들어 갔다.

이런 노래와 우화와 함께 앞으로 여성의 활동과 지위에 결정적 영향을 끼칠 스토리도 서방으로 전해졌으니, 그것은 예수 그리스도의 어머니인 동정녀 성모 마리아에 대한 이야기였다. 특히 콘스탄티노폴리스에서는 서방의 전쟁 욕구와 폭력에 저항이라도 하는 듯 동정녀 마리아에 대한 공경을 드높이고 있었다. 전쟁 기간에도 그리스도교도들과 이슬람교도들은 다 함께 다마스쿠스의 사이드나야에 있는 '성모 마리아St. Maria' 수도원의 전설적 마리아상을 참배할 정도였다.[95] 난생 처음으로 수녀들을 본 데다가 복음사도 루가Luca가 그렸다고 전해지는 마리아상을 참배했으니, 그리스

---

95 순례자들의 참배로 사이드나야Saidnaya의 '성모 마리아 순례성당'이라고도 부른다. 고대를 종식시키고 중세를 개시한 로마 황제 유스티니아누스Justinianus는 다마스쿠스 근방으로 사냥을 나가서 영양을 뒤쫓고 있었다. 그때 홀연히 하느님의 어머니 마리아가 발현하여 말했다. "이 자리에 수도원을 지을 것이다!" 이에 황제는 수도원을 지어 "우리의 사랑스런 숙녀"라는 이름으로 봉헌했으니, 그때가 547년이었다. 이는 그리스도교 수도원 문화에서 가장 오래된 수녀원으로, 당시 약 30명의 수녀들이 생활했다고 한다. Odenthal, J., *Syrien: Hochkulturen zwischen Mittelmeer und Arabischer Wüste*, Ostfildern, 2009, 174쪽 참조.

도교도들은 이런 감격을 서방으로 전파하면서 매우 구체적으로 마리아와 수녀들에 대해 이야기했을 것이다.

실제로 십자군들의 동방 체험은 문화적으로는 궁정 로망스라는 이상으로, 종교적으로는 성모 마리아 공경이라는 특수한 현상으로 서방에 나타났다. 한편 현대적 젠더의 관점에서 보면, 남성들로만 구성된 기사와 병사들이 오랫동안 비워 둔 모국의 사회적 공간에 여성성이 활발해질 수밖에 없는 여지가 만들어진 것은 분명한 사실이었다.

몽골 침략에 따른 중세의 충격과 확장

유럽 내의 국제전이던 십자군전쟁이 순례로 변하던 와중에 동방의 의미와 세계의 의미를 지리적으로뿐만 아니라 정신적으로도 확장시키는 전대미문의 사건이 터졌다. 서양의 중세가 절정기로 치닫던 13세기 전반, 제4차 십자군이 동방으로 진격하던 중이었다. 이에 마치 답방이라도 하듯 동방 저 너머에서, 그러나 그리스도교 중세가 까맣게 모르던 동방 저 너머에서 아시아를 기점으로 출발한 몽골군의 말발굽이 러시아와 아라비아를 짓밟으면서 유럽으로 돌격해 왔다.

정확히 1241년 4월 9일, 칭기즈칸의 손자인 바투칸[96] 장군과 유럽연합군을 지휘하는 경건공 하인리히 2세는[97] 폴란드 땅에서 격돌했다. 이것이 중세사에서 전쟁의 대명사로 불리는 '레그니차전투Bitwa pod Legnicą'다. 이는

---

96 바투칸Batu Khan(1207~1255년)은 몽골제국 가운데 하나인 킵차크의 칸으로, 1242년부터 1255년까지 재위했다.

97 하인리히 2세는 폴란드어로 Henryk II Pobożny라 불리며, 독일어로는 Heinrich der Fromme, Heinrich von Schlesien으로 알려져 있다. 1196/1207년에 태어나 1241년 4월 9일 전투에서 전사했다.

전투라기보다는 차라리 학살이었으며, 실제로 독일어권에서는 '리그니츠 학살'이라 기록하고 있다.[98] 이로써 중세는 당시 서방과 동방이라 불렀던 상식을 훨씬 넘어서는 세계화를 최초로 경험하게 되었다. '중세'라는 말도 현대까지 일반화되어 세계사의 중세시대로 통용되었다. 유럽이 말하던 동방, 즉 '해 뜨는 곳'의 경계도 '극동 아시아'까지 넓어졌다. 몽골군의 전투지역이 코리아라 부른 고려까지 닿았기 때문이다.

몽골의 유럽 침공은 당시 십자군전쟁으로 충돌하던 그리스도교 문화권과 아라비아 문화권 전체를 혼란의 도가니에 빠뜨렸으며, 동시에 지금까지 그 누구도 상상하지 못했던 새로운 전망을 활짝 열었다. 칭기즈칸은 서유럽 중세가 황금기에 들어서던 1206년에 세계 최강 몽골제국을 세웠다. 몽골군은 1241년에는 유럽의 중심부에서 벌어진 레그니차전투에서 승전고를 울린 다음, 1258년에는 아라비아 문화의 중심 바그다드를 최종적으로 괴멸시켰다. 칭기즈칸은 1227년에 아시아 본영에서 정복의 생애를 마감했다. 이 비보가 유럽까지 실제로 알려지자 몽골군은 아무런 미련 없이 아시아로 회군해 버렸다. 이러한 전대미문의 세계적 충돌은 아시아보다 유럽 본토의 중세에 결정적 변화를 초래했다. 몽골군의 충격에서 벗어난 유럽 중세는 이전의 역사에서는 결코 경험한 적이 없는 절호의 기회를 맞이하게 되었다.

먼저 서방은 지리적 세계의 확장뿐만 아니라, 다민족, 다종교, 다국가 및 여성과 어린이와 같은 다층민을 포괄하는 그야말로 다문화시대로 시야를 넓히게 되었다. 몽골군이 터놓은 광대한 시야는 고스란히 서유럽 중세

98 '레그니차전투'는 독일어로 'Schlacht bei Liegnitz'라고 하는데, 단순한 전투Krieg라기보다는 몽골군이 유럽연합군을 몰살Schlacht시켰다는 뜻이다.

의 활동 무대가 된 것이었다. 그야말로 세계는 더 없이 넓어졌으니, 할 일도 많았으리라. 게다가 상상 밖에서 온 몽골군은 서양의 근대화에 결정적 역할을 하는 종이, 화약, 나침반 등을 전한 것 이외에도 기대하지 못했던 기회를 유럽의 중세에 제공했다.

첫 번째로, 당시까지 유럽의 서단과 동방을 차지하고 문화적 우위를 행사하던 이슬람 세계를 괴멸시킬 수 있는 절호의 기회가 온 것이었다. 몽골군의 위력을 파악한 13세기의 로마 교황청과 유럽의 궁정들은 아시아에서 온 몽골족을 활용하여 유럽 서단과 동방의 튀르크족과 아라비아족을 제압하려는 고난도 정치를 만지작거리고 있었다. 이슬람은 8세기부터 유럽 본토의 이베리아반도를 차지하고 고대 그리스 문화를 전수하고 있었다. 하지만 이런 접촉은 동시에 그리스도교 전체에 가장 큰 위협이기도 했다. 그리스도교 세력은 결국 1236년 이슬람으로부터 코르도바를 탈환한 것을 시작으로, 1492년에는 이슬람의 마지막 보루이던 그라나다를 괴멸시켰다. 8세기에 걸친 이슬람의 서유럽 지배가 비로소 종식된 것이었다. 이는 어쩌면 몽골군이 바그다드를 침공함으로써 이슬람을 대표하던 아바스왕조를 전멸시킨 반면에, 막 진격해 온 그리스도교 유럽을 순식간에 떠나 버린 역설의 결과였다.

두 번째로, 로마 교황청은 몽골군이 열어 놓은 길을 통해 그리스도교를 세계화할 수 있는 선교의 기회를 잡게 되었다. 가톨릭의 세계화는 곧장 아시아 선교를 시작으로 확장되었다. 심지어 그리스도교는 몽골 기마민족과 연합하여 이슬람을 파멸시키거나 개종시켜 그리스도교를 세계에서 유일무이한 종교로 만들려는 거대한 꿈을 꾸기도 했다. 그리스도교는 몽골족이 유독 종교에 대해 관대한 것을 보고 그들을 충분히 개종시킬 수 있다고 믿었던 것이다.

실제로 그리스도교는 13세기 중반부터 몽골군의 퇴로를 따라 선교사들과 탐험대를 아시아로 파견하기 시작했다. 프란치스코회 선교사 몽테 코르비노의 요한Johannes de Monte Corvino, 1247~1328은 외교사절로 원나라의 세조 쿠빌라이칸Qubilai Qa'an을 알현했다. 몽테 코르비노의 요한은 원나라 세조와 성종 테무르칸Temur Qa'an의 비호 아래 1307년에는 당시 원나라 수도 북경에 아시아 최초의 로마가톨릭 교구를 설립하고 총대주교로 선임되었다. 이는 로마 교황청의 세력이 처음으로 중세 세계의 경계를 넘어섰다는 역사적 사실을 상징한다. 그렇다고 해서 그리스도교의 꿈이 이루어진 것은 아니었지만, 세계화를 위한 최초의 기회를 최대한 활용해 나갔다.

실제로 도미니코수도회의 총장 라이문도Raymundus de Pennafort, 1175경~1275는 당대 최고의 철학자 토마스 아퀴나스에게 세계 무대로 파견될 선교사들이 이교도gentiles를 상대로 대화할 수 있는 교재를 부탁했으며, 이렇게 탄생한 책이 『대이교도대전』이다. 토마스는 이교도들 가운데서도 성서를 인정하지 않거나 접할 수 없었던 사람들을 염두에 두고 있었다. 그는 저술 의도에서 이해만 한다면 누구나 찬성할 수밖에 없는 자연적 이성에 기대지 않으면 안 된다는 보편적 근거를 분명히 밝혔다.[99] 성서가 아니더라도 이성을 통해 이해할 것이라는 그 사람들은 다름 아닌 아시아인들이었으며, 몽골군이 처음 유럽에 알려 준 아시아인들이었다.

세 번째로, 유럽은 몽골군의 침공과 퇴각을 계기로 다문화 세계에 대한 관용tolerantia의 태도를 직접 체험하게 되었다. 몽골군은 전설 같은 잔혹함에도 불구하고, 정복지역의 종교를 존중할 줄 알았으며, 타민족일지라도 능력에 따라 등용하는 관용을 베풀었다. 벌떼처럼 나타났던 몽골군이 바

---

99 토마스 아퀴나스, 『대이교도대전 I』, Summa contra gentiles, cap. 2, n. 11, 107쪽 참조.

람처럼 떠나 버린 자리에서 유럽은 그야말로 국제적 관용의 최대 수혜자가 된 것이었다. 또한 몽골제국으로 파견되었던 유럽의 특사들은 몽골의 수도 카라코룸에서 실천되고 있는 이민족 간의 보편적 관용과 거대 종교들 간의 오묘한 공존을 직접 목도하기도 했다.

정복자들의 몽골제국에서는 원래의 샤머니즘과 불교, 그리스도교, 이슬람교, 유교, 유대교, 마니교, 심지어 콘스탄티노폴리스에서 동방으로 추방되었던 네스토리우스파도 경교景教라는 이름으로 함께 뒤섞여 평화롭게 지내고 있었다. 아시시의 성 프란치스코의 제자이던 조반니 데 플라노 카르피니Giovanni de Plano Carpini, 1185~1252 수사는 인노첸시오 4세Innocence IV, 1195~1254 교황의 외교사절로 몽골제국에 파견되었다. 교황은 리그니츠학살로 인해 유럽 전역으로 파급될 몽골군의 진격도 저지하고 몽골제국과 동맹하여 이슬람교도들을 몰아내고 싶었던 것이다. 몽골제국과의 동맹은 실패로 돌아갔지만, 어쨌든 조반니 데 플라노는 1246년에 몽골 황제 귀위크칸Güyük Khan, 1206~1248의 즉위식에 참석했다. 그는 아시아로 피신 와서도 건재한 그리스도교 이단 네스토리우스파에 대한 보고서를 교황에게 제출하면서 몽골의 관용에 대해서도 알렸다.[100] 이 문서는 유럽 문화가 몽골 문화의 관용 정신에 충격과 함께 감동까지 받았다는 사실을 단적으로 보여 준다.

몽골 침략으로 인한 일련의 변화는 전후 유럽의 시야를 확장시켰다. 경제적 시야에서는 이탈리아 상인 니콜로 폴로와 마페오 폴로 형제가 실크로드를 거쳐 아시아의 시장에 나타났으며, 1226년에는 북경에서 세조 쿠빌라이칸을 알현하는 역사적 면담이 이루어졌다. 여기서 원나라의 세조

100 Johannes von Plano Carpini, *Kunde von den Mongolen 1245–1247*, trans., F. Schmiederer, Sigmaringen, 1997, 62쪽 이하 참조.

가 유럽의 기초학문이던 '자유교양artes liberales'을 가르칠 만한 학자들을 북경으로 보내 달라는 서한을 교황에게 전할 것을 명했다고도 한다. 니콜로 폴로는 1271년에 출발한 두 번째 아시아 원정에 앞으로 세계적 명성을 떨칠 아들 마르코 폴로Marco Polo, 1254경~1324를 동행했다. 명민한 소년이었던 마르코 폴로는 이때부터 15년 동안이나 몽골제국을 위해 일했으며, 그의 역사적 인생 여행기는 『동방견문록』으로 남아 있다.[101]

하나의 그리스도교를 위한 십자군전쟁이 유럽을 분열과 퇴락으로 몰아가는 동안, 아시아의 몽골족이 개방한 새로운 세계화는 오히려 중세 유럽의 영향력을 확대했다. 세계사의 아이러니라 아니할 수 없다. 이렇게 철학사 밖에서 일어난 십자군전쟁과 몽골의 유럽 침공은 역사의 괴리뿐만 아니라 여성들의 의식과 활동에도 기이한 변화를 불러일으키는 계기가 된다.

궁정 문화와 여성

십자군의 행군로를 따라 소설 같은 그야말로 세계적 로맨스 사건이 터져 나왔다. 그 주인공은 여성으로, 프랑스 왕 루이 7세Louis VII le Jeune, 1120~1180의 왕비였다가 이혼 후 영국 왕 헨리 2세Henry II, 1133~1189의 왕비가 된 아키타니아의 알리에노르Aliénor Aquitania, 1122~1204 여공작이다.[102] 알리에노르의 화려한 경력이 암시하듯, 이 로맨스는 중세 여성들의 변화를 알리는 신호탄이 되었다. 알리에노르는 자신의 집안 자체가 엄청난 부와 권력을 가지

101 마르코 폴로, 『동방견문록』, 채희순 옮김, 동서문화사, 2009 참조.

102 그녀의 이름은 어머니의 이름 '에노르Aenor'를 따른 것이며, '다른'을 의미하는 라틴어의 여성형 '알리아alia'를 붙여 '또 다른 에노르'라는 뜻의 alia-Aenor가 알리에노르Aliénor로 된 것이다. 프랑스어로 엘리오노르Eléanor, 영어로는 엘리노르Eleanor라 부르며, 이름부터 범상치 않은 페미니즘을 보여 준다. 아키타니아는 현재의 프랑스 보르도를 중심으로 하는 광대한 서남부 지역으로, 일찍부터 로마제국의 요충지였다.

고 있었으며, 상속과 결혼을 통해 중세 전체에 걸쳐 가장 부유한 여성이 되었다.

알리에노르는 15살이 되던 해에 아버지 기욤 10세Guilhèm X lo Tolosenc, 1099~1137 공작이 콤포스텔라 순례길에서 운명을 다하자, 아키타니아와 가스코뉴의 여공작과 푸아티에의 여백작이 되었다. 그녀의 아버지는 특유의 낭만적 궁정 문화를 이끌던 제후답게 딸들에게도 당시 남성들의 전유물이던 라틴어, 문학, 승마, 매사냥과 같은 최고의 교육을 받도록 했다. 딸들에게 특별한 여성관을 심어 주고 싶었기 때문이었다. 그는 또한 다른 자녀들이 일찍 죽어 버리자 8살의 알리에노르가 자신의 작위와 영지를 상속받을 수 있도록 일찌감치 조치해 두었다.[103] 알리에노르는 프랑스 지역의 3분의 1이 넘는 요지를 소유한 유럽 최고의 실세가 된 셈이었다. 당시 부유한 미혼 귀족 여성은 보쌈당할 수도 있는 시대였으므로, 기욤 10세는 일찍부터 딸과 프랑스 왕이 될 루이 7세의 결혼을 추진하고 있었다. 프랑스 측에서도 영토 확장을 위한 정략결혼을 원하고 있었다. 결국 1137년 알리에노르는 루이 7세와 결혼하여 친정 아키타니아에 입성했으며, 그해에 그녀의 남편은 예정대로 프랑스 왕 루이 7세가 되었다.

사건은 알리에노르와 루이 7세가 십자군전쟁에 참전하면서 벌어졌다. 1146년 부활절에 부르고뉴의 성 마들렌 성당에서 참전회의가 열리는 가운데 클레르보의 베르나르두스Bernardus Claraevallensis, 1090~1153는 예루살렘의 성지 회복을 위한 십자군 원정의 당위성을 설파했다. 그는 개혁수도회 시토회를 설립했으며, 중세 신비주의를 개척하면서 성녀 힐데가르트 폰 빙엔과도 서한을 교환하던 인물이다. 게다가 성 마들렌 성당은 성서의 마리

---

103 앨리슨 위어, 『아키텐의 엘레오노르』, 곽재은 옮김, 루비박스. 2011, 47쪽.

아 막달레나 유골이 묻혀 있다는 전설을 가지고 있었다. 이 자리에서 도전적이던 알리에노르는 단순히 루이 7세의 부인이 아니라 여성 군주의 신분으로 드라마틱하게 출정을 결정했다.

동방의 전선에 도착한 알리에노르는 아마존의 여왕 펜테실레아를 상기시키는 "황금 부츠의 숙녀"라는 전설을 남기며 활동했다. 특히 그녀는 여전사로서 연대기 작가들과 시인들에게 흥미로운 소재도 제공했다. 우울하고 미개하던 프랑스를 떠나온 알리에노르는 황금 모자이크로 찬란한 안타키아에서 화려하고 정교하며 격조 있는 동방의 궁정 문화에 젖어 들었다. 게다가 그녀는 결정적으로 운명을 뒤바꿀 로맨스에 빠져 버렸다. 알리에노르는 삼촌이자 연인으로 의심받던 레몽 드 푸아티에Raymond de Poitiers, 1097~1149 공작과 결국 염문을 뿌리게 되었다. 루이 7세는 안타키아 궁정에 있던 알리에노르를 납치하여 자신의 예루살렘 진격에 데려갔으나 참패하고 말았다. 패장이 된 부부는 서로 다른 배를 타고 귀향길에 올라 지중해의 서로 다른 해안에 당도했다. 갈등의 골이 깊어질 대로 깊어진 것이다.

알리에노르는 사랑하던 레몽마저 전사했다는 소식을 듣자 루이 7세와 이혼하기로 결심했다. 그러나 그리스도교 사회에서 왕실의 이혼은 사실상 불가능했다. 이에 그녀는 즉시 조력자를 찾아냈으니, 이번에도 십자군 참전을 설교했던 클레르보의 베르나르두스였다. 그는 알리에노르와 루이 7세의 혼인이 근친혼이라는 사실을 근거로 자신의 제자였던 교황 에우제니오 3세를 부추겨 1152년 혼인 무효를 선언하도록 했다. 이때 여왕 알리에노르는 30살이었다. 그녀는 다시 자유로운 몸이 되어 이번에는 연하인 18살의 헨리 왕자와 재혼했다. 헨리는 1154년에 잉글랜드의 국왕에 올라 헨리 2세가 되었다. 이 결혼은 프랑스와 영국 사이에 오랜 알력의 고리가 되었다. 하지만 프랑스와 영국은 서로 진정한 유럽을 대변하고자 경쟁하면서 사실상 '서양'이라 불리는 문화를 구현해 나갔다.

알리에노르는 루이 7세와의 결혼에서 샹파뉴의 백작부인 마리1145~1198와 블루아의 알릭스1150~1195 공주를 낳았으며, 헨리 2세와의 결혼에서는 네 아들과 함께 작센 공작부인 마틸다1156~1189, 카스티야의 알리에노르1162~1214, 시실리의 조안1165~1199 공주를 낳았다. 여왕 알리에노르가 시발점이 되어 그녀의 다섯 공주들이 엮어 낸 로맨스는 궁정문학을 화려하게 꽃피우기 시작했다. 궁정문학은 알리에노르의 유산이던 프랑스 남부의 프로방스를 무대로 전개되었다. 프로방스는 중세 이전부터 남성과 여성이라는 성의 구분 없이 열정을 불사르던 고대 그리스인의 문학과 화려하고 예의 바른 아라비아인의 유산이 남아 있던 유럽의 요지였다. 여성적 예술과 예절은 프로방스의 특산품이었다.

프로방스의 궁정 로망 내지는 로망스는 학술적 라틴어를 사용하지 않는 거의 모든 중세 '스토리'를 일컬었다. 마치 중세 여성철학자들이 대학 밖에서 활동한 거의 모든 철학자를 일컫는 것과 비슷하다. 궁정문학은 주로 사랑에 빠진 남성 작가들이 써내려 갔지만, 중세의 여성의식을 싹트게 하는 화려한 정원이 되었다.

실제로 열정과 권력의 모델이 된 알리에노르와 그녀의 딸들은 푸아티에 궁정을 사랑과 예절을 가르치는 학원으로 만들었다. 알리에노르 여왕의 딸 샹파뉴의 백작부인 마리의 부탁을 받은 안드레아스 카펠라누스는 당시 문헌양식에 따라 『사랑에 대하여』라는 논문articulus을 썼다.[104] 마리는 안드레아스의 입을 빌려 사랑은 모든 것을 너그럽게 주는 반면에, 결혼은 사랑

---

104 Andreas Capellanus, *De Amore*, Lateinisch—deutsch, Übersetzt, mit einem Nachwort und Anmerkungen von Florian Neumann, Mainz, 2003. 영어권에서는 "고귀한 사랑의 기술The Art of Courtly Love, De arte honeste amandi"로 알려져 있다.

을 죽이는 의무와 강제를 포함한다고 한탄했다. 이는 중세 그리스도교 도덕에 대한 실질적 반항으로 간주되었다.

알리에노르와 딸들은 예술, 문학 등 문화의 믿음직한 후원자로서 중세의 로망스 문학과 품격 있는 예절, 심지어 여성의식의 발아에 적극적으로 이바지했다. 이러한 궁정 여인들이 추구한 사랑의 방식은 이전과 너무 달랐다. 사랑받는 기사는 사랑하는 궁정의 여인에게 의무를 졌으며, 마치 가신이 주군에게 바치는 것과 같은 사랑과 봉사의 의무를 짊어지게 되었다. 적어도 궁정 내의 여성 숙녀와 남성 기사는 평등한 상호의무의 관계를 맺었다. 물론 궁정 안에서 벌어진 사랑의 방식이 일반 여성들의 삶과 품격까지 높이지는 못한 것으로 보인다. 궁정의 사랑은 처음부터 모든 여성에 대한 존경에서 비롯되었다기보다는 궁정에 살던 계급의 특권의식과 문화 향유에서 나왔기 때문이다.

그래도 이전에 없던 '숙녀'라는 개념이 궁정의 로망을 지배했다. '주인'을 의미하는 라틴어 남성형 도미누스dominus가 아니라, 여성형 도미나domina로부터 프로방스어 돔나dompna가 파생되어 결국 '숙녀Dame'라는 프랑스어 개념이 탄생했다. 주인이던 남성들의 행복과 소망은 이제 경애하는 여성 '숙녀'의 손에 달린 셈이었다. 로망스에 따르면, 남성들은 능력 있는 숙녀를 흠모했으며, 숙녀에게 조언을 구했고, 숙녀와 결혼하여 사랑의 왕국을 세우는 꿈을 키웠다. 프로방스에서 발생한 '숙녀'라는 말은 머지않아 예수 그리스도의 어머니 성모 마리아의 존칭으로도 사용되었다. 프랑스어로 "우리의 숙녀"를 지칭하는 파리의 '노트르 담Notre-Dame 대성당'을 떠올리면 될 것이다.

알리에노르의 딸 마틸다, 즉 독일식으로 메히틸드는 독일 지역의 사자왕 하인리히Heinrich der Löwe, 1129경~1195의 왕비가 되었고, 알리에노르의 외손자 중 한 명은 오토 4세Otto IV, 1175~1218 황제가 되었다. 메히틸드 공주가 독어권으로 시집가면서 프로방스의 숙녀와 궁정 로망도 함께 독일 지역으로 넘어가 꽃피울 것이었다.

영어권에서 아름다운 '로자먼드의 노래'가 불리는 동안에,[105] 독어권에서는 1180년부터 1220년에 걸쳐 소위 사랑의 궁정을 중심으로 민네, 곧 연가가 흘러넘쳤다. 특히 중세의 작가 하인리히 폰 모룽겐Heinrich von Morungen, 1155~1222, 라인마르 폰 하게나우Reinmar von Hagenau, 1160경~1205경, 하르트만 폰 아우에Hartmann von Aue, 1160경~1220경, 발터 폰 데어 포겔바이데Walther von der Vogelweide, 1170경~1230경 등은 독일어 연가를 실존적이고 다층적인 사랑의 문학으로 발전시켰다.

중세의 독일 '연가' 민네장Minnesang은 서방과 동방을 넘나들던 십자군들의 순례길을 따라 유럽 전역으로 퍼져 나갔다. 궁정의 성곽을 빠져 나온 연가는 급기야 대중의 애환까지 다양한 방식으로 노래하게 되었다. 중세의 일반 여성들도 이러한 사랑의 노래에 설레는 가슴을 달랬을 것이며, 여성 철학자들이 신적 사랑의 신비를 노래한 것도 이러한 연가와 결코 무관하지 않았을 것이다. 중세 기사들이 궁정의 숙녀에게 바친 사랑과 존경은 결과적으로 여성적 기호와 고귀함에 대한 배려를 낳았기 때문이다.

중세 여성의식을 이해하기 위한 중요한 실마리는 중세 그리스도교 도덕에 저항하는 알리에노르와 그 딸들의 자유분방한 로맨스를 시인들이 나서서 찬양했다는 사실이다. 사랑을 자유분방하게 감행한 것은 새로운 도덕의 실천이었으나, 이를 공개적으로 노래한 것은 새로운 의식의 실천이었

105 전설적 연인이었던 로자먼드Rosamund Clifford(1150~1176경)는 너무 아름다워 라틴어로 '세계의 장미rosa mundi'라고도 불렸다. 그녀는 헨리 2세와 알리에노르 여왕 사이에서 수많은 사랑의 전설과 '로자먼드의 노래Ballad of fair Rosamund'가 나오게 한 원천이 되었다.

다. 또한 여성의식은 사랑으로 설레고 뜨거워진 '마음cor'을 하느님의 현현으로 받아들이기도 했으니, 이 '마음'은 지상의 군주나 권력에 저항하는 실존적 힘이 되기도 했다.

궁정에서 이루어진 로망은 당시 남성과 여성의 관계와 역할에 대한 실존적 상황뿐만 아니라 심층심리까지 뜨거운 숨결로 품어 내고 있었다. 최소한 궁정에 살던 중세 여성들은 남성들을 지배하면서 사랑하는 방법을 연구하고 행동으로 옮겼던 것이다. 여성들은 중세의 위기에 길을 잃고 헤매는 남성을 치유하고 변화시키며 고상하게 길들일 의무감을 느꼈던 것이다. 반면에 궁정의 남자들은 여성과의 관계, 자연에 대한 감격, 신비 체험을 통해 자기 '마음'의 심층에 도달하고자 했을 것이다. 이러한 남녀의 '마음'들이 모여 중세 여성들의 의식 변화에 일조했을 것이다.

성모 마리아 공경과 여성관의 변화

십자군들의 순례가 7차에 걸쳐서 동방과 서방을 왕래하고 몽골군이 유럽의 중앙을 강타한 위기를 전후로 특별한 종교적 현상이 서서히 나타났다. 경로를 특정하기 어려운 현상이 퍼져 갔으니, 그것은 예수 그리스도의 어머니 마리아에 대한 공경이었다. 중세의 위기를 겪는 가운데 가톨릭교회와 귀족들은 봉건사회를 확립한 낭만의 일환으로 성모 마리아에 대한 공경을 드러내기 시작했다. 종교 지도자들과 봉건 제후들이 성모 마리아에 대한 공경을 언급하기 시작하면서, 의도와는 상관없이 일반 여성의 지위도 더불어 배려하는 효과가 나타났을 것이다.

12세기에 성모 마리아 공경이 본격적으로 확산되면서 신학자들은 마리아의 종교적 지위를 정교하게 다듬기 시작했다. 예를 들어, 캔터베리의 안셀무스는 에덴동산에서 하와의 유혹으로 타락한 인류의 원죄가 또 다른 여자 마리아로부터 잉태된 그리스도에 의해 구제된다는 교리를 다음과 같이 강조했다.

> 우리[인류] 타락의 원인인 그 죄가 한 여자로 인해 시작되었던 바와 같이, 우리의 정의와 우리의 구원을 선포하는 자 또한 한 여자로부터 태어나야만 했었다. 그리고 악마는 자신이 유혹했던 나무열매의 쾌락으로 인간에게 승리했지만, 그 악마도 나무십자가의 고난을 통해 패배할 것이다.[106]

여기서 한 '여자'로 번역한 라틴어 페미나femina는 예수를 낳은 성모 마리아를 의미하며, 그리하여 여성은 인류 타락의 원조 하와에서 신적 은총의 상징 마리아로 부각되기 시작했다. 여성의 유혹으로 촉발된 인간의 원죄를 또 다른 여성의 따뜻한 은총으로 물들인 셈이었다.

중세의 절정이던 13세기에는 대학의 교재까지도 성모 마리아 공경을 학술적으로 폭넓게 다루었다. 토마스 아퀴나스는 『신학대전』의 제3부 그리스도론에서 여덟 문제에 걸쳐 성모 마리아의 '성스러움sanctitas'을 정교하면서도 장엄하게 기록했다.[107]

> 복되신 동정녀는 하느님의 어머니mater Dei가 되도록 그로부터 선택받았다. 그러므로 하느님이 은총으로 그녀에게 하느님의 어머니가 되기에 온당한 능력을 주셨다는 것을 결코 의심해서는 안 된다.[108]

---

106 Anselm von Canterbury, *Warum Gott Menschen geworden*, Lateinisch und Deutsch, Darmstadt, 1986, 16~17쪽.

107 Thomas de Aquino, *Summa theologica*, III, qq.27–34.

108 Thomas de Aquino, 같은 책, III, q.27, a.4, c.a.

성모 마리아의 '성화sanctificatio'는 그녀가 무거운 죄든 가벼운 죄든 전혀 죄를 범하지 않았다는 것을 의미했다. 아담과 하와 이후로 모든 인간은 죄 가운데 태어났지만, 오직 성모 마리아는 죄에 물들지 않은 특별한 은총 속에 있었다는 것이다. 이는 결과적으로 아담과 하와 이후로 원죄에 물들지 않은 최초의 여성을 선언한 셈이었다.

나아가 토마스 아퀴나스는 성서를 인용하는 가운데 성모 마리아를 신적 은총의 원천에 가장 가까이 있는 분으로, 가장 "은총이 가득한 분"으로 묘사했다.

> 이제 그리스도는 은총의 원천이시며, 실로 자신의 신성에 의해서는 시효이시며, 인성에 의해서는 도구이시다. 요한복음에서도 말하는 바와 같이,[109] 은총과 진리는 그리스도를 통해 온다. 이제 가장 성스러운 동정녀 마리아는 그리스도의 인성에 가장 가까이 있으니, 그는 마리아로부터 인성을 취하셨기 때문이다. 이로 인해 마리아는 그리스도로부터 다른 누구보다도 큰 가득한 은총을 받으셨다.[110]

중세에 걸쳐 성모 마리아는 인간을 위한 신적 은총의 중재자로 우뚝 섰다. 이때부터 마리아의 후손들인 여성들의 신분이 일정 부분 고양되는 계기를 맞이했다. 당시까지 남성보다 생물학적으로 부족하고 사회적으로 종속적이던 여성의 이미지가 가톨릭교회의 성모 마리아 공경으로 인해 헌신적이고 신실하며 하느님의 은총을 받는 존재로 변신하는 계기가 되었다.

---

109 요한복음, 1, 17.

110 Thomas de Aquino, *Summa theologica*, III, q.27, a.5, c.a.

그렇다고 해서 마리아 공경의 분위기가 중세 모든 여성의 지위를 회복시키고 사회적 권위를 드러나게 개선시킨 것은 결코 아니었다.

여성은 그 이전과 크게 달라진 것 없이 우선적으로 교접과 번식의 대상이었으며, 특히 전시에는 귀찮고 생존마저 위협당하는 존재였다. 중세 이전 사도 바오로가 동방의 에페수스 사람들에게 한 말은 서방에도 그대로 수용되었다. "그리스도께서 …… 교회의 머리가 되시는 것처럼 남편은 아내의 주인이 됩니다."[111] 물론 주인은 도미누스dominus의 번역이다. 그렇지만 궁정 로망에서 숙녀가 기사의 주인dompna이 된 현상을 기억한다면, 마리아 공경 또한 중세의 심층심리에 알게 모르게 영향을 끼쳤을 것이다. 어쨌든 다른 문화권에서 흔히 발견되는 남아 선호에 따른 여아 살해와 같은 심각한 성차별은 적어도 중세의 위기에서는 자행되지 않았다.

성모 마리아의 그리스도의 어머니라는 특별히 성스러운 구원사적 역할, 그리고 신적 은총의 중재자라는 인식은 여성들도 자신과 인류를 위해 특별한 삶을 선택할 수 있다는 의식의 문을 열었다. 이는 물론 종교적 삶에 국한되어 있었다. 성모 마리아의 이미지가 중세 여성의 이미지가 되지는 않았지만, 적어도 여성수도자들, 즉 수녀들의 이미지로 부각된 것만은 분명한 사실이다. 이러한 여성 이미지의 개선은 일정 부분 여성의 지위 향상과 신앙운동에 밑거름이 되었을 것이다.

---

111 에페소서, 5, 23.

5
중세 여성의식과 여성철학자들의 등장

십자군전쟁이 계속되고 아시아의 몽골군이 유럽을 강타하는 동안 그 어디에도 출정하지 못한 중세의 여성들은 과연 무엇을 하고 있었을까? 대학들이 중세의 철학과 교육을 섭렵하는 동안 대학에 초대받지 못한 여성들은 무엇을 하고 있었을까? 여성들은 아무것도 하지 않은 채 역사만 흘러가지는 않았을 것이다. 여성들의 활동과 행적은 커튼에 가려져 있을 뿐, 그들도 어떤 방식으로든 중세의 역사에 동반하고 있었을 것이다. 그렇다면 도대체 여성들은 중세에 무엇을 하고 있었을까?

현대에 이르러 여성주의와 문화다원주의의 영향으로 점차 드러나는 바와 같이, 중세의 여성들도 나름대로의 역사를 만들고 사랑하며, 특히 철학 하고 있었다. 그렇다면 여성철학자들이 종교생활과 함께 철학적 활동을 할 수 있도록 한 여성의식은 어떤 과정을 거쳐 싹트게 되었는가?

중세철학에 대한 현대적 관심을 중세의 여성과 여성철학자들이 살았던 환경과 지위에 집중해서 살펴보아야 할 것이다. 중세에 대한 전반적 이해에도 불구하고, 여성철학자들의 지위를 가늠하는 일은 결코 단순한 일이 아니다. 그 전에 중세여성의 지위를 재구성하는 것조차도 간단하지 않기 때문이다. 현대에 등장한 여성주의 연구들마저도 중세여성의 지위에 대해서는 일치하지 않는 다양한 견해를 드러내고 있다.

여기서는 당시 여성철학자들의 상황에 초점을 맞추어 중세의 여성과 여성철학자들의 환경 및 지위를 재구성할 것이다. 중세의 부계사회에서 여성은 어떤 사회적 환경에 처해 있었는가? 중세 천 년에 걸쳐 여성의 지위는 단순히 억압 속에만 있었는가? 중세 전환기의 여성들은 어떤 사회적 역할을 담당했는가? 중세 그리스도교 안팎에서 부드러운 개혁을 전개했던 베긴네Begine들의 특이한 여성운동은 어떻게 일어났는가?

중세 부계사회에서 여성 지위의 다양성

중세에서 개인의 삶은 근본적으로 가족을 중심으로 영위되었다. 가부장을 중심으로 하는 가족은 부족을 중심으로, 영주를 중심으로, 제후를 중심으로 확대되어 나갔다. 가족 중심 구조에서 개인은 집단적 소유, 집단적 책임이라는 테두리 안에서 집단행동을 강요당할 수밖에 없었다. 그래서 개인은 가족의 연대를 통해 결합되었으며, 특히 전쟁이나 명예가 걸린 문제에서는 늘 개인보다 집단을 우선시했다. 따라서 중세의 가족 역시 전반적으로 봉건적 부계 중심이었다는 사실을 부정할 수 없다. 중세 황금기에 비로소 세계 종교로 부상한 그리스도교의 조직적 형태도 가부장적 구조를 벗어나지 못했다.

중세의 원초적 부계 가족 중심의 사회에서 여성들의 사회적 환경과 지위는 어떠했는가? 중세라는 세속에서 여성의 삶은 근본적으로 아버지의 가족에 속한 딸로서, 성장해서는 한 가족의 부인이나 과부로서만 가능했다.[112] 이러한 가부장제도에서 여성의 지위는 전체적으로 수수자에 속했으며, 남성의 뒤나 아래에 섰다. 여성은 결혼하면 친정 "아버지의 보호 권한으로부터 남편의 보호 권한으로" 양도되었다.[113] 여성은 결국 평생 동안 아버지와 남편을 후견인으로 두었던 셈이다. 적어도 12세기까지는 제한적이기는 했지만 고정된 사회 밖에서 이루어지던 여성의 자립적 삶은 우선적으로 과부들

112 Ketsch, P., *Frauen im Mittelalter*, Bd. 2, Frauenbild und Frauenrechte in Kirche und Gesellschaft, Düsseldorf, 1984, 146~208쪽 참조.

113 Ennen, E., *Frauen im Mittelalter*, München, 1985, 232쪽.

과 독신녀들에게만 허용되었다.

남성 중심적이고 전쟁이 난무하던 사회에서 가장 중요한 것은 생존의 문제였다. 생존에 따른 번식은 축복받을 일이기는 했지만, 현실적으로는 힘들고 귀찮은 일이기도 했다. 이런 환경에서 여성이 존경스러운 지위를 차지하기란 어렵기 마련이었다. 그러나 중세시대의 여성은 남성만큼 사회적 효용성은 없었지만, 경제적 차원에서는 중요한 역할을 맡기도 했다. 특히 농경사회 일변도에서 여성은 남성 못지않은 노동력을 담당하고 있었다. 11세기가 되면서 농민들 가운데 부농이 발생했고, 이들이 경제적 상류 계층으로 성장하면서 부녀자들의 지위도 함께 향상되기에 이르렀다.

특히 유럽 전체에 걸쳐 도시와 대학이 동반 성장하는 가운데 여성들의 일자리 참여도 눈에 띄게 늘어났다. 증가하는 도시를 관리하는 일의 약 25%를 독신녀들이나 과부들이 했으며, 이들은 노동을 통해 스스로의 생활비를 벌게 되었다.[114] 그러나 새로운 대학과 도시가 속속 생겨났음에도 불구하고, 여성들이 사회적 지도자가 되기 위한 대학교육을 받는 일은 없었다. 물론 근세를 넘어서서 거의 현대 초기까지도 여성의 대학교육은 실현되지 않았다.

중세는 다른 시대에 비해 여성들이 특별히 더 억압받고 무시된 시대로 알려져 왔다. 이런 인식은 여성철학자들과 관련해서도 마찬가지였다. 여성에 대한 억압이라는 각인을 남긴 대표적 상징은 '중세의 마녀사냥'이라는 표어로 알려졌다.[115] 그러나 실제로 유럽의 '마녀사냥'은 중세가 끝난 뒤인 1560년부터 1630년까지의 근세 초기에 절정에 이르렀으며, 그것도 인본

114 Wachendorf, H., *Die wirtschaftliche Stellung der Frau in den deutschen Städten des späten Mittelalters, Diss.*, Hamburg, 1934, 139쪽 참조.

115 Behringer, W., *Hexen : Glaube, Verfolgung, Vermarktung*, München, 2005, 35쪽.

주의와 낭만의 대명사로 알려진 르네상스시대에 본격적으로 벌어졌다. 르네상스는 중세의 신 중심주의를 벗어나 인간 중심주의 내지는 인본주의를 제창한 일종의 문화운동이다. 그렇지만 르네상스가 말하는 인간은 주로 남성이라는 인상이 강했다. 특히 르네상스시대의 출중한 여성들은 마녀사냥이라는 미명하에 쉬운 표적이 되어 제거되기도 했다.

근세 르네상스시대의 활동적이고 지적인 여성들이 시대 저항적 성향을 띤 것은 사실이었지만, 국가와 지역에 따라 어떤 역사적 근거에 의해 마녀사냥이 자행되었는지는 여전히 불분명하다. 어떤 사회의 특정 집단이나 부류에 대한 말살 사건은 시대마다 지역마다 다양한 이름으로 일어났으며, 역사적으로 드문 일도 아니다. 예를 들어, 조선·청나라·일본 등의 그리스도교 박해시대에는 그리스도교 신자라는 이름으로, 제2차 세계대전 때는 유대인이라는 이름으로, 공산주의와 민주주의가 벌인 이념의 시대에는 간첩이라는 명목으로, 한국의 민주화 시대에는 운동권이라는 미명하에 수많은 사람이 박해받거나 제거되었다. 근세 유럽에 국한된 마녀사냥도 이러한 역사적 집단 따돌림 가운데 하나였다.

새로이 부각되고 있는 철학적·역사적·여성학적 연구들은 소위 '중세 암흑시대'라는 말에 대해 일반적으로 알려진 것과는 전혀 다른 그림들을 제공하고 있다. 그렇다면 암흑시대라는 말도 중세가 어둡다는 의미보다는, 현대인이 현대의 뿌리인 중세에 대해 깜깜하다는 의미로 받아들여야 할 것이다. 이런 관점에서 보면, 중세의 여성상에 대해서도 명쾌하게 정리하는 것은 거의 불가능에 가깝다. 그렇지만 중세를 암흑시대로 특정하던 마녀사냥이 르네상스의 산물로 드러나면서, 특히 6~9세기의 중세 전기의 여성들은 그 이후의 여성들보다 더 높은 사회적·문화적 지위를 가졌던 것으로 밝혀졌다.

중세 여성이라고 해서 부부의 상호관계, 가정생활, 사회활동에 있어서 남성들보다 법적으로 특별히 차별 대우를 받은 것은 아니었다. 당시 여성들은 결혼과 함께 무조건 친정과 결별하는 것도 아니었다. 오히려 여성들의 친정 가문은 지참금을 제공하고 시집간 여자를 끝까지 지키는 보루가 되었다. 특히 부당한 시집살이를 할 경우에는 친정이 나서서 자기 집안의 여자를 보호했다. 따라서 중세 전기의 여성은 혼인과 함께 무조건 남편과 시집에 철저히 종속되는 것도 아니었다. 이는 신분과 상황에 따라 다르기는 하지만, 마치 조선시대의 사대부 출신 여성들이 친정으로부터 상속을 받고 보호받던 분위기와 유사했을 것이다.

사회생활에 있어서도 여성은 스스로 법정에 등장하여 자신의 권리와 자격을 지킬 수 있었다. 또한 경제적으로도 여성들은 자신의 재산을 소유할 수 있었으며, 여타 다른 경제 활동을 폭넓게 수행할 수도 있었다. 이러한 여러 가지 사실은 지금까지 알려졌던 중세의 여성상을 어느 정도 바꾸고 있다.

그러나 이러한 여성들의 지위는 9세기 이후로 남성의 지위에 비해 차별을 받기 시작했다. 어떤 원인이 있었을까? 많은 사람은 종교적 이유를 들고 있다. 즉 9세기 이후부터 그리스도교는 서양의 지엽적 종교에서 지배적 종교로 부상하면서 세계화의 길에 들어서기 시작했다. 그리스도교 세계의 확장과 동시에 그리스도교 교회법이 서양 전역으로 퍼져 나갔다.

그리스도교 교회법은 공적인 교회의 직책과 행정에서 여성을 근본적으로 배제했다. 이러한 교회법의 적용과 함께 여성의 사회적 지위에 대해서도 부정적 경향이 싹트기 시작했다. 그 후 중세 후기로 넘어가면서 이러한 부정적 경향은 서양 사람들의 사고에 보편화되기에 이르렀다. 여성에 대한 부정적 경향은 교회를 벗어나 모든 여성의 다른 사회생활에도 영향력을 발휘했다. 이러한 양면성을 띠고 있는 중세 전반에 대해 어느 정도의 예비 지식을 갖춘다면, 중세 여성철학자들의 활동 배경과 의식의 변화에 대해서도 사실에 가까운 그림을 그려 볼 수 있을 것이다.

전환기의 개혁의식과 신앙운동의 발현

12세기를 전후로 중세 사회는 광범위한 전환기를 맞이했다. 이러한 전환은 오랜 주거환경과 사회조직에도 변혁을 불러일으켰지만, 무엇보다도 지금까지 고착되어 왔던 인간의 의식부터 변화시켰다. 나아가 의식의 변화는 다방면에 걸친 삶의 방식을 바꾸었고, 급기야 여성의식의 변화로 이어졌다.

의식의 변화에 따른 외적 변화의 핵심은 도시였다. 급격한 인구의 증가는 오래된 도시들을 발전시켰을 뿐만 아니라 수많은 새로운 도시의 발생을 촉진시켰다. 바야흐로 상업과 수공업의 전성기가 도래한 것이다. 증가한 도시의 시민들은 사회적·경제적·정치적·법적인 지배 계층을 형성하기에 이르렀다. 전환기의 법은 비교적 일찍부터 수공업에 종사하던 독신녀들과 부인들에게 그들의 사유재산을 처분할 수 있는 권리를 부여했다. 여성들도 남성들과 마찬가지로 판매 계약이나 양도를 하고 법적 증명서를 발급할 수 있게 되었다.[116]

그렇더라도 여성들은 여전히 정치나 입법 활동에는 수동적으로 참여할 수밖에 없었다. 중세 여성들은 새로이 생기던 도시의 정치행정에 수동적이나마 관여하고 있었다. 12~13세기로 오면서 유럽 시민들은 전반적으로 다양한 종교생활이나 신앙운동에 적극적으로 참여했으며, 특히 여성들은

116 Ketsch, P., *Frauen im Mittelalter*, 179쪽 참조.

중세사에서 처음으로 위대한 역할을 수행하기 시작했다.[117]

종교개혁이라고 하면 현대인들은 대체로 16세기 마르틴 루터의 종교개혁을 떠올릴 것이다. 루터의 종교개혁은 가톨릭교회와 분리되어 새로운 프로테스탄트 기독교, 즉 개신교를 성립시켰기 때문이리라. 그러나 그리스도교의 전체적 쇄신 내지는 개혁 운동은 12세기에 본격적으로 시작되었다. 이때의 개혁운동은 루터의 종교개혁과 달리 가톨릭교회 안에서 이루어졌다. 12세기의 개혁운동은 종교적 영성에 대한 근본적 물음에서 시작되었다. 이 물음을 간추려 보면 대체로 다음과 같다.

> 첫째, 모든 그리스도교 신자는 복음과 사도들의 모범에 따라 하느님의 부르심을 받았는가?
>
> 둘째, 개개인을 위한 구원의 길은 교회의 위계질서 안에만 있는가, 아니면 다른 영적 삶의 방식에도 열려 있는가?
>
> 셋째, 개개인의 구원을 위해서는 교회에서의 지위가 더 본질적인가, 아니면 영적 삶의 방식이 더 본질적이고 직접적인가?[118]

이러한 물음은 그리스도교 초기의 복음정신을 떠올리게 했으며, 초대교회의 순수하고 가난한 모습에 대한 향수를 불러일으켰다.

그리스도교 신자들은 세속적 부귀영화를 버리고 복음이 가르쳐 준 청빈정신에 따라 예수 그리스도의 가난한 사도들이 영위하던 삶의 방식을 새로이 추구하게 되었다. 나아가 개혁 의식은 초대교회의 복음적 척도에

117 Grundmann, H., *Religiöse Bewegungen im Mittelalter*, Hildesheim, 1961 참조.

118 Grundmann, H., 같은 책, 14쪽 이하 참조.

따라 그리스도교의 위계질서와 성직자들의 생활태도를 비판하면서 쇄신을 요구하게 되었다. 다양한 분야에서 일어난 쇄신 요구는 급기야 구체적이고 집단적인 신앙운동으로 발전했다.

여성들의 청빈운동

12세기로 접어들면서 특히 프랑스 지역에서는 새로운 종교적 움직임이 꿈틀거렸다. 대성당의 설교대에 나설 수 없었던 평신도들이 거리나 광장으로 나와 설교하기 시작한 것이다. 숲을 밀어내고 인위적으로 자리를 잡아가던 도시에는 그야말로 시민들이 몰려들었고, 그들 앞에는 남녀를 불문하고 설교자들이 등장했다. 설교자들은 너무 세속화된 삶, 특히 타락한 성직자들과 폭정을 일삼는 관리들을 비판하고 나섰다. 설교자들은 초기 그리스도교가 구가하던 '사도들의 삶vita apostolica'을 이상적 삶의 모범으로 각인시켰다. 베드로와 바오로 같은 그리스도의 사도들은 아무것도 가지지 않은 채 지구촌을 걸어 다니면서 오로지 가난한 선교의 삶을 살았던 것이다.

나아가 도시의 설교자들뿐만 아니라 이들을 추종하는 사람들까지 나타나 사도들의 삶, 유랑하는 무소유의 삶을 살기를 원했다.[119] "초대 교회의 삶으로 돌아가자!" 이것이 그들의 이상이었다. 그들은 황금 옷을 입은 그리스도가 아니라, 세속의 부귀영화를 버린 '가난한 그리스도'를 부르짖게 되었다. 이것이 12세기에 그리스도교를 둘러싸고 일어난 청빈운동이다.

중세의 청빈운동은 점차 공동체를 형성했으며, 이런 공동체에 가담하려는 사람들은 귀족이든 하인이든 차별이 없었다. 특히 청년들의 청빈운동

---

119 Suso, F.K., Vita apostolica, Ansätze zur apostolischen Lebensform in der alten Kirche, In: *Zeitschrift für Kirchengeschichte* 82 [1971], 145~166쪽을 전체적으로 참조하라.

은 결국 개혁수도회와 대학의 설립으로 이어져 그리스도교 사회를 개혁하기에 이르렀다. 또한 가난을 무릅쓴 청빈운동에는 남성과 여성의 구별도 없었다. 여성들 가운데는 독신녀와 유부녀뿐만 아니라 심지어 거리의 여인들까지 이런 운동에 가담하게 되었다. 그러나 청빈운동의 설교자나 주동자들이 가정을 떠나 온 유부녀들을 집으로 되돌려 보내기를 거부하면서 현실적으로는 사회적 문제를 일으키게 되었다.

설교 활동에 나선 대표적 인물 가운데 한 사람은 프랑스 지역 아르브리셀의 로베르Robert d'Arbrissel, 1045경~1116다. 그는 파리대학에서 공부하고 성직자로 일하다가 개혁수도자들의 모범을 따라 청빈운동에 가담했다. 십자군전쟁을 선언한 교황 우르바노 2세Urbanus II, 1035경~1099가 설교허가서officium praedicationis를 내어 주자, 로베르는 가톨릭의 공식 설교가로 나섰다. 로베르의 설교 여행은 여러 지역에서 큰 성공을 거두었다. 수많은 남성과 여성이 휘하로 모여들자, 그는 유럽의 요지에 속하던 프랑스 앙주Anjou 지방에 소위 남녀 양성수도원을 설립했다.[120] 그 지역의 주교가 떠돌던 로베르의 공동체를 안정시키고자, 넓은 땅과 함께 퐁트브로Fontevraud 수도원이라는 이름을 하사했기 때문이다. 1101년의 일이다.

양성수도원이란 남성을 위한 수도원뿐만 아니라 여성을 위한 수녀원을 갖춘 새로운 형태의 수도원이었다. 양성수도원은 병원도 함께 운영했으며, 교회로 온 창녀들을 위한 보호소도 갖추었다. 여기서 로베르 자신은 후견인 역할을 했을 뿐, 수도원의 실제적 운영과 관리는 귀족 출신인 헤르센디스Hersendis de Campania, 1060경~1114 수녀원장에게 맡겼다. 로베르는 또다시 설교 여행을 떠나 다른 지역에도 이 수도원을 모델로 하는 새로운 양성수도

120 Grundmann, H., *Religiöse Bewegungen im Mittelalter*, 43, 47, 49쪽 참조.

원을 설립했다.

여성들의 수녀원을 남성 수도원과 함께 설립한 것은 여성사적으로도 파격적인 일이었다. 양성수도원은 새로운 바람을 타고 여성들의 의식을 일깨우는 계기가 되었기 때문이다. 설립자인 로베르가 오랫동안 외유 활동을 떠나면, 여성 수녀원장이 수도원의 남성 수도자들과 남녀 평신도들을 지도하기도 했다. 현실적으로는 남성 수도자들이 수녀들과 여성 평신도들의 경제적 수요를 충족시켜야 하는 결과를 초래하기도 했다.[121] 따라서 로베르의 남녀 양성수도원의 구조는 다른 수도원들의 남성 수도자들과 성직자들의 비난을 받기에 이르렀다. 후일 엘로이즈를 위해 수녀원을 세운 아벨라르 역시 로베르의 편을 들었다가 스승 로스켈리누스Roscelinus Compendiensis, 1050경~1124로부터 지독한 비난을 받았다.

로베르는 또한 가정을 뛰쳐나와 보호소를 찾아온 부인들을 돌려보내지 않고 자신의 양성수도원에서 돌보게 했다. 아내를 잃어버린 수많은 가장이 거세게 반발했지만, 가출한 여성들은 적어도 긴급 탈출구와 일시적이나마 안식처를 가지게 되었다. 로베르는 종교 및 사회의 개혁 활동으로 중세 여성들의 의식과 자립적 활동을 일깨웠지만, 그 자신은 사회적으로 배척당하고 결국 종교적으로도 심각한 위험에 빠지게 되었다.

중세 여성들의 활동과 의식을 일깨운 또 하나의 커다란 움직임은 페트루스 발데스의 신앙운동이다. 발데스는 원래 열심히 성서를 공부하는 평신도이자 프랑스의 리옹Lyon 지역을 주름잡던 거상이었다. 발데스는 1177년경 유럽 전역에 기아가 몰아치자, 자신의 전 재산을 굶주리는 자들에게

---

121 Weinmann, U., *Mittelalterliche Frauenbewegung: Ihre Beziehungen zur Orthodoxie und Häresie*, Pfaffenweiler, 1990, 54~62쪽 참조.

나눠 주었다. 그는 자신의 딸마저 양성수도원을 세운 로베르의 수녀원에 보내고, 자신도 본격적으로 신앙운동에 뛰어들었다. 그는 청빈운동의 일파에 속하던 순결주의를 추구했다. 나아가 발데스는 성직자 슈테판Stephan von Anse 신부에게 부탁하여 라틴어로 된 불가타Vulgata 신약성서를 프랑스 방언이던 모국어로 번역하게 했다. 라틴어를 배운 성직자가 아니면 사실상 접근이 금지되었던 성서를 평신도들도 읽을 수 있게 한 것이었다. "발데스의 견해에 의하면, 사도들의 모범을 따라 살아가는 한 사람 한 사람의 그리스도는 복음을 선포할 소명을 받았기 때문이었다."[122] 발데스에 의한 성서 번역은 소위 마르틴 루터의 독일어 번역인 '9월의 성서'보다 삼백 년 이상 앞서가는 혁명이었다.

발데스는 기아를 구제하고 성서를 낭독하면서 수많은 추종자를 얻게 되었다. 이들은 초대 그리스도교 사도들의 모범을 따라 구걸하면서 설교하는 삶의 방식을 추구했다. 이들은 '리옹의 가난한 사람들'이라는 별명을 얻으면서 나름대로 특색을 가진 청빈운동을 실천했다. 발데스라는 이름에서 유래하는 발데스파는 특히 여성들에게도 남성들과 동등한 종교적 삶의 과제와 권리를 부여했다. 여기서는 여성들도 남성들과 똑같이 성서를 읽고 토론했으며, 공개석상에서도 설교에 나섰다. 심지어 발데스파의 여성들은 제대에서 성사를 베풀 수도 있었다. 원래 가톨릭에서는 남성 사제들에게만 성사가 허용되었다. 이렇게 발데스파의 혁명적 행위는 중세 여성들의 의식을 변화시키는 데 크게 기여했지만, 동시에 가톨릭교회와는 돌이킬 수 없는 심각한 갈등을 불러일으켰다.

---

122 Unger, H., *Die Beginen: Eine Geschichte von Aufbruch und Unterdrüeckung der Frauen*, Freiburg, 2005, 20쪽.

현대에 와서 독일 학자 카를 보슬은 발데스파의 이런 활동을 최초의 여성해방운동으로 진단했다. "이러한 청빈운동과 교회 사이의 상호이해에 있어 주된 장애물은 이 운동에서 차지하는 평신도와 여성들의 지도적 입지였다. 거리의 설교운동은 유럽 역사에서 최초의 여성해방운동이었다."[123] 그러나 인기몰이를 하던 여성들의 설교활동과 발데스파는 결국 1182년경에 프랑스 리옹의 교구장에 의해 금지되었다.[124] 나아가 발데스파는 1184년 교황 루치오 3세Lucius III, 1100경~1185에 의해 이단으로 판정되어 엄청난 박해를 받게 되었다.

세기를 넘어서서 현대까지 이어진 발데스파의 신앙운동은 여성들의 의식을 개혁하는 데 확실하게 공헌했다. 그들은 모진 박해에도 불구하고 종교적으로는 여전히 가톨릭교회와의 일치를 추구하고 있다. 오랜 갈등의 세월이 지난 뒤인 2015년, 프란치스코Papa Francesco, 1936~ 교황은 발데스파를 박해한 가톨릭의 과거사에 대해 용서를 청했다.

개혁 수녀원의 탄생

개혁의 물결을 타고 다양하게 전개된 청빈운동은 기존 그리스도교와 갈등만 불러일으킨 것도 아니요, 남성들을 위한 대학과 개혁수도회만 설립한 것도 아니었다. 여성과 평신도들의 신앙운동은 점차 수도자뿐만 아니라 성직자들의 종교적 이상형으로 떠오르기 시작했다. 12세기에 접어들면서 개혁을 추구하는 새로운 수도회들이 속속 설립되었다. 여성들을 위한

---

123 Bosl, K., *Europa im Aufbruch: Herrschaft, Gesellschaft, Kultur vom 10. bis zum 14. Jahrhundert*, München, 1980, 199쪽 이하.

124 Werner E. und Erbstösser, M., *Kleriker, Mönche, Ketzer: Das religiöse Leben im Hochmittelalter [Herderspektrum, 4284]*, Freiburg, 1994, 272~313쪽.

그야말로 새로운 구조의 수도회는 프레몽트레Prémontré수도회와 시토회다.

성 노르베르트St. Norbertus, 1082경~1134는 독일 크산텐Xanten 지방의 귀족 가문에서 태어났다. 그는 원래 하인리히 5세 황제의 궁전 관리였는데, 많은 유산을 받으면서 방탕한 생활에 빠졌다. 그러던 1115년 어느 날 말을 타다가 번개를 맞고 땅바닥에 떨어졌다. 여기서 그는 "악을 피하고 선을 행하라"는 음성을 들었다. 이 말은 참된 행복을 위한 최고의 규준을 뜻하기도 한다. 낙마 사건 이후 노르베르트는 기도와 단식으로 하느님의 뜻을 찾아 헤매다가 가톨릭교회의 사제서품을 받았다. 그는 당시 다른 청빈운동가들과 같이 자신의 전 재산을 팔아 가난한 이들에게 나누어 주고 참회의 길을 떠났다.

노르베르트는 교황 젤라시오 2세Gelasius II, 1060/1064~1119를 알현하고 모든 교회에서 설교할 수 있는 허가를 받았다. 가톨릭교회 내에서 청빈운동을 할 수 있게 된 것이다. 그의 설교 여행은 가는 곳마다 인기를 끌었으며, 추종자들도 모여들었다. 노르베르트는 1120년 1월 25일 드디어 13명의 동료들과 함께 성 마르티노St. Martinus의 율수수도회를 혁신하여 새로운 개혁수도회를 설립했다. 프랑스의 설립 지역 이름을 따서 '프레몽트레수도회'라 불렀다.[125] 노르베르트의 수도회는 출발하면서부터 엄격한 규칙과 함께 혁신적 구성을 갖추었다. 즉 이 수도회는 구분된 공간에 여성과 남성 수도자들을 모두 받아들였을 뿐만 아니라, 세속에서도 수도회의 규칙을 따라 살 수 있도록 평신도를 위한 수도회, 즉 제3회까지 조직했다. 여성만을 위

125 이 수도회의 공식 라틴어 명칭은 'Ordo Praemonstratensis'이며, 프레몽트레Prémontré는 프랑스식 명칭이다. Weinfurter, S., Norbert von Xanten und die Entstehung des Prämonstratenserordens, in: *Barbarossa und die Prämonstratenser*, Göppingen, 1989, 71쪽 참조.

한 수녀원은 지도수녀가 맡았으나, 남성 수도원을 포함한 전체 수도회는 남성 원장이 지도했다. 1140년부터 수녀원은 가톨릭교회의 원칙에 떠밀려 양성수도원으로부터 분리되기 시작했다. 그러나 수녀원의 지도는 여전히 수도회의 남성 원장이 맡도록 했다.

한편 노르베르트는 독일로 돌아갔다가 교황 사절의 간청에 따라 마그데부르크Magdeburg의 대주교가 되었다. 이후 노르베르트 대주교의 종교적 개혁정책은 전통을 중시하는 사람들의 반감을 불러일으켰다. 그렇지만 그는 모든 정치적 어려움을 극복하면서 성체 현존에 관한 이단을 배격하는 공로를 세웠고, 1134년 54세로 선종했다. 1582년 교황 그레고리우스 13세 Gregorius XIII, 1502~1585는 노르베르트를 가톨릭 성인의 반열에 올렸다.

성 노르베르트 사후에는 새로운 여성 수녀원의 건립이 점차 금지되기 시작했다.[126] 560개소나 되던 프레몽트레수도회는 1250년에 이르러 78개소가 해체되었다. 이 가운데 남성 수도원은 11개소뿐이었지만, 수녀원은 67개소나 되었다.[127] 13세기 중세 황금시대가 무르익으면서 불같이 일어나던 여성들의 의식이 절정에 도달했음을 짐작할 수 있다.

11세기에서 12세기로 넘어가던 중에 또 다른 위대한 개혁의 물결이 일어났다. 몰렘의 로베르투스St. Robertus de Molesme, 1027경~1111는 세기말의 종교적 혼란의 위기로부터 영성적 개혁을 이끌어 냈다.[128] 그는 세속화된 성직자들에 대한 비판 활동을 펼치다가 프랑스 디종Dijon 지방에 '시토수도회'를

126 Grundmann, H., Zur Geschichte der Beginen im 13. Jahrhundert, in: *Archiv für Kulturgeschichte 21*, 1931, 300쪽 이하 참조.

127 Weinmann, U., *Mittelalterliche Frauenbewegung*, 71쪽.

128 여기서는 앞에서 다룬 퐁트브로회의 설립자이자 프랑스어로 같은 이름인 로베르Robert d'Arbrissel와 구별하기 위해 시토회 설립자는 라틴명 로베르투스를 사용하겠다.

설립했다.[129] 로베르투스의 시토회 설립은 가톨릭교회 밖에서 일어나던 신앙운동의 급물살을 교회 안으로 유유히 흐르게 한 가장 위대한 신앙운동의 범례에 속한다. 로베르투스는 수도원 개혁을 가장 이상적으로 성공시킨 공로로 1222년에 가톨릭교회의 성인으로 선포되었다.

로베르투스는 1027년경 프랑스 중부 트루와Troyes에서 태어나 15살에 기존의 베네딕트수도회에 입회했다. 그러나 오랜 역사의 베네딕트 수도원에 축적된 권력과 물질적 풍요는 수도자들을 세속화시키고 있었다. 로베르투스는 먼저 클뤼니Cluny 수도원을 개혁의 모델로 떠올렸다. 당시 수도원 밖에서도 고명한 은수자에게는 제자들이 모여들어 일종의 수도원을 조직하고 있었고, 그들은 4세기경의 초기 수도생활을 재현하고 있었다. 이에 로베르투스도 몇몇 은둔 수도자와 뜻을 모아 함께 베네딕트회의 담장 밖으로 나와 버렸다. 그는 즉시 조용한 숲 속에 오두막을 짓고 초기 수도자들의 생활 방식을 시험 삼아 실천해 보았다.

로베르투스는 몇 번의 시도 끝에 기존의 수도원 안에서는 성 베네딕트의 규칙에 따라 생활하는 올바른 개혁이 불가능하다는 것을 깨달았다. 결국 로베르투스는 1098년 알베르쿠스Albericus와 스테파누스 하딩Stephanus Harding을 위시한 20여 명의 수도자와 함께 시토Cîteaux 계곡에 정착했다. 바로 이곳에서 로베르투스는 시토수도회를 창설하고 자신이 수도생활의 이상이라고 여기던 것들을 실천에 옮겼다. 비록 그는 1111년 4월 17일 세상을 떠났지만, 시토회는 성 베네딕트의 규칙을 온전히 준수하는 개혁을 지속했다. 그들은 세속과 단절된 상태에서 청빈과 침묵, 육체노동을 중시하

129 공식 라틴어 명칭은 'Ordo Cisterciensis'이며, 프랑스어로는 시토Cîteaux수도회, 독일어로는 치스터치엔저Zisterzienser라 부른다. 특히 여성 수도자를 독일어로는 치스터치엔저린Zisterzienserin이라 한다.

는 새로운 수도생활의 모범을 세웠다.

로베르투스 사후에 시토회의 두 번째 원장이 된 알베르쿠스는 수도회 발전을 위한 토대를 마련했다. 또한 세 번째 원장 스테파누스 하딩은 수도회 조직을 완벽에 가깝게 정비했다. 시토회는 봉토의 수입을 받지 않고 수도자들의 노동으로 살림을 꾸려 나갔다. 그들은 복잡한 수도원의 전례를 단순화시켰으며, 일상생활과 가구들까지도 간결하게 만들어 수도자의 청빈을 실천했다.

개혁에 성공한 시토회는 1120년에서 1132년에 걸쳐 비로소 여성들을 위한 수녀원을 설립했다. 초기 수녀들의 모범적 수도생활이 알려지면서 수녀원은 곧장 18개소로 늘어났다. 이 수녀원들은 시토회의 남성 수도원장이 관리하고 지도했다. 그러나 여성들의 입회가 증가하면서 여성 수도자들의 목소리가 높아지는 변화가 일어났다. 특히 1200년대로 들어서면서 프레몽트레수도회가 여성들의 입회를 거부하자, 시토회는 반대로 더 많은 여성 수도자를 받아들이고자 애썼다. 그러나 이런 시도는 결국 극단으로 치달아 1215년의 제4차 라테란 공의회는 새로운 수녀원의 설립을 금지해 버렸다. 공의회는 급격하게 팽창하는 수녀원에 제동을 건 것이다.

가톨릭교회는 여성 수도회가 난립한다고 판단했기 때문에, 공의회를 통해 다음과 같은 규정을 발표했다. "수녀원들의 너무나 큰 상이성이 교회 안에 혼란을 초래하지 못하도록, 우리는 장차 아무도 더 이상의 새로운 수도회를 창설하지 못하도록 규정한다. 수도자가 되거나 새로운 수도회를 설립하고자 하는 사람은 이미 인가된 수도회에 입회하거나 또는 이미 허용된 수도회규칙을 받아들여야 한다."[130] 가톨릭교회가 부담스러워할 정

130 Joseph von Hefele, K., *Conciliensgeschichte*, Bd.5, Freiburg, 1886, 791쪽.

도였으니, 시토회의 여성 수도회는 13세기 초에 전성기를 맞이했던 셈이다. 결과적으로 여성을 위한 수녀원의 수가 남성을 위한 수도원 수보다 훨씬 많았다. 13세기 유럽에는 시토회의 규칙을 따르는 526개소의 수녀원이 들어서 있었다. 이 가운데 318개소는 오늘의 독일 지역에, 139개소는 프랑스 지역에, 69개소는 베네룩스 3국 지역에 있었다.[131]

그렇지만 이렇게 많은 수녀원도 종교적 삶의 소명을 받고 찾아오는 당대의 여성들을 모두 수용할 수 없었다. 그 정도로 당시 여성들의 종교적 의식과 영성적 자각은 그 어느 시대보다도 강력한 것이었다고 볼 수 있다. 시토회의 본산 가운데 하나인 헬프타Helfta 수녀원은 독일 수녀원의 왕관corona이라 불리면서 기라성 같은 여성신비가들을 배출했다. 마그데부르크의 메히틸드Mechthild von Magdeburg, 1207경~1284경, 하케보른의 제르트루드Gertrud von Hackeborn, 1232~1292, 하케보른의 메히틸드Mechthild von Hackeborn, 1241~1299경가 헬프타 수녀원에 신비주의의 뿌리를 내렸다. 또한 이들이 키워 낸 수제자가 바로 위대한 성녀 제르트루다Sancta Gertrudis Magna, 1256~1302다. 제르트루다에 대해서는 제5장에서 상세히 다루게 될 것이다.

중세 여성들의 종교적 자각에서 촉발된 청빈운동과 신앙운동은 여성들의 수도회 설립으로 전개되었다. 나아가 여성들의 자각은 유럽의 종교, 사회, 문화, 정치까지도 본격적으로 개혁하게 되는 프란치스코회와 도미니코회의 성립으로 이어졌다. 이러한 남성들의 개혁수도회는 대학에서 학문적 업적을 쌓고 도시의 교회를 개혁하면서 그리스도교의 세계화를 추진했다. 그러나 남성들의 개혁수도회는 당시 자립적이고 영성적 삶을 추구하던

131 Schneider, A. und Wienand, A.(Hrsg.), *Die Cistercienser: Geschichte, Geist, Kunst*, Köln, 1977, 346쪽과 639쪽 이하 참조.

여성들의 의식과는 분명한 차이를 드러냈다.

여성들의 의식 변화에 대한 상황을 간파한 교황 인노첸시오 4세는 1245년 여성 수도회의 권리를 인정했으며, 남성 수도회들로 하여금 여성 수도자들의 영성지도를 돌보도록 배려했다. 중세 여성의 사회적 환경을 고려했을 때, 이러한 교황의 방침은 남성의 지배나 여성의 종속이라기보다는 여성에 대한 복지 차원이었다. 인노첸시오 4세는 분명히 이렇게 덧붙였다. "여성 수도자들도 수도회에 부여된 특권을 누려야 한다. 수도회 총장과 지역 수도원장은 수녀원의 복지와 영성지도를 맡아야 한다."[132]

교황의 적극적 조치에도 불구하고 종교적 삶의 동기를 자각한 당시 여성들의 섬세하고 뜨거운 열망을 가부장적 사회에서 자란 남성 수도자들의 지도로 충족시키기에는 역부족이었다. 따라서 여성들은 자신들의 실질적 삶과 영성적 이상을 실현할 수 있는 새로운 길을 모색했다. 이런 지향은 결국 베긴네Begine라 불리는 오직 중세에서만 볼 수 있는 여성들의 종교운동으로 현실화되었다. 베긴네들은 그리스도교 안팎에서 이전에 경험할 수 없었던 중세 여성들의 약진을 일으키게 될 것이었다.

중세 여성운동가 베긴네의 출현

13세기로 접어들면서 도시와 대학을 기반으로 하는 소위 중세 황금시대가 무르익고 있었다. 도미니코회와 프란치스코회 같은 개혁수도회는 도시와 대학으로 진입하여 본격적 활동을 펼치고 있었다. 그렇더라도 여성들을 위한 황금시대는 아직 도래하지 않고 있었다. 여성들은 여전히 도시의 매력적 공기나 대학의 탐구 활동에 초대되지 않았기 때문이었다. 가까운

132 Grundmann, H., Zur Geschichte der Beginen im 13. Jahrhundert, 274쪽 이하.

예로 다음 장에서 살펴볼 엘로이즈 역시 귀족이었음에도 불구하고 대학에 갈 수 없었다. 그래서 그녀의 삼촌은 파리대학 교수이던 아벨라르를 가정교사로 불러들였던 것이다.

신앙운동에 자극된 여성들의 의식은 보다 명백해졌고, 그런 여성들의 인원도 늘어났다. 기존의 수도회를 통한 영성생활도 대학을 통한 탐구활동도 자유로이 선택할 수 없었던 여성들은 여성을 위한 새로운 삶의 방식을 찾아 나설 수밖에 없었다. 바로 여기서 인류 역사에 유래가 없던 베긴네들의 신앙운동이 시작되었다. 유럽 역사는 베긴네의 활동을 바야흐로 중세 여성들의 황금시대를 연 최초의 여성해방운동으로 간주한다.

그렇다면 베긴네란 대체 무엇을 의미하며, 누구를 말하는가? 베긴네는 라틴어에서 파생된 말이 아니라, 순수 독일어 고유명사다. 베긴네는 신심이 깊고 열성적이고 무리를 지어 살아가지만, 아직 공인된 수도회에 속하지 않은 채 활동하는 여성들을 일컬었다. 독특하고 다양한 활동과 함께 이들을 지칭하는 수많은 단어도 함께 만들어졌다.[133]

베긴네의 기원에 대해서는 여러 가지 이론이 제시되고 있다. 문헌 검증에 따르면, 베긴네는 새로운 영적 삶을 추구하는 자매들의 명칭이 아니라, 원래 시토회 수녀들을 부르는 이름으로 등장했다는 설이 있다.[134] 또 베긴네들이 입던 물들이지 않은 모직의 베이지beige, bigio, bège색에서 유래했다

---

133 고유명사 Begine를 번역하지 않고, 베긴네로 음역한다. 독일어로는 Beg(h)inen, Beguten(선량한 사람들), Benignes(자비로운 사람들), Sack-Beginen, Bussschwestern(참회 자매들), Lullesuestern, Kloeppel-Nonnen(뜨개질 수녀들), graue Schwestern(회색 수녀들), Seelschwestern(영성자매들), willig arme Scwestern(순하고 가난한 자매들) 등의 다양한 명칭이 있었다. Reichstein, F.M., *Das Beginenwesen in Deutschland: Studien und Katalog*, Berlin, 2001, 8~17쪽 참조.

134 Unger, H., *Die Beginen*, 44쪽 이하.

는 주장도 있다.[135]

그러나 베긴네들이 활동하던 당대에도 '베긴네'의 유래는 확실하게 알려지지 않은 것으로 짐작된다. 1200년대 베네딕트수도회 회원이던 파리의 마태오Matthaeus Parisiensis는 다음과 같이 전한다. "그 기원은 물론 베긴네라는 특정의 여인들과 함께 시작되었다. 수많은 어쨌든 특별한 사람들이, 무엇보다도 여성들이 수도자들의 복장과 생활방식을 취하면서 그 자신들을 베긴네라고 부르도록 했다. 이 이름의 의미는 알려지지 않았으며, 그 원조가 누구인지는 아무도 모른다."[136] 결국 베긴네의 정확한 기원은 처음부터 불분명한 셈이었다.

중세 황금기에 접어들면서 성모 마리아에 대한 존경과 복음에 등장하는 마르타와 베다니아의 마리아, 마리아 막달레나의 영적 삶에 대한 가톨릭의 이상은 여성들에게 자신들의 고유한 영성생활을 영위할 수 있다는 용기를 주었다. 예를 들어, 13세기 중반 궁정 문화가 꽃피던 프로방스 지방의 두셀린Douceline de Digne, 1214경~1274이라는 여성은 스스로 베긴네라는 이름으로 불리기를 원했고, 또 그 이름에 걸맞게 살았다고 한다. "두셀린은 자신의 모범이었고 또 제일의 베긴네였던 하느님의 성모 마리아에 대한 사랑으로" 기꺼이 베긴네라 불리기를 원했던 것이다.[137]

12~13세기의 개혁과 의식의 전환은 그리스도교의 종교적 이상에도 변

---

135 Elm, K., Beg(h)inen, in: *Lexikon des Mittelalters 1*, Stuttgart/Weimar, 1980, 1800쪽.

136 Matthaeus Parisiensis, *Ex Mathaei Parisiensis operibus*, Monumenta germaniae historica, scriptores, 28. Ex historia Anglorum, Hannover, 1888, 417쪽.

137 Ruh, K., *Geschichte der abendländischen Mystik, Bd.II, Frauenmystik und Franziskanische Mystik der Frühzeit*, München, 1933, 499쪽 참조.

화를 가져왔다. 이즈음 가톨릭교회에서도 예수 그리스도는 세계를 다스리는 자보다는 사람이 된 하느님의 아들로, 가난하게 살다가 십자가에 못 박힌 자로 부각되었다. 나아가 아기 예수와 그리스도 수난의 신비가 당시 신앙운동을 전개하던 여성들에게 새로운 의미를 부여하면서, 예수의 어머니 성모 마리아가 수많은 영혼의 종교적 모델로 새롭게 추앙받기 시작했다. 또 여성상도 바뀌고 있었다. 남성을 죄악으로 유혹한 뒤 낙원에서 추방된 구약성서의 하와보다는 신약성서의 복음에 나오는 아기 예수의 어머니, 즉 자애로운 성모 마리아가 더욱 친밀해진 것이었다. 하와라는 부정적 의미의 여성상이 구세주를 잉태한 마리아라는 긍정적 의미의 여성상으로 전환된 것이었다.[138]

예수 그리스도는 말했다. "나를 따르라!"[139] 그렇다면 구체적으로 누구를 따르라는 말인가? 그리스도는 하느님의 기사인가, 아니면 사람의 아들인가? 그 대답에 따라 '그리스도를 따르는 자'들도 달라졌다. 즉 하느님의 기사를 따르는 자들은 군인이었지만, 고통 받는 사람의 아들을 따르는 자들은 이웃 사랑을 실천하는 평범한 사람이었다.

의식적 여성들은 가난한 그리스도를 받아들이고 그리스도를 따르는 길을 새로이 개척하게 되었다. 수도원 밖의 여성들도 종교적 삶을 실천하고자 했으며, 특히 새로 등장한 도시를 중심으로 사회복지를 위한 다양한 구제 활동을 벌여 나갔다. 수도회를 통해 수도회 안에서 영성적 삶을 추구하는 수녀들의 신앙운동이 일어났으며, 이와 함께 주로 도시에서 버림

---

138 Leisch-Kiesl, M., Ich bin nicht gut, Ich bin nicht böse…, in: Claudia Optiz u.a., *Maria in der Welt: Marienverehrung im Kontext der Sozialgeschichte 10. bis 18. Jahrhundert*, Zürich, 1993, 123~138쪽 참조.

139 요한복음, 21, 19: sequere me!

받은 사람들을 위해 봉사하려는 세속에서 살아가는 수녀들의 운동, 즉 베긴네의 운동이 전개되었다.

베긴네의 삶과 시대적 역할

베긴네들의 활동은 중세 사회가 여성들에게 강요하던 사회적 역할을 바꾸도록 압박했다. 베긴네들은 종교적으로 순결한 삶을 이상으로 삼았으며, 현실적으로는 가난한 삶을 선택했다. 남성들의 개혁수도회가 추구하던 청빈과 순결도 기존 세대에 대한 저항과 개혁이었다. 더구나 베긴네들이 청빈과 순결의 삶을 선택했다는 것은 봉건적 중세 사회에 대한 명백한 도전이자 충격적 도발이었다. 이는 당시까지 여성들이 처해 있던 삶의 방식과 정면으로 배치되었기 때문이다. 특히 여성들이 수도원도 아닌 세속에서 가정을 벗어나 스스로 청빈과 순결을 선택하여 독립적으로 공동체를 만들어 살아가겠다는 것은 당시 남성들에게는 일찍이 유래가 없는 폭탄선언이나 마찬가지였다.

현실적으로 순결하게 살겠다는 것은 여성을 단순한 성sex의 대상으로 여기던 사회에 대한 명백한 저항이었으며, 출산의 역할만을 강조하는 것에 대한 강력한 거부였다. 또한 청빈하게 살겠다는 것은 늘 그래 왔던 것처럼 생계를 위해 남성들에게 더 이상 의존하지 않고 경제적으로도 독립하겠다는 뜻이었다. 죌레는 베긴네들이 세속에서 자립적으로 살아가던 실상을 다음과 같이 평가했다.

> 베긴네들은 공동생활의 형식과 경제적으로 자립적인 공동체의 형식을 실현시켰으며, 이는 수도생활의 전통과 결합된 순결과 청빈의 의무 속에서 이루어졌다. 그러면서도 베긴네들은 여성 평신도로서 세계 관계성과는 다른

또 하나의 새로운 비종속성을 지켜 나갔다. 이러한 독립성을 대체로 '자율(자유규범)'이라는 단어로 표현할 수도 있겠지만, 그게 아니라면 여성운동의 지속적이고 심오한 신심은 오히려 신율(하느님의 규범)에 가까울 것이다.[140]

이러한 베긴네의 출현과 그들의 새로운 '삶의 방식modus vivendi'은 여성으로서 남성들에게 기대야 할 변수를 근본적으로 없애 버린 셈이었다. 이는 중세 사회에 엄청난 충격이 아닐 수 없었다. 이런 충격은 드디어 그리스도교 세계에서 의혹으로 돌변했고, 의혹은 결국 베긴네들에 대한 종교적 박해와 사회적 탄압을 불러일으켰다. 이로 인해 베긴네의 길을 가던 수많은 여성은 일부는 수녀원으로 흡수되었고, 일부는 박해를 받아 실존적 위험에 빠지게 되었다. 초기의 수많은 베긴네는 급기야 목숨을 잃기도 했다. 수도원이나 가정의 밖에서 순결하고 가난한 삶을 추구하던 여성들의 삶은 위기가 닥치자 이런저런 사회적 공격을 막을 수 있는 방패를 필요로 했다. 중세 사회에서 가장 강력한 방패는 다름 아닌 가톨릭교회로부터 공식적으로 인정을 받는 일이었다.

이단을 물리친 활동으로 교황청 내에 막강한 영향력을 가지고 있던 영성 지도자 비트리의 야코부스Iacobus Vitriacensis, 1160경~1240 추기경이 위험에 처한 여성들을 보다 못해 직접 베긴네들을 돕기 위해 나섰다.[141] 그는 베긴네들을 사회악으로 보지 않았으며, 이단으로 보지도 않았다. 그는 추기경으로서 신앙심 깊은 베긴네들이 추구하는 삶의 방식을 가톨릭교회가 공식적으로 인정해 줄 것을 촉구했다. 드디어 1216년 교황 호노리오 3세

140 Sölle, D., *Mystik und Widerstand. "Du stilles Geschrei"*, Hamburg, 1997, 212쪽.

141 Bourgain, P., Jakob von Vitry, In: *Lexikon des Mittelalters Bd. 5*, München/Zürich, 1991, 294쪽 이하.

Honorius III, 1148~1227는 베긴네들의 종교적 공동체와 삶의 방식을 그리스도교에 합당한 것으로 윤허했다. 이 사실을 야코부스 추기경은 다음과 같은 장엄한 서한을 통해 전했다.

> 나는 로마 영토에서와 마찬가지로 뤼티히Lüttich 교구뿐만 아니라 쾨니히라이히Königreich에서도 신심 깊은 여성들에게 한 집에 살면서 서로서로 훈계하는 가운데 선을 향해 박차를 가하는 공동체 생활이 허용되도록 그렇게 이루어 내었노라.[142]

야코부스 추기경의 서한이야말로 베긴네의 존재를 처음으로 그리스도교 내부에 알리는 문서였다. 이후 가톨릭교회는 거듭되는 조처를 통해 순결과 청빈을 지향하는 베긴네의 삶이 프랑스, 독일, 네덜란드, 벨기에 등 유럽 전역에 걸쳐서 세속적 유혹에 빠지거나 종교적 모독을 당하지 않도록 보호했다.[143] 이는 베긴네가 유럽의 특정 지역이 아니라 전역에 걸쳐 융성하던 여성들의 그리스도교 신앙 공동체라는 사실을 분명하게 보여준다.

베긴네들이 추구한 신앙 공동체적 삶의 방식은 여성들의 수도생활에 대한 열망을 가열시켰고, 다양한 분야의 여성 수도자들을 배출하는 터전이 되었다. 소위 중세 여성 수도회의 전성기가 도래한 것이다. 바야흐로 역사에 유래가 없던 여성철학자들이 활동을 개시하면서 또 하나의 철학적 기류가 될 여성 신비주의가 탄생하게 되었다. 현대 여성학자 웅거는 글을 쓰

---

142 Jakob von Vitry, Epistola I, in: *Zeitschrift für Kirchengeschichte 14*, Kohlhammer, 1894, 103쪽.

143 Grundmann, H., Zur Geschichte der Beginen, 306쪽 참조.

던 여성신비가들 가운데 베긴네이거나 베긴네 출신의 수녀들을 폭넓게 소개했다.[144]

웅거의 기록에 따르면, 니벨의 이다Ida von Nivelles, 1190경~1231를 위시하여 근래에 네덜란드 지역의 베긴네 공동체 지도자로[145] 밝혀진 하데뷔히Hadewijch von Antwerpen, 1210경~1260경,[146] 나사렛의 베아트리스Beatrijs von Nazareth, 1200~1268, 마그데부르크의 메히틸드,[147] 마르그리트 포레트Marguerite Porete, 1250경~1310 등 수많은 베긴네가 여성철학자로 일컬어졌다.

베긴네 출신의 여성철학자들은 당시의 일반 여성들과는 달리 대체로 수준 높은 교양 교육을 받았으며, 찬란한 저술을 남기기도 했다. 이러한 중세 여성철학자들은 독특한 정신적 삶과 저술, 시, 노래 등을 통해 유럽의 종교, 사회, 문화, 정치에 이르기까지 본격적 영향력을 발휘했다.

베긴네의 공동체 규정

근래 들어 서양 전체를 대상으로 한 것은 아니지만, 알프스 북쪽의 유럽 도시들을 중심으로 중세 '여성들의 황금기'가 설정되었다.[148] 이는 여러 가지 근거를 가지고 있다. 여성을 위한 중세 황금기는 특별히 13~14세기를 가리키며, 베긴네들이 자유로운 도시의 공기를 마시면서 왕성한 활동을

144 Unger, H., *Die Beginen*, 129쪽 이하.

145 Meyer, U.I., *Die Welt der Philosophin, I., Antike und Mittelalter*, Aachen, 1995, 267쪽.

146 Plassmann, J.O., *Die Werke der Hadewych*, Hagen/Darmstadt, 1923.

147 *Mechthild von Magdeburg, Das fließende Licht der Gottheit*, Hrsg., M. Schmidt, Stuttgart-Bad Cannstatt, 1995.

148 Signori, G., Frauen in der Gesellschaft, in: *Enzyklopädie des Mittelalters Bd.1*, Hrsg., G. Melville/M. Staub, Darmstadt, 2017, 117쪽.

벌인 시기와 일치한다.

당시 베긴네들은 활동 영역이 넓었을 뿐만 아니라 다양한 삶의 방식을 가지고 있었다. 따라서 그들의 공동체와 영성생활을 단적으로 정리하기는 어렵다. 다만 베긴네들이 실천하던 공동체 생활의 단면적 규정을 소개한다면, 그들이 영위하던 전체적 삶의 분위기를 상상할 수 있을 것이다. 한 공동체의 생활양식은 그 공동체를 이끌어 가는 규정을 통해 드러나며, 공동체의 규정 속에는 구성원들의 생활방식이 압축되어 있기 때문이다. 그렇다면 베긴네의 공동체 규정 또한 그들의 일상적 삶을 구체적으로 떠올리게 할 것이다.

1309년경 독일 지역 베긴네들의 공동체가 생활하던 학숙Klause의 규정은 이러한 범례가 될 수 있을 것이다. 이 독특한 규정은 밤의 고독을 찾아 사막으로 떠난 위대한 수도자들을 연상시키려는 듯, "모래 위에서"라는 시적 제목을 가지고 있다. 여기에는 학숙의 입회자격, 생활규칙, 소유재산 관리, 퇴출원칙 등이 정해져 있다. 이런 구체적 규정은 베긴네들의 생활이 매우 조직적이면서도 현실적 면모를 지녔다는 것을 보여 준다. 「모래 위에서」를 한 줄 한 줄 음미하다 보면, 베긴네 출신이거나 비슷하게 생활했던 중세 여성철학자들의 생활 분위기까지도 어느 정도 그려 낼 수 있을 것이다. 애잔함이 묻어나는 베긴네들의 공동체 규정은 다음과 같다.

「모래 위에서」[149]

1. 오로지 부모의 허락을 받은 착실하고 진실한 인격체들만 받아들여야 하며, 둘 이상의 친자매나 개인적으로 자유롭지 않은 자는 받아들여서는

---

149 Gleba, G., *Klosterleben im Mittelalter*, Darmstadt, 2004, 200쪽 이하.

안 된다.

2. 받아들인 모든 자매는 각자 생계를 위한 연금이나 재산을 소유하고 있거나 스스로의 생계 수단을 벌어들이기 위한 하나의 기술을 숙지하고 있어야 한다.
3. 학숙의 자매들 사이에 불화가 일어날 경우에는 잠자리에 들기 전에 이를 버리지 않으면 안 된다.
4. 학숙의 어떤 자매도 허락 없이 외출해서는 안 된다. 참된 사유로 인해 선임자가 외출을 허락했을 경우에도 혼자서가 아니라 항상 둘씩 외출하되, 해뜨기 전이나 해가 진 다음에는 외출해서는 안 된다.
5. 학숙은 해 진 다음부터 해뜨기 전까지 모든 남성에게 잠겨 있어야 한다.
6. 모든 자매는 공동의 침실과 공동의 거실을 가져야 하며, 환자와 고령자만이 예외이다.
7. 자매들은 매일 그들의 후원자들을 위한 마니피캇을[150] 읽어야 하며, 그것도 새로운 독서lectio로 해야 한다.
8. 경거망동하거나 세속적으로 행동하고 또한 그런 행동으로 인해 두 번 거론되면서도 개선의 여지가 없는 그러한 자매는 학숙으로부터 퇴출되어야 하며, 이에 대한 어떤 권리도 요구해서는 안 된다.
9. 공동체 전체에 속하는 재물은 개인에게 분배되는 것이 아니라, 학숙의 공동 사용을 위해 존속되어야 한다.
10. 임의나 강제로 학숙을 떠나는 자매들은 자신들이 요구할 권리를 상실하며, 그들의 자산 가운데 1 브라반트 마르크를[151] 학숙에 양도해야 한다.

---

150 가톨릭 전례의 저녁기도문 '마니피캇manificat'을 말한다.

151 현재의 벨기에와 네덜란드에 걸친 북부 유럽 브라반트 내지는 브라방 지역의 화폐 단위 마르크Mark를 뜻하며, 현재의 가치를 가늠하기는 어렵다.

. 마찬가지로 모든 자매는 사후에 소유물이 있을 경우 적어도 2 브라반트 마르크를 학숙에 남겨 주어야 한다.

{ 참고문헌 }

마르코 폴로, 『동방견문록』, 채희순 옮김, 동서문화사, 2009.
마리트 룰만 외, 『여성철학자』, 이한우 옮김, 푸른숲, 2005.
보에티우스, 『철학의 위안』, 정의채 옮김, 바오로딸, 2007.
아우구스티누스, 『고백록』, 최민순 옮김, 바오로딸출판사, 2010.
――――, 『신국론』, 성염 역주, 분도출판사, 2004.
앨리슨 위어, 『아키텐의 엘레오노르』, 곽재은 옮김, 루비박스. 2011.
요셉 피퍼, 『토마스 아퀴나스—그는 누구인가』, 신창석 옮김, 분도출판사, 1995.
움베르토 에코, 『장미의 이름』 상·하, 이윤기 옮김, 열린 책들, 2011.
이은영, 『에디트 슈타인과 중세 스콜라철학의 수용』, 으뜸사랑, 2014.
이충범, 『중세 신비주의와 여성』, 도서출판 동연, 2011.
토마스 아퀴나스, 『대이교도대전 I』, 신창석 옮김, 분도출판사, 2015.
페터 자거, 『옥스포드 & 케임브리지』, 박규호 옮김, 갑인공방, 2005.
프란치스코 삼비아시, 『영언여작』, 김철범·신창석 공역, 일조각, 2007.
프리드리히 헤르, 『중세의 세계』, 김기찬 옮김, 현대지성사, 1997.
K. 플라시, 『중세철학 이야기』, 신창석 옮김, 서광사, 1998.

Alcuin, *De fide S. Trinitatis*, Epistula nuncupatoria, PL 101.
Andreas Capellanus, *De Amore*, Lateinisch—deutsch, Übersetzt, mit einem Nachwort und Anmerkungen von Florian Neumann, Mainz: Dieterich'sche Verlagsbuchh., 2003.
Angenendt, A., *Das Frühmittelalter*, Stuttgart/Berlin/Köln: Kohlhammer, 1990.
Anselm von Canterbury, *Warum Gott Menschen geworden*, Lateinisch und Deutsch, Darmstadt: Kösel, 1986.
Anselmus Cantuariensis, *Proslogion*, Lateinisch—deutsche Ausgabe, ed. von F.S. Schmitt, Stuttgart—Bad Cannstadt: Frommann-Holzboog, 1962.
――――, *Opera omnia*, tom. 5, ed. F.S. Schumit, Seckan, 1938-1946.
Anselmus Havelbergensis, *Anticimenon*, Münster: Aschendorff, 2010.
Augustinus, A., *De magistro. Über den Lehrer*: Lat./deutsch, übers. u. hrsg. von B. Mojsisch. Stuttgart: Reclam, 1998.
Behringer, W., *Hexen: Glaube, Verfolgung, Vermarktung*, München: C.H. Beck, 2005.
Beierwltes, W., *Platonismus und Idealismus*, Frankfurt a.M.: Vittorio Klostermann, 1972.
Bernhart, J., *Der Vatikan als Weltmacht*, Leipzig: Paul List, 1930.
Bosl, K., *Europa im Aufbruch: Herrschaft, Gesellschaft, Kultur vom 10. bis zum*

14. Jahrhundert, München: C.H. Beck, 1980.
Bourgain, P., Jakob von Vitry, In: *Lexikon des Mittelalters Bd. 5*, München/Zürich: Artemis, 1991.
Bracken, E.v., *Meister Ekhart und Fichte*, Würzburg: Triltsch, 1943.
Cardini, F., *Universitäten im Mittelalter[=Antíche università d'Europa]*, Deutsche Ausgabe, München: Südwest, 1991.
Chenu, M.D., *Das Werk des heiligen Thomas von Aquin*, Heidelberg: Kerle/Styria, 1960.
Dietrich von Freiberg, *Opera omnia*, tom. 1, Hamburg: Felix Meiner, 1977.
d'Irsay, S., *Histoire des universités françaises et étrangères, des origines à nos jours. Tome I, Moyen Âge et Renaissance*, Paris, 1933.
Eco, U., *Il nome della rosa*, Bompiani, Mailand: Bompiani, 1980.
Elm, K., Beg(h)inen, in: *Lexikon des Mittelalters 1*, Stuttgart/Weimar: Artemis, 1980.
Ennen, E., *Frauen im Mittelalter*, München: C.H. Beck, 1985.
Filthaut, E., *Roland von Cremona O. P. und die Anfänge der Scholastik im Predigerorden*, Oldenburg: Vechta, 1936.
Flasch, K., *Die Metaphysik des Einen bei Nikolaus von Kues*, Leiden: Brill, 1973.
————, *Dietrich von Freiberg: Philosophie, Theologie, Naturforschung um 1300*, Klostermann, 2007.
————, *Mittelalter Geschichte der Philosophie in Text und Darstellug Bd. 2.* Stuttgart: Reclam, 1982.
Frege, F.L. Gottlob, *Die Grundlagen der Arithmetik: eine logisch—mathematische Untersuchung über den Begriff der Zahl*, Breslau, 1884.
Gilson, E., *Die Philosophie des hl. Bonaventura*, Darmstadt: Wissenschaftliche Buchgesellschaft, 1960.
————, *History of Christian Philosophy in the Middle Age*, London: Sheed and Ward, 1955.
Gleba, G., *Klosterleben im Mittelalter*, Darmstadt: Wissenschaftliche Buchgesellschaft, 2004.
Gregorius IX, Bulla "parens scientiarum", www.hs-augsburg.de.
Grundmann, H., *Religiöse Bewegungen im Mittelalter*, Hildesheim, 1961.
————, Zur Geschichte der Beginen im 13. Jahrhundert, in: *Archiv für Kulturgeschichte 21*, 1931.
Guillelmi de Ockham, *Opera philosophica et theologica, Reihe Opera theologica*, St. Bonaventure, New York, 1967-1986.
Heer, F., *Europäische Geistesgeschichte*, Stuttgart: Kohlhammer, 1953.
Heimsoeth, H., *Die sechs großen Themen der abendländischen Metaphysik und*

der Ausgang des Mittelalters, Stuttgart: Kohlhammer, 1965.
Heinzmann, R., *Thomas von Aquin*, Stuttgart: Kohlhammer, 1994.
Hirschberger, J., *Geschichte der Philosophie*, Bd. 1, Freiburg: Herder, 1965.
Jakob von Vitry, Epistola I, in: *Zeitschrift für Kirchengeschichte 14*, Kohlhammer, 1894.
Jaspers, K., *Nikolaus Kusanus*, München: Vico, 1964.
Johannes von Plano Carpini, *Kunde von den Mongolen 1245-1247*, trans., F. Schmiederer, Sigmaringen: Thorbecke, 1997.
Joseph von Hefele, K., *Conciliensgeschichte*, Bd.5, Freiburg, 1886.
Ketsch, P., *Frauen im Mittelalter*, Bd. 2, Frauenbild und Frauenrechte in Kirche und Gesellschaft, Düsseldorf: Schwann, 1984.
Kintzinger, M., *Wissen wird Macht: Bildung im Mittelalter*, Ostfildern: Thorbecke Jan, 2007.
Kluxen, K., Aeterni Patris Unigenitus. in: *Lexikon für Theologie und Kirche*, Bd.1, Freiburg: Herder, 1986.
Kremer, K., *Der Einfluß der neuplatonischen Seinsphilosophie auf Thomas v. Aquin*, Leiden: Brill, 1966.
Leader, D.R., *A History of the University of Cambridge: Volume 1, The University to 1546*, Cambridge University Press, 1989.
Leisch-Kiesl, M., Ich bin nicht gut, Ich bin nicht böse…, in: Claudia Optiz u.a., *Maria in der Welt: Marienverehrung im Kontext der Sozialgeschichte 10. bis 18*. Jahrhundert, Zürich: De Gruyter, 1993.
Lohr, Ch., Medieval Latin Aristotle Commentaries, in: *Traditio 23*, Cambridge University Press, 1967.
————, Renaissance Latin Aristotle Commentaries, in: *Studies in the Renaissance 21*, Cambridge University Press, 1974, 227-289.
Lombardus, P., *Sententiae*, in: Migne, PL 192.
Longo, G.O., *Il gesuita che disegnò la Cina: La vita e le opere di Martino Martini*, Milano, Springer, 2010.
Maier, A., *Die Vorläufer Galileis im 14. Jahrhundert*, Rom: Ed. di Storia e Letteratura, 1949.
Martini, Martino, 逑友篇: De Amicitia, Hangzhou(杭州), 1661.
Matthaeus Parisiensis, *Ex Mathaei Parisiensis operibus*, Monumenta germaniae historica, scriptores, 28. Ex historia Anglorum, Hannover, 1888.
Mechthild von Magdeburg, Das fließende Licht der Gottheit, Hrsg., M. Schmidt, Stuttgart-Bad Cannstatt: Frommann-Holzboog, 1995.
Meister Eckhart, *Corpus Philosphorum Teutonicorum Medii Aevi[=CPTMA]*, hg., Alessandra Beccarisi, Leinen, 1977.

Meyer, U.I., *Die Welt der Philosophin, I., Antike und Mittelalter*, Aachen, 1995.

Migne, J-P., *Patrologia Latina*, Paris, 1986.[=PL]

Odenthal, J., *Syrien: Hochkulturen zwischen Mittelmeer und Arabischer Wüste*, Ostfildern: DuMont, 2009.

Plassmann, J.O., *Die Werke der Hadewych*, Hagen/Darmstadt: Folkwang, 1923.

Platon, *Platonis opera*, ed., J. Burnet, Oxford: Oxford University Press, 1900-1989.

Rashdall, H., *The Universities of Europe in the Middle Age*, Vol. I, Oxford: Oxford University Press, 1936.

Reichstein, F.M., *Das Beginenwesen in Deutschland: Studien und Katalog*, Berlin: Verlag Dr. Köster, 2001.

Reindel, K., Hrsg., Die Briefe des Petrus Damiani. in: *Die Briefe der Deutschen Kaiserzeit*, Band 4.3, Hannover, 1989.

Ritter, A.M., *Dionys vom Areopag*, Tübingen, 2018.

Ruh, K., *Geschichte der abendländischen Mystik, Bd.II, Frauenmystik und Franziskanische Mystik der Frühzeit*, München: C.H. Beck, 1933.

Schalm, A., *Die Authentica "Habita" Friedrich Barbarossas von 1155/58-Ihre Entstehung und die Folgen*, Norderstedt: GRIN Verlag, 2008.

Scheeben, H.C., *Der heilige Dominikus*, Freiburg: Herder, 1931.

Schneider, A. und Wienand, A.(Hrsg.), *Die Cistercienser: Geschichte, Geist, Kunst*, Köln: Wienand, 1977.

Schneider, J.H.J., Nicolaus von Autrecourt, In: *Biographisch—Bibliographisches Kirchenlexikon Bd. 6*, Herzberg: Traugott Bautz, 1993.

Schulz, W., *Der Gott der neuzeitlichen Metaphysik*, Pfullingen: Günther Neske, 1957.

Seckler, M., Philosophia ancilla theologiae. Über die Ursprünge und den Sinn einer anstößig gewordenen Formel, in: *Theologische Quartalschrift 171*, 1991.

Senger, H.G., *Ludus sapientiae*, in: *Studien zum Werk und zur Wirkungsgeschichte des Nikolaus von Kues*, Leiden/Boston/Köln, 2002.

Sheldon-Williams, I.P., (Hg.), *Iohannis Scotti Eriugenae Periphyseon (De Divisione Naturae) liber primus*, Dublin: Dublin Institute for Advanced Studies, 1968.

Signori, G., Frauen in der Gesellschaft, in: *Enzyklopädie des Mittelalters Bd.1*, Hrsg., G. Melvill/M. Staub, Darmstadt, 2017.

Sommervogel, C., *Bibliothèque de la Compagnie de Jésus II*, Brüssel und Paris, 1890-1900.

Southern, R.W., *The Making of the Middle Ages*, New Haven, 1961.

Sölle, D., *Mystik und Widerstand. "Du stilles Geschrei"*, Hamburg, 1997.

Speer, A., Bonaventura, in: *Philosophen des Mittelalters*, Hrsg., Theo Kobusch,

Darmstadt: Wissenschaftliche Buchgesellschaft, 2000.

Stein, E., *Des hl. Thomas von Aquino Untersuchungen über die Wahrheit-Quaestiones disputatae de veritate*, 2 Bd., Freiburg: Herder, 1952.

Suso, F.K., Vita apostolica, Ansaetze zur apostolischen Lebensform in der alten Kirche. In: *Zeitschrift fuer Kirchengeschichte* 82 [1971], 145-166.

Theill-Wunder, H., *Die archaische Verborgenheit*, München: W. Fink, 1970.

Thomas de Aquino, *S. Thomae opera omnia*, P. Robertus Busa S.I. u.a. eds., Stuttgart-Bad Cannstadt: Frommann-Holzboog, 1980.

———, *De veritate*.

———, *Summa contra gentiles*.

———, *Summa theologica*.

Unger, H., *Die Beginen: Eine Geschichte von Aufbruch und Unterdrüeckung der Frauen*, Freiburg: Herder, 2005.

Wachendorf, H., *Die wirtschaftliche Stellung der Frau in den deutschen Städten des späten Mittelalters, Diss.*, Hamburg, 1934.

Weinfurter, S., *Karl der Große*, München: Piper, 2013.

———, Norbert von Xanten und die Entstehung des Prämonstratenserordens, in: *Barbarossa und die Prämonstratenser*, Göppingen, 1989.

Weinmann, U., *Mittelalterliche Frauenbewegung: Ihre Beziehungen zur Orthodoxie und Häresie*, Pfaffenweiler: Centaurus, 1990.

Werner E. und Erbstöesser, M., *Kleriker, Mönche, Ketzer: Das religiöse Leben im Hochmittelalter [Herderspektrum, 4284]*, Freiburg: Herder, 1994.

Wilhelm von St. Thierry, "Epistola ad Gaufridum Carnotensem et Bernardum Abbatem", PL 182.

제3장

사랑의 개혁가, 엘로이즈

엘로이즈와 아벨라르

(14세기 장미소설Rosenroman 필사본 표지,
https://commons.wikimedia.org/wiki/File:Abelard_and_Heloise.jpeg)

엘로이즈Hersendis, 1095경~1164경는 일 드 프랑스Île de France의 귀족가문에서 태어나서 여성으로서는 드물게 파리에서 고전교육을 받았다. 그녀는 현재의 프랑스 샹파뉴Champagne 지방에 있던 시토회 계열의 파라클레Paraclete 수녀원의 원장을 지냈으며, 거기서 세상을 떠났다. 엘로이즈는 수녀원에 입회하기 전에 철학자이자 신학자이며 역시 수도자이던 아벨라르Abaelardus와의 연애와 결혼으로 아스트라라비우스라는 아들을 낳았다. 엘로이즈는 역사에 유래가 없는 비극적 사랑으로 당대에 유명세를 겪었다.

수녀원장 엘로이즈는 중세 여성 수도회의 생활방식과 영성생활을 위한 일련의 개혁을 시도했는데, 20세기부터는 억압받던 여성의 권리를 신장하기 위해 노력한 여성 지도자로 주목받고 있다. 1930년대 여성운동가이자 저술가인 게르트루드 보이메르는 개혁적이고 근대적인 여인상의 선두로 중세의 엘로이즈를 내세웠는데, 이는 그때까지도 여전히 억압받고 있던 여성들의 권리를 신장하기 위해서였다.[1] 또한 엘로이즈와 아벨라르의 삶은 800년이 넘도록 사랑의 상징이 되고 있으며, 다양한 예술의 원천으로 끊

1 Bäumer, G., *Gestalt und Wandel. Frauenbildnisse*, Berlin, 1939.

임없이 재생되고 있다.[2]

엘로이즈가 남긴 서한들은 『라틴교부총서Patrologia Latina』의 아벨라르 편에 수록되어 있으며, 그 외에도 몇몇 단편이 전해지고 있다. 엘로이즈는 특별한 운명과 삶의 실천으로 인해 사랑의 철학자로 알려지고 있다. 특히 그녀는 자신의 철학 함 속에 아벨라르에 대한 인간적 사랑과 하느님에 대한 영성적 사랑을 포함시켰다. 결국 엘로이즈의 삶과 철학은 사랑으로 짜여졌다. 중세에서는 특이하게도 그 사랑의 씨줄은 수녀가 된 엘로이즈요, 날줄은 수도자가 된 아벨라르다. 따라서 아벨라르와의 연관성을 무시하고는 엘로이즈의 삶과 철학을 다룰 수 없을 것이다.

1
엘로이즈의 생애와 사랑의 사연

엘로이즈의 생애를 아벨라르와 함께 전개하는 사랑의 드라마에 초점을 맞추어 보면, 다음과 같은 의문이 생길 것이다. 엘로이즈는 과연 누구였으며, 어떻게 이해될 수 있는가? 아벨라르는 누구였으며, 어떤 불행 속에서 철학 했는가? 엘로이즈가 실천한 삶의 철학은 참사랑이었는가, 아니면 흔한 애정 행각이었는가?

엘로이즈는 12세기 여성 가운데 가장 널리 알려진 사람이지만, 실제로 본인의 문헌에 근거하여 알려진 것은 얼마 되지 않는다. 픽션의 세계에서

---

2 Mews, Constant J., *Abelard and his Legasy: Variorum Reprints*, London, 2001; *Abelard and Heloise. Great medieval thinkers*, Oxford, 2005; *The Lost Love Letters of Heloise and Abelard: Perceptions of Dialogue in Twelfth—Century France*, New York, 2008.

셰익스피어의 『로미오와 줄리엣』이 가장 비극적 사랑이라면, 논픽션에서는 아마도 엘로이즈와 아벨라르의 사랑이 가장 비극적일 것이다. 또한 이들의 사랑을 세상에 알린 서한들의 진위에 대해서는 현재까지도 시비를 따지는 사람들이 있기 때문에, 더욱 비극적이다.

1970년대부터 엘로이즈와 아벨라르의 서한에 대한 정통성 문제가 제기되었다. 그러나 서한들이 위조되거나 각색되었다는 주장들은 두 사람의 역사적 유명세를 더하고 연구에 자극을 주었을 뿐이다. 오히려 엘로이즈의 철학적 역할은 21세기 여성 시대를 맞이하면서 더욱 뜨거운 관심을 끌고 있다. 여기서는 엘로이즈와 아벨라르의 서한에 대한 문헌 반성적 정통성을 검증하지는 않을 것이다. 그렇게 하더라도 역사에 확실히 드러난 엘로이즈의 삶과 뜨거운 사랑의 사실이 흔들리지는 않을 것이다.

아벨라르의 철학적 저술들과 함께 소수이기는 하지만 엘로이즈의 문헌도 함께 전해지고 있다. 이들의 서한에 대한 필사본은 예외 없이 두 사람의 스캔들이 일어났던 때보다 적어도 약 150년 뒤의 것으로 확인되고 있다. 심지어 서한들은 상대의 편지를 요약하면서 대답할 정도로 논리 정연하게 구성되어 있다. 특히 아벨라르가 집필한 「위로의 서한」과 베렌가리우스Berengarius의 『호교론Apologeticus』에 나오는 「아벨라르의 신앙고백」은 직접적으로 엘로이즈의 삶과 사랑을 증명해 준다.

현대의 연구자들은 엘로이즈의 서한을 통해 12세기 중세 여성의 삶까지 제대로 볼 수 있을 것이다. "서양 중세는 어쩌면 다른 엘로이즈들도 품고 있던, 겉보기보다 훨씬 다채로운 삶을 허용하고 있넌 사회인지도 모른다."[3] 다른 엘로이즈들이라는 말이 시사하는 바와 같이, 그녀가 여성이었

3 한정숙, 「자유로운 사랑의 법열과 그 비극을 온전히 책임지다: 엘로이즈」, 『인문논총』 55집,

다는 사실은 매우 중요하다. 서양의 중세사에서, 특히 12세기에 자필 기록을 남길 수 있는 여성은 거의 없었기 때문이다.

엘로이즈는 아주 드물게 초창기의 학교schola에서 고전교육을 받았다. 그녀가 여성으로서 서술하는 철학과 문학에 대한 다양한 소재는 중세, 특히 대학 문화가 형성되던 12세기 초반의 학문과 문화에 대한 진면목을 보여주기 때문에, 그녀의 글과 행적은 중세 여성에 대한 수많은 오해와 억측을 밝혀 줄 것이다. 또한 그녀가 남긴 자신의 사랑과 불행에 대한 이야기는 중세 여성들의 사고와 감정을 알려 주는 영혼의 타임캡슐이 될 것이다.[4]

엘로이즈의 탄생과 성장기

엘로이즈는 1095년경 일 드 프랑스의 저명한 귀족가문에서 태어났다. 친가로 보면 몽모랑시Montmorency와 보봉Beaumont 백작가문의 후계로 추정되며, 외가는 샤르트르Chartres의 비스돔Viezedom 가문의 후계로 알려지고 있다.[5] 이들은 12세기 초에 루이 6세Louis Ⅵ le Gros, 1081~1137 휘하에서 권력 장악을 노리던 가문들이다. 그렇지만 그녀의 아버지가 누구인지는 정확히 알려지지 않고 있다. 어머니는 파라클레 수녀원에 보관된 사망자 명부에 헤르센디스Hersendis라고 기록된 것이 있지만, 이것이 유일한 기록물이다. 중세 문헌에서 아버지 없이 어머니만 알려진 경우에는 대체로 수많은 추정이 난무했는데, 그중에는 엘로이즈의 어머니가 수녀라는 소문도 있었다.

엘로이즈는 태어나면서 곧장 베네딕트수도회에 속하는 아르장퇴유의

2006, 71쪽.

4 제임스 버지, 『내 사랑의 역사: 엘로이즈&아벨라르』, 유원기 옮김, 북플리오, 2006, 19쪽.

5 Duby, G., *Héloïse, Isolde und Andere Frauen im 12. Jahrhundert*, Frankfurt, 1997, 77쪽.

노트르담Notre-Dame d'Argenteuil 수녀원 생 텔루아St. Eloi에 위탁되었다. 중세 사회에서 아이를 낳자마자 수녀원에 맡기는 경우에는 대체로 출생이나 가문에 관련된 심각한 사연이 있었다. 어쨌든 어머니와 출생에 얽힌 이야기는 엘로이즈의 명성을 증폭시키면서 중세적 신비를 더할 뿐이었다.[6]

엘로이즈의 보호자는 어머니의 남자 형제인 퓔베르Fulbert였다. 퓔베르는 파리의 노트르담 대성당에서 가톨릭교회의 성직에 속하는 차부제품을 받았다. 그는 또한 대성당의 참사위원이자 파리궁정의 장관이기도 했다. 당연히 권력과 재력을 겸비한 귀족 중의 귀족이었다. 퓔베르는 수녀원에서 교육을 받은 조카 엘로이즈를 파리 중심가의 대저택으로 데려왔다. 12세기에는 대가족 내지는 가문을 중요시했기 때문에, 아버지의 보호를 받지 못하는 상황의 조카를 돌보는 것은 귀족가문의 당연한 처사였을 것이다.

당대의 인물인 클뤼니Cluny 수도원의 원장 페트루스 베네라빌리스Petrus Venerabilis, 1092경~1156는 엘로이즈의 수업시대에 대한 증언을 남겼다. 그는 교회의 장상에다 고위직 공인이었으므로, 그의 증언에는 의심할 여지가 없을 것이다. 페트루스의 증언에 따르면, 엘로이즈는 수녀원학교에서 고전어 교육을 받았으며, 라틴어와 희랍어, 히브리어를 능통하게 사용할 수 있었다고 한다. 당시 수도원에 맡겨진 어린이들은 현대의 기본교육과 교양에 해당하는 일곱 과목의 자유교양artes liberales을 배운 것으로 추정된다.

엘로이즈도 아벨라르에게 보낸 서한에서 수사학을 배운 사실을 회상했다. 수사학은 앞으로 신학, 철학, 법학, 의학을 배울 수 있는 기초교양이

6 엘로이즈의 출생의 신비 내지는 추문에 대한 계보적 관심은 다음을 참조하라. Cook, B., The Birth of Heloise: New Light on an Old Mystery?, in: *Abélard à L'aube des universités*, ed. H. Habrias, Nantes, 2001.

었기 때문에, 그녀는 당연히 라틴어로 된 철학 원전을 읽을 수 있었을 것이다. 서한에 인용된 이야기들을 보면, 엘로이즈는 특히 고대 로마문학에 심취해 있었던 것 같다. 그러니 그녀는 고전에 대한 해박한 지식을 가지고 자신의 감정과 생각을 수려하게 표현해 낼 수 있었다. 엘로이즈의 수업시대는 아벨라르를 만나기 전까지 학문적 기초를 다질 수 있을 만큼 충분한 시간이었다. 그녀는 여성적 미덕이나 외모보다도 탁월한 학문적 재능으로 명성을 날렸을 것이다.

엘로이즈가 수녀원을 나와서 외삼촌 퓔베르의 저택에 살게 된 것은 기본교육을 받은 다음이었다. 외삼촌의 저택은 파리 중심부의 성당관구에 왕궁 가까이 있었다. 이때 뚱보왕으로 알려진 루이 6세는 파괴된 파리를 대대적으로 재건하고 있었다.[7] 힐데가르트 폰 빙엔의 성장기와 비슷하게 엘로이즈도 눈앞에서 위대한 건축과 토목 사업이 전개되는 역사적 광경을 목도했다. 집 근처에 거대한 다리가 놓이고 새로운 석조 건물들이 들어서고 있었다. 그렇다면 파리 중심가의 분위기도 새로이 바뀌었을 것이며, 높이 솟은 성당과 늘어선 술집에도 새로운 음악이 흐르고, 학교에서도 새로운 이념이 움트고 있었을 것이다.

엘로이즈는 20세를 전후하여 당대에 센세이션을 불러일으킨 철학자 아벨라르를 만나게 되었다. 아벨라르는 1114년에 파리로 돌아와 노트르담 대성당학교의 교수로 활동하고 있었다. 엘로이즈는 외삼촌의 교육열에 힘입어 아벨라르를 개인교수로 맞이했다. 둘은 즉시 사랑에 빠졌다. 이때 아벨라르의 나이는 38세 정도였다. 꽃다운 숙녀와 중년 교수의 사랑은 정신

7 루이 6세는 프랑스 카페 왕조에 속하는 필리프 1세의 아들로, 1108년 프랑스 왕위를 계승했다. 그는 물랑의 영주가 파괴해 버린 파리를 재건하고 일 드 프랑스를 위한 정치적 기반을 마련했다.

적으로 끓어올랐겠지만 육체적으로도 불타올랐다. 그리고 엘로이즈는 아이까지 임신하기에 이르렀다. 그 둘은 비밀리에 결혼식을 올렸지만, 이 결혼은 이 세상에 다시는 없을 비극을 낳게 될 것이었다.

엘로이즈의 외삼촌 퓔베르는 두 사람의 연애는 물론 결혼은 더더욱 반대했다. 그녀의 외삼촌은 은밀하게 자객을 보내어 잠자고 있던 아벨라르를 거세하도록 했다. 자객을 보냈다기보다는 아벨라르의 가장 가까운 하인을 매수한 보복이었으며, 아벨라르의 배신을 배신으로 되갚은 복수였다. 이에 아벨라르는 상처 입은 짐승처럼 생 드니Saint-Denis 수도원으로 숨어들었고, 엘로이즈는 아기와 함께 외삼촌 집으로 돌아가게 되었다. 이때부터 아벨라르와 엘로이즈는 죽는 날까지 다시는 만날 수 없었다. 얼마 후 엘로이즈는 비극의 출구를 찾아 베네딕트 수녀원에 들어갔으며, 결국 수녀가 되었다.

엘로이즈는 죽을 때까지 아벨라르와 몇 차례 서한을 교환할 수 있었을 뿐이었다. 그것도 아벨라르가 자신의 불행한 친구를 위로하려고 보낸 서한을 엘로이즈가 우연히 읽게 된 것이 발단이었다. 당시 위대한 사람들의 서한은 수녀원 안에서도 회람되고 있었다. 서한은 주로 엘로이즈가 먼저 보냈는데, 엄청난 오해와 불행 앞에서 무언가 옛 남편에게 말하지 않으면 안 된다고 생각했기 때문이다. 이 서한들이 오늘날까지 엘로이즈와 아벨라르를 가장 비극적 사랑의 주인공으로 알리는 계기가 되었다.

1129년 엘로이즈는 아르장퇴유의 베네딕트 수도원에 살면서 수녀원장이 되었다. 이것은 물론 그녀가 가진 귀족의 기득권 덕택이기도 했다. 그러나 그해에 이 수녀원은 해산되고 말았다. 이에 그녀는 몇몇 수녀를 데리고 샹파뉴 지방으로 갔다. 여기에 아벨라르는 하느님의 위로자 성령의 이름으로 파라클레 수녀원을 세워 두었고, 엘로이즈는 다시 이곳의 수녀원장이 되었다. 그녀는 수녀원장으로서 자신과 수녀들의 영성을 돌보다가 1164년경에 비로소 평온한 가운데 비극적인 삶을 마감했다.

엘로이즈의 연인 아벨라르

아벨라르는 프랑스 팔레Palet 출신의 위대한 철학자이자 신학자이며, 중세와 이후 시대를 주름잡게 되는 스콜라철학적 방법의 창시자다. 그는 철학사에서 가장 철학적인 철학자로, 가장 개성적이고 천재적이며 자유분방한 철학자이며, 가장 비극적 생애를 산 철학자로 알려져 있다. 아벨라르는 당대 최고의 선생인 라온의 안셀무스Anselmus de Laon, 1050경~1117한테서[8] 신학을, 역시 그의 제자인 기욤Gulielmus de Campellis, 1070경~1121한테서 변증법과 수사학을 배웠다. 그런데 아벨라르는 철학사의 가장 큰 역사적 논쟁으로 알려진 보편논쟁에 휩싸이면서, 논쟁의 쌍방에 해당하는 극단적 실재론과 유명론을 동시에 비판했다. 더구나 이 비판은 자신의 스승들을 겨냥하게 되었고, 스승들의 질책과 질투를 사게 되었다.

아벨라르는 윤리학의 관점에서 외적 행위의 결과보다 그 행위를 낳은 의도intentio를 더욱 중요시했다. 그는 이러한 논쟁을 거치면서 '긍정과 부정sic et non'이라는 철학적 논술기법을 완성시켰다. 이것은 원래 그의 스승 라온의 안셀무스가 사용하던 것이었다. 안셀무스는 서로 모순되던 '권위'를 대립시킴으로써 권위의 허구성을 드러냈고, 이를 진리를 찾아 나가는 방법으로 채택했다. 나아가 '긍정과 부정'의 방법은 중세철학을 특징짓는 '토론disputatio'의 발전을 가져왔고, 중세의 금자탑인 '대전Summa'과 '논문articulus'

8 라온의 안셀무스는 벡 수도원Abtei von Bec에서 공부한 신학자이자 초기 스콜라철학자이다. 그 자신은 캔터베리의 안셀무스Anselmus Cantuariensis의 제자이기도 하면서 여기에 등장하는 기욤과 아벨라르의 스승이다.

이라는 저술 양식의 전형이 되었다.

현대에 이르러 가이어와[9] 그라프만은[10] 아벨라르의 논리학 저술 네 권을 새로이 발견했다. 그 결과 아벨라르는 "중세의 일급 두뇌" 가운데 한 사람으로 부상했다. 그는 철학사에서는 엘로이즈와의 사랑보다는 철학적 업적으로 훨씬 더 유명했기 때문에, 그에 대해 추적하는 것은 어려운 일이 아니다.

엘로이즈의 역사적 인기

아벨라르는 자신의 위대한 철학보다는 엘로이즈의 역사적 인기로 더 큰 유명세를 타게 되었다. 그런데 엘로이즈의 인기도 근거가 없는 것은 아니었다. 13세기 파리의 작가이자 성직자이던 장 드 묑Jean de Meung, 1240경~1305이 엘로이즈를 "모든 사람이 사랑하고 싶어 하는 가장 멋있는 여자"로 상상하도록 멋지게 노래했기 때문이다. 게다가 엘로이즈의 '멋'은 역사적으로 위대한 낭만주의자들의 상상을 자극했고, 그들의 마음을 송두리째 빼앗아 버렸다. 엘로이즈에게 매료된 낭만주의자들은 르네상스시대를 대표하는 페트라르카Petrarca, 장 자크 루소Jean-Jacques Rousseau, 계몽주의 철학자 드니 디드로Denis Diderot 등이었으며, 심지어 철학자 볼테르Voltaire까지 이어졌다.

중세 당시에 나타난 증언들과는 달리 낭만주의자들은 엘로이즈를 "가장 멋있는 여자의 대표"로 평가했다. 이러한 로맨틱한 인상은 세기를 초월

9 Geyer, B., *Die philosophische Schriften Peter Abaelards. Beiträge zur Geschichte der Philosophie des Mittelalters XXI*, Münster, 1921.

10 Grabmann, M., Ein Neuaufgefundenes Bruchstück der Apologia Abaelards, in: *Gesammelte Akademieabhandlungen*, Hers., Grabmann Institut, Paderborn/München/Wien/Zürich, 1979, 583쪽.

하여 나름대로 지적이고 잘난 뭇 남성들을 매혹시켰다. 라이너 마리아 릴케Rainer Maria Rilke, 로제 바양Roger Vailland, 장 폴 사르트르Jean-Paul Sartre 등 수많은 유명인이 에로틱한 사랑을 엘로이즈의 이름으로 실행했다. 결혼은 분방한 사랑을 속박하고 자유로운 육체의 교환을 의무적인 것으로 만들었기 때문에, 현대의 사랑꾼들은 즐겨 엘로이즈의 이름을 불러 냈던 것이다. 그렇다면 왜 그들은 사랑을 위해 엘로이즈의 이름을 댔는가?

후대에 알려진 엘로이즈는 격정이 넘치는 애인이었고, 아낌없이 주는 용감한 나무였으며, 게다가 수도자로 살면서도 육체적 욕정에 목말라 했기 때문이라는 것이다. 그녀는 사랑 때문이라면 감히 하느님한테도 대드는 반항아였으며, 심지어 현대 여성해방운동을 위해서도 최초의 영웅이었다는 것이다. 결과적으로 13세기의 장 드 묑 이래로 엘로이즈는 많은 사람이 꿈꾸는 자유연애 1호로 널리 기억되고 있다. 그것도 결혼의 속박에 저항한 자유연애의 여신으로 추앙되고 있다.

엘로이즈 자신은 이 모든 역사적 인기와 후기를 전혀 알지 못한 채, 파리 페르 라셰즈의 수녀원장 묘지에 누워 있다.[11] 노트르담 대성당 근처 센 강변에는 1830년에 지은 아름다운 집 한 채가 서 있는데, 그 벽에는 다음과 같은 글이 적혀 있다. "엘로이즈, 여기서 모든 사랑의 격정을 쏟다."

이쯤에서 돌이켜 봐야 할 것이다. 이러한 엘로이즈에 대한 인상은 당대의 성인들이 증언하는 여성철학자, 모범적 수녀원장, 여성 지도자라는 위상과는 정면으로 충돌하기 때문이다. 인격의 문제는 추앙받는 것이 중요한 것이 아니라 누구에게 추앙받느냐가 중요하다. 도덕적으로 정신적으로 엄격한 삶을 추구한 가톨릭 성인들이 존경하던 인격과 자유연애주의자나

---

11 페르 라셰즈Pere-Lachaise는 프랑스 파리 시내의 가장 큰 공원묘지이다.

쾌락지상주의자들이 추앙하는 인격은 분명히 다를 것이다. 그런데 당대의 가톨릭 성인들은 엘로이즈를 가장 모범적 수도자로 찬양한 반면에, 현대의 자유연애주의자들은 그녀를 가장 이상적 연인으로 흠모해 마지않는다.

그렇다면 엘로이즈의 세속적 인기는 어디서 유래하는가? 그녀가 이렇게 상반되는 양편에서 칭송을 받는 이유는 무엇인가? 엘로이즈의 어떤 모습이 한편 엄격한 수녀들의 모범으로, 다른 한편 자유연애의 우상으로 군림하게 했는가? 엘로이즈에 대한 역사적 증언에 혹시 어떤 오해라도 발생한 것은 아닌가?

엘로이즈에 대한 자유연애주의자들의 추앙도 역사적 현실이며, 그녀를 증언하는 가톨릭 고위 성직자들의 서한도 진본이다. 그렇다면 어디에 문제가 있는가? 여기서 많은 사람이 엘로이즈의 위상과 관련하여 혼란에 빠지곤 한다. 엘로이즈에 대해 편견을 가지지 않으려면, 이 상반된 위상을 모두 살펴봐야 할 것이다. 수도자들은 정신적 이웃 사랑을 지상명령으로 살고 있으며, 자유연애주의자들은 감각적 사랑의 중요성에 모든 것을 건다. 정신적 사랑과 감각적 사랑의 구분을 도외시하고 물어봐야 할 것이다. 모든 편견을 버리고 돌이켜 보면, 결국 다음과 같은 의문이 생긴다.

참으로 좋은 사랑이란 어떤 것인가? 참된 사랑이란 무엇인가? 모든 편견을 던져 버리고 엘로이즈의 삶과 철학을 들여다보려면, 결국 이 같은 물음을 가지고 엘로이즈의 사랑과 철학에 접근해야 할 것이다. 그리고 여기에 가장 정확하게 대답할 수 있는 것은 엘로이즈 자신이 사랑하고 철학 하던 바로 그 삶 자체일 것이다. 더 정확하게 말하자면, 엘로이즈가 사랑했던 바로 그 사랑일 것이다. 다음 물음을 염두에 두고 역사적 증언들을 들어봐야 할 것이다. "엘로이즈에게 참으로 좋은 사랑은 무엇이었으며, 그녀는 어떻게 사랑했는가?"

클뤼니 수도원 페트루스 원장의 증언

엘로이즈의 인기에 비해 그녀의 삶과 사랑을 추적하는 데는 어려움이 많다. 900여 년 전의 엘로이즈에 대해 공식적으로 인증하는 문헌은 1142년에 쓰인 세기의 서한이다. 그 서한에는 40대 여성 엘로이즈라는 수녀원장과 두 사람의 위대한 남성이 거론되고 있다. 그중의 한 사람은 철학자 아벨라르고, 또 한 사람은 신학자 페트루스 베네라빌리스다. 페트루스는 신학자였을 뿐만 아니라 수도원의 개혁자로서 전 유럽에 세력을 떨치면서 수도생활의 대명사로 통하던 클뤼니 수도원의 원장이었다. 유럽에서 그의 인격적 명성은 가히 교황과 비길 정도였다. 바로 이 클뤼니 수도원에는 사랑의 비극과 세파에 지친 말년의 아벨라르가 적대감을 가진 사람들을 피해 페트루스 원장의 보호를 받고 있었다. 당시에 페트루스가 엘로이즈에게 보낸 서한은 그녀의 존재를 공적으로 알려 주는 증거 문헌이며, 『라틴교부총서』에도 수록되어 있다.[12]

나아가 페트루스 원장은 그 어디서도 찾아보기 힘든 엘로이즈의 출생에 얽힌 사실까지 알고 있었던 것으로 추정된다. 페트루스는 젊은 시절에 가족을 통해 엘로이즈라는 파리의 소녀에 대한 소문을 들었다고 하면서 엘로이즈에게 쓴 편지에서 이렇게 말한다. "퓔베르는 자신이 은혜를 베풀어 당신을 어머니의 무릎에서 불러낸 것이야말로 스스로도 흡족한 일이었던 만큼, 그리하여 당신은 [외삼촌 퓔베르의 집에서] 훨씬 더 잘 배우고 연구할 수 있었던 것입니다."[13]

페트루스의 위상으로 보아 그의 서한은 엘로이즈가 가상의 인물일 수도

---

12 Petrus Venerabilis an Heloisa, Epistola XXI, PL 189, 346–353.

13 Robl, W., *Heloisas Herkunft: Hersindis Mater*, Olzog, 2001, 251쪽.

있다는 역사적 소문을 불식시킬 수 있을 만큼 신빙성을 가지고 있다. 나아가 페트루스는 당대의 문장가이자 글쓰기를 좋아하는 위인이었으므로, 그의 서한은 여러 곳으로 회람되기도 했다. 별다른 매체가 없던 당시의 수도원에는 고매한 사람들의 서한을 수도자들이 함께 일정한 의식에 따라 공개적으로 낭독하는 독서 문화가 있었다. 신약성서에 나오는 여러 사도의 서한들을 낭독하는 전통에서 비롯된 의식이었는지도 모른다. 어쨌든 당시 수도자와 수녀들은 이런 공적 서한을 통해 자신들의 특수한 삶의 애환, 고민, 기도 그리고 하느님에 대한 사랑과 각자의 사상을 나누고 풀어 갔던 것이다.

당시 위인들의 서한은 사적 소식을 주고받는 단순한 편지가 아니었다. 수도자들은 이러한 서한을 수도원의 공적 언어이던 라틴어로 썼으며, 그들만의 독특한 생활 방식과 정신을 표출하는 특수한 문학 양식으로 발전시켰다. 그러므로 페트루스의 서한도 이러한 문학 양식에 맞추어 쓰인 정교한 '위로의 서한'이요, 치유의 서한이었다. 말하자면 수도원의 원장이 일개 수녀에게 보낸 사적 편지가 아니었다. 게다가 페트루스 원장의 서한은 여러 개로 필사되어서 다른 수도원으로 회람되었다. 물론 이런 서한은 먼 훗날을 위해 책으로 묶어 출판되기도 했다. 이는 수도생활에서 생성된 서한이 가지는 중요성 때문이었다. 이 세상을 벗어나 특별한 소명으로 살아가던 수도자들에게 규범이자 귀감이 되는 내용이었기 때문이리라.

'위로의 서한'을 먼저 요청한 것은 엘로이즈 수녀였다. 그녀는 늘그막에 수녀원에서 맞닥뜨린 자신의 정신적 고통을 상담하기 위해 페트루스에게 도움을 청했던 것이다. 이에 페트루스 원장은 오로지 그녀를 위로하기 위해 답장을 보냈다. 그런데 이 서한에서 페트루스는 무엇보다 먼저 자신이 보호하고 있던 아벨라르의 안부를 상세하게 기술했다. 마치 아벨라르의 소식이 엘로이즈를 위로할 수 있다고 확신한 것처럼 말이다.

페트루스 원장이 전한 아벨라르의 근황은 다음과 같았다. 아벨라르는 수도원에 머물던 몇 개월 동안 모범적이고 숭고한 삶을 살았으며, 거의 완벽한 수도자였음을 강조했다. 또한 아벨라르는 지상에서 지은 모든 죄를 씻어 버리고 매우 아름다운 죽음을 맞이했다고 증언했다. 그런 다음 페트루스는 이제 자신이 걱정하는 사람은 아벨라르가 아니라 바로 엘로이즈라고 실토하면서, 비로소 그녀에 대한 신빙성 있는 증거를 남기기 시작했다. 페트루스 원장의 증언을 소개하면, 대체로 다음과 같은 세 가지 사실로 요약할 수 있을 것이다.

첫째로, 페트루스는 엘로이즈를 "진정한 여성철학자"로 선언했다.[14] 중세에서는 처음으로 여성철학자라 호칭된 것이다. 또한 페트루스는 이런 엘로이즈의 위상이 다른 그 무엇도 아닌 그녀의 지적 능력에 기인한다는 것을 증언했다. 즉, 엘로이즈는 여느 여성들과는 달리 어릴 때부터 지적 열정을 보였다. 학문과 연구에 대한 그녀의 애착은 당시 여성이 할 수 있는 최고를 추구했으며, 그녀의 사상적 열성은 "거의 모든 남성을 능가할 정도"였다고 전했다. 엘로이즈가 수녀원을 선택한 후에는, 그녀의 정신도 새로운 의미로 무장되었다. 그녀는 모든 생각을 하느님을 위해 봉사하는 데 바쳤다는 것이다. 결국 페트루스 원장은 이러한 엘로이즈가 여성철학자요, 모범적 수녀요, 수도회의 여성 지도자라는 사실을 진실하고 엄중한 언어로 전했다.

둘째로, 페트루스 원장은 서한에서 엘로이즈에 대해 길고 긴 경의와 칭

---

14 Abaelard, *Die Leidenschaftsgeschichte und der Briefwechsel mit Heloisa*, Darmstadt, 2004, 406쪽; PL 189, 347B 9: et studio, licet saecularis, sapientiae.

송을 표했다. 이러한 경의의 표시는 엘로이즈를 그 시대의 모범이 되는 수녀원장으로, 여성들의 오랜 적들과 악마를 상대로 투쟁하는 여성 지도자로 추앙했다. 페트루스는 엘로이즈를 당대의 가슴을 차지한 성역으로, 새 시대에 나타난 아마존의 여왕 펜테실레아Penthesilea로, 구약성서에서 모세를 도와 이집트를 탈출하는 강력한 여인 미리암과 비유하며 칭송했다.[15] 이러한 진술은 엘로이즈를 뱀의 머리를 밟고 있는 모습으로 그리는 계기가 되었으며, 그녀의 이런 형상은 가톨릭교회의 성모 마리아상을 닮았다.

셋째로, 페트루스 원장은 아벨라르가 엘로이즈의 남자였다는 사실을 다음과 같이 선언했다. 엘로이즈는 아벨라르와 혼인을 통해 일체가 되었다. 그리고 이들의 결합은 하느님에 대한 사랑을 통해 아무도 분리시킬 수 없을 만큼 굳건히 결합되었다. 엘로이즈는 아벨라르와 함께 자신의 삶을 온전히 하느님께 바쳤다. 이에 하느님은 아벨라르를 대신하여 그녀의 또 하나의 자아가 되셨다. 물론 하느님은 아벨라르를 엘로이즈에게 돌려주기 위해, 한여름 밤의 꿈과 같은 한순간이 아니라 영원히 돌려주기 위해, 그 둘을 이 삶에서 잠깐 만나도록 하는 것이 아니라 영원히 결합시키기 위해, 아벨라르를 하느님의 품 안으로 받아들이셨다는 것이다.

이미 말한 바와 같이, 이 모든 사실은 어떤 일도 은폐하거나 속일 수 없는 도덕적 위인이자 당대의 공인이던 페트루스 원장의 공적 인증이었다.

풀코가 전하는 아벨라르의 사연

엘로이스는 무엇보다도 비극적 사랑으로 역사적 존재감을 가지게 되었다. 그러나 사랑은 미묘하고 비밀스런 것이다. 누구든지 엘로이즈에게 일

15 Abaelard, 같은 책, 407쪽.

어난 사랑의 진실을 알고자 한다면, 그 사랑의 상대이던 아벨라르 편에서 들리는 이야기도 결코 간과해서는 안 될 것이다. 아벨라르 편에서도 신빙성 있는 두 개의 문헌이 전해지고 있다. 이 문헌 역시 무게를 가진 것으로 알려진 서한들이다. 그중 하나는 파리에 가까운 몽모랑시 근방에 있던 대수도원의 장상 드이여의 풀코Fulko von Deuil, 1050경~1100경가 아벨라르에게 보낸 위로의 서한이다.[16]

풀코와 아벨라르는 모두 프랑스 앙주Anjou 지역의 영향력 있는 가문 출신이었기 때문에, 서로 알고 지내던 터였다.[17] 풀코는 아벨라르가 처가의 묘략으로 거세된 직후인 1118년에 위로의 서한을 써서 아벨라르가 잠시 피신해 있던 생 드니 수도원으로 전달했다. 풀코는 아벨라르에게 이 사건으로 분노하지도 말고 증오하지도 말 것을 권유하면서 말문을 열었다. 그는 이 사건에 대해 복수하지도 말 것을 주문했다. 풀코가 아벨라르에게 보낸 간절한 충고를 들어 보면,[18] 그 이면에 깔려 있는 엘로이즈와의 관계를 엿볼 수 있을 것이다.

> 자네는 덧없는 수많은 욕망을 던져 버리고 클뤼니의 수도원에 들어갔으니, 이제 이 세상의 복잡하고 치사한 일에 더 이상 끼어들어서는 안 될 것이네. 그

---

16 풀코는 파리 근교 드이여Deuil의 베네딕트 수도원 원장이자 아벨라르의 동향 사람으로, 아벨라르의 거세castratio 사건을 애통하게 여겨 위로의 편지를 보냈다. 풀코의 「위로의 서한epistula consolatoria」은 중세의 문헌 양식을 모범으로 삼은 전례를 보여 줄 뿐만 아니라, 12세기 당시의 거세 풍습에 대해서도 자세히 전해 준다. 「위로의 서한」 전체는 『라틴교부총서』(Patrologia Latina, 178, 373A, Paris 1855)의 아벨라르 작품집에 수록되어 있다.

17 Robl, W., *Heloisas Herkunft: Hersindis Mater*, 141쪽 이하 참조.

18 풀코에 대해서는 Ramackers, J., *Papsturkunden in Frankreich, neue Folge, Band 5: Touraine, Anjou, Maine et Bretagne*, Göttingen, 1956, 131, 249, 314쪽을 참조하라.

렇더라도 자네는 적어도 이러한 운명의 시험에서 무엇을 얻어야 하는가를 깊이 생각해 보아야 한다네. 어찌되었건 자네는 이제 육체적 욕정에서 자유롭게 구제되지 않았는가? 자네는 결국 최고의 인생을 달리다가 파멸에 이르지 않았는가? 자네의 철학적 명성은 어떠했는가? 군중은 철학의 가장 명백한 원천을 들어 보기 위해 그야말로 '마이스터 아벨라르Meister Abaelardus'에게 몰려오지 않았는가? 자네는 사람들이 말하는 '모든 여성의 사랑'으로, 즉 그 욕망으로 인해 추락하지 않았는가? 왜냐하면 여자들은 욕망의 덫으로 뭇 남자를 옭아매기 때문이라네. 자네는 너무 많은 재능을 가지고 있네. 그렇더라도 자네는 자네 혼자만 특출하다고 잘못 생각하고 있네. 게다가 자네보다 먼저 지혜로운 업적을 쌓아 왔던 석학들보다도 자네가 더 뛰어나다고 잘못 생각하고 있네.

자만superbia, 그것은 제일의 악덕이네. 그리고 탐욕avaritia, 자네는 파리의 교수로서 충분히 벌고 있지 않는가. 마지막으로 욕정libido, 그것은 모든 인간이 지나가야 할 불길이네. 자네는 지식을 팔아 벌어들일 수 있었던 모든 것을 잘나가느라고 모조리 낭비해 버렸네. 창녀들의 끝없는 욕심은 자네한테서 모든 것을 빼앗아 가버렸네. 그러나 보게. 이제 자네는 자네 몸의 조그만 부분partiuncula을 잃어버림으로써 비로소 구원되었네. 자네를 위해 얼마나 좋은 일인가? 무엇보다도 조금 벌어들인다면, 조금 쓰면 되지 않겠나. 이제 자네 친구들도 자신의 여인을 빼앗길까 두려워할 필요가 없어졌으니, 자네에게 언제든지 대문을 활짝 열어 줄 것이네. 이제 음탕한 환상이나 소돔의 유혹도 끝났고, 밤의 정사도 끝났네. 자네의 거세는 오히려 하나의 완벽한 해결이 되었네. 파리 전체가 슬픔에 빠졌다네. 주교님과 그의 수많은 성직자 그리고 시민들, 그러나 무엇보다도 파리의 여인들이 슬픔에 젖었다네. 내가 통곡하는 모든 여자를 일일이 기억해야 되겠는가? 자네의 불행에 대한 소식을 접한 여자들은 울음을 터트렸고, 얼굴은 눈물로 범벅이 되었다네. 사랑하던 기사를

잃어버렸기 때문이라네. 마치 전쟁이 그들의 남편이나 애인을 모조리 빼앗아 간 것처럼 말일세.[19]

얼핏 보아도 알 수 있듯이, 풀코는 이 서한에서 아벨라르의 불행을 위로하면서 앞으로의 삶을 타이르고자 한다. 그러기 위해 풀코는 먼저 그 누구도 이룩할 수 없었던 아벨라르의 철학적 성공과 그 어느 철학자도 겪은 적이 없는 운명적 파멸을 대비시켰다. 극약 처방을 하려는 것이다. 이어서 풀코는 아벨라르의 여성 편력에 대한 스캔들을 언급했다. 풀코는 이 정도로 말했지만, 이것이 전부는 아니었을 것이다. 그 역시 명망 있는 수도자로서 더 이상은 입에 담을 수 없었을 것이다.

풀코는 연달아 매우 강경하고 솔직하게 아벨라르의 인격적 약점을 나열했다. 그러나 풀코는 당대의 비극을 잘 알고 있었으면서도 아벨라르가 몰락한 원인으로 엘로이즈를 특별히 지적하지는 않았다. 다만 아벨라르의 교만, 탐욕, 욕정은 전혀 예기치 않았던 사건으로 끝을 보게 되었으며, 수도자의 길을 가는 것도 불행만은 아니라는 사실을 환기시켰다. 마지막으로 풀코의 위로는 당시 서한문의 수사학적 형식 그대로의 기원을 담았다. "주님 안에서 살기를!"

로스켈리누스가 전하는 엘로이즈에 대한 비난

역사에 남아 있는 또 다른 믿을 만한 서한의 발신인은 로스켈리누스Roscelinus Compendiensis다. 수신인은 그의 투렌Touraine 시절의 제자 아벨라르

19 Luscombe, D., From Paris to the Paraclete: The Correspondence of Abelard and Heloise, in: *Proceedings of the British Academy 74*, Lodon, 1988, 247~88쪽; PL 178, 371–376.

다. 그러나 이 편지는 '위로의 서한'이 아니라 비난이자 고발이었다. 아벨라르는 철학적 문제로 동료 철학자들뿐만 아니라 자기 스승들의 원한마저 사고 있었다. 아벨라르는 아르브리셀의 로베르Robert d'Arbrissel의 편을 들어 스승 로스켈리누스를 공격하는 서한을 보낸 적이 있었다. 이번에는 제자의 공격에 격분한 로스켈리누스가 답변하면서 먼저 로베르를 날카롭게 비난했다. 이 편지의 전문을 발췌하면 대체로 다음과 같다.

> 나는 로베르에 대해서 다음과 같은 사실을 알았다. 그는 남편을 버리고 가출한 여인들을 그 남편들이 돌려 달라는 데도 불구하고, 앙제Angers의 주교가 돌려보내라고 요청하는 데도 불구하고, 불손하게도 그의 수도원에 받아들여서 죽을 때까지 집요하게 붙잡아 두었다. 이런 처사가 얼마나 비이성적인지 분명히 알아라. 어떤 유부녀가 남편에 대한 의무를 다하기를 거부하기 때문에, 그 남편이 어쩔 수 없이 간통을 저지를 수밖에 없다면, 이러한 동기를 부여한 여자의 죄가 간통을 범한 남자의 죄보다 더 크다. 그러므로 부인이 남편을 거부한 후에 남편이 그로 인한 곤란으로 간통을 범하게 된다면, 오히려 그의 부인이 간통죄로 고발되어야 한다. 로베르가 이런 부인들을 데려다 돌보고 있다면, 어떻게 그가 이런 간통죄와 무관하고 무죄일 수 있겠는가? 부인이 자신을 데리고 있을 사람을 찾지 못했다면, 결코 이런 죄를 범하지 못했을 것이다.[20]

유럽 전역에 걸쳐 계몽된 사도로 통하던 로베르는 당시 가정에서 억압받

20 Abaelardus, Epistola 15, PL 178, 357-372; Reiners, J., Epistola 15. Roscelin to Abelard, *Beiträge zur Geschichte der Philosophie und Theologie des Mittelalters tom. 8*, 1910, 67쪽.

고 폭력에 시달리던 여인들을 퐁트브로Fontevraud 수도원에 받아들였다. 그런데 이 수도원은 원래 자연규범을 반대하는 입장에 서 있었기 때문에, 사회규범에 따라 남자 수도자들만으로 구성되었어야 했다. 단지 아벨라르가 설립한 성령 수도원만 자연규범을 받아들여 수도사들을 수녀 아래에 두고 수녀원장이 지도하도록 했다. 로스켈리누스는 물론 사회규범을 찬성하는 편에 있었다. 그래서 그는 먼저 자연규범을 따르려는 로베르를 비난했지만, 이는 독특한 삼위일체론을 전개하는 아벨라르와 캔터베리의 안셀무스까지 공격하기 위한 전초전이었다. 간통을 저지른 남편보다 성적 의무를 거부한 부인의 죄가 더 크고, 그런 여자를 받아들인 로베르의 죄가 가장 크다는 논조였다. 여기서 수도원으로 피신한 부인들의 죄가 더 크다는 말은 아벨라르로 하여금 수녀원에 있는 엘로이즈를 넌지시 떠올리게 했다.

어쨌든 이 서한에서 더욱 중요한 것은 로스켈리누스가 자신의 옛날 제자 아벨라르를 공격하는 내용이다. 그는 아벨라르를 비난하는 가운데 의도적이었는지 은연중이었는지는 모르지만, 엘로이즈의 현존에 대한 소중한 정보를 전해 주었다. 예를 들어, 로스켈리누스는 남녀 한 쌍이 조각된 아벨라르의 인장 반지를 조롱하듯 언급하기도 했다. 아마도 엘로이즈의 선물이었을 것이다. 로스켈리누스의 정보는 상당히 부정적이고 희롱에 가깝지만, 엘로이즈와 아벨라르에 대한 그 시대의 단면을 보여 준다. 이 부분은 다음과 같다.

> 나는 자네[아벨라르]가 파리의 퓔베르 법관 집에 있는 것을 보았다. 퓔베르는 자네를 집에 받아들였다. 그리고 그는 자네를 귀한 손님으로 존중하고 친구처럼 신뢰하면서 같은 식탁에 앉아 함께 식사했다. 그리고 그는 자네를 믿고 어여쁜 조카딸을 가르쳐 달라고 맡겼다. 그러나 자네는 고삐 풀린 욕정에

넋을 잃어 논술을 가르친 것이 아니라 창녀 짓을 가르쳤다. 너는 이 단 하나의 죄만으로도 수많은 죄를 범한 셈이다. 배신, 매춘, 처녀의 순결을 파괴한 죄를 범한 셈이다 …… 그러나 그것으로도 충분치 않아서, 거세가 된 지금도 자네는 여자들에게 계속하여 죄를 범하고 있다 …… 자네는 허구를 가르쳐서 벌어들인 것을 너의 창녀에게 봉사한 대가로 갖다 주고 있다. 자네는 그 대가를 사적으로 주고 있다. 또한 자네는 옛날에는 불구자가 아니었으므로, 과거에 자네가 바라던 욕정을 충족시켜 준 값으로 치르고 있다. 그런데 이제는 새로운 죄보다는 과거의 간음에 대한 계산으로 더 무거워진 것을 알면서도 자네 자신을 내주고 있다.[21]

고명한 어제의 스승이 원수가 된 제자에게 보내는 섬뜩한 편지이다. 생드니의 수도원장은 사건 이후에도 아벨라르에게 교단에 서는 것을 허용했다. 이때에도 아벨라르의 강의는 파리대학에서 가르쳤을 때와 같이 여전히 인기가 있었으며, 다른 교수들의 질투를 사기도 했다. 여기서 아벨라르는 높은 강의료를 받았으며, 여유가 생기자 막대한 돈을 들여 엘로이즈를 위한 수녀원을 지어 주었다. 이 소식을 들은 로스켈리누스는 마치 아벨라르가 창녀의 몸값이라도 치른 것처럼 혹독하게 비난한 것이다. 그것도 지난날의 육체적 쾌락에 대한 몸값으로 지불했다는 것이다. 이는 엘로이즈를 창녀로 취급한 것이나 다를 바 없다. 물론 로스켈리누스는 흥분한 상태에서 과격한 언어를 여과 없이 사용한 것 같다. 그러나 이 모든 상황을 감안하더라도 당대의 믿을 만한 위인들이 엘로이즈에 대해 서로 상반된 관점에서 말한 내용이라는 것을 되짚어 볼 필요가 있을 것이다.

21 Reiners, J., 같은 책, 78쪽.

엘로이즈에 대한 상반된 이해

지금까지 소개한 서한들이 세기를 뛰어넘는 한 쌍의 위대한 '철학자'와 '여성철학자'를, 그러면서도 육체적이고 감각적인 사랑에 탐닉한 남녀 한 쌍의 연인을 겨냥한다는 사실을 결코 잊어서는 안 될 것이다. 어떤 관계로든 아벨라르를 잘 알고 있던 위인들의 서한이 엘로이즈에 대해서는 전혀 다른 판단을 내린 것이다.

어느 시대에나 개혁적 사고를 펼치는 철학자는 대체로 양 극단의 평가를 받기 마련이다. 또한 개혁 활동은 열렬한 지지자와 극단적 반대파를 몰고 다니기 마련이다. 엘로이즈도 세 사람의 위인으로부터 결정적으로 상반된 판단을 받았다. 페트루스 원장은 아벨라르와 엘로이즈의 관계를 정식으로 혼인한 '부부'로 인정한 반면에, 로스켈리누스는 '매춘'이라 비난했다. 페트루스는 엘로이즈를 아벨라르의 '부인'이라고 호칭한 반면에, 풀코와 로스켈리누스는 거리낌 없이 '창녀'라고 불렀다. 이러한 상반성은 어떻게 이해될 수 있는가? 그 근거는 어디에 있는가? 페트루스가 말하는 '부인'과 로스켈리누스가 말하는 '창녀'의 차이는 어디에 있는가?

나아가 아벨라르는 인간적으로 어떤 사람인가? 풀코의 편지에 의하면, '여인들의 사랑'이, 그것도 한 여인이 아니라 '수많은 여인'의 사랑이 아벨라르를 파멸시켰다는 것이다. 아벨라르는 천재적 재능과 교수로서의 명예와 부를 가진 청년이었다. 게다가 그는 인기의 극치를 달리고 있었으며, 자신의 욕정과 쾌락을 억압하지 않는 젊은이였다. 당시에도 파리는 유럽에서 제일가는 자유로운 학문의 도시요, 예술의 도시였다. 파리의 분위기에 가장 잘 어울리는 젊은 교수가 신사와 숙녀들이 흠모하는 대상이 되었으며, 아벨라르는 이런 인기를 그냥 지나치지는 않았을 것이다.

그러나 엘로이즈가 아벨라르에게 첫눈에 반한 것은 의외로 그의 예술적 재능이었다. 후일 엘로이즈는 이렇게 실토했다. "그대는 또한 모든 여성의 마음을 빼앗을 수 있는 시와 노래를 짓는 두 가지 특별한 재능을 가지고 있었습니다 …… 그대가 만든 선율의 아름다움은 교육받지 못한 사람들조차 그대를 잊지 못하도록 만든답니다."[제2 엘로이즈, 첫째 서한] 그렇다면 아벨라르는 카사노바와 같은 유혹자였던가? 엘로이즈는 그런 여성 편력의 희생양이었던가?

아벨라르는 침묵의 학자가 아니라 언제나 행동하는 모험가였다. 그는 젊어서부터 진정한 스승을 찾아 전 유럽을 헤집고 다녔다. 그는 교수로서 다양한 계층으로부터 폐강 압력을 받고 있었지만, 그럼에도 불구하고 거듭하여 강의를 개설해 나갔다. 그는 무조건 순종하는 허약한 학구파가 아니라 끊임없이 저항하며 새로운 것을 추구하는 개혁자였다. 그렇다면 12세기의 보수적인 기득권자들이 수도원에 여성을 수용한 로베르에게만 공격의 화살을 날린 것은 아니었을 것이다. 개혁적인 아벨라르의 꼬투리도 잡아내려고 호시탐탐 노렸을 것이다.

아벨라르가 엘로이즈와 애정을 나눈 것은 사실이었다. 그러나 넓게 보면 이들의 관계는 시대를 막론하고 누구에게나 있을 수 있는 연애 사건이었다. 더구나 당시의 성문화로 미루어 보면 오히려 선남선녀의 사랑 이야기에 지나지 않았다. 재능 있는 한 남자가 부유한 궁정 장관의 대저택에 가정교사로 들어갔다. 그 저택에는 주인어른의 아리따운 조카딸이 살고 있었고, 그것도 한창 발랄하고 꿈 많은 17살 정도였다. 게다가 첫눈에 서로 호감을 가졌다면, 어떤 남자일지라도 이런 상황을 그냥 지나치기는 어려웠을 것이다. 당시의 기사문학에는 심지어 주인장이 손님으로 머물고 있는 용감한 기사에게 딸과 하룻밤을 지낼 수 있도록 베푸는 일도 있었다. 그리고 귀족이 집에서 부리던 사람의 딸과 성적으로 즐기는 일도 다반사가 아니었던가?

아벨라르의 경우는 약간은 달랐다. 엘로이즈가 속한 가문의 주인어른 퓔베르는 아벨라르가 조카딸과 사귀는 것 자체를 반대했다. 그럼에도 불구하고 아벨라르는 퓔베르의 분부를 거역하고 엘로이즈를 임신시켰던 것이다. 이에 퓔베르는 복수심에 불타서 아벨라르를 거세시켜 버렸다. 그것도 아벨라르의 하인을 매수하여 잠자는 주인을 거세하도록 했다. 이것이 바로 1118년경 대학도시 파리의 어느 귀족가문에서 일어난 희대의 사건이다.

어떤 과정을 거쳤든 간에 엘로이즈와 아벨라르는 자신들의 선택으로 한 쌍의 부부가 되었다. 인간으로서는 도저히 받아들일 수 없는 불행을 겪은 뒤에 남자는 수도원으로, 여자는 수녀원으로 각자의 길을 선택했다. 남자는 수도원에서 학문적 투쟁을 계속했으며, 여자는 수녀원에서 여성 수도자들의 지위 향상을 위해 개혁을 거듭했다. 그러는 가운데 남자는 남자대로 종교적 구원의 길을 걸어갔고, 여자는 여자대로 자기 정화를 추구하면서 순결한 삶을 하느님께 바쳤다.

2
아벨라르의 자전적 고백에 나타난 엘로이즈

아벨라르는 철학적 저술뿐만 아니라 자서전으로도 유명하다. 아벨라르는 50대쯤에 친구인 한 수도자의 불행을 치유하기 위해 위로의 서한을 보냈다.[22] 아벨라르는 자신의 비극적 삶을 회상하며 이렇게 편지를 시작한다.

---

22 원전으로는 Abaelardi ad amicum suum consolatoria, PL 178, 413 참조하라. 여기서는 [제1 위로의 서한]으로 부를 것이다. 이 서한은 '내 불행의 이야기The story of my misfortunes', '내 불행의 역사The histoy of my calamities', '고난의 역사historа calamitatum', '자서전', '제1 편지epistola prima' 등의 다양한 제목으로 불리는 중세의 저술 양식에 속한다. 스토리

"종종 말verba보다는 실례exempla가 인간적 정념을 더욱 자극하기도 하고 또는 가라앉히기도 한다네.[23] 나는 어느 정도 위로의 말을 한 다음이니, 나의 고난에 비교하면 자네의 고통은 아무것도 아니거나 사소하다는 것을 너그러이 받아들일 수 있도록, 이제 멀리서 내가 겪은 고난 자체를 자네의 위로를 위해 적어 보기로 했다네."[제1 위로의 서한]

아벨라르는 이미 불행한 친구를 위로했으나, 자신의 고백을 통해 더욱 확실히 치유하고자 했다. 그렇지만 그는 자신의 비극적 일생을 그냥 고백한 것이 아니라, 하느님 앞에서 통회하는 양식으로 일목요연하게 전개함으로써, 자신의 인생 이야기를 중세 정신사의 일부로 만들었다. 아벨라르는 서한을 이런 말로 끝맺었다. "당신의 뜻대로 이루어 주소서!"[24] 이는 가톨릭의 「주의 기도」에 나오는 문장이다. 아벨라르는 하느님의 뜻을 따르지 않고 이기적 뜻에 따라 사는 자들을 비판하면서, 자신의 비극적 운명을 하느님의 뜻에 오롯이 맡기려는 것이었다. 따라서 친구를 위해 「위로의 서한」을 쓴 것은 아벨라르 본인이었지만, 이 서한은 비극의 동반자이던 엘로이즈의 삶과 사랑의 철학을 가장 잘 보여 주는 증거이다.

아벨라르의 성장기

아벨라르는 자신의 잔혹사로 친구의 불행을 씻어 주려고 위로의 서한을 구성했다. 당연히 그의 사랑은 역대의 비극이 되었으므로, 자연히 엘로이

story는 그냥 이야기지만 하이-스토리hi-story는 기록된 '역사'를 의미하므로, 원전 편집자들은 아벨라르의 서한을 역사로 받아들이는 것 같다.

23 Sepe humanos affectus aut provocant aut mittigant amplius exempla quam verba.

24 「주의 기도」 라틴어 원문에 나오는 문장을 사용했다: "Fiat voluntas tua" desideriis occultis repugnant, divine voluntati propriam anteponentes.

즈를 비극의 중심에 등장시켰다. 후대의 사람들일지라도 아벨라르가 반성과 통한 속에서 기록한 엘로이즈를 선명하게 읽어 낼 수 있을 것이라 믿었던 것 같다.

아벨라르는 행복한 성장기를 보냈다. 그는 군인의 아들로 태어나 총애를 받으면서 자랐다. 아버지는 그를 군인으로 만들기 위해 먼저 학문을 가르쳤으나, 그는 학문 자체의 즐거움에 점점 깊이 빠져들었다. 그래서 아벨라르는 마르스Mars의 뜰을 떠나 미네르바Minerva의 가슴을 찾아갔다. 그는 전술과목보다 특히 철학을 사랑했다. 아벨라르는 유명론자 로스켈리누스에게 변증법과 논리학을 배워,[25] 자신의 논술 무기로 갈고 닦았다. "나는 철학의 모든 과목 중에 변증법이라는 무기를 선호했으며, 이 무기를 가지고 전쟁의 전리품보다 논쟁의 갈등을 선택했다네."[제1 위로의 서한]

아벨라르는 이후 철학의 대가를 찾아 파리로 진출하여 기욤한테서 배웠다. 기욤은 첫 번째 스승 로스켈리누스와는 정반대로 급진적 실재론자였다. 아벨라르는 처음에는 사랑받는 제자였다. 그러나 스승에게 어려운 문제를 제기하면서 미운 오리새끼로 바뀌었다. 그는 결국 스승 기욤과 동문들의 적이 되어 버렸다. 아벨라르의 철학적 능력과 명성이 기욤을 위협했기 때문이었다. 아벨라르 역시 전략적으로 스승의 질투를 적절히 이용했다. 만인의 눈에 비친 기욤의 질투가 자신을 거의 완벽하리만큼 가치 있도록 만들었다고 아벨라르도 실토했다. 아벨라르는 기욤을 시기하던 지역유지 가르란두스Stephan Garlandus의 힘을 빌려 자신의 논리학 학교를 설립했고, 그 후 믈룅Melun으로, 또 필립왕의 봉토인 코르베이유Corbeil로 확장 이전해 나갔다. 아벨라르는 높은 명성과 과로에 지쳐 1105년부터 1108년까

25 PL 178, 357–372.

지 팔레의 고향집으로 돌아가 쉬어야 할 정도였다.

아벨라르는 후일 파리대학의 소르본Sorbonne이 들어설 자리에 자신의 학교를 설립했다. 그는 여기서 활동하던 중에 기욤의 명성이 실은 막강한 스승 라온의 안셀무스 덕택이라는 사실을 알아냈다. 아벨라르도 안셀무스에게 학문을 배우고자 라온으로 갔다. 그러나 당대의 권위자 라온의 안셀무스는 아벨라르에게 실망만 안겨 주었다. "안셀무스는 나뭇잎으로 무성한 경치를 보여 주는, 먼 곳에서 감상할 나무였을 뿐, 가까이서 주의 깊게 살펴보면 열매 없는 나무였단 말일세."[제1 위로의 서한] 그래서 아벨라르는 아무 소용없는 나무그늘을 벗어나고자 곧장 라온을 떠났다.

아벨라르는 다시 파리에서 스스로 연구하면서 철학뿐만 아니라 신학 강의도 개설했다. 그는 파리에 정착했고 그의 강의는 또다시 파리의 학생들을 들끓게 했다. 노련해진 그의 강의는 명성과 부를 동시에 가져다주었다. 무엇보다도 1116년경에 개인 교습으로 제자 엘로이즈를 만났고, 그렇게 사랑에 빠졌다. 그러나 하느님의 섭리였던가. 엘로이즈는 혼전 임신으로 비극을 예고했고, 아벨라르의 명성은 그를 교만에 빠뜨렸고 부는 방탕으로 그를 병들게 했다. 돌연히 아벨라르의 정신적 학문과 육체적 욕정을 동시에 파멸시키는 두 가지 비극적 사건이 일어났다.

첫째로, 프랑스의 스와송 공의회에서 아벨라르의 삼위일체론에 대한 책이 교리적으로 위험하다는 판결을 내리고 불태우기로 결정했다. 유럽 역사에서 보기 드문 분서를 명령한 것이다. 아벨라르는 하느님의 세 위격인 성부, 성자, 성령을 권위, 지혜, 사랑이라는 철학적 개념으로 전환시켜 해석했는데, 너무 혁신적 해석이어서 가톨릭교회로부터 단죄된 것이다. 아벨라르는 분서 사건을 이렇게 회고했다. "나의 저술 가운데 특히 유명했던 책을 불태워 버림으로써 내 마음의 교만을 꺾어 버리신 것이네."[제1 위로의 서한]

둘째로, 아벨라르의 육체적 비극은 엘로이즈와의 스캔들 때문에 당한 거세 사건이었다. 이 역사적 굴욕마저 그는 의연하게 받아들였다. "은총을 잊고 있었던 오만한 인간을 굴욕으로써 하느님의 사랑 앞에 다시 돌아오게 한 것이네."[제1 위로의 서한] 결국 아벨라르는 이 두 가지 비극으로 인간적으로는 파멸을 맞이했다. 그러나 그는 세속적 갈등으로 일어난 자신의 비극을 신앙의 눈으로 변환시켜 받아들였다. "하느님의 은총은 이 두 가지 병을 치료해 주셨던 것이네. 우선 방탕을 치료해 주시고, 다음에 교만을 치료해 주신 것일세."[제1 위로의 서한]

엘로이즈와의 연애사

아벨라르는 비극을 받아들인 그 순간부터 엘로이즈와의 연애사를 「위로의 서한」에 기록하기 시작했다. 이 연애의 비극적인 이야기야말로 친구의 불행을 씻어 줄 것이라는 확신으로 가득 찼다. 그는 소문으로 널리 퍼진 사건이라 다 알고 있을지라도, 순서에 따라 차근차근 이야기하겠다고 밝히면서 털어놓았다. 아벨라르는 연애의 역사를 풀어 나갈 엘로이즈와의 만남을 다음과 같이 회고했다.

나는 항상 창녀들과의 관계를 혐오하고 있었네. 귀부인들과의 교제는 연구에 매달리다 보니 허락되지 않았으며, 일반 여자들과의 관계 역시 가지지 못하고 있었네. 그때 파리에 엘로이즈라는 한 처녀가 살고 있었네. 타고난 모습도 나쁘지 않았고, 학문의 조예는 더할 나위 없이 훌륭했네. 학문적 재능이란 여성들에게 대단히 드문 일이기 때문에, 그녀의 재능은 한결 돋보였으며 전 왕국을 떠들썩하게 했네. 나는 그녀가 남자들의 마음을 끌 만한 모든 매력을 지닌 것을 보고는 그녀와의 사랑을 시작했네. 당시 나는 명성을 떨쳤으며, 젊음과 풍채에 있어서도 남에게 떨어지지 않았기 때문에, 더욱이 이 처녀는 교육을 받은 데다 학문을 사랑하고 있었기 때문에, 더 기꺼이 나를 따르리라 생각했네.[제1 위로의 서한]

이렇게 아벨라르는 엘로이즈에게 빠져서, 그녀와 사귈 수 있는 기회를 엿보고 있었다. 그는 엘로이즈가 외삼촌 퓔베르 장관의 보호하에 있다는 것을 알아내고는 먼저 퓔베르의 욕망이 무엇인지 찾아내고자 했다. 상대의 욕망과 약점을 찾아 접근하는 것은 논리적 계략이었다. 즉 퓔베르가 돈을 좋아한다는 것과 조카딸에게 저명한 교수의 교습을 받게 하고 싶어 한다는 것을 알아낸 것이다. 아벨라르는 퓔베르의 재물욕과 교육열을 충족시키면서 힘들이지 않고 그의 승낙을 얻어 냈다. "나는 소망을 이루게 되었네." 아벨라르는 공식적으로 엘로이즈의 개인교수가 되었고, 심지어 체벌의 권한까지 받아 냈다. 말할 것도 없이 그는 이 권한을 사랑의 절정을 맛보는 수단으로 사용했다. 그 장면에 대한 고백을 들어 보자.

우리는 먼저 한 지붕 밑에 자리를 같이했고, 또 마음으로도 함께한 것이네. 공부를 이유로 사랑에 필요한 별실이 제공되었네. 책을 펼쳤지만 철학 공부보다는 사랑의 이야기가 더 많았고, 내 손은 책으로 가는 일보다 더 자주 그녀의 가슴으로 갔던 것이네. 의혹을 피하기 위해 때로 나는 매질을 가하기까지 했네. 그리고 이 매질은 온갖 향료보다도 더 달콤하기만 했다네. 더 이상 무엇을 말하겠나? 우리는 우리의 열정으로 사랑의 길을 남김없이 다 걸어갔으며, 사랑이 떠올릴 수 있는 절묘함을 모조리 맛보았던 것일세.[제1 위로의 서한]

인간이 두 곳의 동떨어진 좌표에 동시에 서 있기란 현실적으로 불가능하리라. 예외란 없었다. 아벨라르도 사랑의 열정에 빠지면서 철학적 탐구와 교수직을 소홀히 하게 되었다. 그의 말대로 밤을 사랑으로 지새우고 낮에 가르치는 일은 피곤을 더해 갔다. 결국 강의는 무성의해졌고, 수업은 되풀이에 지나지 않았다. 이때부터 아벨라르가 쓴 글은 모두 사랑의 노래였다. 그의 노래들은 지방에서도 유행했고, 애정 행각은 제자들에게까지 소문이 났다. 그들은 스승의 위태로운 로맨스를 비통해 했고, 소문은 급기야 엘로이즈의 외삼촌 귀에도 들어가고 말았다. 파리의 교수와 귀족 아가씨의 연애 이야기였다. 아벨라르와 엘로이즈의 사랑은 스캔들이 커질수록 더 강하게 불타올랐다. 사랑의 묘약은 그들을 주위 시선으로부터 무감각하고 용감하게 만들었다. 그러나 오래가지는 못했다.

엘로이즈가 사랑의 결실을 맺은 것이었다. "현장을 발각당한 마르스와 베누스의 처지가 우리에게 닥쳐온 것일세. 얼마 후에 엘로이즈는 임신한 사실을 알아차렸네. 그녀는 말할 수 없는 환희를 가지고 그 사실을 나에게 편지로 써 보냈으며, 자신이 어떻게 해야 할 것인가를 의논해 왔네."[제1 위로의 서한] 놀란 아벨라르는 어느 날 밤, 퓔베르가 없는 틈을 타서 누이가 있는 시골 집 부르타뉴로 엘로이즈를 데려갔다. 거기서 엘로이즈는 아들을 낳았고, 아스트라라비우스라는 이름을 지어 주었다.[26] 아벨라르가 다시 파리에 돌아왔을 때, 퓔베르는 배신감에 빠져 거의 정신을 잃은 상태가 되어 있었다.

---

26 아스트라라비우스Astralabius(1118경~?)는 별을 보는 천문관측기구 아스트로라비움Astrolabium을 따 엘로이즈가 지은 별명이며, 세례명은 아버지 아벨라르와 같은 페트루스Petrus다. 그는 숙모의 손에서 자라 성직자로 살았다고 전해진다. 현대에 와서 독일 여류작가 루이제 린저Luise Rinser는 아스트라라비우스를 주인공으로 페미니즘에 입각한 심리소설『아벨라르의 사랑Abaelards Liebe』을 쓰기도 했다.

결혼과 비극

아벨라르는 연애 사건이 퓔베르에게 들키자 불안에 떨면서 경호원까지 데리고 다녀야 했다. 그래도 자책감을 피할 수는 없었다. 이에 아벨라르는 목숨을 걸고 퓔베르에게 용서를 빌었다. 그는 엘로이즈를 참으로 사랑했다는 것을 진심으로 고백했다. 아벨라르는 책임을 지고 자신이 유혹한 엘로이즈와 결혼하겠다고 맹세했다. 그렇지만 결혼은 파리에 떨친 자신의 학문적 명예를 위해 극비리에 올리겠다는 조건을 달았다. 아벨라르가 엘로이즈에게 이 사실을 알렸을 때, 예기치 않게도 엘로이즈는 이 결혼을 결사반대하고 나섰다. 여기에 얽힌 사연은 중세시대 석학들의 높은 지위와 여성과의 관계를 엿보게 한다. 아벨라르의 고백을 따라 있는 그대로 보면 다음과 같다.

> 엘로이즈는 두 가지 이유를 내세워 결혼을 반대했던 것이네. 즉 그 결혼은 위험하다는 것과 나에게 불명예스럽다는 것이네. 그녀는 어떠한 속죄도 자기 삼촌을 만족시키지 못하리라고 단언했네 …… 그리고 또 그다지도 찬란한 빛을 자기가 이 세상으로부터 약탈해 갈 경우, 이 세상이 자기에게 얼마나 큰 속죄를 요구할 것인가를 물었던 것이네. 얼마나 많은 비방이 자기 머리 위에 퍼부어질 것이며, 이 결혼이 얼마나 큰 손실을 교회에 줄 것이며, 철학에는 얼마나 많은 눈물을 흘리게 할 것인가라고 했네. 또 자연이 전 세계를 위해 창조한 한 남자가 단 한 사람의 여자에게 봉사하며 수치스러운 속박 아래 굴종되어 있는 일은 얼마나 어울리지 않는 탄식할 일이냐고 했네.[제1 위로의 서한]

이 서한에는 엘로이즈가 만인을 위한 위대한 남자가 한 여자에게 종속되어서는 안 된다는 수많은 근거를 성서와 철학 고전을 동원해서 이야기한 것으로 나온다. 아벨라르가 쓴 「위로의 서한」을 중점적으로 소개하는 것은 그가 친구에게 하는 고백을 통해 엘로이즈의 생각을 들여다보기 위해서다. 비록 아벨라르가 전하는 엘로이즈의 말일지라도, 좀 더 자세히 살펴볼 필요가 있다.

> 아내가 당신의 철학 연구에 초래하게 될 지장은 잠깐 제쳐 놓고라도, 결혼이 당신에게 줄 위치를 생각해 보시오. 학교일과 집안 살림살이와의 사이에 어떤 관계가 있습니까? 책상과 어린이의 요람 사이의, 책과 물레 사이의, 펜과 물레 가락 사이의 관계는 어떤 것일까 생각해 보십시오. 철학의 명상 속에 잠겨 있을 사람이 옆에서 들리는 아기의 울음을, 하인들의 시끄러운 소리를 견딜 수 있겠습니까? 물론 부자들은 견딜 수 있겠지요. 하지만 철학자의 조건은 부자들의 조건과 같지 않거든요. 그렇다고 또 부를 찾아 헤매거나 세속적인 일에 휘말려 살게 되면 신앙이나 철학적 탐구에는 거의 전념치 못하는 것입니다. 옛날의 유명한 철학자들을 보세요. 속세를 떠나 그런 것을 버렸으며, 오로지 철학의 품속에서만 휴식하려 하지 않았습니까?[제1 위로의 서한]

엘로이즈는 이런 이유를 열거하면서 당시 전문가가 아니면 알 수 없는 위대한 철학자들의 학문적 열정을 덧붙여 나열했다는 것이다. 먼저 그녀는 로마 철학자 세네카Seneca가 친구이자 철학자인 루킬리우스Lucilius에게 보낸 편지를 인용했다는 것이다. "철학을 위해서는 아무리 시간을 바쳐도 충분하다고는 못하리니, 철학을 한순간이나마 돌보지 아니하는 일은 그것을 버리는 일이나 마찬가지일세. 철학을 중단하면, 철학이 그대를 버릴 것일세. 그러므로 마음에 거리끼는 제반사를 물리치고, 그와 같은 일에

괘념하여 그것을 키우는 행위가 없도록 자신을 이런 일에서 멀리할 것이네."[제1 위로의 서한]

또한 엘로이즈는 아우구스티누스의 『신국론』에 등장하는 그리스 철학자 피타고라스Pythagoras, B.C. 570경~B.C. 510경의 이야기도 인용했다는 것이다. "피타고라스 이전에는 생활의 어떤 일면에서 찬사를 받을 만하다고 생각되는 사람을 현자라 부른 것이다. 그런데 피타고라스는 어느 날 직업이 무엇인가라는 질문을 받고서 철학자라 대답한다. 즉 지혜를 사랑하는 사람이라고 대답한 것이다. 직업을 현자sophistes라고 하여 오만하게 보이지 않기 위해서이다."[제1 위로의 서한] 철학사에서 '철학자philosophicus'라는 단어는 피타고라스의 문헌에서 처음으로 등장했다. 여기서 엘로이즈는 이교도 철학자들도 지혜를 사랑하는 일을 직업으로 삼았는데, 하물며 그리스도교 성직자인 아벨라르가 쾌락을 선택해서야 되겠느냐고 질책했다고 한다. 나아가 그녀는 무엇보다 철학에의 열정을 강조했다는 것이다. "가령 당신이 성직자로서의 의무를 고려하지 않는다 할지라도, 적어도 철학자로서의 권위는 생각해야 할 것입니다."[제1 위로의 서한]

이어서 엘로이즈는 결혼한 철학자 소크라테스Socrates의 불행을 상징적으로 소개했다고 한다. "하루는 소크라테스가 조금 높은 곳에서 으르렁대며 마구 퍼붓는 아내 크산티페의 욕설을 견뎌 내고 있었는데, 그녀가 갑자기 구정물을 그에게 끼얹었다. 그러자 소크라테스는 머리의 물을 닦으며, '내, 저런 뇌성벽력에는 비가 따라올 줄 알았지'라고[27] 했다는 것입니다."[제1 위로의 서한]

---

27 Diogenes Laertius, Leben und Meinungen berühmter Philosophen, II, 36-37, übers. von Otto Apelt, Hamburg, 2015, 85~86쪽의 크산티페에 관한 이야기 참조.

엘로이즈는 결국 두 가지 관점을 아벨라르에게 제시한 것이었다. 첫째로, 철학을 위해서는 아내보다는 애인의 자격으로 있는 것이 아벨라르를 위해서도 그리고 자기 자신을 위해서도 바람직하다. 둘째로, 그들의 결혼은 결국 두 사람의 파멸을 가져올 것이며, 사랑만큼 슬픔이 남을 것이다. 이 말은 결국 두 사람에 대한 예언이 되고 말았다.

엘로이즈의 간곡한 말은 시사하는 바가 크다. 그녀가 한 말의 표면은 아벨라르가 철학에 전념할 것을 강조한 것이다. 그러나 그 이면은 철학에 대한 엘로이즈의 강렬한 열정을 드러낸 셈이었다. 결국 그녀 자신이 철학에 대해, 그녀가 인용하는 소크라테스, 피타고라스, 세네카와 같은 열정을 가지고 있었던 것이다. 세월이 흐르면서 엘로이즈의 염려는 모두 현실로 드러났다. 엘로이즈는 운명과 역사를 직시했던 것이다.

미래는 엘로이즈의 말이 지배하게 될 것이었지만, 현실은 우선 아벨라르가 지배했다. 그는 엘로이즈를 파리로 데리고 와서, 그녀의 반대에도 불구하고 비밀리에 결혼식을 올렸다. 결혼 후 아벨라르는 학교로 돌아가고 엘로이즈는 외삼촌집에 머물면서 몰래 만나고 있었다. 그러나 외삼촌 퓔베르의 계산법은 전혀 달랐다. 그는 모욕감을 떨쳐 버리기 위해 이 결혼을 공개하기 시작했다. 이에 엘로이즈가 항의하자, 퓔베르는 격분하여 그녀를 학대했다. 그러자 아벨라르는 엘로이즈를 아르장퇴유 수녀원으로 보냈다. 그녀가 교육받은 이곳 수녀원은 그녀에게 면사포 대신에 수녀복을 입혔다. 이에 더욱 분개한 퓔베르는 아벨라르에게 희대의 복수극을 꾸민다. 퓔베르는 그 누구도 아닌 아벨라르의 하인을 매수하여 잠자던 아벨라르를 거세시키도록 했다. 이에 아벨라르는 육체적이고 인간적인 수치심보다, 자신의 동료들과 제자들의 부담을 더욱 고통스러워했다. 이 사건을 아벨라르는 일곱 단계로 나누어 극적으로 표현했는데, 단계마다 그의 뼈저린 회한과 냉철한 통찰이 담겨 있다.

(1) 나는 지금까지 얼마나 큰 영광을 향유하고 있었으며, 또 그것은 얼마나 쉽사리 단 한순간에 사라지고 무너져 버렸던 것인가!
(2) 내가 죄를 범한 신체의 그 부분으로 나에게 벌을 주신 하느님의 징벌은 얼마나 올바른 처사이셨던가!
(3) 배반에 대해 배반으로 나에게 돌려준 퓔베르의 복수는 그 얼마나 정당했던가!
(4) 나의 적대자들은 너무나도 공평무사한 이 처사에 얼마나 승리감을 느꼈을 것인가!
(5) 이 타격이 나의 양친이나 친구들의 마음속에 얼마나 잊을 수 없는 아픔이 되었겠는가!
(6) 비할 바 없이 불명예스러운 나의 이야기가 얼마나 세상 사람들에게 알려지고 소문이 퍼져 나갔겠는가!
(7) 율법으로도 국부가 손상된 남자는 불결한 존재로 취급되어 성당의 문턱을 넘지 못하도록 했으며, 그런 동물도 제물로 받아들이지 않았던 것이네.[제1 위로의 서한]

수도자 아벨라르와 수녀 엘로이즈

아벨라르의 「위로의 서한」은 거세 사건 이후의 회고로 이어진다. 아벨라르는 종교적 압박 때문이 아니라 수치심에서 생 드니 수도원으로 도피했다. 동시에 엘로이즈도 정식으로 아르장퇴유 수녀원에 입회했다. 그녀는 폼페이우스 장군의 아내 코르넬리아의 노래를 부르며 서원식을 올렸다. "오, 우리의 혼인을 위해서는 너무나 걸맞지 않는 남편이여! 어찌하여 우리의 행운은 이다지도 우리와 멀기만 한가요? 죄 많은 몸, 당신께 불행을 드리기 위해 시집왔던가? 그러나 나의 보상을 받으시라, 진정 내가 원하는 나의 징벌인 이 보상을."[제1 위로의 서한]

아벨라르는 수도원에서 진정한 철학자로 재기하기 위해 최선을 다했다. 그러나 그 수도원은 전성기를 넘어서서 문란하고 퇴락한 곳이었다. 여기서 정의를 추구하던 아벨라르는 미움을 받아 다시 시골의 조그만 수도원으로 물러났다. 이곳에서도 아벨라르의 인기는 가히 열광적이었다. 그러나 이 인기는 그에게 새로운 불행을 준비하고 있었다. 이번에는 그의 학문이 부당한 것으로 평가되었으며, 두 가지 이유로 손상을 입게 되었다. 첫째로는 아벨라르가 세속적 저술을 하는 것이 수도자의 목적에 어긋난다는 것이요, 둘째로는 그가 신학교수의 자격 없이 신학 강의를 행한다는 것이었다.

아벨라르의 철학은 신앙의 기초를 필연적 이성의 추론으로 설명하는 것이었다. 이런 사상은 당시 새 시대를 준비하는 가장 새로운 시도였다. 그는 성부, 성자, 성령이신 삼위일체를 권위, 지혜, 사랑의 삼위일체로 해석하지 않았던가. 결국 아벨라르는 앞에서 언급한 공의회에 고발되었다. 스와송 공의회의 판결에서 그는 '금고' 처분과 함께 자신의 손으로 자신의 저술을 불태우라는 '분서'와 '강의금지' 판결을 동시에 받았다. 아벨라르는 이 판결이 교리나 학문을 근거로 한 것이 아니라, 사회적 상황에 연유한 것이라고 억울해 했다.

그럼에도 불구하고 아벨라르는 더욱 열정적으로 철학적 활동을 전개했다. 그는 옛 성현들의 탐구 방식대로 시골에 가난한 '위로자 성령'이라는 파라클레 수도원을 세우고 연구와 강의를 계속했다. 그는 숨어 있었지만, 그의 명성은 메아리처럼 세계로 펴져 나갔다. 그러나 당시 타락한 수도원과 학문적 기득권을 가진 세력들은 끊임없이 그를 위협했다. 아벨라르는 매일같이 암살의 위험 속에서 지내야 했다. 그는 자신의 학문적 고난의 길을 이렇게 표현했다. "이리하여 자기 머리 위에 떨어지는 칼을 피하기 위해 벼랑으로 뛰어드는 위험을 무릅쓰는 사람처럼, 하나의 죽음을 잠시 연기하기 위해 또 다른 죽음 속으로 자신을 내던지는 사람처럼, 나는 하나의 위험에서 또 다른 위험으로 그것을 의식하며 내달렸던 것이네."[제1 위로의 서한]

이런 와중에도 엘로이즈와 여성의 지위에 대한 아벨라르의 관심이 사라지지 않았다는 사실을 알 수 있는 사건이 일어났다. 생 드니의 수도원장이 아르장퇴유 수녀원의 소유권을 주장하면서 엘로이즈를 포함한 모든 수녀를 추방해 버렸다. 아벨라르는 수녀들이 사회적·종교적 보장도 없이 사방으로 흩어지는 상황을 보고, 수녀원을 새로이 건립하기 위한 기회로 삼았다. 아벨라르는 거침없이 파라클레 수녀원을 새로 건립했으며, 교황 인노첸시오 2세Innocentius II, ?~1143의 인가를 받아 냈다. 파라클레 수녀원은 처음에는 어려웠지만, 엘로이즈의 지도력과 수녀들의 열성, 지역 주민들의 도움으로 재빨리 확고한 수녀원으로 성장했다.

이쯤에서 아벨라르는 접어 두었던 여성에 대한 연민을 드러냈다. "여성이란 너무나 연약하기 때문에, 그들의 곤궁은 쉽사리 사람의 마음을 움직일 수 있으며, 또한 그들의 덕은 사람에게서나 마찬가지로 하느님께도 기꺼이 받아들여지는 것일세."[제1 위로의 서한] 나아가 여성에 대한 연민은 이제 "우리의 자매"라는 이름으로 부르는 엘로이즈에 대한 찬양으로 이어졌다.

> 특히 다른 수녀들을 돌보는 우리의 자매 엘로이즈는 하느님 덕분에 만인의 눈에 호감을 주었던 것이네. 주교들로부터는 딸처럼 사랑을 받았으며, 수도원장으로부터는 자매처럼, 일반인들로부터는 어머니처럼 사랑받았던 것이

네. 모두 다 함께 그녀의 신앙심이며, 총명함이며, 비할 바 없는 부드러움이며, 매사에 걸친 그녀의 인내심에 감탄했던 것이네 …… 그녀는 수도원의 밀실에 들어앉아 명상과 기도에 전념했으나, 그럴수록 밖의 사람들은 그녀를 바라보고 그녀의 경건한 교훈적 담화를 듣고자 열렬히 소망했던 것이네.[제1위로의 서한]

아벨라르가 이런 세인들의 찬양까지 전하는 것으로 미루어 보아, 엘로이즈는 비극적 스캔들에도 불구하고 생전에 당대인들의 존경을 한 몸에 받았던 것으로 보인다. 아벨라르는 파라클레 수녀원을 설립한 후, 수녀들의 경제적 궁핍과 정신적 빈곤을 돕기 위해 자주 수녀원을 찾아갔다. 그러나 아벨라르를 적대시하는 자들은 특별한 저의를 가지고 이 일을 비난했다.

이에 아벨라르는 성서와 교회사에 등장하는 성인들이 어떻게 여성 신자들을 돌보아 왔는지를 열거했다. 여성을 어떻게 대해 왔는가에 대한 모범을 그리스도교 전통에서 찾아내기 위해서였다. 나아가 아벨라르는 하느님의 섭리가 자신에게서 성적 의혹을 근본적으로 없애 버렸는 데도 불구하고 끊임없이 추악한 비난이 쏟아지는 것이 합당한 일이냐고 한탄했다.

아벨라르는 반문했다. 역사에서도 정숙하고 고귀한 여성들을 돌본 것은 문화를 막론하고 내시들이 아니었던가? 교부 오리게네스Origenes Adamantius, 185~254경는 여성들에게 성서를 가르치기 위해 스스로 자신의 몸을 위해하지 않았던가? 이러한 변론은 여성에 대한 사제들의 의무를 주장하고 여성들의 종교적 지위를 변호하기에 이르렀다.

아벨라르는 성 아우구스티누스의 말을 빌려 항변했다. 그는 여성들도 그리스도와 사도들의 친구로서 그들의 설교를 들었고 또 설교 여행에도 동반했다는 사실을 강조했다. "이 세상의 재산을 갖춘 여성들은 사도들을 따라다니며, 재산으로써 그들에게 봉사했다."[제1 위로의 서한] 또한 아벨라르는 이러한 증거로 루가복음을 인용했다. 여성철학자를 다루고 있는 만큼 성서의 전문을 볼 필요가 있다.

> 그 뒤 예수께서는 여러 도시와 마을을 두루 다니시며 하느님 나라를 선포하시고 그 복음을 전하셨는데, 열두 제자도 같이 따라다녔다. 또한 악령과 질병으로 시달리다가 나은 여자들도 따라다녔는데, 그들 중에는 일곱 마귀가 나간 막달라 여자라고 하는 마리아, 헤로데의 신하 쿠자의 아내인 요안나, 그리고 수산나라는 여자를 비롯하여 다른 여자들도 여럿 있었다. 그들은 자기네 재산을 바쳐 예수의 일행을 돕고 있었다.[28]

당시 수도회의 '자연규범'에 따라 남성 수도자들이 여성 수도자들을 도와야 한다는 주장은 그 이후의 수도원과 수녀원의 관계를 결정하는 중요한 요인이 되었다. 아벨라르는 계속해서 수녀들을 돕겠다는 결심을 이렇게 피력했다. "이런 점에 대해 오래도록 숙고한 끝에, 나는 나의 파라클레 자매들을 최선을 다하여 돌봐 줄 것과, 그들의 어려운 일을 해결해 줄 것, 그리고 몸소 내가 그곳에 감으로써 그녀들의 순명 정신을 기르고 또한 아주 가까이에서 그녀들을 보살펴 주리라 결심했네. 한마디로 나는 그들의 필요성에 내가 지닌 능력을 다하려 한 것일세 …… 나는 수도사들 가운데서는 하나도 성과를 올리지 못했지만, 아마도 수녀들을 위해서라면 조금쯤은 무엇을 이룩할 수 있을 것이네."[제1 위로의 서한]

---

28 루가복음, 8, 1-4.

아벨라르에 대한 박해

아벨라르는 처음에는 스승들에게, 다음에는 동료 수사들인 형제들에게, 그리고 마지막에는 자기 제자들인 아들들한테서도 박해를 받았다. 그 중에서도 "나에 대한 내 아들들의 박해는 나의 적들의 경우보다 백배나 더 무섭고 빈번했다."고 자신의 심경을 토로했다. 아벨라르는 인생의 여로에서 "저주받은 카인과 같이 방황과 피신으로 떠돌아다녀야 했다."[제1 위로의 서한] 그의 마지막 삶은 늘 신체적 위협과 독살의 위험을 무릅써야 하는 방랑의 시간이었다. 아벨라르는 그 가운데 아찔했던 한순간을 다음과 같이 회상했다.

> 하루는 내가 와병 중인 백작을 방문하기 위해 낭트에 갔다가 그곳에서 친형제 중의 한 사람 집에 유숙하게 되었는데, 제자 수사들은 나를 수행하던 하인의 손을 빌려 그곳에서 나를 해치려고 했었네. 그들은 내가 친형제 집에서까지도 이런 종류의 흉계를 조심하랴 생각했던 것이네. 그러나 하느님께서는 나를 위해 내가 음식물에 손을 대지 못하게 하셨네. 그리고 나와 함께 수도원에서 온 수사가 뜻하지 않게 그것을 먹고 그 자리에서 즉사해 버렸네. 이 일을 저지른 하인은 양심의 가책을 이기지 못하고 더구나 사실이 폭로될까 두려워 곧장 도망쳐 버렸다네.[제1 위로의 서한]

아벨라르의 위험한 상황은 사회, 종교, 정치에 걸쳐 위기가 도래하던 11세기 말에서 12세기 초반의 단면을 극적으로 보여 준다. 동시에 이러한 단면을 알지 못하면 역설적으로 13세기 중세 황금기의 혁명을 제대로 이해하기 어렵다는 예견을 드러내기도 한다.

12세기까지만 해도 가톨릭교회는 세계 종교로 확립된 상태가 아니었고,

종교적 교리도 정연히 수립되지 않았으며, 권력 체계도 정교 분리에 의해 확실하게 양립되지 않은 상황이었다. 정치적으로는 황제의 정권과 교황의 교권이 투쟁을 벌이고 있었고, 사회적으로는 도시적 시민의식과 봉건주의적 구태가 충돌했으며, 종교적으로는 전통을 견지하려는 가톨릭과 수많은 이단이 대립하던 위기일발의 시대가 전개되고 있었다.

아벨라르는 이러한 외적 불행에 저항하는 동시에 자신만의 정신적 위로를 스스로 찾아나서는 삶을 계속했다. 그리고 편지를 받을 친구에게 마지막으로 역설적인 당부의 말을 잊지 않았다. "부당한 재난이라는 확증을 가질수록 더욱더 그 불행을 극복해 나가야 하네."[제1 위로의 서한]

아벨라르는 진작부터 도시적 합리성, 막 설립되기 시작하던 대학의 진취성, 그리스도교의 종교적 경건성을 갖추고 시대를 앞서 나가고 있었다. 그는 파리 소르본대학이 될 자리에 자신의 학교를 세우지 않았던가. 아벨라르는 자신의 비극마저도 새로운 시대를 준비하기 위한 계기로 삼았다. 그렇다면 그는 이성으로 도저히 용납할 수 없는 삶의 비극을 어떻게 극복해 나갔는가? 그는 친구에 대한 위로의 편지를 다음과 같이 끝맺었다.

> 이러한 시련이 우리의 공적은 되지 못할지언정, 틀림없이 얼마간의 정화를 위해 보탬은 될 것이네. 모든 일은 하느님이 다스리는 규정에 의해 이루어지는 것인 만큼, 신앙심을 지닌 사람은 누구나 불행한 순간에 임하여, 하느님의 지고하신 선이 그 섭리의 법칙을 행하지 않고 그냥 두는 일은 없으리라는 생각, 또 이 법칙에서 어긋나고 있는 일도 결국엔 하느님께서 스스로 선으로 끝맺음 하신다는 생각으로 위안을 받도록 하세 …… 현자가 「잠언」에서 "의로운 자는 무슨 일이 생길지라도 슬퍼하지 않으리라"고 썼을 때에도 이런 진리를 생각한 것일세. 이리하여 그는 하느님의 섭리로 행해지는 일의 확실성을 알

면서도, 자신의 이해관계로 그 확실함을 증명하려 들지 않고 주저하는 자는, 정의의 길로부터 벗어나 있는 사람이라는 것을 명백히 했네. 이와 같은 자들은 하느님의 뜻에 복종하기보다는 오히려 자기 뜻에 복종하며, 입으로는 "아버지의 뜻대로 하소서" 하면서도 속으로는 이에 반항하고, 그들 자신의 뜻을 하느님의 뜻보다 먼저 행하려는 자들이네. 잘 있게.[제1 위로의 서한]

3
엘로이즈가 말하는 사랑의 의미

앞에서 말했듯 12세기의 그리스도교 수도원에는 종교적 저명인사들의 영적 서한을 회람하는 독서 문화가 있었다. 그 덕분에 엘로이즈는 어쩌면 운명적으로 아벨라르의 인생 고백을 읽게 되었다. 그녀는 아벨라르에게 바치던 것과 똑같은 애정과 열정을 가지고, 아벨라르가 친구에게 보낸 「위로의 서한」을 마치 자신에게 보낸 듯 진심으로 받아들였다. 엘로이즈는 "비록 당신을 잃었지만 당신의 말씀으로 당신의 모습을 내 안에서 다시 찾아낼 것"이라고 말하면서 각오를 다졌다. 그리고 그녀는 아벨라르와 나누었던 사랑의 의미를 서한으로 써내려 가기 시작했다.

사랑의 의무

엘로이즈는 아벨라르의 연인이자 아내였다. 그녀는 오랜 세월이 지나서 여성 수도회의 원장이 되었다. 그녀는 수녀가 되어 눈물로 읽은 「위로의 서한」에 대해 답장 아닌 답장을 썼다. 그녀는 특이한 명명으로 첫 번째 편지의 서두를 장식했다.

주인님이라기보다는 차라리 아버지께,

남편이라기보다는 차라리 형제인 아벨라르에게,

여종이라기보다는 차라리 딸인

아내라기보다는 차라리 자매인 엘로이즈로부터[제2 엘로이즈, 첫째 서한]

이러한 서두는 어떤 내용을 말할 것인가를 시사하고 있다. 엘로이즈는 당시 첨단 학문과 철학을 공부한 여성답게, 중세의 전통적 논술방법과 애틋한 존경의 자세로 서론을 꾸몄다. 먼저 그녀는 회람한 「위로의 서한」에 대해 전통적 순서에 따라 짤막하게 언급했다.

첫째로, 엘로이즈는 아벨라르의 편지를 "우리의 회심에 대한 애처로운 사연이었으며, 또한 당신의 끊임없는 불행에 대한 이야기"라고 주제화했다. 둘째로, 발신인 아벨라르가 친구에게 서술한 내용을 간략하게 반복했다. 셋째로, 전체적 내용에 대한 자신의 감상을 몇 줄로 덧붙였다. 즉 "낱낱이 그려져 있는 사건들이 너무나 생생하기 때문에, 나의 고통은 더욱더 크고 더욱더 절실합니다." 넷째로, 엘로이즈는 아벨라르에 대한 자신의 중요한 간청을 넣었다. "우리에게 자주 글을 보내 주세요. 그리고 당신이 아직도 떠돌아다니고 계신 인생의 고해에서 당신이 어떻게 출렁대고 계시는지도 적어 보내 주세요 …… 고통은 함께 괴로워하는 자가 있을 때 작아지는 법입니다 …… 만약에 그 폭풍이 가라앉았다고 한다면, 그것은 무엇보다 좋은 소식이니 한층 더 빨리 보내 주세요."[제2 엘로이즈, 첫째 서한]

여기에다 엘로이즈는 결정적 반어법으로 이렇게 덧붙였다. "당신은 친구의 상처를 위로할 생각이었지만, 우리의 아픔을 새롭게 했으며, 우리의 상처를 더 크게 했습니다 …… 당신이 스스로 만든 이 아픔을 치유해 주세요. 타인에 의해 초래된 친구의 상처도 치유해 주려던 당신이 아닙니

까?”[제2 엘로이즈, 첫째 서한]

엘로이즈는 본론으로 들어가서 자신에 대한 아벨라르의 의무, 즉 사랑의 의무를 역설하기 시작했다. 즉 아벨라르는 위험을 무릅쓰고 남자 수도원을 위해 일하고 있지만, 그것은 열매를 거둘 수 없는 부질없는 짓이라는 것을 강조했다. 오히려 아벨라르가 스스로 결정하고 건립하고 창설한 파라클레 수녀원을 위해 일해야 할 의무를 열거했다. 왜냐하면 아벨라르는 수녀원을 건립한 이후 오래도록 등한시하고 있었기 때문이었다.

엘로이즈는 신앙으로 수도생활을 하는 여성들에게, 그리고 오로지 그만의 존재인 한 여성을 위해 의무를 다하라고 아벨라르에게 요청했다. 엘로이즈는 수녀원에 대한 아벨라르의 의무를 자신에 대한 의무와 사랑으로 연결시키면서 그 이유를 밝혔다. 그것은 외삼촌 퓔베르의 배신행위에서 비롯되었다는 것이다.

> 비열하고도 감출 길 없는 배신행위가 무서운 일격을 가하므로 해서 나에게서 당신을 빼앗아 감과 동시에 나 자신까지도 스스로에게서 뿌리째 뽑아 가고만 것입니다. 손실 그것보다도 당신을 잃게 된 그 손실의 방법이 내게는 더 큰 고통의 까닭이 되었으니 말입니다. 나의 아픔이 클수록 위로의 약 또한 더 커야만 할 것입니다. 하여간 나는 나의 위로를 위해 당신 이외의 그 어느 누구도 원하지 않습니다. 모든 내 불행의 근원이신 당신만을 바랍니다.[제2 엘로이즈, 첫째 서한]

여성의 위대성과 자유

왜 아벨라르만이 엘로이즈를 위로해야 할 의무를 가져야 하는가? 여기에는 인간이 자기 행위에 대해 책임을 져야 하는 ‘자유’와 ‘의무’의 상관관계가 가지는 철학적 필연성이 깔려 있다. 엘로이즈는 맹목적으로 아벨라르의 의무를 주장하는 것이 아니었다. 그녀가 수도생활을 하게 된 것은 아벨라르의 결정이었기 때문이다. 그녀는 이렇게 회상했다. "나는 당신의 의사에 따라 모든 일을 맹목적으로 수행해 왔으니까요. 당신의 한마디 말에 따라 나 자신을 내버릴 수 있는 용기를 지녔던 몸이니까요. 나는 더 큰 일도 했습니다. 나의 사랑은 열광으로 바뀌었고, 사랑이 소망해 온 단 한 가지 일마저, 다시 찾을 희망조차 없이 그대로 희생당하고 말았지요. 당신의 명령에 따라 나는 수녀복으로 갈아입었고, 마음도 다른 마음으로 바꿔 가졌습니다."[제2 엘로이즈, 첫째 서한]

엘로이즈의 자아의식은 여기서부터 싹트기 시작했다. 그녀는 예리하게도 아벨라르가 고백에서 간과한 부분을 지적해 냈다. 그녀는 자신이 불길한 결혼으로부터 아벨라르를 해방시키려 한 동기 가운데 중요한 것을 아직도 밝히지 못했다는 것이다. 그렇다면 그녀는 왜 결혼을 포기하고자 했는가? 또 아벨라르는 결혼을 밀어붙이는 과정에서 무엇을 간과했는가? 사랑의 맹세에 자주 인용되기도 하는 엘로이즈의 진심을 읽어 보자.

> 내가 결혼보다는 사랑을, 그리고 얽매임보다는 자유를 선택하게 된 이유의 대부분을 당신에게 거의 말하지 않았습니다. 하느님께 맹세합니다만, 전 세계를 다스린 아우구스투스 황제가 나에게 결혼의 영예를 바치며, 전 세계를 영구히 지배하도록 하겠다고 약속한다 해도, 나는 그의 황후로 불리기보다는 당신의 창녀로 불리는 편을 더 좋게 여겼을 것입니다. 사람은 재물이나 권력으로 그 위대성이 결정되는 것은 아닙니다. 재물과 권력은 행운의 결과이지만, 위대성은 업적에 의존하는 법입니다.[제2 엘로이즈, 첫째 서한]

엘로이즈의 주장에서 분명히 드러난 것은 두 가지 사실이다. 첫째, 엘로이즈는 우선적으로 재물보다는 인간의 위대성, 구체적으로 여성의 위대성을 선택한다는 뜻이다. 둘째, 엘로이즈는 인간의 위대성을 자유로운 행위에 의한, 즉 인간적 행위actus humanus에 의한 업적의 결과로 간주한다는 것이다.

엘로이즈는 여성의 위대성과 자유로운 행위가 어떤 것인가를 더욱 상세하게 그리고 적나라하게 열거했다.

> 가난한 사람보다 재물 있는 사람을 좋아하여 시집가는 여자는, 그리고 남편을 그의 인격보다도 그 지위를 보고 선택하는 여자는 자기 자신을 파는 여자라 하겠습니다. 이와 같이 욕망에 이끌려 결혼하는 여자는 그 보수를 받을 가치는 있을지언정, 사랑을 받을 가치는 없습니다. 자기 남편의 인격에는 관심이 없고 그의 재산에만 관심을 두는 여자는, 그리고 그것만을 바라는 여자는 보다 더 부유한 사람에게 자기 몸을 팔려고 할 것이 분명합니다.[제2 엘로이즈, 첫째 서한]

엘로이즈는 자신을 창녀로 부르기도 한다는 세상의 소문을 의식하고 있었던 것 같다. 그래서 당대 사람들을 향해서도 시대적 저항과 의식의 개혁을 함께 부르짖었던 것으로 보인다. 이 부르짖음에서 단연히 돋보이는 것은 여성의 자유와 사랑의 가치다.

거룩한 도덕과 사랑의 진실

엘로이즈는 결혼을 자유로운 선택의 대상으로, 사랑을 자유로운 결정의 결과로 보았다. 그녀는 당시로서는 이름조차 접하기 어렵던 그리스의 여성철학자 아스파시아Aspasia, B.C. 470경~B.C. 400경의 말을 인용하여 설명했다.[29] 이는 단순한 인용도 아니요, 우연한 언급도 아니었다. 아스파시아는 위대한 정치가 페리클레스의 연인으로 비혼 상태에서 아들을 낳았지만, 아테네의 사교계를 이끌면서 고대 그리스철학의 요람과 같은 역할을 해낸 여성 철학자다. 심지어 아스파시아는 철학의 원조인 소크라테스에게 대화의 산파술을 가르쳤다고 알려질 정도이다.

엘로이즈는 자신이 이러한 아스파시아와 처지가 닮았고 학문적으로도 비슷하다고 느꼈을 수도 있다. 아테네 부부들에게 상담을 해주기도 했던 아스파시아는 소크라테스의 제자 크세노폰의 결혼과 부부관계에 대해 언급한 적이 있다. 그녀는 크세노폰의 부부싸움을 화해시킬 목적으로 최상의 행복에 대한 화두를 꺼냈던 것이다. 엘로이즈는 이 화두를 사랑과 결혼의 참된 의미를 찾는 근거로 편지에 인용했다.

"당신 부부가 서로 이 지상에서 가장 훌륭한 남성이며 가장 사랑스러운 여성이란 것을 깨닫게 된 이상에야, 당신들은 최고의 행복으로 여겨지는 것을 누리게 될 것입니다. 즉 최고인 여성의 남편이 된 것을, 그리고 최고인 남성의 아내가 된 것을 누릴 것입니다."[30] 참으로 거룩한 것은 철학적인 것 그 이상의

---

29 역사가 플루타르코스는 아스파시아Aspasia의 집이 소크라테스와 아르키메데스를 비롯한 아테네 철학자들의 사랑방 역할을 했다고 전한다. 아스파시아는 소크라테스의 제자들인 플라톤, 아리스토파네스, 크세노폰, 안티스테네스의 대화편에 진술되고 있다. 특히 크세노폰은 『소크라테스 회상Memorabilia』과 『경영론Oikonomikos』에서 아스파시아를 등장시켰다. 현대는 아스파시아를 그리스 여성철학자로 재조명하고 있다.

30 Epistola 2, Heloisae suae ad ipsum deprecatoria, PG 178, 185, B10 이하: Quia ubii hoc peregeritis ut neque vir melior neque femina in terris electior sit, profecto semper id quod optimum putabitis esse multo maxime requiretis ut et tu maritus sis quam optimae et haec quam optimo viro nupta sit.

것입니다. 그것은 철학에서 나온 것이라기보다는 오히려 지혜 그 자체라고 하겠습니다. 부부 사이에서 결혼의 관계를 완전한 사랑으로 순수하게 지켜 나가는 경우란, 육체의 순결보다도 정신의 정숙에 의한 경우가 더 많습니다. 그리고 이것은 각기 자신이 가장 훌륭한 여성의 남편이요 가장 훌륭한 남성의 아내라고 느끼는 성스러운 오류와 행복한 착각이 있는 경우입니다.[31][제2 엘로이즈, 첫째 서한]

철학과 학문이 가장 두려워하는 적은 오류와 착각error et fallacia이다. 참된 이론은 무조건 오류와 착각을 피해야 하기 때문이다. 그러나 그리스 여성 철학자 아스파시아는 사랑의 실천에서, 훌륭한 삶을 위한 도덕에서 '성스런 오류sanctus error'와 '행복한 착각beata fallacia'의 효용성을 찾아냈다. 엘로이즈는 철학사에서 잃어버린 오류와 착각의 효용성을 실천에서 재발견한 것이다. 결국 엘로이즈가 결혼을 거부한 이유는 결혼을 혐오하거나 기피해서가 아니라, 역설적으로 결혼이 가진 성스런 도덕sanctus moralis에 있었다. 그녀는 진정한 결혼의 의미를 위해 결혼을 거부했던 것이다. 그러나 아벨라르는 비록 위대한 철학자였지만, '오류와 착각'을 바라보는 이론과 실천의 차이를 간과한 것이었다.

엘로이즈는 바로 이 점에서 '성스런 도덕'의 반전을 시도한다. 다른 부부들이 성스런 오류와 행복한 착각으로 성취하는 사랑을 그녀 자신은 명확한 진리로 성취했다는 사실을 분명히 했다. 즉 그녀만이 아벨라르를 가장 훌륭한 남자로 착각한 것이 아니라, 온 세상 여자들이 참으로 훌륭한 철학

---

31 같은 곳, PG 178, 185, C3 이하: sanctus hic error et beata fallacia in coniugatis ut perfecta dilectio illaesa custodiat matrimonii foedera non tam corporum continentia quam animorum pudicitia.

자로, 최고의 남자로 여겼다는 것이다. 따라서 엘로이즈는 이렇게 선언할 수 있었다. "나의 사랑은 그것이 오류가 아니었다는 점에서는 보다 진실했던 것입니다."[32] 그러나 아벨라르와의 진실한 사랑은 아직은 희망에 지나지 않았다. 편지의 결론 부분은 새로운 사랑, 그렇지만 참된 사랑의 시작을 예고한다.

엘로이즈의 관점에서는 젊은 날에 아벨라르와 나눈 사랑이 스캔들도 아니요, 죄도 아니었다. 그녀는 소문과 역사에 맞서 사랑의 무죄를 선언했다.[33] 그녀는 사랑의 무죄를 단순한 주장이나 변명이 아니라, 다음과 같이 철학적 근거를 가지고 선언했다.

> 죄 안에는 사건의 결과가 있는 것이 아니라 행위자의 의도가 있습니다. 따라서 재판관은 무엇을 범했느냐가 아니라 어떤 정신으로 행위 했느냐를 판단합니다.[34][제2 엘로이즈, 첫째 서한]

엘로이즈는 사랑의 재판관으로 아벨라르를 호출한 셈이다. 그렇다면 그 둘이 한 젊은 날의 연애는 참된 사랑이었는가, 아니면 욕정에 지나지 않았는가? 엘로이즈는 자신들의 사랑이 과거의 사실이 아니라, 앞으로 결정되어야 할 사실이라는 것을 암시하고 있는 셈이다.

둘의 만남을 사랑으로 확인하기 위해서는 어떻게 해야 하는가? 이 서한의 서두에 등장했던 주제가 결론부에서 새로이 나타난다. 그것은 다름 아

---

32 같은 곳, PG 178, 185, C6 이하: At quod error caeteris, ueritas mihi manifesta contulerat.

33 같은 곳, "나는 무죄다": sum innocens.

34 같은 곳, PG 178, 186, A12 이하: Non enim rei effectus sed efficientis affectus in crimine est. Nec quae fiunt sed quo animo fiunt aequitas pensat.

닌 '사랑의 의무'이다. 그러기 위해서 엘로이즈는 먼저 세상 사람들이 그들의 만남에 대해 추측하고 있는 것들을 서로에게 명백하게 상기시켰다. 즉 아벨라르가 엘로이즈를 찾았던 것은 애정이라기보다는 차라리 색정이었고, 사랑이라기보다는 차라리 정욕이었다는 것이다. 그러니까 아벨라르의 욕망이 꺼져 버린 다음에는 그가 드러내던 모든 열정마저도 사라져 버렸다는 것이다. 이러한 세인들의 추측과 의심을 벗기려면 과연 아벨라르는 어떻게 해야 하는가? 결국 엘로이즈는 그들의 사랑에 대한 아벨라르의 의무를 요구했다. "제발 살펴 주세요, 내가 당신께 바라는 바를!"

그렇다면 이제 와서 엘로이즈가 아벨라르에게 바라는 것은 무엇인가? 진실한 사랑을 확인하려면, 아니 성취하려면 어떻게 해야 하는가? 엘로이즈가 바라는 사랑의 의무는 젊은 날에 바라던 그런 것들이 아니었으며, 단순한 부부의 의무도 아니었다. 그렇다면 엘로이즈는 무엇을 바라고 있는가? 엘로이즈는 한마디로 이렇게 말했다. "부탁입니다. 내 마음이 항상 당신과 함께 편안히 있게 해주세요." 물론 엘로이즈가 현실적으로 바라는 것은 자주 편지하라는 것이었다.

그렇다면 수도자가 된 아벨라르가 어떤 편지를 하면 마음으로 함께할 수 있겠는가? 여기서 엘로이즈가 말하는 사랑의 의무는 분명한 모습을 드러낸다. 그녀는 "사랑을 사랑으로 갚으라"고 단호하게 요구한다. 그렇다면 엘로이즈가 참으로 사랑하고자 하는 사랑은 어떤 것인가? 아벨라르가 갚아야 할 사랑은 어떤 것인가? 사랑의 수식어를 퀴즈로 만든다면, ~ 사랑을 ~ 사랑으로 갚으라는 말이 될 것이다. 엘로이즈는 여기에 무슨 말을 넣기를 바랐겠는가?

엘로이즈의 편지는 다음과 같은 말로 끝맺는다. "지금 당신이 나를 하느님의 사랑으로 이끌어 주시는 일은, 과거에 당신이 나를 환락으로 이끌어

가시던 일보다 훨씬 더 값비싼 일이 아닙니까!"[제2 엘로이즈, 첫째 서한] 그녀는 처녀 시절에 불타올랐다가 멀리 떨어진 다음에 새로 시작하는 사랑을 하느님에 대한 사랑으로 완성시킬 것을 요구하는 것이었다. 엘로이즈가 말하는 참된 사랑은 하느님 안에서 완성되는 사랑이었다. 아니 사랑은 너무나 고귀하기에 이 세상이 아닌 하느님 안에서만 완성될 수 있는 그런 참된 사랑이었다. 앞의 퀴즈를 엘로이즈가 말하는 사랑의 가치에 따라 풀어보면 다음과 같이 될 것이다. "환락의 사랑을 하느님의 사랑으로 갚아 주세요!"

4
자매가 형제에게, 형제가 자매에게

아벨라르는 수도원으로 떠난 후 처음으로 엘로이즈에게 답장다운 답장을 했다. 그러나 그는 서로가 겪은 비극에 비해 너무나 평범하게 말문을 열었다. "우리가 하느님께 헌신하기 위해 속세를 버린 후, 내가 당신께 위로의 편지나 격려의 편지를 보내지 않은 것은 결코 나의 무관심 탓이 아니오. 오히려 그것은 내가 당신의 슬기를 절대적으로 믿었기 때문에, 그와 같은 도움이 필요하리라곤 도무지 생각하지 않았던 것이오."[제3 아벨라르, 첫째 서한]

대부분의 남자와 마찬가지로 아벨라르도 무관심해서가 아니라 너무 믿었기 때문이라고 말한 것이다. 이어서 아벨라르는 여자가 남자를 위해, 아내가 남편을 위해 올리는 기도가 얼마나 하느님을 감동시키는가를 지루하게 역설할 뿐이었다. 엘로이즈가 물어 온 '사랑의 의무'에 대해서는 묵묵부답이었다. 그런데 한 가지 특이한 점은 이 편지의 첫 호칭과 마지막 인사이다. 아벨라르는 편지의 서두에 여자인 엘로이즈의 이름을 자신의 이름 앞에 올렸다.

그리스도 안에서 가장 사랑하는 그의 자매 엘로이즈에게,

그리스도 안에서 그녀의 형제인 아벨라르로부터.[제3 아벨라르, 첫째 서한]

여자 이름을 앞에 쓰는 것은 12세기 당시의 습관이나 서한 양식에 어긋나는 일이었다. 어떤 식으로든 높은 사람을 앞에 두는 것이 예의였기 때문이다.

아벨라르는 또한 서한의 끝자락에 자신의 죽음을 예감하는 것 같은 말을 남기면서, 자신을 엘로이즈의 수녀원에 묻어 달라고 부탁했다. "만약 주께서 나를 원수의 손에 넘겨주시고, 또 원수들이 나를 죽이거나, 혹은 내가 어떤 사고로 당신들로부터 떨어져 육신의 길을 향함으로써 종말을 맞이한다면, 나의 시체가 어디에 묻혀 있건 또는 버려져 있건 그 시체를 당신네들의 묘지로 옮겨 주기 바라오."[제3 아벨라르, 첫째 서한] 나아가 아벨라르는 살아 있는 자신에게 보여 준 것과 똑같은 열정으로 죽은 자신에게도 사랑을 보여 주고 구원되도록 기도해 달라고 간청했다.

여성으로서의 한과 사랑

엘로이즈는 아벨라르의 짤막한 답장에 대해 같은 격식과 예의로 답장을 했다. 그녀는 먼저 아벨라르가 자신의 이름을 제일 앞에 쓴 사실에 대해 놀라워했다. "여자를 남자 앞에, 아내를 남편 앞에, 종을 주인 앞에, 수녀를 수사 또는 사제 앞에, 수녀원장을 수도원장 앞에 두시다니!"[제4 엘로이즈, 둘째 서한] 또한 자신에 대한 아벨라르의 칭찬에 대해서도 과분하다고 겸손을 표시했다. 그리고 논술의 격식에 따라 아벨라르의 말을 요약하여

정리했다. 즉 아벨라르가 자신의 죽음을 예감하는 것을 나무랐다. 그의 서한은 그녀를 위로하기보다는 오히려 더 큰 슬픔에 빠지게 했다는 것이다. 그래서 그녀는 기도를 올렸다. "모든 종류의 죽음보다 더 괴로운 삶을 우리에게 남기지 마시옵기를!" 이 기도는 엘로이즈를 포함한 모든 수녀를 아벨라르보다 먼저 천상으로 보내 달라는 바람이었다. "당신이야말로 하느님을 위해 모아 주신 우리를 당신보다 먼저 하느님께 보내 주셔야 할 분입니다 …… 그런 다음에 우리의 구원을 확신하며 보다 큰 기쁨으로 우리를 뒤따라 오셔야 될 것입니다."[제4 엘로이즈, 둘째 서한]

엘로이즈는 세네카의 생활철학을 빌려 얼마 남지 않은 삶을 죽기도 전에 앗아 가지 말기를 당부했다. 즉 "스스로 괴로움을 불러들여, 죽음이 오기도 전에 미리 삶을 잃어버리는 일이 무슨 소용이 있겠는가?"[제4 엘로이즈, 둘째 서한] 결국 엘로이즈는 "당신의 죽음을 생각하는 것만으로도 우리는 벌써 죽을 것만 같다"고 고백한다. 이 세상에서 가장 의미 있는 사람을 상실한다는 것은 곧 자기 삶의 의미를 상실하는 것과 같다. 이런 진리를 엘로이즈는 이미 깨달은 것이다.

당부에 이어 엘로이즈는 젊은 날의 '불안했던 사랑'을 상기한다. "이 몸은 당신의 사랑으로 모든 여자 위에 올라서기는 했습니다만, 그 높이가 너무 높았기 때문에, 당신과 내가 함께 겪은 너무나 빠른 나락 또한 크기만 했습니다."[제4 엘로이즈, 둘째 서한] 그렇다. 너무 높은 곳으로 날아올라 위험에 빠지면 아무도 도와줄 수 없으며, 추락도 순식간이다. 엘로이즈는 그들의 사랑이 불안하고 허용되지 않은 것이었지만, 허용되는 사랑으로 바꾸고자 했을 때는 이미 불행이 닥쳤다고 후회했다. 그리고 그들의 사랑에 대한 벌은 정사 때문이 아니라 결혼 때문이었다는 것을 강조했다. "당신은 남들이 간통 행위로 받게 되는 벌을, 결혼으로 받았던 것입니다. 간부들

이 그들의 정부로 인해 당하는 일을 당신은 정식 아내로 인해 당한 것입니다."[제4 엘로이즈, 둘째 서한]

엘로이즈는 이때부터 여자로 태어난 죄책감을 한탄하기 시작한다. 자신으로 인해 아벨라르가 불행을 겪었다는 것이다. "정말 나는 이다지도 크나큰 죄의 근원이 되기 위해 이 세상에 태어난 가련한 여자던가요! 그러나 예로부터 여자들은 위대한 사람들을 파멸로 이끄는 재앙이었습니다!"[제4 엘로이즈, 둘째 서한] 엘로이즈는 "뜻을 가진 남자들은 여자를 조심해야 한다"는 내용의 성서 구절들을 수집하여 소개한다. 즉 하와의 유혹에 빠진 아담, 데릴라에게 힘을 빼앗긴 삼손, 여자로 인해 지혜를 잃어버린 솔로몬, 하느님을 저주하라는 아내의 충동을 받은 욥의 이야기를 열거한다.

이어 엘로이즈는 이런 재앙의 원흉은 사실 악마들이라고 반박하는데, 그것도 상징적 기법을 사용했다. "교활한 악마는 여러 차례의 경험으로, 남자의 파멸이 여자를 통해 가장 쉽게 이루어진다는 것을 알고 있었던 것입니다."[제4 엘로이즈, 둘째 서한] 엘로이즈가 말하는 악마는 반여성적 사고를 가리키며, 여성의 이름으로, 인간의 이름으로, 사랑과 진실의 이름으로 타도되어야 할 대상을 나타낸다. 결국 이 악마가 자신과 아벨라르에게 불행을 준비했다고 결론지었다. "악마는 마침내 그 상투 수단을 우리에게까지 뻗었습니다. 그러나 우리를 정사로 파멸시키지 못하자 결혼으로 파멸케 했던 것입니다. 악마는 악을 가지고 악을 만들어 낼 수 없게 되자, 선을 가지고 악을 만들어 냈던 것입니다."[제4 엘로이즈, 둘째 서한]

엘로이즈의 고백과 저항

엘로이즈는 이어서 자신의 죄를 고백한다. 그녀는 속죄를 청하는 표면적 고백이 아니라, 마음의 고뇌를 동반하는 진정한 고백을 시도했다. 그리고

"마음의 고뇌 그 자체는 정신에 의해 인도된 혀가 책망하는, 죄에 대한 벌" 이라고 밝혔다. 그녀는 스스로를 발가벗기면서 진정한 고백을 털어놓았다. "나는 하느님의 섭리에 대해 불만을 가지고 있으며, 고해함으로써 하느님의 뜻을 가라앉히려 하기보다는, 분개함으로써 하느님의 뜻을 노하게 만들 뿐입니다."[제4 엘로이즈, 둘째 서한] 여기서 엘로이즈는 자신의 고백이 여성 차별의 역사와 성적 본성의 억압에 대한 명백한 저항이라는 사실을 드러내기 시작한다. 그녀의 저항은 다음과 같이 계속된다.

> 나에게 있어서는, 우리가 함께 맛본 저 사랑의 기쁨이 너무나 달콤했기 때문에 그것을 뉘우칠 생각이 일어나지 않을뿐더러, 그것을 내 기억에서 지워버릴 수도 없습니다. 가장 순수하게 기도 속에 잠겨 있어야 할 미사 전례 중에도 그 환락의 방종한 영상은 가엾은 내 마음을 완전히 사로잡아, 나는 기도에 전념하기보다는 수치스런 생각에 잠겨 있기가 일쑤입니다. 자신이 저지른 죄과에 대해 회한을 품어야 할 시간에, 나는 도리어 다시 범할 수 없는 잃어버린 것에 대해 그리움을 느끼고 있는 것입니다. 사람들은 나를 순결하다고 합니다. 그것은 내가 위선자라는 것을 모르기 때문입니다. 나는 사람들한테서는 칭찬을 차지했습니다만, 우리가 숨기고 있는 생각과 마음을 꿰뚫어보시는 하느님 앞에서는 아무런 가치도 없는 것입니다 …… 내 삶의 모든 단계에서, 하느님이 아시는 일입니다만, 나는 하느님을 노하게 하는 일보다 당신을 노하게 할까봐 더 걱정했습니다. 하느님을 기쁘게 해드리려고 하는 욕망보다도 당신을 기쁘게 하려는 욕망이 더 컸습니다. 내가 수녀복을 입은 것은 당신의 명령 때문이지 성소에 의한 것이 아니었습니다.[제4 엘로이즈, 둘째 서한]

엘로이즈는 '진정한 고백'에서 인간의 본성을 인정하는 가운데 새로운 윤리학적 사고를 풀어낸다. 중세 황금기에 이르기까지 인류는 모든 선한 일뿐만 아니라 악한 일에 대해서도, 모든 행복한 일뿐만 아니라 불행한 일에 대해서도 하느님의 이름을 붙여 왔다. 그 결과 모든 인간적 행위의 선과 악을 하느님의 이름으로 판단해 왔다. 급기야는 전쟁도 하느님의 이름으로 하게 되었다. 이에 대해 엘로이즈는 철학적 반론을 제기한 셈이다.

하느님의 이름을 붙인 그 많은 불행과 재난은 과연 하느님이 하는 것일까? 하느님의 이름으로 이루어진 그 많은 판단은 과연 하느님이 행한 것일까? 대부분의 경우는 하느님의 이름으로 인간이 행하는 것이다. 따라서 인간에게 일어나는 악과 불행의 근원은 인간 자신이다. 또한 인간은 오히려 인간의 인도로 하느님께 나아가고, 인간에 대한 직접적 사랑으로 하느님에 대한 사랑을 만나는 것이 아닐까?

엘로이즈는 이 '진정한 고백'을 탁월한 인간이나 강한 인간이 아니라, 나약한 인간, 부족한 인간, 불완전한 인간, 위로받아야 할 인간, 치유가 필요한 인간에 대한 고백으로 끝맺는다. "제발 부탁이오니, 이 몸을 그렇게 높이 평가하지 말아 주십시오 …… 나를 치유할 필요가 없는 완전한 몸으로 여기지 마옵시고, 나에게 주셔야 할 요법을 도리어 나한테 기대하지 말기를 바랍니다."[제4 엘로이즈, 둘째 서한]

엘로이즈에게 있어서 인간은 만물의 영장이 아니라 나약한 존재였다. 엘로이즈의 위대한 용기도 스스로의 나약함을 아는 데서 나오는 것이었다. 삶에서도 엘로이즈는 승리의 면류관이 아니라 위험을 피하는 것으로 만족하겠다는 심정을 토로했다. 그리고 이런 사상을 피력하는 예로니무스 Hieronymus Sophronius, 347~420경 성인의 말로 편지를 마무리했다. "나는 나의 무력함을 고백하노라. 나는 패배의 두려움을 지닌 승리의 희망 속에서 싸우기를 원치 않노라. 불확실성을 따르기 위해 확실성을 버릴 까닭이 무엇이랴?"[제4 엘로이즈, 둘째 서한]

엘로이즈는 인간을 완전한 존재가 아니라 '결핍존재'로 보았다.[35] 이러한 생각은 100년 뒤 토마스 아퀴나스Thomas Aquinas에 이르러 만물의 영장이라던 인간을 동물보다 나약한 '결핍존재'로 보는 철학적 인간학의 관점으로,[36] 또 900년 뒤에는 아르놀드 겔렌Arnold Gehlen의 우주에서 인간의 지위를 찾는 생물학적 인간학의 관점으로 거듭 등장했다.[37]

아벨라르의 참된 사랑

엘로이즈의 두 번째 편지에 대한 아벨라르의 답장은 중세의 일반적 문헌 양식에 따라 매우 상세하고 장황하게 전개되었다. 아벨라르는 서두에 엘로이즈의 서한을 요약하여 반복하고 거기에 대해 하나하나 대답하는 형식을 취했다.

첫째로, 아벨라르는 인사말 서식에서 엘로이즈의 이름을 앞에 쓴 것에 대해 이렇게 대답했다. "잘 알다시피, 당신은 나의 주님의 아내가 됨으로써 나의 여주인이 되던 날 이후로 나의 윗사람이 되었던 것이요 …… 이와 같이 행복한 결혼 관계에 의해서, 지난날 가련한 한 인간의 아내였던 당신은 이제 가장 높은 왕의 잠자리에 오른 것이며, 그 명예로운 특권으로 당신은 이제 이전 남편의 윗자리에 선 것이요."[제5 아벨라르, 둘째 서한] 이 말

---

35 Dierse, U., Mängelwesen, In: *Historisches Wörterbuch der Philosophie, Band 5*, Basel, 1980, 712~724쪽 참조.

36 Thomas de Aquino, *Summa theologica*, I-II, q.2, a.5, c.a.

37 Gehlen, A., *Der Mensch : Seine Natur und seine Stellung in der Welt*, Berlin, 1940.

을 통해 아벨라르의 여성 수도자들에 대한 생각을 엿볼 수 있다. 그는 수녀들을 그리스도의 아내로 존중했던 것이다.

둘째로, 아벨라르는 자신의 죽음에 대한 언질을 돌이켜 보았다. 그것은 엘로이즈가 첫째 서한에서 고통과 기쁨을 함께 나누자고 한 간청에 대한 응답이었다. "당신은 절박한 간청의 말투로 나의 고뇌를 나눠 갖게 해달라고 간청해 놓고, 어째서 지금은 그것을 비난하는 것이오? …… 당신은 나의 기쁨의 반려가 되기만을 원하고, 나의 고통의 반려가 되기는 원하지 않는 것이오? 내가 당신의 마음을 충분히 살펴 주지 못한다 할지라도, 절박한 위험 속에서 계속되는 삶의 위협으로 항시 절망에 빠져 있는 내 입장을 생각해 주시오."[제5 아벨라르, 둘째 서한] 이런 대답으로 미루어 볼 때, 이 서한부터 아벨라르는 인간적 면모를 가지고 엘로이즈를 대하려는 것으로 보인다. 한 걸음 더 나아가 아벨라르는 이 참혹한 삶으로부터 해방되기를 기다리는 자신의 마음을 당연한 것으로 받아들여 달라고 간청한 것이다. 지금의 자신에게는 불행한 삶의 연장보다는 차라리 죽음이 더 나을 것이라고 절규한 셈이다.

셋째로, 자신을 칭찬하지 말라는 엘로이즈의 말에 대해 아벨라르는 거듭하여 찬사를 보냈다. 물론 엘로이즈의 철학적 사고가 위대하다는 의미였다. "당신이 자신에 대한 칭찬에 맞서 그것을 거부한 데 대해선 높이 찬양하는 바요. 그 행위 자체로 당신은 한층 더 자신의 가치를 드러낸 것이오."[제5 아벨라르, 둘째 서한] 나아가 아벨라르는 엘로이즈의 겸손을 진심으로 존중했다. 엘로이즈의 겸손은 자신이 하는 칭찬의 말 따위로는 결코 사라질 수 없는 것이라고 극찬했다.

그러나 아벨라르는 또한 이러한 겸손이 가장된 것이 아니기를 경고했다. 그는 겸손을 시늉하고 거절을 가장한 여인의 교태에 대한 베르길리우스

Vergilius의 이야기를 예로 들어 주의를 환기시켰다. "여인은 버드나무 뒤로 도망쳐 갔다. 그러면서도 마음속으론 먼저 자기가 상대방의 눈에 띄기를 바랐다. 숨어 버리기에 앞서 그녀는 상대방이 자기를 보아 주기를 바란 것이며, 자신을 상대방의 애무로부터 지키려는 듯싶은 이 도망이 실은 그 애무를 받기 위한 수단이었던 것이오."[제5 아벨라르, 둘째 서한] 아벨라르는 겸손한 체하는 가장이 그런 행위의 가치를 배가시키는 마술의 역할을 한다고 꼬집었다.

마지막으로 아벨라르는 엘로이즈가 적나라하게 표현한 "옛 사랑에 대한 고백과 원망"에 대해서 대답했다. 그는 엘로이즈의 하소연이라고 표현하면서 가장 많은 지면을 할애하여 대답했다. 그는 나란히 수도자의 길을 가게 된 자신들의 운명에 대해 하느님을 원망하지 말고 오히려 감사해야 한다고 역설했다. 이제 하느님 안에서 두 사람이 함께 영원히 결합될 것이니, 두 사람의 행복은 더욱 달콤할 것이라고 강조했다. 그래도 아벨라르는 하느님이 간음할 때 벌을 내리지 않고 결혼 이후에 내린 것에 대한 당연한 이유를 엘로이즈에게 설명했다.

아벨라르의 설명은 너무나 상세한 인간적 사랑의 이야기로 점철되었다. 결국 그는 이런 설명을 구실로 자신이 가졌던 사랑의 감정과 진실성, 그리고 참된 사랑을 앞으로도 보여 주고 싶었던 것이다. 그는 지난날의 욕정과 하느님의 벌에 대해 다음과 같이 돌이켜 보았다.

> 나는 그리스도 수난의 날까지도 염치없이 하느님에 대한 공경심도 잊은 채, 욕정의 진구렁에서 헤매며 자신을 억제하지 못했던 것이오. 더구나 당신은 그 짓을 원치 않았으며, 있는 힘을 다해 반항했고, 또 나를 타일렀지만, 당신은 여인인지라 힘이 약했고 또한 나는 위협과 매질로 당신을 순종케 했던 것

이오. 나는 순전히 욕망의 불길에 의해서만 당신에게 열중했던 것이며, 불순한 쾌락 때문에 하느님과 나 자신을 망각하고 있었던 것이오. 그래서 하느님의 관용으로서도 내게서 그 향락의 근원을 완전히 앗아 버리지 않고서는 나를 구제할 방법이 없다고 보신 것이 아니겠소?[제5 아벨라르, 둘째 서한]

아벨라르는 자신의 비극에 대해 엘로이즈와는 반대로 감사하는 마음을 가지고 있었다. 나아가 그는 감사하는 삶에 엘로이즈도 동참할 것을 종용했다. "나와 한 몸이며 죄과와 용서를 함께 나눈 당신이여, 감사에 있어서도 떨어질 수 없는 나의 반려가 되어 주오."[제5 아벨라르, 둘째 서한] 그리고 그들이 함께 수도자의 길을 가는 것은 인간적 성취를 위해서도 잘된 일이라고 말했다. 엘로이즈가 평범한 아내로 사는 것을 아벨라르는 손실이라고 보았던 것이다.

만약 당신이 천국을 위해 기쁨을 가지고 수많은 자식을 만드는 대신, 단지 육체의 쾌락을 위한 불순에 빠져 약간의 자식들을 낳으며 이 세상의 고뇌에 머물러 있었다면, 그 얼마나 애처로운 손실이겠소! 그리고 지금 뭇 남성들 위에 초연히 서서 하와의 저주를 마리아의 축복으로 바꾸고 있는 당신이 만약 단순한 일개 부인에 불과한 채 머물러 있었다면, 그 얼마나 애처롭고 한스러운 불행이며 손실이겠느냐는 말이오.[제5 아벨라르, 둘째 서한]

아벨라르는 하와의 저주와 마리아의 축복을 대비시키면서 여성적 자각과 영적 자녀의 수확을 일깨우고자 했다. 또한 그는 여성으로서도 얼마든지 스스로의 삶을 선택할 수 있다는 시대 극복의 의도를 가지고 있었다. 그는 엘로이즈에게 이렇게 요청했다. "당신의 유혹자를 애통히 여기지 말고 당신의 구원자를 애통히 여기시오."[제5 아벨라르, 둘째 서한] 이어서 아벨라르는 엘로이즈의 삶에 용기를 불어넣고자 시도했다. 즉 자신의 경우는 이미 버티고 극복해야 할 거리를 잃어버렸기 때문에 영적 면류관을 기대할 수 없지만, 엘로이즈에게는 정욕과 욕망을 이기고 나아간다면 천상의 공적은 배가될 것이라고 북돋았다.

끝으로 아벨라르는 자신의 소망을 담은 기도문을 만들어 편지에 첨부했다. 자신을 위해, 아니 그들 두 사람을 위해 그렇게 기도해 달라는 부탁이었다. 이 기도문은 특별히 여성의 관점에서 바라본 하느님을 강조하고 있으며, 은연중에 참된 사랑이 어떤 것인지 드러내고 있다.

아벨라르의 신앙고백

아벨라르는 인고의 시간을 뒤로 하면서 생애 마지막 서한을 엘로이즈에게 보냈다. 그는 여기서 자신의 신앙과 일생 그리고 엘로이즈와의 사랑을 냉철하게 되돌아보며 고백했다. 아벨라르를 존경하던 수도자 투르의 베렌가리우스Berengarius Turonensis는 자신의 저서『호교론』에 이 서한을 첨부하여 보존해 두었다. 아벨라르는 현실의 옛 사랑이 지나간 다음에 다시 싹튼 영적 사랑의 고백을 이렇게 시작했다

> 한때 이 세상에서 나에게 사랑스러웠고, 지금은 그리스도 안에서 가장 사랑스러운 엘로이즈에게. 논리학은 세상으로 하여금 나를 혐오하도록 했다오.[38][아벨라르의 신앙고백]

38 Abaelardus, P., Confessio fidei ad Heloissam, EPISTOLA XVII, PL178, 375C 1 이하: Soror mea Heloissa, quondam mihi in saeculo chara, nunc in Christo charissima, odiosum me mundo reddidit logica.

아벨라르는 이 세상에서의 일반적 사랑은 라틴어 형용사 '카라chara', 즉 '사랑스럽다'로, 그리스도 안에서의 사랑은 최상급 형용사 '카리시마charissima', 즉 '가장 사랑스럽다'로 달리 표현했다. 이 독특한 서두는 아벨라르가 보내는 마지막 사랑의 고백을 예시하며, 그 사랑은 온전히 엘로이즈의 뜻대로 이루어졌다는 것을 인정하고 있다. 아벨라르는 자신의 불행 이후 모든 것을 망각하려 했지만, 엘로이즈는 끝까지 그리스도 안에서 사랑을 완성시키려 했다는 의미이다. 아벨라르는 젊은 날의 무기로 삼았던 논리학, 즉 철학의 엄밀성을 떠나 이제야말로 영적 사랑의 조화로 돌아가려는 것이었다.

아벨라르는 자신의 일생을 돌이켜 보면서 다시 간략하게 요약했다. 이어서 철학적 삶의 고난으로 점철된 자신의 신앙을 고백했다. 그는 철학으로 인해 불행을 겪었지만, 그 철학이 그리스도와 분리된 것이었다면 결코 수행하지 않았을 것이라고 토로했다.

아벨라르의 마지막 말은 의심받던 자신의 그리스도교 신앙에 대한 확실성과 자신의 지난 인생에 대한 강력한 자신감이었다. 그의 신앙과 자신감은 엘로이즈에게 힘을 불어넣으려는 의도로 볼 수도 있다. 역으로 그의 자신감은 오히려 엘로이즈의 삶과 사랑에 대한 자각에 힘입은 바 컸다고 볼 수도 있다.

> 이것이야말로 내가 기대면서 튼튼하게 되기를 바라는 신앙이오. 나는 거기에 자리를 잘 잡으면서 스킬라의[39] 울부짖음도 두려워하지 않고, 카리브디스

---

39 스킬라Scylla는 그리스신화의 바다 괴물로, 상체는 젊은 처녀이고 하체는 여섯 마리의 개이다. 오디세우스를 공격하는 데 앞장섰다.

> 의[40] 소용돌이도 웃어 버리며, 사이렌의 치명적 선율도 겁내지 않는다오. 폭풍우가 몰아쳐도 나는 무너지지 않을 것이오. 바람이 불어와도 나는 흔들리지 않을 것이오. 나는 단단한 반석을 토대로 삼고 있기 때문이오.[41][아벨라르의 신앙고백]

이는 사실상 아벨라르의 마지막 말이었다. 아벨라르의 말투는 시대와 문화를 넘어서서 자신의 사랑을 끝까지 살아간 엘로이즈의 말투와 어느새 닮아 있다. 여기서 단단한 반석은 과연 무엇을 의미하는가? 사랑을 의미하는가, 아니면 누구를 의미하는가? 그렇다면 엘로이즈를 의미하는가? 아마도 서두에 밝힌 그리스도 안에서 가장 사랑하는 엘로이즈일 것이다. 아벨라르는 끝까지 자신의 철학이 그리스도교 신앙과 조화를 이루기를 바랐으며, 그리하여 엘로이즈에 대한 사랑도 그리스도의 사랑 안에서 영원하기를 희망한 것이다.

5
엘로이즈의 실천철학과 여성 수도생활의 개혁

그리스도교의 여성수도회는 12세기에 본격적으로 설립되고 확장되기 시작했다. 힐데가르트 폰 빙엔과 같은 여성 수도자들을 필두로 서서히 여성

---

40 카리브디스Charybdis는 그리스신화에서 스킬라와 함께 사는 무형의 바다 괴물이다.

41 Abaelardus, 같은 곳, PL178, 378A 1 이하: Haec itaque est fides in qua sedeo, ex qua spe contraho firmitatem. In hac locatus salubriter latratus Scylla non timeo, vertiginem Charybdis rideo, mortiferos Sirenarum modulos non horresco. Si irruat turbo, non quatior. si uenti perflent, non moueor. Fundatus enim sum supra firmam petram.

들의 수도생활이 유럽 전역으로 퍼져 나가면서 다양한 수녀원이 자리를 잡아 가고 있었다. 이는 기존 베네딕트회의 혁신과 시토회와 같은 새로운 개혁수도회의 설립을 통해 진행되었다. 프랑스의 파라클레에서 약 320km 떨어진 독일 지역에서 빙엔의 힐데가르트가 수녀원의 영성생활을 주도하면서 여성 신비주의의 문을 두드리고 있었다면, 파라클레에서는 엘로이즈 수녀원장이 여성 수도자들의 생활을 실천적으로 개혁하고 있었다.

엘로이즈의 철학적 열정

엘로이즈의 철학적 열정은 앞서 살펴본 클뤼니의 베네라빌리스 원장이 전하는 것 이외에도 아벨라르에게 보낸 첫 번째 서한과 두 번째 서한에서 분명하게 드러난다. 그녀는 주로 아벨라르와의 관계를 회상하면서 사랑의 의미, 윤리적 행위론, 부부관계의 의미를 밝히기 위해 다양한 철학적 근거를 마련했다. 그녀는 철학적이고 신학적인 내용을 인용하면서도 사랑의 의미와 의무를 찾아내고자 했다. 이를 위해 엘로이즈는 성서 및 교부들의 저서와 나란히 키케로Cicero, 세네카, 아리스토텔레스Aristoteles까지 소급해 올라가는 역량을 보였다.

엘로이즈의 논술에 가까운 사랑의 호소는 그녀가 성서뿐만 아니라 교부들의 저서와 고대 철학문헌에도 조예가 깊었다는 것을 인용citatio을 통해 보여 준다. 인용은 중세에서 확립되기 시작하여 대학과 학문에 자리 잡은 중요한 철학적 방법이요, 논술의 기본 양식이다.

엘로이즈는 인간관계와 서신 교환의 중요성에 대해서도 격언의 인용을 통해 말했다. "친구의 편지는 멀리 있는 사람을 기쁘게 한다."[42] 이어서 엘

42 iucunde sint absentium littere amicorum.

로이즈는 철학자 세네카가 친구 루킬리우스에게 보낸 편지글을 인용하면서 편지의 중요성과 인간적 감동을 인증하고 강화시켰다.

> 나에게 부지런히 편지를 보내 주어 감사하네. 편지는 자네가 나에게 나타날 수 있는 유일한 방법이네. 자네의 편지를 받지 않고서는 우리가 결코 함께 할 수 없을 것이네. 멀리 떨어져 있는 친구의 초상화는 우리의 기억을 새롭게 하고 없는 사람에 대한 그리움을 실없고 허무한 위안으로 기쁘게 한다면, 없는 친구를 진실로 알려 주는 편지는 우리를 더욱 기쁘게 한다네.[제2 엘로이즈, 첫째 서한]

이 서한과 나란히 '42 제 문제'라는 제목으로 엘로이즈가 작성한 철학적 물음의 목록도 전해지고 있다.[43] 이러한 문헌들로 미루어 볼 때, 엘로이즈는 수녀원의 원장으로 활동하면서 나름대로 여성들의 학문적 스승으로 발돋움하고 있었던 것으로 보인다. 엘로이즈는 아벨라르에게 「42 제 문제」를 질의하면서 자신과 수녀원의 학생들을 위해 학문적 조언을 해줄 것을 요청했다. 그녀는 이런 요청을 하면서도 학문에 대한 사랑과 열정의 근거를 유감없이 드러냈다.

> 우리는 모든 노력을 기울이고 있으며, 우리 안에는 예로니무스가 말하는 학문에 대한 사랑이 살아 있습니다. "성서의 학문을 사랑하면, 육체적 삶을 사랑하지 않으리라."[44] 그러나 제기되는 수많은 질문은 우리를 혼란스럽게 하

---

43 Cousin, Victor, Problemata Heloissae, in: *Petri Abaelardi Opera I*, Paris, 1849, 225ff.

44 Ama scientiam Scripturarum, et carnis vitia non amabis.

고 우리의 열정을 식어 버리게 합니다. 우리의 이해 능력은 성서의 여기저기에 미치지 못하며, 올바른 사랑이 사라지곤 합니다. 생각이 높아져도, 사랑은 강요할 수 없습니다. 그러면 우리의 활동은 무력해지고 열매를 맺지 못할 것입니다. 이로 인해 우리 여학생들은 그 스승에게, 딸들은 그 아버지에게 얼마간의 질문을 올리면서 긴급하고 겸손하게 요청합니다.[45]

사랑의 의무와 수녀원 규칙의 개혁

엘로이즈는 아벨라르에게 사랑의 의무를 알렸으므로, 이제는 구체적으로 그 의무의 실천을 당당하게 요구했다. 수도자로서 살아가는 엘로이즈 자신과 그녀의 동료 및 제자 수녀들의 영성생활을 개혁하는 데 도움을 달라는 것이었다. 영성 지도를 바라는 엘로이즈의 서한은 여성 선각자의 면모를 뚜렷이 드러내고 있다.

엘로이즈는 아벨라르에게 그들의 영적 생활을 지도해 줄 것을 이렇게 부탁했다. "나의 이 괴로움을 전적으로 치유해 주시지는 못하더라도 얼마간이나마 경감해 주실 수 있는 분은 당신입니다. 같은 자리에 박히게 되는 한 개의 못은 또 다른 못을 밀어내며, 새로운 생각은 옛 생각을 밀어내기 때문입니다."[제6 엘로이즈, 셋째 서한] 이 문장을 통해 엘로이즈가 다시 한번 아벨라르의 의무를 상기시키는 것을 알 수 있다. 이어지는 그녀의 부탁은 크게 두 가지다.

첫째는 수도회의 역사적 기원과 수녀들의 신앙생활이 지닌 고유한 특성을 가르쳐 달라는 것이었다. 둘째는 수녀들이 수도생활에서 이행해야 할 규칙 가운데서도 특히 여성에게만 적용되는 특별한 것을 문서로 작성해 달

---

45 Abaelardus, *Die Leidensgeschichte und der Briefwechsel mit Heloisa*, 368쪽.

라는 것과 여성 수도회의 제도와 제복을 새로이 지정해 달라는 것이었다. 당시는 여성들만을 위해 특화된 수도원이 보편화되기 전이었다. 12세기에 접어들면서 수녀원의 수는 늘어나고 있었지만, 여전히 여성의 특수성을 고려한 수도생활의 제도, 규칙, 생활방식 등이 확립되지 않은 상태였다.

엘로이즈는 의식적 여성인 데다 철학을 공부했으므로, 수도생활의 모든 면을 여성에게 초점을 맞추어 새로이 제정하려는 원대한 그림을 그리고 있었다. 그것도 대충 하는 것이 아니라 성문화시키려는 것이었다. 게다가 그리스도교를 이끌어 온 교부들의 실수를 꼬집으면서 개혁하려는 시도는 중세의 여성으로서는 거의 상상할 수 없는 일이었다. 엘로이즈는 여성 수도생활의 제도와 규칙을 개혁해야 할 이유에 대해 다음과 같이 설명했다.

> 제가 확신할 수 있는 바에 따르면, 성스런 교부Pater들도 이러한 과업을 간과했습니다. 여성들을 위해 규정된 수녀들의 규칙서는 존재하지 않습니다. 그 [규칙과 제도가 없는] 결과로, 현재에 와서는 남성과 여성을 수도원에 받아들이기는 했으나, 동일한 규칙을 따를 의무를 지고 있습니다. 연약한 여자 사람들도 튼튼한 남자 사람들과 똑같이 힘든 수련을 받고 있습니다. 어떤 경우이든 서방 교회에서는 남자든 여자든 동등하게 성 베네딕트의 규칙을 따를 의무가 있습니다. 그렇지만 베네딕트 성인도 규칙을 제정하면서 남자들만 염두에 두었다는 것은 의심의 여지가 없으며, 또한 높은 사람을 위해 정했든 낮은 사람을 위해 정했든 오로지 남자들만이 이러한 규칙을 지킬 수 있습니다.[제6 엘로이즈, 셋째 서한]

당시 그리스도교의 역사는 천 년을 넘어섰지만, 어떤 교회 지도자도 여성적 신체와 정서의 특수성을 고려한 수도생활 규칙을 고려하지 않고 있었다. 이는 역사적 사실이다. 엘로이즈는 그 시대의 제도와 규칙에 비해 여성을 연약한 존재로 보고 있었다. 시대 상황 이전에 인간 자체를 본성적으로 나약하고 부족한 존재로 보고 있었다. 그렇지만 여성적 연약함을 스스로 의식하고 그것을 보완하여 극복하고자 하는 이러한 개혁의 시도는 결코 연약한 여성의 모습이 아닐 것이다. 사랑의 비극을 직시하고 그 비극을 극복한 다음의 엘로이즈는 강한 여성으로, 의식적 여성으로, 아니 당당한 인간으로 새로이 태어난 것이었다.

한 시대의 인간으로서, 한 시대의 산물인 한 개인으로서 그 시대의 문제와 억견을 직시하고 비판한다는 것은 결코 쉬운 일이 아니다. 그 시대의 관점에서 그 시대를 바라보면, 그 시대의 문제를 직시하기가 어렵다. 세상을 바라보는 관점 역시 시대와 교육의 산물이기 때문이다. 의식적으로 개발한 의식이 아니라면, 대체로 그 시대 사람은 그 시대의 문제를 일상이나 운명으로 받아들이기 마련이다.

그러나 엘로이즈는 시대를 극복하는 의식적 면모를 하나하나 드러내기 시작했다. 그녀가 지적한 바와 같이, 남자든 여자든 수도자는 베네딕트의 규칙을 지켜야 하지만, 그 규칙은 남성 일변도로 제정되었다. 아니나 다를까 그녀는 이 규칙서가 불합리하다는 것을 꿰뚫어 보고 날카롭게 비판했다.

엘로이즈는 여성에게 부적합한 종래의 규칙들을 구체적으로 열거해 나갔다. "이 규칙의 다른 조항에 관해선 여기서 말하지 않기로 하더라도, 두건이 달린 망토 복식이며, 짧은 바지며, 어깨에 걸치는 복장에 관한 격식들을 어떻게 여자에게 적용시키겠습니까? 또 튜닉 내복이라든지 털 달린 속바지를 어떻게 여자들이 입겠습니까? 여자들에게는 월경이 있기 때문에, 이런 것을 사용한다는 것은 전혀 불가능합니다."[제6 엘로이즈, 셋째 서한] 20세기의 유니섹스 복식에 비추어 보면, 엘로이즈의 비판은 별게 아닌 것처럼 들릴 수도 있다. 그러나 중세시대에 남자와 차별화된 복장을 요구한 것은 이미 시대를 넘어선 여성주의적 혁명이었다.

엘로이즈는 드디어 여성의 인격적 문제를 거론했다. "수도원장이 순례자나 길손을 위해 주재하게 되는 특별 식탁에서의 식사 규정을 어떻게 보십니까? 수녀원장이 남자 손님들을 접대해야 된다든지, 또는 접대해야 할 남자 손님들과 식사를 함께해야 된다든지 하는 일이 우리의 서약에 어울리는 일입니까?"[제6 엘로이즈, 셋째 서한] 그녀는 한마디로 접대를 거부한 것이다. 오늘날의 뉴스를 듣는 것 같다! 이런 문제를 지적한 것 자체가 어쩌면 여성적으로 보일 수도 있다. 하지만 중세의 가부장적 분위기와 수녀원이 초창기였음을 감안한다면, 이는 저돌적이면서도 섬세한 지적이었다.

엘로이즈는 수도자로서 수녀들의 사회적 교제에 대해서는 일반 여성들과의 교유까지도 멀리해야 한다고 강조했다. 즉 수녀들의 사회적 접대 거부는 단순히 남성에 대한 거부가 아니라 수도자의 완성된 삶을 위해서라는 것을 알 수 있다.

> 저희 수녀들이 여자 손님들만을 접대하게 되어 식탁에 함께 앉는다고 치더라도, 그곳엔들 역시 아무런 위험이 없겠습니까? 확실히 여자를 타락하게 하는 데는 여자의 부드러운 애무 이상 가는 무기가 없을 것입니다. 또한 여자가 마음속에 도사린 타락의 요소를 털어놓는 대상으로도 여자보다 더 좋은 상대는 없을 것입니다.[제6 엘로이즈, 셋째 서한]

엘로이즈의 이런 말은 아벨라르에게 의문을 던지는 것이기도 하지만, 또한 다음과 같이 해석될 수 있다. 수녀가 여성을 접대해도 된다는 규칙이 어울리지 않는다면, 남성을 접대하는 것은 더욱 어울리지 않는다는 것이다. 다른 한편 수도원장이 사회적 필요에 따라 손님들을 접대해야 한다면, 수녀원장도 마찬가지로 그럴 필요가 있을 수 있다는 뜻이다. 엘로이즈의 날카로운 논술은 시대를 넘어설 만큼 놀라운 완성도를 담고 있다.

여성주의적 실천철학

엘로이즈는 여성 수도자의 권익에 덧붙여 수도자의 신념, 직업의 신념, 결국 인간적 활동의 신념과 신념에 대한 충분한 교육을 주장했다. 신념의 문제 역시 여성 수도자의 권익과 연계되어 의미심장한 여운을 남긴다.

> 잘 알지 못하는 길이나 소상하게 개척되지 못한 길을 가는 것보다 더 어리석은 일이 어디 있겠습니까? 또한 자기가 모르는 생활을 직업으로 선택한다든지, 실행할 수 없는 일을 서약하는 일보다 더 주제 넘는 일이 어디 있겠습니까? 만약 신중이 모든 덕행의 어머니며, 이성이 모든 선행의 매개자라면, 그 누가 신중과도 멀고 이성과도 동떨어진 것을 선이라 여기며 덕이라 여기겠습니까? 덕 자체도 지나칠 경우에는 부덕으로 꼽을 일이라고 성 예로니무스는 말씀하십니다. 그러나 우리가 사람에게 짐을 지울 때, 우선 그 짐을 질 사람의 힘을 먼저 고려하지 않는다면, 그리고 그 사람의 노력과 타고난 능력의 정도를 살피지 않는다면, 그것은 모든 이성과 신중으로부터 벗어난 일이라 하겠습니다. 코끼리에게 지워야 할 짐을 당나귀에게 지우는 사람이 어디 있겠습니까?[제6 엘로이즈, 셋째 서한]

엘로이즈의 여성주의적 실천철학은 인본주의 철학에 기초한다. 그녀는 베네딕트 성인도 인간 개개인에 대한 배려를 잊지 않았다고 상기시킨다. “개개인의 성격과 지능을 고려하고 거기에 부응함으로써, 자신과 모든 자와 일치시키고 조화시키도록 할 일이다. 자기 수중에 맡겨진 가축의 떼를 소실치 않게 할 뿐만 아니라, 오히려 좋은 가축의 증대를 꾀하도록 할 일이다.”[제6 엘로이즈, 셋째 서한] 여기서 가축은 개인의 능력을 상징한다. 따라서 엘로이즈의 여성주의는 개인의 능력을 증대시키고 개인의 실현을 이끌어 내는 인본주의이다.

엘로이즈는 서한을 작성해 나가면서 이러한 철학을 더욱 상세한 인용과 논리적 사고로 첨예화시켰다. 그녀의 서술에는 사회 비판적이고 흥미로운 여성주의의 일면도 포함되어 있다.

> 자연의 신중성은 우리 여성들에게 절제의 큰 덕을 부여함으로써, 식량 문제에 있어 훨씬 덜 고통을 지니도록 궁리했던 것입니다. 사실 여자들은 먹는 문제에 있어서 남자들보다 훨씬 더 적은 분량으로 목숨을 유지할 수 있으며, 물리학은 우리 여성이 술에 취하기 어렵다는 것을 가르쳐 주고 있습니다.[제6 엘로이즈, 셋째 서한]

엘로이즈는 남성 수도자 중심의 사회에서 여성들도 수도생활을 할 수 있도록 창조되었다는 것을 강조하는 동시에, 여성들도 남성들 못지않게 정신적 내지는 종교적 자아실현을 지향할 수 있다는 것을 피력한 것이다. 나아가 그녀는 당대의 맹목적 삶에 대한 비판적 발언을 주저 없이 쏟아냈다.

> 오늘날에 있어서는 많은 사람이 거의 맹목적으로 수도원 생활에 뛰어들며

수도원에 들어오기 전보다 더 불규칙적인 생활을 합니다. 그리고 자기네들이 좋아하는 습관으로 율법을 대신하고 있습니다. 분명히 세상은 말세가 되었습니다. 인간은 다른 피조물들과 같이 본래의 힘을 잃고 있는 것 같습니다. 그리고 사랑이 식어 가는 것 이상으로 신앙이 줄어들고 있습니다.[제6 엘로이즈, 셋째 서한]

사랑보다 먼저 믿음이 식었다는 것이다. 인간의 본성이 상실되고 있다는 것이다. 이러한 엘로이즈의 시대 성찰은 현대인의 신중치 못한 직업 선택, 준비하지 않는 삶, 맹목적 비혼이나 방법적 결혼, 신념이 없는 사랑, 인간성의 포기에 대한 날카로운 경고가 될 것이다.

엘로이즈의 인본주의는 수도원의 경직된 규칙에 대한 관용을 주장하기도 했다. 불필요한 규칙으로 정당한 삶을 얽매어서는 안 된다는 것이었다. "하느님의 나라로 인도하는 데 아무런 도움도 되지 못하는 하찮은 일들에 중요성을 부여할 필요는 없는 것입니다."[제6 엘로이즈, 셋째 서한] 아무런 의도를 설정할 수 없는 인간의 행위에 대해 불필요한 규정을 부여하는 것은 도리어 해악이 된다는 것이다. 엘로이즈는 구체적 예를 들기도 했다. "또한 나는 알고 싶습니다. 어느 곳에서 육식하는 일이 하느님에 의해 죄로 다스려졌으며, 또 수도자들에게 금지되었습니까?"[제6 엘로이즈, 셋째 서한] 실제로 베네딕트 성인은 수도자들에게 술도 마실 수 있도록 양보했다고 전해지고 있다.

정도를 넘는 규칙이나 금령은 곧 인간의 정당한 인격을 무시하거나 다른 목적에 악용되기 쉽다. 과도한 열성주의나 극단적 신심주의로 흐르는 현대의 수많은 종교나 종파는 엘로이즈의 날카로운 비판을 귀담아 들어 봐야 할 것이다. 엘로이즈는 수도생활에 대해 당시 남성 지도자들보다 더 너그럽고 섬세한 관용을 베푸는 면모를 보여 주었다.

> 오늘날에 있어서도 [베네딕트와] 같은 형태의 배려가 행해지고, 선bonum도 아니고 악malum도 아닌 무관한 상태로 여길 수 있는 모든 것에 대해서는 마찬가지로 완화시켜야 한다고 생각합니다. 그리고 이미 그 필요성을 납득시킬 수 없는 일에 대해서는 강제적으로 서약시키지 말 것이며, 악이 아닌 무관한 모든 행위에 대해서는 그것을 용서해 주는 한편, 다만 진실로 죄가 되는 것만을 금지해도 충분하지 않을까 여겨집니다. 음식물이나 의복에 대해서도 이런 배려가 있었으면 하며, 저렴하게 입수되는 것을 사용하고 매사에 필요성을 위주로 하며, 절대 과잉이 없게 했으면 합니다.[제6 엘로이즈, 셋째 서한]

엘로이즈는 여기서 규칙을 정할 필요가 없는 행위의 대상을 '무관한 행위'로 본다. 무관한 행위란 선도 아니고 악도 아닌, 도덕적으로 선악을 판단할 필요가 없는 행위를 말한다. 이는 후일 토마스 아퀴나스의 행위론에 이르러 분명하게 개념화되었다. 토마스는 행위를 인간의 행위actus homis와 인간적 행위actus humanus로 구분했다.[46] 인간적 행위는 냉철한 이성과 자유로운 의지를 동반하는 행위로, 선한 행위이거나 악한 행위로 구분된다. 반면 인간의 행위는 무의식에 가까운 행위로, 선이나 악과는 무관한 행위이다. 엘로이즈는 인간의 일상생활에 수반되면서도 선악의 구분과 무관한 행위는 근본적으로 도덕적 판단이나 규정의 대상이 될 수 없다는 관용의 법칙을 분명히 했다.

46 Thomas de Aquino, *Summa theologica*, I-II, q.1, a.1, c.a. 참조.

여성의 권리

당시의 일반적 사고를 넘어서는 엘로이즈의 실천철학은 급기야 여성의 권리를 주장하기에 이르렀다. 수도생활을 하는 여성들은 당연히 교회로부터 경제적 도움을 받을 권리가 있다는 것이다. 여성의 종교적 권리와 사회적 권익에 대한 선언적 주장은 당시로는 너무나 파격적이었다. 중세시대가 아니었는가? 엘로이즈는 여성에게 적합한 규칙을 만들어 달라고 아벨라르에게 요청한 적이 있다. 그러면서 여성 수도자들에게 과도한 육체적 노동을 요구하지 말 것을 미리 부탁해 두었다.

엘로이즈는 여성의 권리를 관용의 법칙으로부터 도출하고자 했으며, 그것도 바오로 사도가 말하는 관용의 도덕을 근거로 삼았다. 바오로 사도는 하느님에게 일생을 바친 여성에게는 자기 자신의 노동에 의해서라기보다는 오히려 사랑의 혜택으로 살아갈 특권이 주어져 있다고 말했다. 일반 과부들은 친척들이, 그리스도를 따라다니는 진정한 과부들은 교회가 도와주어야 한다는 것이었다. 바오로 사도는 참된 믿음의 아들 디모테오에게 이렇게 말했다. "의지할 데 없는 과부들을 돌보아 주시오."[47] 엘로이즈는 성서를 보다 적극적으로 읽었으며, 따라서 바오로 서간에 나온 진정한 과부를 오늘의 수녀라고 해석했다. 그리고 그녀는 수녀들의 권리를 처절한 문장으로 호소했다.

> 바오로 사도가 진정한 과부라 일컫는 이들은 예수 그리스도에게 봉사하는

---

47 디모테오 I, 5, 3. 여기서 바오로 사도는 또한 교회에 명단에 올릴 과부를 정해 준다. "그 과부는 착한 행실로써 사람들의 인정을 받는 여자이어야 합니다. 자녀를 잘 기르고 나그네를 후대하고 성도들의 발을 씻어 주고 어려움을 당한 사람들을 도와주고 온갖 선행에 몸을 바친 여자라야 합니다."(디모테오 I, 5, 10 이하)

> 여자들을 말함이며, 남편이 죽었을 뿐만 아니라 그녀들에 대해 이 세상이 죽었고, 그녀들도 또 이 세상에 대해 죽은 그러한 여자들을 말합니다. 이와 같은 여자들은 천상에 있는 그들 남편의 재산이라고도 할 수 있는 교회의 지출로써 부양받을 권리가 있습니다.[제6 엘로이즈, 셋째 서한]

수녀들에 대해 세상은 죽었고, 세상에 대해 그녀들도 죽었다! 세상에 대해 한탄하는 것 같은 엘로이즈의 영적 지도 서한은 그녀의 여성의식을 외친 것이었다.

엘로이즈는 아벨라르에게 수녀원의 기원과 규칙을 성문화해 줄 것을 부탁했다. 그러나 그녀는 거의 모든 규칙을 총망라하여 스스로 하나하나를 정해 나갔다. 결국 그녀는 수녀원의 규칙을 개혁하기 위해 서한이라는 문헌 양식과 수신인 아벨라르의 이름을 빌렸을 뿐, 그 구체적 내용에 대해서는 엘로이즈 자신의 명백한 의지로 만들어 나갔다. 아벨라르는 이러한 엘로이즈의 요청과 여성의식을 반대하거나 수정하지 않은 채 그대로 받아들인 모양새다. 수녀원의 제도와 규칙을 어떻게 개혁해야 하는가는 엘로이즈 자신이 그 내용을 밝히고 근거를 마련했기 때문이다.

도덕적 문제 제기

엘로이즈는 아벨라르에게 「42 제 문제」에서 신학적 질문을 제기하면서 자신과 수녀들을 위해 성서에 대해 가르쳐 줄 것도 요청했다. 아벨라르는 성서가 '영혼의 거울'이기 때문에 수도생활을 위해 배워야 한다고 말한 적이 있었다. 엘로이즈는 「42 제 문제」의 여덟 번째 문제에서 역시 성서를 인용하면서 성윤리에 대해 이렇게 물었다.

> 주님께서 간음한 여자를 풀어 주기 위해 유대인들에게 대답하셨다. "너희 중에 누구든지 죄 없는 사람이 먼저 저 여자를 돌로 쳐라."[48] 그리하여 주님은 그녀를 위기에서 도와주었습니다. 그렇지만 여기에는 몇 가지 생각할 것이 있습니다. 오직 죄 없는 사람만이 그 여자를 돌로 쳐도 좋다고 한다면, 예수는 모든 사람에게 죄에 대한 처벌 행위를 금지하는 것처럼 보입니다. "죄로부터 깨끗한 사람은 아무도 없다. 비록 이 세상에서 첫날을 맞이한 어린이일지라도 깨끗하지는 않다."[49]

이 성서 이야기는 율법학자들이 예수를 곤란하게 하여 올가미를 씌우기 위한 것이었다. 만약 예수가 여자를 돌로 쳐라 하면 스스로 자비의 원칙을 어기게 되고, 벌하지 말라 하면 간음을 무죄로 보기 때문에 유대인의 율법에 어긋날 것이었다. 여기서 예수는 대답 대신에 군중이 생각해야 할 문제를 던졌다. "너희 중에 누구든지 죄 없는 사람이 먼저 저 여자를 돌로 쳐라." 이에 세상사 경험이 풍부한 나이 많은 사람부터 자리를 떴고, 예수 앞에는 간음한 여자만 남았다. 죄 없는 사람은 아무도 없었던 것이다. 이런 상황에 대한 엘로이즈의 질문이었다. 간음을 범한 여인을 처벌할 권리가 인간에게 없지 않습니까?

아벨라르는 대답하기 위해 이렇게 운을 떼었다. "유대인들 가운데서 죄 없는 사람은 오로지 주님이신 예수밖에 없었다." 첫 번째 돌을 던질 수 있는 사람은 많은 사람 가운데 홀로 죄로부터 자유로운 유일한 사람뿐이라는 것을 선언하는 셈이다. 또한 그가 율법에 따라 첫 돌을 던지고 또 그 율

---

48 요한복음, 8, 7.

49 Abaelardus, *Die Leidensgeschichte und der Briefwechsel mit Heloisa*, 369쪽.

법이 정의라면, 돌을 맞은 뒤에 여자는 참회 속에서 스스로를 괴롭히고 다시는 영혼을 거역하지 않겠다고 육체를 길들였을 것이다. 오로지 그럴 경우에만 첫 돌을 던질 수 있지 않겠는가? 그래서 아벨라르는 다음과 같이 대답했다.

> 살인에 대한 금지령은 인간으로서의 인간을 겨냥하는 것이지, 인간 안의 하느님을 겨냥하는 것이 아닙니다. 범행이 하느님의 정의로부터 일어나는 것이 아니라 개인적 악의의 결과로 일어나는 한, 인간 안에 있는 하느님이 아니라 인간으로서의 인간이 살인을 범하는 것입니다. 그렇다면 인간은 악행을 벌한답시고 정의의 조력자로서 칼을 드는 것이 아니라, 실은 자신의 포악성을 해소하려고 칼을 드는 것입니다. 그래서 하느님의 진리는 말합니다. "칼을 잡는 자는 칼로써 죽을 것이다."[50]

죄 없는 인간은 아무도 없으므로, 첫 번째 돌을 던질 자가 없는 것은 당연하다. 나아가 근본적으로 하느님의 정의가 범행을 저지르는 일은 있을 수 없으므로, 인간이 자행하는 모든 살인은 인간 자신을 위한 것이다. 특히 여인의 간음죄를 처벌할 인간은 아무도 없을 것이니, 이는 이미 엘로이즈의 질문 속에 들어 있는 답이었다.

전례에 나타난 사랑의 노래

엘로이즈의 사랑과 영성은 현실적으로는 중세의 사회와도, 그리스도교와도 조화를 이루지는 못했다. 그러나 그녀는 자신이 처한 특수한 삶의 지

50 Abaelardus, 같은 책, 370쪽.

평에 자신의 사랑을 영적 우정으로 완성시키려고 노력했다. 그녀는 자신의 사랑과 영성이 수도원의 특별한 전례를 통해 가능하다고 믿었던 것이다. 중세 여성 신비주의의 절정에는 신적 사랑을 연인들의 애정과 연결시키는 일련의 체험이 존재했다. 하느님을 만나는 신비체험은 연인이나 신랑을 만나는 장면으로 언어화되었고, 찬송가가 되었으며, 가극화되기도 했다. 특히 이러한 신비체험은 제5장에서 살펴볼 제르트루다에 와서 절정에 이를 것이다.

엘로이즈는 파라클레 수녀원의 부활절 전례에 등장하는 에피탈라미카 Epithalamica를[51] 통해 자신의 영성과 사랑을 노래하게 했다. 에피탈라미카는 글자 그대로 '결혼축가'를 의미하지만, 신부가 잃었던 신랑을 다시 찾는 '결혼드라마Sponsus'다. 또한 요한복음의 마리아 막달레나가 십자가에 못 박혀 죽은 그리스도를 찾아 나섰다가 부활한 그리스도를 만나는 스토리를 연상케 하기도 한다.[52]

근래의 연구자들은 엘로이즈가 파라클레 수녀원의 부활절 전례를 위해 '에피탈라미카'를 시로 읊고 작곡한 것으로 믿고 있다.[53] 따라서 이 노래는 운율이나 박진감으로 볼 때, 어쩌면 엘로이즈뿐만 아니라 파라클레 수녀원의 영성을 대표했을 수도 있다. 그중 '신부의 노래'는 돌아온 신랑을 맞이하는 기쁨을 노래했으며, 결혼식에 참석한 젊은 여성들, 그러니까 수녀원의 합창단은 선창 다음에 이렇게 후렴을 붙였다. "오늘이 그날이오!"

---

51 가톨릭 부활절 미사에 삽입된 성가이며, 특히 팔라클레 수녀원에서 가극형식으로 불렀다. Stenzel, J., *Der Klang des hohen Liedes*, Würzburg, 2008, 103쪽.

52 요한복음, 20, 11-18.

53 Mews, Constant J., *Abelard and Heloise. Great medieval thinkers*, 147쪽.

오늘이 주께서 만든 그날이오! Quam fecit Dominus haec est dies!
오늘이 우리가 기다리던 그날이오! Quam expectavimus haec est dies!
오늘이 비로소 웃던 그날이오! Qua vere risimus haec est dies!
오늘이 우리를 구원한 그날이오! Quae nos eripuit haec est dies!
오늘이 적들을 물리친 그날이오! Hostes quae subruit haec est dies!
오늘이 시편에서 예언한 그날이오! Quam psalmus praecinit haec est dies!
오늘이 신랑을 깨운 그날이오! Quae Sponsum suscitat haec est dies!
오늘이 신부를 깨운 그날이오! Quae Sponsam suscitat haec est dies!
오늘이 모든 것을 새로 만든 그날이오! Quae cuncta reparat haec est dies!
오늘이 참된 이들에게 사랑스런 그날이오! Veris amoenitas haec est dies!
오늘이 세상에 기쁜 그날이오! Mundi iucunditas haec est dies!
오늘이 새로운 생명의 그날이오! Vitaeque novitas haec est dies!
주께서 그날을 만드셨도다! 아멘 Quam fecit Dominus![54]

엘로이즈는 이 노래에서 참된 사랑과 헌신을 수사학적 기법에 따라 투영했으며, 자신의 영성과 공명을 온전하게 드러냈다. "오늘이 그날이오!" 후렴은 자기 삶의 특별한 순간을 정지시키는 가운데 영원한 의식 안에 침잠하려는 염원을 나타낸다. 즉 엘로이즈는 순간의 의식을 영원으로 확장하려는 것이었다. 혹자는 이 노래를 엘로이즈가 아벨라르와 즐기던 성적 절정의 순간에 대한 기억을 되살리려는 장면으로 이해하기도 한다. 그러나

54 Le Puy, Bibliothèque du Grand Séminaire, Prosolarium Ecclesiae Anicensis, 12. Jahrhundert, ff. 54–57; Abelard or Heloise, Epithalamica, tr., Chrysogonus Waddell, 'Epithalamica', Musical Quarterly, vol. 72, 1986, 242~246쪽. 이 후렴에 대한 한글 번역으로, 제임스 버지, 『내 사랑의 역사: 엘로이즈&아벨라르』, 437쪽을 참조하라.

미사 전례의 절정에서 그리스도를 신랑으로 맞이하는 중세 신비주의 영성으로 미루어 볼 때, 엘로이즈가 맞이한 신랑은 비극적이었던 세속의 신랑이 아니라, 영원 안에 약속된 천상의 신랑일 것이다.

엘로이즈는 로마고전과 그리스고전에 능통했다. 오늘이 그날이라는 독특한 운율은 호라티우스Horatius, B.C. 65~B.C. 8의 "오늘을 즐기라carpe diem"를 문득 떠올리게 한다.[55] 단어 그대로는 시들기 전에 꽃을 따듯 "오늘을 따라"는 말이다. 엘로이즈는 이 세상에서의 한 많은 사랑을 넘어서서 천상의 결혼식을 올리고 싶었던 것이다.

그리스도교 영성에서 '결혼식에의 초대'는 일찍부터 이 세상에 대한 죽음을 의미했다. '결혼식에의 초대'는 단순한 사망exitus이 아니라 '죽음mors'에[56] 대해 깨어 있는 의식을 뜻했다.[57] 이는 클뤼니 수도원의 페트루스 원장이 엘로이즈에게 아벨라르의 죽음을 알리던 서한에서도 분명하게 나타난다.

> 아벨라르는 아프지 않는 한 다시 자신의 오랜 연구에 몰두하여 책에 빠져들었으며, 그레고리우스 마그누스에게서 읽는 바와 같이, 기도하거나 독서하거나 집필하거나 구술하지 않고 그냥 보내는 순간이라고는 한 번도 없었습니다. 성스런 작업 중에 복음에 나오는 그 [죽음의] 방문자visitator가 당도하여

55 Horatius, Carmina I, 11: tu ne qaesieris, in: Nisbet, R.G.M., Hubbard, M., *A Commentary on Horace: Odes Book I*, Oxonii, 1970 참조.

56 '죽음mors'은 원래 로마신화에서 죽음을 의인화한 이름이다. 죽음을 몰고 오는 다른 신들인 오르쿠스Orcus, 페브루우스Februus, 리비티나Libitina와 달리 모르스Mors는 죽음이 그 자체로 이름에 등장한다. Horatius, Carmina I, 4 참조.

57 12세기에는 클뤼니 수도원에서도 세속주의를 거부하고 "죽음을 기억하라memento mori"는 신비주의적 개혁이 전개되고 있었다.

전념해 있던 그를 찾아냈을 때, 그는 많은 이처럼 잠들어 있지 않고 깨어 있었습니다. 진실로 깨어 있는 아벨라르를 발견한 [죽음의] 방문자는 미련한 처녀가 아니라 지혜로운 처녀와 같이 영원의 '결혼식에 초대'했습니다. 왜냐하면 아벨라르는 기름을 채운 등잔을, 즉 성스런 삶의 증거로 가득 찬 양심을 지니고 있었기 때문입니다.[58]

"죽음을 기억하라memento mori." 이 격언은 중세 초기의 어둠에서 깨어나려는 클뤼니 수도원을 비롯한 수도원의 라틴어 기도문에 등장했으며, 신비주의를 중심으로 하는 영성적 개혁을 주도했다. 빙엔의 힐데가르트 또한 죽음을 헛된 세속적 삶으로부터 해방되는 기쁨으로 받아들였다. 죽음을 가지고 오는 방문자는 확고한 양심으로 살아온 자를 마치 등불을 밝히고 신랑을 기다리는 신부처럼 영원의 '결혼식에 초대'했던 것이다.

페트루스 베네라빌리스 원장은 아벨라르의 죽음에 대해 이렇게 단언했다. "아벨라르는 그리움에 가득 찬 가슴의 올바른 내면성 속에서 영원한 생명의 증거로 순례길의 마지막 양식을 받았다." 나아가 페트루스 원장은 엘로이즈와 아벨라르의 참된 사랑에 대해서도 증언했다. "당신의 인간적 사랑은 이 세상에서는 아벨라르에게 속했지만, 이제 당신의 사랑은 이 세상을 떠나서 참된 사랑, 즉 하느님을 사랑하는 강력한 끈으로 아벨라르와 결합되었습니다. 당신들 둘은 영적으로 하나입니다."[59] 그리고 페트루스는 아벨라르의 시신을 마치 고향으로 보내는 것처럼 당연하게 파라클레 수녀원의 엘로이즈에게 보냈다.

---

58 Petrus Venerabilis, Epistola 21, PL 189, 351C3-352A9; Abaelardus, *Die Leidensgeschichte und der Briefwechsel mit Heloisa*, 414쪽.

59 Petrus Venerabilis, Epistola 21, PL 189, 351C3-352A9.

1164년경, 부활절이 지난 5월 16일 에피탈라미카의 노랫말 그대로 엘로이즈도 이 세상을 떠났다. 그러나 파라클레 수녀원의 사망자 명부에는 엘로이즈의 '사망exitus'이 아니라, 엘로이즈가 "주님을 만나러 행복하게 떠나갔다"고 기록되어 있다.[60] 엘로이즈는 떠났지만, 수도생활을 하는 여성들의 개혁은 계속되었으리라. 엘로이즈는 떠났지만, 그녀의 사랑은 굳게 묶여 있었으리라. 초기 서한에서 아벨라르에게 바라던 엘로이즈의 소원대로 하느님은 그 둘의 지조를 영원히 묶었을 것이다.

> 순결한 내 사랑과 가장 내밀한 정조를 거둬 들인 당신에게,
> 참된 애정으로 값비싼 신뢰의 비밀을 보내 드립니다.
> 하늘을 다스리는 분이 우리의 중매자가 되시고,
> 우리의 지조를 묶어 주시기를.[61]

---

60 Obituaire Latin, MS 2450 Bibl. Mun. de Troyes: 16 maii Mater nostre religionis Heloisa, prima abbatissa (1164), documentis et religione clarissima, spem bonam ejus nobis vita donante, feliciter migravit (ad) Dominum.

61 Und wärst du doch bei mir: Ex epistolisduorum amantium, *Eine mittelalterliche Liebesgeschichte in Briefen*, übers. E. Cescutti und P. Steger, Zürich, 2005, §3, 7쪽.

{ 아벨라르와 엘로이즈의 서한 인용표 }

인용 방식	Abaelard, Die Leidensgeschichte[1]	『아벨라르와 엘로이즈』[2]
제1 위로의 서한	1. Erster Brief Leidensgeschichte	제1부 아벨라르가 한 친구에게
제2 엘로이즈, 첫째 서한	2. Zweiter Brief Heloisa an Abaelard	제2부 사랑의 편지 첫 번째 편지, 엘로이즈가 아벨라르에게[엘로이즈, 첫 번째 편지]
제3 아벨라르, 첫째 서한	3. Dritter Brief Abaelard an Heloisa	두 번째 편지, 아벨라르가 엘로이즈에게 [아벨라르, 첫 번째 편지]
제4 엘로이즈, 둘째 서한	4. Vierter Brief Heloisa an Abaelard	세 번째 편지, 다시 엘로이즈가 아벨라르에게 보낸 편지 [엘로이즈, 두 번째 편지]
제5 아벨라르, 둘째 서한	5. Fünfter Brief Abaelard an Heloisa	네 번째 편지, 다시 아벨라르가 엘로이즈에게 [아벨라르, 두 번째 편지]
제6 엘로이즈, 셋째 서한	6. Sechster Brief Heloisa an Abaelard	제3부 교도의 편지 엘로이즈가 아벨라르에게 [엘로이즈 세 번째 편지]
제7 아벨라르, 셋째 서한	7. Siebenter Brief Abaelard an Heloisa	아벨라르가 엘로이즈에게 [이 책에 없는 서한]
제8 아벨라르, 넷째 서한	8. Achter Brief Abaelard an Heloisa	아벨라르가 엘로이즈에게 보낸 편지 중에 나타난 수도자의 이상 [발췌 번역]
아벨라르의 신앙고백	Abaelard an Heloisa. Glaubensbekenntnis Abaelards, Aus Berengars Apologeticus [401–404]	제4부 증언 마지막 편지 아벨라르가 엘로이즈에게, 수도자의 이상 발췌

1] Abaelardus, *Die Leidensgeschichte und der Briefwechsel mit Heloisa*, Edition Lambert Schneider, Darmstadt: Wissenschaftliche Buchgesellschaft, 2004.

2] 아벨라르·엘로이즈, 『아벨라르와 엘로이즈: 전설로 남은 중세 수도사와 수녀의 사랑』, 정봉구 옮김, 을유문화사, 2015 참조.

* 이상의 서한 이외의 엘로이즈와 아벨라르의 문헌은 일반 각주 인용법을 따랐다.

{ 엘로이즈 원전 출처 }

「두 사람의 사랑 편지」 [초기서한] Ex epistolis duorum amantium, *Eine mittelalterliche Liebesgeschichte in Briefen*, übers. E. Cescutti und P. Steger, Zürich: Manesse, 2005.

「제2 엘로이즈, 첫째 서한」 Heloyse sue ad ipsum deprecatoria, PL 178, 181-188.

「제4 엘로이즈, 둘째 서한」 Unico suo post Christum, PL 178, 191-198.

「제6 엘로이즈, 셋째 서한」 Suo specialiter sua singulariter, PL 178, 211-226.

「42 제 문제」 Problemata Heloissae, Victor Cousin, ed. adiuuante C. Jourdain et E. Despois. *Petri Abaelardi Opera*, tom. I, Paris, 1849, 237~294쪽.

「페트루스 베네라빌리스에게 보낸 서한」 Brief an Petrus Venerabilis, Epistola XXI, PL 189, 427.

「비탈리스 망자비문」 Titulus rotulae lateinisch—deutsch Gedicht auf der Totelrotel Vitalis' von Savigny, ev. von Heloïsa, in: http://www.abaelard.de

「파라클레 규칙서」 Institutiones Nostrae. lateinisch—deutsch Kurzregel für den Paraklet, eventuell von Heloïsa, in: http://www.abaelard.de

「결혼축가」 Epithalamica, Heloise or Abelard, tr., Chrysogonus Waddell, 'Epithalamica': An Easter Sequence by Peter Abelard, The Musical Quarterly, vol. 72, Oxford University Press, 1986, 239~271쪽.

「동정녀」 부속가, Virgines caste, Heloise or Abaelard, Sequenz über den Chor der Jungfrauen, die Christus nachfolgen. Stuttgart Landesbibliothek HB I asc. 95, 12. Jahrhundert.

「깊은 수렁 속에서」 순례자의 노래, De profundis, Heloise or Abelard, Paris BN n.a.l. 3126, 12. Jhd., aus Nevers, in: http://www.abaelard.de.

{ 참고문헌 }

제임스 버지, 『내 사랑의 역사: 엘로이즈&아벨라르』, 유원기 옮김, 북플리오, 2006.

한정숙, 「자유로운 사랑의 법열과 그 비극을 온전히 책임지다: 엘로이즈」, 『인문논총』 55집, 2006.

Abaelsrd, *Die Leidenschaftsgeschichte und der Briefwechsel mit Heloisa*, Darmstadt: Wissenschaftliche Buchgesellschaft, 2004.

Abelard or Heloise, Epithalamica, tr., Chrysogonus Waddell, 'Epithalamica', Musical Quarterly, vol. 72, 1986.

Bäumer, G., *Gestalt und Wandel. Frauenbildnisse*, Berlin: Herbig, 1939.

Cook, B., The Birth of Heloise: New Light on an Old Mystery?, in: *Abélard à L'aube des universités*, ed. H. Habrias, Nantes, 2001.

Cousin, Victor, *Petri Abaelardi Opera I*, Paris, 1849.

Dierse, U., Mängelwesen, In: *Historisches Wörterbuch der Philosophie, Band 5*, Basel: Schwabe & Co. AG, 1980.

Diogenes Laertius, Leben und Meinungen berühmter Philosophen, übers. von Otto Apelt, Hamburg: Felix Meiner, 2015.

Duby, G., *Héloïse, Isolde und Andere Frauen im 12. Jahrhundert*, Frankfurt: Fischer, 1997.

Und wärst du doch bei mir: Ex epistolisduorum amantium, *Eine mittelalterliche Liebesgeschichte in Briefen*, übers. E. Cescutti und P. Steger, Zürich: Manesse, 2005.

Gehlen, A., *Der Mensch: Seine Natur und seine Stellung in der Welt*, Berlin: Junker und Dünnhaupt, 1940.

Geyer, B., *Die philosophische Schriften Peter Abaelards. Beiträge zur Geschichte der Philosophie des Mittelalters XXI*, Münster, 1921.

Grabmann, M., Ein Neuaufgefundenes Bruchstück der Apologia Abaelards, in: *Gesammelte Akademieabhandlungen*, Hers., Grabmann Institut, Paderborn/München/Wien/Zürich, 1979.

Le Puy, Bibliothèque du Grand Séminaire, Prosolarium Ecclesiae Anicensis, 12. Jahrhundert, ff. 54-57.

Luscombe, D., From Paris to the Paraclete: The Correspondence of Abelard and Heloise, in: *Proceedings of the British Academy 74*, London, 1988.

Mews, Constant J., *Abelard and Heloise. Great medieval thinkers*, Oxford: Oxford University Press, 2005.

——, *Abelard and his Legasy: Variorum Reprints*, London: Ashgate, 2001.

——, *The Lost Love Letters of Heloise and Abelard: Perceptions of Dialogue in Twelfth—Century France*, New York: Palgrave MacMillan, 2008.

Migne, J.-P., Patrologia Graeca[=PG], Paris, 1886.

——, Patrologia Latina[=PL], Paris, 1886.

Nisbet, R.G.M., Hubbard, M, *A Commentary on Horace: Odes Book I*. Oxonii: Oxford University Press, 1970.

Petrus Venerabilis an Heloisa, Epistola XXI, PL 189, 346-353.

Ramackers, J., *Papsturkunden in Frankreich, neue Folge, Band 5: Touraine, Anjou, Maine et Bretagne*, Göttingen: Vandenhoeck & Ruprecht, 1956.

Reiners, J., Epistola 15. Roscelin to Abelard, *Beiträge zur Geschichte der Philosophie und Theologie des Mittelalters tom. 8*, Münster: Aschendorff, 1910.

Robl, W., *Heloisas Herkunft: Hersindis Mater*, Olzog, 2001.

Stenzel, J., *Der Klang des hohen Liedes. Vertonungen des "Canticum canticorum" vom 9. bis zum Ende des 15. Jahrhunderts*, Würzburg: Königshausen & Neumann, 2008.

Thomas de Aquino, *Summa theologica*, in: *S. Thomae opera omnia*, P. Robertus Busa S.I. u.a. eds., Stuttgart-Bad Cannstadt: Frommann-Holzboog, 1980.

제4장

치유의 예언녀, 힐데가르트 폰 빙엔

힐데가르트가 폴마르 수사에게 구술하다

(『길을 알라』 12세기 필사본의 미니어처
Rupertsberger Codex des Liber Scivias,
https://commons.wikimedia.org/wiki/
File:Hildegard_von_Bingen.jpg)

성녀로 불리는 힐데가르트 폰 빙엔Hildegardis Bingensis, 1098~1179은 중세의 가장 위대한 여성 철학자이자 신비가에 속한다.[1] 여성철학자라 불리는 사람 중에서도 생전에 "독일 예언녀prophetissa teutonica"라는 명예로운 호칭을 받은 아주 드문 경우이다. 서양 교부Pater들의 사상을 총망라한 전집 『라틴교부총서Patrologia Latina』에는 힐데가르트의 전 작품이 여성이었음에도 불구하고 '성녀 힐데가르트Sancta Hildegardis'라는 저자명으로 수록되어 있다.[2]

힐데가르트는 이미 생전에 세인들로부터 성녀로 추앙을 받고 있었다. 가톨릭교회도 일찍이 1228년 그레고리우스 9세Gregorius IX 교황 시기에 그녀를 성인품에 올리기 위한 절차를 시작했으나, 완결하지는 못했다. 현대에 와서 베네딕토 16세Benedictus XVI, 1927~ 교황은 2012년에 비로소 힐데가르트를 성인 명부에 올렸으며,[3] 같은 해 10월 7일에는 가톨릭 '교회의 보편적

---

1 Kern, U., Hildegard von Bingen, in: *Theologische Realenzyklopädie[CLE]*, hrsg. von Gerhard Müller, Bd.16, Walter de Gruyter, 1986, 322쪽.

2 Migne, J.-P., PL, 197: PATROLOGIAE TOMUS CXGVII. SANCTA HILDEGARDIS ABBATISSA 표제를 보라.

3 Benedictus XVI, PROMULGAZIONE DI DECRETI DELLA CONGREGAZIONE

박사Doctor ecclesiae universalis'로 추대했다.[4] 본명이 요제프 라칭거J. Ratzinger인 베네틱트 16세는 교황이 되기 전이던 교수시절에 힐데가르트를 연구하기도 했다.

힐데가르트는 1136년 수녀원 원장이 된 후 다양한 분야에서 걸출한 업적을 쌓았다. 특히 그녀는 역사 이래 여성 저술가로서는 최초로 초기 스콜라철학에 속하는 위대한 작품의 대부분을 후대에까지 남기는 대단한 축복을 받았다. 힐데가르트는 그리스도교 신학과 철학의 전통을 받아들여 여성신비주의를 준비했다. 아우구스티누스Augustinus, 위대한 그레고리오Gregorius Magnus, 베다 베네라빌리스Veda Venerabilis, 마우루스Maurus 등의 사상을 수용하여 중세 여성신비주의 시대를 개척했다. 또한 힐데가르트는 음악가였을 뿐 아니라, 의사, 자연치료사, 의학자, 식물학자, 동물학자로서 자연과학 분야에도 위대한 업적을 남겼다. 그 누구도 아닌 힐데가르트의 업적으로 인해 독일철학은 세계철학사에서 매우 인상적 단초를 남기게 되었다.

힐데가르트는 여성으로서는 드물게 활발한 설교가로, 시인으로, 당대 위대한 남성 지도자들의 조언자로 명성을 떨쳤다. 특히 21세기 들어 그녀는 급속히 부상한 자연치유뿐만 아니라 미술치료, 음악치료, 보석치료의 원조로 알려지기 시작했으며, 결국에는 여성주의자feminist들에게 존경받는 선구자로 인정받게 되었다.[5]

DELLE CAUSE DEI SANTI, 2012.

4 Benedictus XVI, Litterae Apostolicae, quibus sancta Hildegardis Bingensis, monialis professa Ordinis Sancti Benedicti, Doctor Ecclesiae universalis renuntiatur. Libreria Editrice Vaticana, 2012.

5 Dinzelbacher, P., *Deutsche und Niederländische Mystik des Mittelalters*, Berlin/

1
성녀의 탄생과 성장

힐데가르트는 중세 독일 여성신비주의를 대표하는 신비가이자 여러 분야에 걸쳐 다양한 저술을 남긴 철학자이며 현시visio를 체험한 성녀이다. 그런 만큼 힐데가르트의 저술과 관련된 다양하고 신비한 그림들이 오늘까지 전해지고 있다. 힐데가르트가 성령의 인도로 영감을 받고 있는 초상화의 한 장면을 소개한 다음에, 그녀의 탄생과 성장 과정을 따라가 볼 것이다.

힐데가르트가 탄생한 시대는 유럽에서 처음으로 경험하는 세계적 전쟁이 벌어지고 있었다. 이런 와중에 힐데가르트는 수녀원의 울타리 안에서 신비주의적 삶을 살고 있었지만, 당대의 종교와 정치, 사회에 막강한 영향력을 발휘했다. 따라서 당시 동방과 서방이 격돌하던 전쟁의 상황을 먼저 살펴보아야 할 것이다.

힐데가르트는 처음부터 특이한 운명을 가지고 이 세상에 왔다. 그녀는 현시의 능력을 가진 채 성직자의 집안에서 태어났다. 또한 그녀는 이런 능력으로 인해 아주 어릴 때부터 일반 가정이 아니라, 수녀원과 유사한 학숙Klause에서 성장했다. 중세의 문헌이 허락하는 한도 내에서 그녀의 독특한 어린 시절과 특별한 운명도 재구성해 볼 것이다.

힐데가르트의 초상화

힐데가르트의 철학적 특징을 보여 주는 대표작 가운데 하나는 『길을 알라Scivias』라는 저술이다. 1165년에 만들어진 이 책의 필사본 표지에는 희

Boston, 2012, 48쪽.

귀한 그림이 새겨져 있었다(제4장 도입 그림). 이 그림은 현재 독일의 루페르츠베르크Rupertsberg 수녀원에서 나온 필사본에 '힐데가르트가 폴마르 수사에게 구술하다'라는 또렷한 제목과 함께 전해 내려왔다. 제목이 말하듯, 그림은 두 개의 탑으로 상징되는 수녀원의 내밀한 침잠 속에서 힐데가르트 수녀가 폴마르Vollmar 수사에게 자신이 본 것을 받아쓰게 하는 정갈하면서도 독특한 장면을 연출하고 있다. 이 장면은 천 년 가까운 세월을 넘어 왔으면서도 현대인에게는 방금 그린 것과 같은 생생한 인상을 풍기고 있다.

그림을 자세히 보면, 힐데가르트는 무릎 위에 놓인 칠판을 왼손으로 받쳐 들고, 오른손의 지휘봉으로 무언가를 가리키고 있다. 그렇지만 그녀의 눈길은 지붕 위의 천상을 향해 화답하는 듯 반짝이고, 머리 위로는 이글거리는 빨간 불꽃이 선명하다. 오른편에는 폴마르 수사가 더 다가가서는 안 되는 듯, 한 걸음 물러나 앉아 있다. 그는 벽에 가리어져 약간 숨어 있는 사람처럼 처리되어 있지만, 가득 찬 호기심을 끝까지 감추지는 못하는 모습이다. 그는 천상의 순간을 바라보는 힐데가르트의 말을 긴장한 태도로 받아쓰는 중이다.

머리 위에 여러 갈래로 타오르는 불길은 성령을 상징하므로, 이 그림은 힐데가르트의 신비스런 현시를 그녀의 위대성에 걸맞게 잘 표현하고 있다고 하겠다. 그런데 이 그림이 힐데가르트의 초상화가 아니라는 설도 있다. 그렇더라도 이 그림의 작가는 한 여성을 통해 성스런 현시를 중세 특유의 은유적 기법과 예외적 방식으로 강조하고 있다. 여성을 성령의 불꽃으로 장식하여 화면의 중앙에 두는 일은 중세 그리스도교 전체에 걸쳐서도 거의 있을 수 없는 표현 방식이기 때문이다. 당시의 상황으로 미루어 볼 때, 이 그림은 한마디로 힐데가르트의 일생만큼이나 파격적이다.

힐데가르트가 탄생한 시대

힐데가르트가 고요히 천상의 대화를 나누던 세기는 그야말로 인류가 처음으로 경험한 국제전의 시기였다. 국가나 민족 간의 단순한 국경 분쟁을 넘어서는 세계적 전쟁 시대가 도래하고 있었다. 이 전쟁은 당시 유럽인에게 '세계'로 통용되던 서방과 동방 사이의 서로 다른 종교적 이념 때문에 발생한 몰살과 파괴의 전쟁이었다. 진원지는 그리스도교와 이슬람교, 유대교의 성지인 예루살렘이었다. 아라비아 연대기 저자들에 따르면, 1009년 10월 18일 현재 튀르크족의 침략으로 둥근 성당 지붕 이외에는 예루살렘 일대에 멀쩡한 것이라고는 아무것도 없었다고 한다. 말하자면 당시의 세계가 무너지고 있었던 것이요, 오늘까지 이어지는 중동 지역의 분쟁이 시작된 것이다.

이때부터 동방의 성지 예루살렘을 향한 서유럽 순례자들의 열렬한 행렬은 끊이지 않고 계속되었다. 그러나 이들은 성스런 순례길을 떠났다가 돌아오는 길에 차마 이 세상에서 보아서는 안 될 참상을 보았다고 전해 왔다. 순례자들은 성지 예루살렘에서 벌어지는 참극을 유럽의 방방곡곡으로 자세하게 알렸다. 즉, 성지의 거리는 그리스도교인들과 유대인들의 피로 물들었고, 성당의 종들은 깨어져 이리저리 나뒹굴고 있으며, 예수 그리스도의 무덤은 파헤쳐져 있다는 것이었다. 튀르크족들의 학살과 만행이 극에 달했던 것이다.

그렇지만 유럽도 더 이상 원시 시대가 아니었다. 유럽인들도 소위 '암흑시대'로 불리기도 하는 중세 초기의 미명에서 벗어나고 있었다. 인구의 급격한 증가는 농경을 개선하면서 경제적 풍요를 가져왔다. 나아가 풍요의 여파로 근대적 도시civitas와 함께 현대 교육의 뿌리가 될 대학universitas이 속속 만들어지고 있었다. 도시와 대학은 서로의 필요에 따라 함께 발생하고 있었으며, 대체로 하나의 도시에 같은 이름으로 불리는 하나의 대학이 있는 것도 이 때문이었다. 이러한 도시의 상업 발전과 대학의 고등 교육은 유럽의 종교적 권위와 정치적 거대 권력을 형성하고 있었다.

도시를 중심으로 하는 권력과 경제력은 더욱 강력한 팽창의 욕망을 부추겼다. 중세 초기의 유럽은 사실상 앞서가던 동방의 건축과 학문, 문화를 모방하기에 급급했다. 하지만 모방이 극치에 달하자 이제는 어엿한 또 하나의 문화로 자리를 잡아 갔다. 그러나 유럽인들은 여기에 그치지 않고 늘 동경하고 모방해 오던 동방의 비잔틴 문화와 재물, 나아가 영토 자체를 탐하기에 이르렀다. 결국 서유럽의 군주들은 풍요와 권위의 모델이던 동로마제국의 수도 콘스탄티노폴리스를 차지하려는 꿈을 꾸게 되었고, 평민들은 고향을 벗어난 새로운 세계에서 신분 상승과 일확천금을 노리고 있었다.

유럽인들의 문화적 야망에 먼저 불을 붙인 것은 정치가 아니라 세계종교로 자리매김하던 그리스도교의 연대의식, 곧 세계화를 추구하던 로마 가톨릭의 보편성이었다. 당시 동로마제국은 튀르크족과 경계를 마주하고 있었으며, 강력한 튀르크족은 고대 그리스의 마케도니아 땅이던 콘스탄티노폴리스를 수시로 공격하고 있었다.

1091년 동로마제국의 수장이던 황제 알렉시우스 1세Alexius I는 튀르크족의 침략을 견디다 못해 로마 가톨릭의 교황 우르바노 2세Urbanus II에게 무력 지원을 요청했다. 형제애를 기대한 알렉시우스 1세 황제의 요청은 앞으로 동방뿐만 아니라 서방에도 엄청난 역사적 결과를 초래할 것이었다. 그렇지만 이런 미래를 그때까지는 아무도 짐작할 수 없었다. 이리하여 소위 '십자군전쟁'의 전운이 깔리기 시작했다.[6]

---

6 십자군이라는 명칭은 17세기에 붙었다. Pernoud, R., *Hildegard von Bingen*, Freiburg,

1095년 11월 18일부터 28일까지 프랑스 클레르몽Clermont에서 로마 가톨릭교회의 공의회가 개최되었다. 공의회를 주재하러 온 우르바노 2세 교황은 동방교회의 요청에 화답하기로 마음먹고 있었다. 그는 회의의 마지막 날, 정확히 1095년 11월 28일 클레르몽 대성당에서 가히 서양 전체를 향해 장엄하게 선포했다. 예수 그리스도께서 십자가에 못 박히신 곳, 그의 무덤이 있는 곳, 부활하시어 인류를 구원하신 곳인 성지 예루살렘을 이교도들의 손에서 탈환할 것을! 인종 청소의 위험에 처한 동방의 그리스도교 형제들을 구출할 것을.[7] 우르바노 교황의 선포는 크나큰 외침이자 계획된 선동에 가까웠다. 그리스도교 청중들은 "하느님의 뜻이다!"라는 함성과 함께 갈채로 화답했다.[8]

서유럽의 왕들과 기사들은 교황의 선포에 분연히 일어섰다. 그러나 세인들은 단순히 성지 예루살렘을 탈환하는 것만이 아니라, 신세계에 대한 갈망과 분위기 쇄신을 목적으로 했다. 소위 무장한 '예루살렘 순례'는 이렇게 시작되었다. 수차례에 걸친 파병은 13세기까지 세계를 전쟁과 파괴의 소용돌이로 몰아넣었으며, 지도를 완전히 새로 그리는 '십자군전쟁'으로 이어졌다. 이 전쟁은 서유럽의 승격과 그리스도교의 세계화를 이룩하는 계기가 되기도 했지만, 인류에게 처음으로 무력의 파괴력과 허무를 가르쳐 주기도 했다.

1994, 10쪽 참조.

7 Hagenmeyer, H., *Epistulae et chartae ad historiam primi belli sacri spectantes quae supersunt aevo aequales ac genvinae. Die Kreuzzugsbriefe aus den Jahren 1088–1100*, Innsbruck, 1901, 136~137쪽 참조.

8 라틴어로 "Deus lo vult!"이며, 여러 가지 의미로 격언화되어 있다. Thorau, P., Kreuzzüge, in: *Enzyklopädie des Mittelalters II*, Hrsg., G. Melville, M. Staub, Darmstadt, 2017, 373쪽.

교황은 십자군을 선동하면서 예수 그리스도의 말씀을 선봉에 내세웠다. "자기 십자가를 지고 나를 따르지 않는 사람은 내 사람이 될 자격이 없다."[9] 자기 십자가를 지고 예루살렘으로 가라는 것이었다. 이에 따라 예수 그리스도가 못 박힌 빨간 십자가는 십자군전쟁의 이념과 표식이 되었다.

그렇지만 차가운 철의 무력이 성행하는 가운데서도 따뜻한 사랑의 기운이 싹트고 있었다. 당시 유럽을 이끌던 교황도, 황제도, 중세의 정예 기사단도 아닌, 힘없는 여성들과 순박한 어린이들에 의해 정신적 각성의 표징이 나타나고 있었다. 그리스도가 매달려 죽은 십자가가 남성들에게는 십자군이라는 무력의 상징이 되었지만, 여성들과 어린이들에게는 점차 사랑의 상징이 되어 갔다. 이렇듯 폭력의 십자가가 사랑의 십자가로 자리매김하는 데는 여성과 어린이들의 땀과 피가 배어 있었다.

풍요와 무력이 실패한 자리에서 가난과 사랑으로 이겨 내리라는 어린이들의 소망이 자라나서 프란치스코회와 도미니코회와 같은 청빈수도회의 창립으로 이어졌다. 이러한 개혁수도회들은 유럽의 학문, 종교, 정치에 걸쳐 조용한 혁명을 불러일으켰다. 외부로의 팽창과 정복이 실패한 바로 그 자리에서 내면으로 침잠하고 자각하려는 여성들의 소망은 기라성 같은 여성 철학자들과 신비가들의 탄생으로 이어졌다.

예루살렘을 향한 진군의 함성이 요란하던 어느 날, 어쩌면 이 함성에 맞설 수 있는 유일한 생애, 곧 힐데가트 폰 빙엔의 삶이 시작되었다. 향기를 품은 그녀의 삶은 전쟁의 아우성으로 귀먹은 유럽의 내면으로 스며들어 각성의 소리를 들려줄 것이었다.

9 마태오복음, 10, 38.

힐데가르트의 탄생과 어린 시절

1096년 출발한 제1차 십자군의 행군이 2년이나 걸려서 안티오키아Antiochia에 진지를 구축하던 1098년 어느 날이었다. 독일 라인헤센 지방의 브레머스하임Bremersheim이라는 성의 귀족가문에서는 전쟁의 함성에도 아랑곳하지 않고 한 여자아이가 태어났다. 그 아이는 힐데가르트라는 이름으로 세례를 받았다. 그녀가 이룩한 위대성과는 역설적이게도 그녀의 출생지와 가문의 이름은 수백 년 동안이나 알려지지 않았다. 15세기에 와서야 슈폰하임Sponheim의 베네딕트수도회 총장이자 역사가이던 트리테미우스Tritemius가 처음으로 동정녀 힐데가르트의 전기를 집필했다.[10] 여기서 그는 힐데가르트가 슈폰하임 영주에 속하는 뵈켈하임 성주의 딸이라고 진술했다. 그러나 트리테미우스가 힐데가르트의 카리스마에만 치중한 탓인지는 몰라도, 이 기록마저도 후일 상상에 의한 것으로 드러나고 말았다.

다시 약 오백 년이 지난 뒤에 성 힐데가르트 수녀원의 마리안나 슈라더Marianna Schrader, 1882~1970 수녀가 힐데가르트를 전문적으로 연구하기 시작했다. 그녀는 1936년에 와서야 힐데가르트의 진본 출생 신고서를 발견했다. 비로소 힐데가르트의 가문과 출생 지역이 기록에 의해 증명된 셈이었다. 이 출생 신고서에 따르면, 힐데가르트의 아버지는 힐데베르트 폰 브레머스하임Hidebert von Bremersheim이고 어머니는 메히틸드Mechtild다. 이들 부부 사이에서 힐데가르트는 10남매 중 막내딸로 태어났다.

힐데가르트의 오빠들 중에 후고Hugo는 독일 마인츠대성당의 공식 성가대였으며, 로리히Rorich는 가톨릭 사제이자 교회법학자였다. 4명의 언니, 즉

10 요하네스 트리테미우스J. Tritemius(1462~1516)는 슈폰하임의 베네딕트수도회 총장으로 있으면서 역사학, 신학, 암호학에 깊은 조예를 보였으며, 특히 인본주의자로서 수많은 전기를 남겼다.

일멘가르트Irmengard, 오딜리아Odilia, 유타Jutta, 클레멘시아Clementia 중에 클레멘시아는 인근 루페르츠베르크의 수녀였다. 당시에는 성가대도 성직자였으므로, 결국 10남매 가운데 성직자가 둘, 수녀가 둘인 셈이었다. 이것만 보아도 힐데가르트가 가톨릭에서 말하는 성가정에서 태어났다는 것을 알 수 있다.

힐데가르트는 이런 성가정의 토양 속에서 유년기를 보냈다. 게다가 그녀는 늦둥이에 막내딸이었기 때문에, 부모의 특별한 관심과 귀염을 받으며 자랐을 것이다. 그래서인지 부모는 아주 일찍부터 막내딸이 다른 형제들보다 특이하다는 것을 알아볼 수 있었다. 그것은 단순히 더 똑똑하다는 것을 넘어서, 오직 힐데가르트에게만 나타나는 현시visio라는 특별한 능력이었다. 현시란 현대 의학으로도 풀리지 않는 특이한 정신적·종교적 현상이다. 때로 현대의학은 이런 현상을 심한 편두통으로 진단하기도 하고, 뇌전증에 의한 급성 발작으로 진단하기도 한다.[11] 또 시몬 드 보부아르Simone de Beauvoir 같은 작가는 현시나 탈혼이 성적 고행이나 여성들의 히스테리와 밀접한 관계라고 지적하기도 했다.

어쨌든 어린 자식이 눈에서 불꽃이 튄다고 하고 한 번씩 기절한다면, 오늘의 양식 있는 부모는 과연 어떻게 대처할까? 대부분의 부모는 좋다는 소문에 따라 이곳저곳으로 아이를 끌고 다니며 온갖 치료를 다하려고 할 것이다. 그런데 당시 힐데가르트의 부모는 무언가 달랐다. 그들은 유심히 아이를 관찰했고 깊이 생각했다. 그러나 그 결정은 빠르고 단호했다. 가톨릭 집안의 분위기에 따라 막내딸을 하느님께 봉헌하기로 했다. 그런데 하

11 Flanagen, S., *Hidegard of Bingen : A visionary life*, London, 1989, 198쪽과 207쪽 이하 참조.

느님께 봉헌한다는 것은 철없는 귀염둥이를 멀리 떨어진 수녀에게 보낸다는 냉엄한 현실이었다. 과연 아무 걱정 없이 보낼 수 있었을까? 그때나 지금이나 어린 딸을 생면부지의 남의 손에 맡긴다는 것은 어떤 이유로든 가슴 저미기는 마찬가지였을 것이다.

당시 귀족가문의 풍습을 상기한다면 몇 가지 추측이 가능하다. 아버지 편에서 보면 딸을 정략결혼 시킬 수도 있었지만, 수녀원에 보낼 수도 있었다. 둘 다 경쟁이 치열한 가문들에서 재력과 부강을 위해 내릴 수 있는 결정이었다. 귀족가문에서 딸 여럿을 혼인시키자면 엄청난 지참금이 소요되었다. 그러면 가문을 이을 아들에게 돌아갈 유산이 줄어들었다. 그래서 아버지의 입장에서는 딸들을 일찍이 수녀원으로 보내고자 유도할 수도 있었다. 그러나 일반적 중세 귀족가문의 어머니 입장에서 보면 또 달랐다. 어머니는 남편과 시집에 종속된 여자의 일생에 회의를 느끼고 딸을 위해 보다 나은 길을 모색할 수도 있었다. 신앙심 깊은 어머니는 보다 자유롭고 의식적인 운명을 위해 딸들에게 수녀원을 권유할 수도 있었다.

실제로 그리스도교 유럽의 중세 여성들이 당시의 사회적 분위기에서 벗어나 의식적 삶을 누릴 수 있는 몇 안 되는 길 중에 하나가 수녀원에 가는 것이었다. 많은 여성이 단순히 세상을 피하거나 생계를 유지하기 위해서가 아니라, 하느님 앞에서 자신의 고유한 삶을 찾기 위해 수녀원을 선택했다.

힐데가르트의 부모는 딸의 현시 능력을 알고 당황하거나 피하려 하지 않았다. 오히려 딸에게 가장 어울리는 가능성을 열어 주고자 심사숙고했다. 그들은 당혹스런 현실이 특별한 극복의 기회가 될 수도 있다는 믿음을 가지고 있었다. 딸에게 주어진 능력을 전 생애에 걸쳐 개발하고 전개할 수 있는 분위기와 교육을 위해 수도원을 선택할 수도 있었을 것이다.

힐데가르트의 운명과 수녀원의 교육

힐데가르트의 부모가 적극적으로 해결책을 찾는 동안 친하게 지내던 슈폰하임Sponheim 가문에서는 이미 이런 고민을 실천에 옮기고 있었다. 슈폰하임 백작에게도 스스로 하느님의 특별한 소명을 받았다고 믿는 딸이 있었다. 슈폰하임 백작의 딸 유타Jutta는 자신의 삶을 하느님께 봉헌하고 세상에 봉사하는 데 바치겠다고 선언했다.[12] 이에 백작은 어린 딸의 소명이었지만 진심으로 받아들일 줄 알았다.

슈폰하임 가문의 인근 디지보덴베르크Disibodenberg에는 경치 좋기로 유명한 베네딕트 수도원이 있었다. 그렇지만 남성 수도자들만을 위한 수도원이었다. 아직 여성을 위한 수녀원 제도는 제대로 확립되지 않은 때였고, 여성을 남성 수도원에 보낼 수도 없었다. 그래서 슈폰하임 백작은 베네딕트 수도원 옆에 딸 유타를 위한 클라우제Klause를 따로 지어 주었다. 클라우제란 수녀가 되고 싶은 소녀들이 공부하는 학숙이나 공부방 같은 곳이었다. 1106년 유타가 학숙을 지어 입소하고 바로 이어서 힐데가르트는 두 번째 소녀로 이곳에 들어갔다. 힐데가르트의 부모는 막내딸을 지도하도록 유타에게 맡긴 것이었다. 하느님께 인도하고 하느님을 배우도록 모든 교육을 유타에게 일임한 것이다. 이때 힐데가르트의 나이 겨우 여덟 살이었다.

21세기 사람들은 여덟 살 소녀를 학숙으로 보내는 일련의 결단을 이해하기 어려울 수도 있다. 그러나 이것은 시대나 문화에 달린 일이기도 하다. 그 옛날 신라시대에도 모험과 방랑의 교육을 위해 소년과 소녀들을 일찍이 떠나보내는 화랑제도가 있었다. 화랑도는 처음에는 남녀의 구별이 없는

12 유타 폰 슈폰하임Jutta von Sponheim(1092~1136)은 힐데가르트의 스승magistra이자 예언자로서 베네딕트수도원에서는 성녀beata로 추앙받았다.

심신수련을 위한 훈련 조직이었고, 그 우두머리는 여성이었다고 알려져 있다. 또한 조선시대만 해도 자식의 혼인과 미래를 부모가 결정해서 다른 집으로 미리 보내는 민며느리 및 데릴사위 제도가 있었다.

서양 중세에서도 자식의 재능과 부모의 견해에 따라 어릴 때부터 평생의 진로를 결정하곤 했다. 즉, 부모는 자식에게 평생의 짝을 정해 주거나, 결혼과 동일한 의미를 지니던 수도자나 성직자의 삶을 정해 주기도 했다. 특히 성직이나 수도 생활을 위한 이러한 조기 결정을 특별한 하느님의 소명으로 받아들였다. 물론 이런 선택은 성공할 수도 있었고 실패할 수도 있었다.

중세에 특히 소녀를 수녀원에 보내는 것은 자각한 여성들이나 어머니들의 과감하면서도 비밀스런 선택이기도 했다. 어머니들은 아버지와 남편, 자식으로부터 독립하여 자신의 고유한 삶을 기획할 수 있는 최선의 선택을 딸들에게 선물하고 싶어 했고, 그 선물 가운데 하나가 수녀원에 보낸다는 현실로 나타났기 때문이다. 이러한 시대를 뛰어넘는 선택은 대부분 귀족가문에서 이루어졌다.

따라서 중세의 수녀원은 어느 시대에서도 볼 수 없던 기라성 같은 여성철학자들의 산실이 될 수 있었다. 이는 물론 일반적 현실은 아니었지만, 지금까지의 역사와 학문은 이러한 중세의 특수성을 간과하고 있었다. 어쨌든 서양 중세는 고대나 근세와 비교한다면 여성철학자들의 전성시대라고도 할 수 있다. 이런 사실은 현대에 이르러 비로소 재조명되고 있다.

그렇다면 의문이 생기지 않을 수 없다. 어두운 시대였다고들 하는 중세에, 그것도 어린 소녀에게 유타는 도대체 어떤 교육을 시켜서 이렇게 세계와 인간, 하느님에 대한 폭넓은 지식을 가진 위대한 여성철학자를 길러 낼 수 있었는가? 학숙에서의 교육은 바로 현대의 교육이 간과하고 있는 것이라고 보면 맞을 것이다. 유타 수녀는 가장 단순하고 가장 고전적인 교육 방법을 선택했다.

클라우제의 교육이란 한마디로 「베네딕트 규범」과 성서였다. 이것이야말로 당시 여성이 세상과 동떨어진 곳에서 받을 수 있는 최고의 교육이었다. 유타는 힐데가르트에게 베네딕트의 덕목에 따라 겸손과 순결의 옷을 입혔고, "기도하며 일하라!"[13]는 표어에 따라 평생을 위한 생활 태도를 익히게 했다. 그리고 성서 가운데서도 특히 다윗의 노래와 시편을 낭송하도록 했다. 세상과 격리된 소녀의 하루는 성서를 배우고 기도하며 생각하는 일의 반복이었다.

인류가 가진 가장 원천적 지혜는 종교를 떠나 성서에 있다고들 한다. 그래서 성서에 대한 다양한 방식의 반복 교육은 특이한 능력을 지닌 힐데가르트를 세기를 초월하는 여성철학자로 키워 낸 가장 적절한 길이 되었을 것이다.

오직 성서를 언어로, 노래로, 마음으로 그리던 어린 날의 하루하루는 힐데가르트가 후일 마음으로 본 것을 놀라운 언어로 말하고 심오한 노래와 그림으로 표현하는 데 투영되었다. 그렇다면 성서는 신앙을 위한 종교서적일 뿐인데, 어떻게 다양한 교육이 가능했을까? 매일 정원을 돌며 시편을 노래하고 성당에 모여 합창으로 기도하는 일은 일찍부터 음악을 사랑하는 마음을 길렀을 것이다. 이 마음이 자라나서 수많은 작곡과 연주, 심지어 음악치료의 발견이라는 결실을 맺었을 것이다. 또한 성서는 하느님의 계시

13 "Ora et labora!" 라틴어 원문은 이렇다: "Ora et labora et lege, Deus adest sine mora–일하며 기도하며 독서하라! 지체 없이 하느님이 함께하신다". 이 문장의 출처는 불분명하나 베네딕트수도원의 모토로 사용되고 있다. http://www.imperiumromanum.com/sprache/sentenzen/sentenzen_13.htm 참조.

일 뿐만 아니라 인류의 정신사를 대변하기도 한다. 그래서 성서의 강렬한 이야기는 힐데가르트의 상상력을 자극하여 미술에 대한 재능뿐만 아니라 미술치료의 효시를 낳게 하는 창조적 사고력을 길러 냈을 것이다.

힐데가르트는 여러 가지로 병약한 어린이였다. 그러나 그녀는 질병의 응어리를 좋아하는 노래와 재미있는 그림으로 풀어 나갔다. 어린 힐데가르트는 질병과 허약함이 가져온 고통을 평생에 걸쳐 노래와 그림 그리고 다양한 자연치유를 통해 이겨 나갔다. 그녀는 이러한 적응과 극복의 과정에서 배운 것을 기초로 후일 자연요법에 관한 저술을 집대성하기에 이르렀다. 그녀의 의학 저술은 한민족의 『동의보감』에 버금가는 유럽의 자연요법 고전이 되었다.

결국 힐데가르트의 생애는 가장 첨단을 가는 것은 가장 원천적인 것에 대한 단순하고 거듭되는 교육에서 비롯된다는 것을 여실히 보여 준다. 후대의 전기는 힐데가르트가 성서에 대한 단순한 이해 이외에 다른 어떤 학교 교육을 받은 적이 없었으며, 독서에서도 음악에서도 다른 것을 배운 적이 별로 없었다고 한다. 철학과 음악, 미술에 걸친 그녀의 다양한 업적은 주로 성서 읽기에 기초한 것으로 보인다.

비록 이런 이야기가 힐데가르트의 천재적 위대성을 강조하려는 의도에서 나왔더라도, 근본적으로 원전에 대한 단순한 반복교육의 우수성을 부정할 수는 없을 것이다. 현대의 영재교육이 새겨들어야 할 대목이다. 힐데가르트는 유타의 학숙에서 단순한 그러나 제대로 뿌리를 내리게 된 교육, 즉 성서를 낭독하고 베네딕트의 규범에 따라 생활하는 기초교육을 받았을 뿐이다.

2
여성 지도자 힐데가르트

힐데가르트의 키가 자라면서 유타의 클라우제도 성장했다. 더 많은 유럽의 딸들이 자립적이고 의식적인 삶을 선택하기 위해, 하느님의 부름에 응답하기 위해 학숙으로 몰려들었다. 그리고 이 딸들은 처음에는 부모의 선택을 따랐지만, 커서는 자신의 자유로운 결단으로 스스로를 성숙시켜 나갔다. 물론 여기에는 클라우제에서의 교육이 밑거름이 되었을 것이다.

자연히 어린 소녀들의 학숙은 단순한 공부방에 머물지 않고, 의식적 여성들의 공동체로, 결국에는 남성들의 수도원과는 독립된 하나의 수녀회로 발전해 나갔다. 그 가운데서, 아니 그들 중의 선각자로서 힐데가르트는 어린 날 부모의 염려 어린 선택을 성장해서는 자신의 확고한 자유의지로 새로이 선택했다.

종신서원 수녀가 되다

1112년에서 1115년 사이, 그러니까 힐데가르트가 스스로 생각하고 결정할 나이가 되었을 때 평생을 위한 서약의 순간을 맞이했다. 힐데가르트는 밤베르크Bamberg의 주교이던 성 오토St. Otto, 1060경~1139의 주례로 종신서원식을 올렸으며, 죽을 때까지 벗을 수 없는 수녀의 베일을 썼다. 이는 세속을 떠나 평생을 수도자로, 동정녀로 살아가겠다는 서약의 예식이었다.

이때부터 힐데가르트는 베네딕트 수도원의 규칙에 따라 매우 공적이고 명상적인 수도자의 삶을 살게 되었다. 또한 스승 유타 수녀로부터 일곱 과목의 자유교양artes liberales을 배웠다고도 한다.[14] 이는 당시 설립되기 시작하던 대학의 기초교양이었지만, 수녀원에서도 라틴어로 된 성서와 교부들의 저술을 읽을 수 있도록 자체 내에서 수녀들에게 교습하고 있었다.

힐데가르트의 전기는 그녀가 종신서원을 한 다음부터 열성적 학생에서 위대한 스승으로 변모하는 과정을 보여 준다. 먼저 힐데가르트가 성장하던 지역의 주변에서 특이한 상황이 벌어졌다. 힐데가르트가 열 살 되던 해에 학숙 바로 옆에 거대한 베네딕트 수도원이 건축되기 시작했다. 이런 건축사업과 힐데가르트의 성장이 무슨 상관이 있느냐고 반문할 수도 있겠지만, 중세의 건축은 철학자들의 학문적 업적과 비교되곤 한다.

수녀원 주변뿐만 아니라 유럽 전체에서 위대한 건축물들이 바로 이 시기부터 주춧돌을 놓기 시작했다. 바야흐로 수도원 문화의 황금시대, 중세 문화의 절정기, 넓게는 세계 문화의 황금시대가 도래한 것이었다. 학문과 영성, 질서와 조화로 특징지을 수 있는 중세의 황금시대는 다름 아닌 대성당과 대학, 궁전의 건축에서부터 서서히 모습을 드러내기 시작했다. 오늘의 지구촌 사람들이 유럽을 최상의 관광지로 꼽는 이유도 우선적으로 중세 도시의 건축 때문이 아니겠는가?

현대인들이 감탄해 마지않는 중세 건축의 진수를 힐데가르트는 감수성이 예민하던 시기에 바로 옆에서 관찰할 수 있었다. 그것도 주춧돌부터 탑의 꼭대기까지 쌓아 가는 과정을, 질서와 조화에 의한 인간적 작업의 표현을 감탄과 함께 바라볼 수 있었다. 황량한 대지 위에 상상을 초월할 정도로 넓게 그리고 깊이 놓이는 주춧돌은 당찬 소녀의 정신에도 넓게 그리고 깊이 각인되었으리라.

장엄한 건축물일수록 무엇보다도 먼저 건축가의 창조적 두뇌에 그려져

---

14 Meyer, U.I., *Die Welt der Philosophin 1. Teilband Antike und Mittelalter*, Aachen, 1995, 201~202쪽.

서 나중에 설계도로 나타난다. 그리고 설계도는 또다시 확고한 주춧돌에서 현실화되기 시작하여 점점 더 높이 그리고 점점 더 분명한 위용을 드러낸다. 당시 건축가는 대체로 자신이 설계한 대건축의 완성품을 볼 수 없었다. 건축 기간이 건축가의 생애보다 훨씬 길었기 때문이다.

아니나 다를까. 힐데가르트는 수녀원장이 되자 실제로 자기 자신의 거대한 수녀원을 기획하고 결국 건축했다. 물론 수많은 내외적 어려움을 극복하면서. 동시에 그녀는 수녀원보다 더 웅대한 일생일대의 건축을 자신의 정신 안에도 그려 나가고 있었다.

1143년경 드높은 천장의 바실리카와 함께 베네딕트 수도원이 축성될 즈음에 힐데가르트도 자신의 고유한 사상의 세계를, 세계에 대한 큰 그림을 완성하고 있었다. 그것은 그녀의 첫 번째 작품 『길을 알라Scivias』이다. 이 저술은 세계, 인간 그리고 구원사라는 위대한 사상을 웅장한 건축물의 형태로 드러냈다. 여기서 '짓다', '건축하다'라는 의미의 라틴어 '애디피까레aedificare'는 힐데가르트의 저술을 특징짓는 핵심 개념이다. 당시의 위대한 건축가와 마찬가지로, 여성철학자 힐데가르트 역시 『길을 알라』의 세계관이 21세기에 끼치는 지대한 영향을 결코 볼 수 없었다. 그녀의 사상적 위대성은 거의 천 년이 지난 오늘날에야 비로소 주목받고 있기 때문이다.

사상의 건축과 저술활동

힐데가르트의 사상적 건축도 결코 쉽게 지어진 것이 아니었다. 그녀는 육체적으로 늘 허약했으며, 타고난 병마와 끊임없이 싸우면서 살아야 했다. 그녀는 아주 어릴 때부터 거의 항상 고통스런 병에 시달려 걷는 것이 가능한 경우는 가끔이었다. 그녀의 몸은 성할 날이 없었다. 그러나 육체에서 밖으로 빠져나간 힘은 지혜와 강인한 정신의 힘을 통해 내적으로 되돌아와 자라났다. 그녀의 정신적 힘은 고비를 넘길 때마다 감탄할 정도로 다시 불타오르곤 했다. 어떻게 이런 일이 가능했을까? 힐데가르트는 『길을 알라』의 서문에서 이에 대해 일인칭으로 자세하게 밝히고 있다.

> 비록 이런 현시를 보고 들었을지라도, 나는 의심과 의혹 그리고 그 사람의 말이 가지고 있는 다양한 의미로 인해 쓰기를 거부했으며, 그것도 고집이 아니라 하느님의 채찍에 구부러진 채 병실에 나뒹구는 동안 겸손과 순종으로 쓰기를 거부했다. 나는 수많은 병에 짓눌리면서도 은밀하게 탐구하여 찾아낸 앞서 언급한 그 남자와 훌륭한 수녀 그리고 젊은 귀인의 감독하에 드디어 저술에 손을 댔다. 저술하면서 불가해한 성서 해석의 깊이를 이해하는 동안, 이미 말한 바와 같이, 나는 병석에서 일어나는 힘을 얻었다.[15]

힐데가르트는 자신이 보고 들은 것을 말해야겠다는 저술에의 열정으로 선천적 병약함과 질병의 고통을 이겨 낸 것이다. 여기서 감독하는 사람들이란 현시 속에 등장한 남자와 비서 폴마르 수사, 그리고 친구이자 비서인 리카르다 폰 슈타데Richardiss von Stade 수녀를 가리킨다. 이는 힐데가르트의 모든 저술 작업이 홀로 은밀한 독방에서 이루어진 것이 아니라, 수녀원 내에서는 공개적 과업으로 추진되었다는 것을 보여 준다. 자신이 본 것에 대한 성서적 의미에 집중함으로써 그녀는 병석을 떨치고 일어났던 것이다.

1136년 힐데가르트를 가르치고 길러 온 지도자 유타 폰 슈폰하임이 세상을 떠났다. 그러자 수녀들은 힐데가르트를 그들의 어머니로, 수녀원의

15 Hildegard von Bingen, *Wisse die Wege: Liber scivias*, ed. Abtei St. Hildergard, Eibingen, 2013, 17쪽.

지도자로 선택했다. 이에 수녀원의 장상이 된 힐데가르트는 수녀들이 기대했던 대로 수녀원 식구들의 진정한 어머니로, 현명하고 통찰력이 있는 영명한 지도자로 성숙했다. 그러나 그녀의 지도자로서의 길도 순탄한 것만은 아니었다.

당대뿐만 아니라 거의 현대에 이르기까지도 힐데가르트는 제대로 이해되지 못했다. 소위 중세의 남성 중심적 시대는 여성철학자의 선각자적 정신을 알아차리지 못했으며 비난하기까지 했다. 힐데가르트는 이런 당대를 아이러니컬하게도 연약하다는 의미의 '여성적 시대tempus muliebre'라고 공개적으로 비판했다.[16] 그것도 글로써만 비판한 것이 아니라 행동으로 옮기기 시작했다. 그녀는 당시의 반시대적·반인륜적·반종교적 경향을 각성시키기 위해 수도원 장상들의 회의장, 도시의 시장을 가리지 않고 찾아다니며 시대적 변화를 강력하게 촉구했다.

여성 지도자의 설교여행

그렇지만 어떻게 촉구했는가? 당시의 매체라고는 그야말로 말과 글뿐이었다. 이를테면, 사람을 직접 대면해서 말하는 설교나 연설 그리고 간접적으로 뜻을 전하는 편지뿐이었다. 그러나 아직 남성 수도자들의 개혁수도회도 활성화되기 전이었고, 더구나 여성 지도자가 설교 활동에 나서는 것은 사실상 당시까지는 있을 수 없는 일이었다. 유럽은 소위 그리스도교 중심 시대였고, 여자는 침묵해야 한다는 성서의 말씀을 굳게 지키고 있었다. 특히 하느님의 말씀을 전하는 예언이나 이상한 언어를 말하는 방언은 여

16 Schipperges, H., *Hildegard von Binen: Ein Zeichen für unsere Zeit*, Frankfurt, 1981, 100쪽.

자들에게는 금지되었던 것으로 보인다. "여자들은 교회에서 말할 권리가 없으니 말을 하지 마십시오."[17]

그러나 힐데가르트는 아랑곳하지 않고 설교 여행을 기획하고 주저 없이 여기저기로 당찬 발걸음을 내딛었다. 1160년부터 힐데가르트는 자신만의 고유한 메시지를 전하기 위해 현재 독일에 해당하는 마인츠Mainz, 뷔르츠부르크Würzburg, 밤베르크Bamberg를 거쳐 트리어Trier와 메츠Metz로 설교 여행을 떠났다. 몇 년 뒤에는 더 멀리 쾰른Köln을 거쳐 마울브론Maulbronn 수도원까지 방문하여 설교했다.[18] 힐데가르트의 설교는 성서의 말씀이나 영성에 관한 것만이 아니었다. 그녀는 평신도들을 상대로 설교하기도 했지만, 감히 아무도 거론할 수 없었던 성직자들의 위선적이고 죄 많은 삶의 방식까지도 그들의 면전에서 거침없이 비판했다.

1160년 사순절 동안에 힐데가르트는 트리어의 성직자들과 평신도들 앞에서 가히 충격적 예언을 토해 냈다. 장소는 광장이거나 대성당이었을 것이다. 힐데가르트는 무엇보다도 성직자들의 타락과 악습에 대해 경고했다. 교회의 지도자와 고위 성직자들이 하느님의 정의를 떠나서 수없이 저질러 온 범죄를 잊어버리려는 성향에 빠져 있다는 것이었다.[19]

한편 당시 쾰른에서는 새로 생긴 순결교파와 마니교와 같은 사이비종교가 득세하여 선량한 시민들을 혼란과 패륜에 빠뜨리고 있었다. 사이비들의 전횡을 차단하기 위해 가톨릭의 고위 성직자들은 이름난 설교자 힐

---

17 고린토 I, 14, 34.

18 Altenburg, T., *Soziale Ordnungsvorstellungen bei Hildegard von Bingen*, Stuttgart, 2007, 297쪽 이하 참조.

19 Hildegard von Bingen, *Briefwechsel, übers. von Adelgundis Führkötter OSB*, Salzburg, 1990, 167쪽.

데가르트에게 시민들의 각성을 위한 설교를 요청한다. 그러나 힐데가르트는 기대와는 달리 사이비를 키운 것은 오히려 성직자들의 부도덕과 부패라고 신랄하게 비판했다. 그녀는 바로 오늘 눈앞에 있는 '그대들에게' 말하는 듯, 생생하면서도 거침없이 설파했다.

왜냐하면 그대들에게는 하느님 정의의 하늘을 밝히는 태양빛이 없고, 공기 속에는 도덕의 나무에서 나오는 은은한 향기가 없기 때문이다. 따라서 이런 말을 하는 것이다. "그대들은 눈이 있어도 보지 못하고, 코가 있어도 냄새 맡지 못한다." 바람이 일어나 온 세상으로 불어 가듯이, 그대들의 가르침도 모든 민족에게 재빠른 바람과 같이 불어 가야 한다. "너희들의 소리는 온 세상에 퍼지리라"는 말 그대로. 그러나 그대들은 이리저리 흩날리는 모든 세속적인 명성에 스스로를 마비시키고 있다. 그대들은 곧장 병사가 되고, 곧장 종이 되고, 곧장 어릿광대가 된다. 그러나 그대들은 야단법석을 떨며 가장 좋은 여름에 파리 몇 마리를 내쫓을 뿐이다.

또한 그대들은 성령의 불꽃으로 기록된 성서의 가르침을 통해 땅끝을 지탱하는 기둥과 같이 그렇게 교회를 떠받치는 기둥이 되어야 한다. 그러나 그대들은 오로지 그대들만의 나락으로 떨어졌으며, 교회를 위한 기둥이 된 것이 아니라, 그대들을 위한 쾌락의 구덩이로 달아났다. 그대들의 구역질 나는 부와 탐욕 그리고 또 다른 허영심으로 인해 그대들은 그대들에게 맡겨진 사람들에게 아무런 가르침도 주지 못한다. 그래도 그들은 그대들에게서 가르침을 구하거늘, 그대들은 "우리가 모든 일을 해내는 것은 불가능하다"고 말하면서 가르침을 허락하지 않고 있다.[20]

20 Hildegard von Bingen, 같은 책, 170쪽.

이러한 '그대들을' 향한 설교는 비록 고위 성직자라 하더라도 쉽게 할 수 있는 말이 아니었다. 어떻게 성직자들을 향해 이런 설교가 가능했을까? 역사가는 이렇게 대답한다. "힐데가르트는 물론 오로지 예언자적 영감에 대한 신앙으로 보호를 받고 있었기 때문에, 가능한 일이었다."[21] 시민들이 힐데가르트를 예언자로 믿었기 때문일 것이다. 한 세기가 지난 다음 프란치스코회와 도미니코회와 같은 본격적 의미의 설교수도회가 전 유럽에 걸쳐 혁명적 활동을 개시했으니, 이것도 앞서간 힐데가르트의 설교와 무관하지 않았을 것이다.

힐데가르트는 수녀원 안팎의 어려움에도 불구하고 다양한 분야에 걸친 학문적 활동도 끝까지 밀고 나갔다. 또한 사회적 비판과 정치적 난관에도 불구하고, 예언자적 활동에 대한 탄압에도 불구하고, 수많은 설교 여행과 엄청난 저술활동에도 불구하고, 죽을 때까지 수녀원의 어머니와 원장의 소임을 다했다.

여성이 역사를 만든다는 20세기의 한 여성주의 책은 위대한 여성 지도자들을 골라서 다루었다. 이 책은 힐데가르트를 다음과 같은 제목으로 소개한다.[22] "나는 살아 있는 빛의 나팔소리이다." 또한 2009년 독일의 여류 영화감독 마가레테 폰 트로타는 21세기 여성주의 시대를 맞이한 기념으로 위대한 여성의 삶을 구가한 힐데가르트의 일대기를 영화로 만들었다.[23] 힐데가르트는 여성철학자로서는 최초로 필름에 담긴 셈이다.

---

21 Hauck, A., *Kirchengeschichte Deutschlands, IV*, Leipzig, 1904, 420쪽.

22 Hoffmann, G., *Frauen machen Geschichte: Von Kaiserin Theophanu bis Rosa Luxemberg*, Bergisch Gladbach, 1991, 57쪽.

23 마가레테 폰 트로타M. von Trotha는 독일 귀족 출신의 여류 작가이자 영화감독으로, 여성혐오주의와 포르노그래피에 대항하여 활동하는 여성주의 영화감독이다. 2009년 『Vision-

3
나는 본다-video

힐데가르트는 태어날 때부터 스스로 말한 바와 같이, '비데오video', 즉 "나는 본다"라는 현시의 능력을 가지고 있었다. 비데오video는 오늘날 시청각 제품의 명칭으로 사용되고 있지만, 원래 라틴어 일인칭 현재형이다. "나는 본다, 고로 나는 존재한다."[24] 이 말이 어울릴 만큼, 생겨나는 순간부터, 즉 하느님이 모태에 생명을 불어넣어 깨울 때부터, 이미 힐데가르트의 영혼에 현시의 능력을 각인하셨다는 것이다. 그러나 이런 능력은 미신이나 광신으로 간주될 수 있었기 때문에, 그리스도교 안에서든 밖에서든 언제나 종교적으로는 위험한 능력이기도 했다.

현시 능력

실제로 가톨릭 마인츠교구의 주교들은 여든이 넘은 힐데가르트의 수녀원에 성무금지령을 내렸다.[25] 이는 이단의 의혹이 짙다는 뜻이다. 물론 힐데가르트 수녀원장을 겨냥한 조처였다. 그러나 성무금지령의 발단은 의외로 그녀의 현시나 신앙에 대한 의혹이 아니라 가톨릭교회의 명령을 거역했기 때문이었다. 1178년 힐데가르트 원장은 수녀원 묘역에 교회로부터 추방된 적이 있는 인사를 매장하도록 허락했다. 그러자 마인츠교구는 그의 무덤을

Aus dem Leben der Hildegard von Bingen』을 개봉했으며, 현대 여성철학자 한나 아렌트의 일대기 『Hannah Arendt』도 영화화했다. Wydra, T., *Margarethe von Trotta–Filmen : um zu überleben. Henschel*, Berlin, 2000 참조.

24 데카르트의 정언 "cogito, ergo sum"에 대입해 본 것이다: video, ergo sum.

25 성무란 기도와 전례로 이루어진 성직자들과 수도자들의 성스런 일과를 말한다.

제거할 것을 명령하면서 거부할 경우에는 성무금지령을 내리겠다고 경고했다. 그런데도 힐데가르트는 그 묘지를 그냥 두는 대신 금지령을 받았다.

이때부터 힐데가르트는 엄청난 고난을 겪으면서도 자기 자신과 망자 그리고 하느님의 권리를 위해 투쟁을 벌였다. 힐데가르트는 고위 성직자들에게 금지령을 거두어 달라는 청원을 올리면서, 편지의 서두부터 자신의 현시 능력을 분명하게 나타냈다. 즉 그녀는 태어날 때부터 하느님이 자신의 영혼에 현시의 능력을 각인하셨기에, 자신의 현시에 따라 편지를 올린다는 것이었다.[26] 그녀는 고위 성직자들에게 간청하면서도 압박을 가하기 위해 명백히 그리고 실제로 현시의 능력을 발휘했다.

> 저 자신과 저의 수녀님들은 금지령으로 인해 큰 슬픔에 빠졌습니다. 그렇게 무거운 부담감에 짓눌려 있다가 드디어 저의 현시에서 다음과 같은 말을 들었습니다. "동정녀 마리아로부터 처녀의 본성 안에서 너희들의 구원으로서 인간적 본성을 가지고 태어났으니, 인간적 본성을 입으신 그 말씀과 함께하는 나의 신비를 인간적 말을 위해 중단한다는 것은 너희들에게 좋지 않다. 이 때문에 너희는 너희를 구속한 주교님들께 자유를 간청해야 한다."[27]

힐데가르트는 편지에서 줄곧 자신의 현시를 증거로 삼아 고위 성직자들에게 간청했고, 결국 금지령도 풀렸다. 그녀는 자전적 저술뿐만 아니라 작품에서도 현시를 구체적으로 말했으며, 현시가 일어나는 과정 자체를 여러 번에 걸쳐 언급했다. 현시야말로 그녀의 삶을 소싯적부터 예언적 실존

26 Hildegard von Bingen, *Briefwechsel*, 236쪽 이하 참조.

27 Hildegard von Bingen, 같은 책, 237쪽.

으로 만들었기 때문일 것이다. 첫 번째 현시 작품『길을 알라』에 털어놓은 힐데가르트의 진술은 다음과 같다.

> 나는 어릴 때부터, 말하자면 내가 다섯 살이던 그때부터, 지금도 여전히 놀라운 방식으로 내 안에 느끼고 있는, 현재에 이르기까지 감추어 왔던 경이로운 현시의 힘을 가지고 있었다. 그렇지만 나는 나와 똑같은 규칙 속에서 살아온 몇몇 극소수의 수도자를 제외하고는 어떤 사람한테도 이 사실을 발설하지 않았다. 하느님이 자신의 은총으로 이런 현시를 알리기를 원하는 그 시점이 될 때까지, 나는 깊은 침묵에 잠겨 있었다. 그러나 내가 보았던 그 현시들을 꿈속에서나, 잠을 자면서나, 정신적 착란 속에서나, 외적 인간의 육체적 귀로나, 숨겨진 장소에서 지각하는 것이 아니라, 오히려 나는 하느님의 의지에 따라 열린 장소에서 내적 인간의 눈과 귀를 가지고 분명한 이성으로 깨어 있으면서 신중하게 현시를 받아들였다. 이런 일이 어떤 방식으로 일어나는지는 육체를 가진 인간에게는 이해되기 어렵다.[28]

힐데가르트는 일찍부터 현시를 체험하고 있었지만, 바로 공개하거나 기록하지는 않았다. 그녀 스스로도 현시의 의미를 이해하지 못했기 때문이었다. 그러나 그녀가 보고 들은 상대는 은밀하고 주관적인 대화의 상대가 아니라, 언제나 창조주 하느님이라고 믿고 있었다. 따라서 그분이 허락하신다는 확신이 설 때까지 기다렸던 것이다. 나아가 여성으로서 감히 하느님의 소식을 전하겠다는 선언은 종교적으로도 매우 위험한 일이었다. 힐데가르트 이전에 종교적 내지는 신비적 의혹을 받은 몇몇 여성이 종교재판을

28 Hildegard von Bingen, *Wisse die Wege: Liber scivias*, 16쪽.

통해 불길에 던져진 사례가 있었기 때문이다. 힐데가르트는 말년에 자신의 전기 작가 비베르트 폰 장블루에게[29] 현시의 특징을 더욱 상세하게 진술할 필요를 느꼈다.

> 나는 이러한 것들을 나의 외적 눈으로 보는 것도 아니요, 나의 외적 귀로 듣는 것도 아니요, 또한 이런 것들을 내 마음의 생각으로 인지하는 것도 아니요, 다섯 가지 감각의 매개를 통해 지각하는 것도 아니다. 오히려 나는 오직 나의 영혼 안에서 이런 것들을 보지만, 내 육체의 눈을 뜨고 보며, 그러면서도 결코 환각으로 의식을 잃는 것이 아니라, 밤이나 낮이나 깨어 있으면서 이런 것들을 본다. 내가 보는 빛은 공간에 매여 있지 않다. 그 빛은 자기 안에 태양을 품고 있는 구름보다 훨씬 더 빛난다. 나는 그 빛의 높이도, 길이도, 넓이도 가늠할 수 없다. 나 자신에게는 "살아 있는 빛의 그림자"로 나타난다. 마치 태양과 달과 별이 물속에 비치는 것처럼, 나에게는 그렇게 말과 글과 힘 그리고 어떤 사람의 작품들이 그 안에서 빛난다.[30]

힐데가르트는 여기서 마치 아침 햇살에 반짝이는 장미 한 송이를 보는 듯 이야기를 풀어내고 있다. 그녀가 진술하는 현시는 환영이나 환각도 아니요, 꿈이나 초월적 현상도 아니요, 정신적 질병이나 결핍 현상도 아니요, 엄격한 금욕주의나 지나친 열성주의의 결과는 더더욱 아니었다. 그녀의 현시는 이후로 등장하는 다른 중세 여성신비주의자들의 체험과도 차이

---

29 비베르트 폰 장블루Wibert von Gembloux(1125경~1213)는 루페르츠베르크 수녀원의 사무장 겸 힐데가르트의 비서를 지내면서 구술과 필사에 참여했다. 힐데카르트 사후에는 장블루 수도원의 원장을 역임했다.

30 Hildegard von Bingen, *Briefwechsel*, 227쪽.

를 보였다. 현대 신비주의 연구자 딘첼바헤르는 힐데가르트가 전하는 "미스티카 베르바mystica verba"를 "신비한 말씀"이라고 번역해서는 안 된다고 강조하면서 그냥 "비밀스런 말"로 번역했다.[31]

힐데가르트의 현시는 무의식 상태가 아니라 의식적이었으며, 비현실적 공간에서 일어나는 것이 아니라 현실적이었으며, 초월적 환상이나 환영이 아니라 직관적이었다. 중세에서 가장 비슷한 신비주의자를 찾는다면 힐데가르트와 제르트루다 바로 다음 세대에 등장한 마이스터 에크하르트Meister Eckhart가 있을 뿐이다.[32]

현시의 기억과 기록

물론 힐데가르트가 보고 듣고 이해하는 일은 동시적으로 일어났다. 또 그녀는 보고 들은 것으로 인해 해박해지지도 않았지만, 이를 그냥 흘려보내지도 않았다. 그녀는 훗날을 기약하며 기억의 창고에 정리해 두었다. 그렇다면 그녀는 어떤 방식으로 현시를 보고 듣고 쓰게 되었는가? 계속하여 반복되고 있다는 인상을 줄 만큼, 그녀는 현시 장면을 소상하게 재구성했다.

> 현시에서 보고 배우는 그 모든 것을 나는 오랜 시간에 걸쳐 나의 기억 속에 보관했다. 왜냐하면 내가 보고 듣는 바로 그 순간에 그것은 기억 속으로 들어갔기 때문이다. 나는 동시에 보고 듣고 이해하며, 그리고 마치 한순간처럼 내가 이해한 것을 곧장 숙지한다. 그러나 내가 보지 않은 것은 나도 알지

---

31 Dinzelbacher P., *Deutsche und Niederländische Mystik des Mittelalters*, 53쪽.

32 마이스터 에크하르트는 토마스 아퀴나스의 제자이다. 중세 최고의 신비주의자 가운데 한 사람이자 파리대학의 교수를 역임한 바 있는 철학자이자 신학자이다.

못한다. 왜냐하면 나는 배우지 못했으며, 간단한 알파벳이나 읽을 정도로 교육받았기 때문이다. 나는 내가 쓰는 것을 현시에서 보고 들으며, 내가 들은 것과 다른 어떤 단어도 집어넣지 않으며, 내가 현시에서 듣는 바와 똑같이 다듬지 않은 라틴어 단어들로 표현한다. 왜냐하면 나는 현시에서 마치 철학자들이 쓰는 것처럼 해박하게 쓰지 않기 때문이다. 이러한 현시에서의 단어들은 사람의 입에서 나오는 단어들처럼 울리는 것이 아니라, 마치 번쩍이는 불꽃과 같으며, 순수한 아이테르 속에서 움직이는 구름과도 같다. 그러나 태양의 테두리를 거침없이 바라볼 수 없는 것처럼, 나는 이 빛의 형상을 인지할 수 없다.

잠시 나는 이런 빛 속에서 보지만, 자주는 아니더라도 "살아 있는 빛"이라고 부르는 다른 빛도 본다. 언제 어디서 그 빛을 보는지는 나도 말할 수 없다. 그러나 그 빛을 보는 동안에는 나에게서 그 모든 슬픔과 그 모든 두려움을 가져가 버려서, 나는 늙은 여인이 아니라 마냥 어린 소녀가 된 기분이 든다.[33]

힐데가르트는 스스로 많은 교육을 받지 못했다는 것을 밝히면서 보고 들은 것에 대해 아무것도 가감하지 않았다는 사실도 명백히 했다. "살아 있는 빛"이 나타나면 모든 슬픔과 두려움이 사라졌다는 진술은 중세 여성 신비가라기보다는 고대의 예언자와 같은 인상을 주기도 한다.

신비가로서의 힐데가르트는 중세의 그리스도교 신비주의나 스페인의 신비주의, 중세 후기의 근대적 신심운동이나 후대의 열성주의 등과 혼동되어서는 안 된다. 힐데가르트의 신비적 삶은 하느님과 만나는 유일무이한 체험과 현시 작품에 뿌리박고 있었다. 그것도 영혼의 주관적 대화 상대로

33 Hildegard von Bingen, *Briefwechsel*, 227쪽.

서의 하느님이 아니라, 우주와 인간을 창조한 세계의 주인이신 하느님과의 만남이었다. 또한 힐데가르트는 항상 우주의 논리요 말씀이신 그리스도와 만났던 것이다.

현시의 진리

힐데가르트는 자신의 현시를 냉철한 이성을 통해 이해했으며, 의식적 인식을 스콜라철학의 범위 내에서 받아들였다. 따라서 힐데가르트가 거친 라틴어로 서술한 철학적이고 신학적인 문제는 뒤이어 꽃을 피운 스콜라철학에서 엄밀하고 장엄하게 조명되었다. 그렇다면 힐데가르트는 파리대학의 신학석사 오도Odo Suessionensis, 1145경~1171경에게 "살아 있는 빛"의 형이상학적 지평을 어떻게 서술했는가?[34] 힐데가르트는 산 위의 양념 냄새 풍기는 곳에서 훌륭하신 선생님께 말씀을 올린다면서 말문을 열었다. 과연 그녀의 현시문학은 어떻게 석사 오도가 바라보는 신학 내지는 철학으로 승화되었는가?

> 그러므로 살아 있는 빛은 지혜의 비밀스런 언어로 말한다. 즉 하느님은 완전하고 온전하며, 시간적 시작이 없으시다. 이로 인해 그분은 —인간처럼— 말로써 분열될 수 없다. 왜냐하면 —아무도 그렇지 않지만— 하느님은 완전한 분이기 때문이다. 아무것도 그로부터 떼어 낼 수 없으며, 아무것도 그에게 덧붙일 수 없다. 왜냐하면 그분의 신성과 그분의 성부이심도, 이미 말한 대로, 여기 **존재하는**[35] 바의 그분이기 때문이다. 즉 "나는 **존재하는** 바의 그

---

34 신학석사 오도에 대해서는 Schrader, M., Führkötter, A., *Die Echtheit des Schrifttums der heiligen Hildegard von Bingen*, Köln/Graz, 1956, 60쪽 이하 참조.

35 출애굽기, 3, 14; 묵시록, 4, 8 참조.

다."[36] 그리고 여기 존재하는 분은 충만함을 가진다. 얼마나? 행위함에서, 창조함에서, 완성함에서.

신성과 성부는 하느님이 아니라고 늘 말하는 사람은, 결국 원주 없는 중심을 말하는 셈이다. 그리고 원주 없는 중심을 가지고자 하는 사람은 영원히 **존재하는** 바로 그분을 부정한다. 그러므로 신성과 성부는 곧 하느님이라는 것을 항상 부정하는 자는 하느님을 부정하는 것이니, 그는 그야말로 있지 않는 일종의 허무가 하느님 안에 있다고 주장하기 때문이다. 왜냐하면 하느님은 충만함이시며, 그리고 하느님 안에 존재하는 것은 하느님이기 때문이다. 하느님을 인간의 방식대로 꿰뚫어 보거나 다 찾아내는 것은 불가능하다. 왜냐하면 하느님 안에 하느님이 아닌 것이라고는 아무것도 존재하지 않기 때문이다. 그러나 피조물은 시작을 가진다. 따라서 인간적 이성은 그 자신의 특성에 맞게 개념들로 가득 차 있는 바 그대로, 개념 안에 하느님을 집어넣으려고 애쓴다.[37]

힐데가르트의 언어는 여기서 형이상학적 개념으로 또렷하게 부각되었다. 그녀의 현시는 신학과 철학이 만나는 신 개념 '야훼'에 집중되었다. 즉 모세가 하느님에게 당신의 이름은 무엇이냐고 물었을 때, 하느님은 '야훼', 즉 라틴어-영어로는 "Ego sum qui sum-I am who am"이라고 대답했다. 힐데가르트의 현시는 "나는 존재하는 바의 그다-Ego sum qui sum"을 뜻하는 '야훼'를 그대로 듣고 보는 데서 절정에 도달했다. 물론 힐데가르트보다 훨씬 이전이던 5세기의 아우구스티누스부터 이후의 토마스 아퀴나스

36 출애굽기, 3, 14 참조.

37 Hildegard von Bingen, *Briefwechsel*, 44~45쪽.

Thomas Aquinas에 이르기까지 '존재'의 의미와 함께 '야훼'의 형이상학적 의미도 움직이고 있었다. 과연 어떻게 움직여 왔는가?

"하느님은 존재한다"는 명제는 어떤 존재론적 지위를 가지고 있었는가? 라틴어-영어로 "Deus est-God is"라는 문장의 의미가 다름 아닌 '야훼'의 의미를 결정한다. 이는 문법적으로 두 가지 의미를 가진다. 첫째, 있다 또는 없지 않다는 동사의 의미로 하느님은 존재한다는 뜻이다. 둘째로, "하느님은 ~이다"는 불완전한 문장의 '~이다'라는 연계사copula의 의미를 가지고 있다.

먼저 교부학의 원조 아우구스티누스는 이 말의 비밀을 짐작하고 있었다. 그는 두 번째의 불완전한 문장을 채우면서 본질적 의미에 가깝게 '야훼'를 이해했다. 즉 하느님은 "나는 창조주다", "나는 세계의 원천이다"라고 말하지 않았으며, 다만 야훼, 즉 "나는 존재하는 바의 그다"라고만 말했다는 것이다. 그리고 아우구스티누스는 이에 대해 스스로 되물었다. "우리는 야훼를 하느님 이외에는 아무것도 존재하지 않는다는 것처럼 이해해야 합니까?" 그리고 아우구스티누스는 기도하듯 다음과 같이 대답했다. "존재 스스로, 존재 자체ipsum esse로 하여금, 참된 존재는 항상 동일한 방식으로 존재함을 의미한다는 것을 이해하게 하라."[38] 나아가 다른 데서는 분명하게 하느님의 본질을 언급했다. "아마도 하느님 홀로 본질essentia이라고 말해야 할 것이다. 그분은 변하지 않으므로 그 홀로 참되기 때문이다. 그리고 이것이 바로 하느님이 그의 종, 모세에게 '나는 존재하는 바의 그다'라고 말한 의미이다."[39]

---

38 Augustinus, *Tractatus in Johannis Evangelium*, 28, 8, 8-10, PL 35, 1678 이하.

39 Augustinus, *De trinitate*, 7, 5, 10, PL 42, 942쪽.

13세기에 와서 스콜라철학의 거장 토마스 아퀴나스는 "하느님은 존재한다Deus est–God is"를 하느님이 있는지 없는지에 대한 대답으로 보지도 않았고, "하느님은 ~이다"라는 불완전한 문장으로 이해하지도 않았다. 토마스에게 하느님이란 그 본질이 그야말로 존재하는 행위요, 현실actus이라는 것이다. 즉 토마스에게 '존재한다'라는 역동성은 무엇을 행하고 있는 '작위actus'를 의미했다. 사람도 생각하고 무엇을 바라고 성장하기 이전에 이미 무엇을 "행위하고 있어야 한다". 토마스는 이런 의미에서 '존재한다'는 개념은 더 이상 해명하기가 불가능하며, 이런 의미의 작위, 곧 현실태actus란 정의될 수 없다고 단언했다.[40]

토마스에게 '존재한다'의 의미는 작위요, 모든 행위를 가능케 하는 근본적 행위이다. '존재하기'는 어떤 것에든 가장 내밀하며, 모든 것의 가장 깊숙이 내재한다.[41] 하느님은 이런 의미에서 절대적으로 존재하는 순수현실태actus purus라는 것이다. 인간적 개념을 최대한 버리고 말해 본다면, 하느님의 본질적 모습 자체가 바로 현실적으로 존재하는 것이다. 그러므로 토마스에게 하느님의 존재와 본질은 일치한다. "하느님에 있어서 '본질' 또는 '무엇임'은 자기 존재와 다른 것이 아니다."[42] 토마스에 의하면, "나는 존재하는 바의 그다"라는 명제는 곧 "나는 존재한다는 순수 행위이다"라는 명제와 동일하다.

힐데가르트는 토마스 이전에 토마스와 같이, '야훼'의 의미에 대한 두 가

40 Thomas de Aquino, In metaphysic., 9, 5; Nr.1826: actus…… non definiri.

41 Thomas de Aquino, Summa theologica I pars, q.8, a.1, c.a.: esse est illud quod est intimum cuilibet et quod profundius omnibus inest.

42 Thomas de Aquino, Summa contra gentiles, I, 22; 토마스 아퀴나스, 『대이교도대전 I』 제22장, 신창석 옮김, 분도출판사, 2015.

지 해석을 모두 거부했다. 즉 그녀 역시 '야훼'에 대해 하느님이 있는지 없는지도 묻지 않았으며, 불완전한 문장에 포함된 의미라고도 보지 않았다. 하느님이 존재한다는 사실을 그녀는 오로지 보고 들었다. 힐데가르트에게 존재하는 분은 충만함을 가지고 있다. 얼마나? 하느님은 행위하고 작위하고 창조하고 완성하는, 존재 그 자체로 충만하시다.

그래서 힐데가르트는 하느님 안에는 하느님이 아닌 것이라고는 아무것도 존재하지 않는 충만함을 보았던 것이다. 하느님 안에 하느님이 아닌 것이라고는 전혀 찾아낼 수 없기 때문에, 인간은 개념을 통해 하느님을 찾아낼 수도 없으며 인간적 개념 안에 하느님을 담을 수도 없다. 하느님의 본질은 결국 작위하고 창조하고 완성하는 행위의 충만함이라고 말할 수밖에 없었다.

따라서 힐데가르트가 현시에서 드러낸 하느님의 행위 '충만함'은 후일 토마스가 전개하는 '순수현실태'를 미리 말했다기보다, 미리 본 것이었다. 스콜라철학적 기조가 아니었다면 어떻게 이렇게 볼 수 있었겠는가? 이런 의미에서 힐데가르트의 현시는 다음 세대에 본격화되는 스콜라철학의 현시적 밑그림이 되었던 셈이다.

힐데가르트가 자신의 현시 체험을 조직적으로 구성하여 직접 저술로 남겼기 때문에, 돌발적이고 충동적이거나 금욕적이고 탈혼적인 체험과는 거리가 멀다는 사실을 알 수 있다. 사실 어느 시대, 어느 문화를 막론하고 이러한 종교적 '현시와 환시 같은' 현상이 있어 왔다. 그러나 힐데가르트의 현시는 결과적으로 교황 에우제니오 3세Eugenus III, 1080경~1153에 의해 소위 사적 계시로 인정되었으며, 그녀의 사적 계시는 사실상 성서에 나오는 계시의 내용과 다르지 않았다. 어떻게 다르지 않았는가? 힐데가르트 현시의 대서사시를 감히 한마디로 요약해 보고자 시도한다면 다음과 같을 것이다.

하느님은 사랑이시며, 세계는 좋은 것으로 창조되었으며, 인간은 유혹에 넘어가고 세계는 혼돈에 빠지며, 결국에는 이 세상을 구원하기 위해 하느님이 사람이 되셨다. 힐데가르트는 자연적 세계를 은총의 삶과 종합시키고자 했다. 그럼으로써 그녀는 그 시대를 거울에 비추고자 했을 뿐만 아니라, 한 사람 한 사람에게 말을 걸어 그 사람이 처한 상황마다 어떤 결단을 촉구하고자 했다. 그럼으로써 힐데가르트는 예언하기보다는 삶의 정보informatio를 나눠 주는 예언자의 역할을 했다. 결국 힐데가르트는 구약시대의 드보라와 예레미야에 버금가는 예언자였으며, 현시 작품의 작가였다.

4
힐데가르트의 작품

힐데가르트는 세월이 갈수록 현시를 더욱더 또렷해지는 하느님의 명령으로 보았다. "말하라 그리고 쓰라, 네가 본 것과 들은 것을!"[43] 그러나 단순히 보고 듣기만 하는 것과 현시를 작품으로 저술하고 공개하는 일은 별개의 문제였다. 힐데가르트는 가톨릭 수도자이자 수녀원장이었으므로, 가톨릭교회의 공인을 필요로 했다.

힐데가르트의 현시가 작품이 되어 세상에 나온 날을, 조용하던 그녀를 가톨릭교회의 공적인 독일 예언자prophetissa teutonica로 만든 날을 정확하게 짚어 보는 것이 좋을 것이다. 교황 에우제니오 3세는 1147년 11월 30일부

43 S. Hildegardis, Scivias, PL 197, 383 A: Dic et scribe, quae vides et audis!

터 1148년 2월까지 독일 트리어에서 공의회를 개최하고 있었다. 교황은 18명의 추기경과 각국의 주교들과 성직자들, 그리고 황관 없는 교황으로 추앙받던 클레르보의 베르나르두스Bernardus 원장까지 참석한 공의회의 토론 석상에서 힐데가르트의 저서를 공개적으로 낭독하도록 명령했다. 물론 교황 자신은 그 전에 위원회를 만들어 힐데가르트의 현시 능력과 저술을 검사한 바 있다.

교황 에우제니오 3세는 공의회를 통해 힐데가르트의 현시를 가톨릭교회가 인정하는 예언으로, 현시 작품으로 세상에 공포하고 싶었던 것이다. 먼저 베르나르두스 원장이 찬사와 함께 박수갈채를 이끌어 냈고, 이에 교황은 권위를 가지고 다음과 같이 보증했다. "교황은 성스런 동정녀 [힐데가르트]에게 명예로운 문서를 하사하며, 이에 교황은 그녀가 성령으로 인식하고 표현하는 모든 것을 그리스도와 성 베드로의 이름으로 허용함을 고지하고 저술할 것을 격려한다."[44] 이리하여 힐데가르트의 현시 작품은 공적으로 세상의 빛을 보게 되었다.

힐데가르트 자신도 『길을 알라』의 서언에서 10년의 고통으로 저술한 첫 작품을 마무리한다고 말하면서 이런 정황을 소상히 밝혔다. "에우제니오 교황의 지휘 아래 마인츠교구의 대주교 하인리히Heinrich와 로마의 왕 콘라트Konrad, 성스런 디지보덴산 위의 수도원장 쿠노Kuno가 모인 날, 이 현시와 저술이 나오게 되었다. 또한 나는 이런 글을 내 마음이나 다른 사람의 생각에 따라 쓴 것이 아니라, 내가 천상의 영역에서 보고 들은 대로, 그리고 하느님의 감추어진 비밀을 통해 받아들인 그대로 기록했다."[45]

44 Hildegard von Bingen, *Briefwechsel*, 29쪽.

45 Hildegard von Bingen, *Wisse die Wege: Liber scivias*, 17; PL 197, 386B 참조.

이렇게 탄생된 힐데가르트의 현시 작품은 종래에 전해 오던 전형적 현시 문학과는 차이를 보인다. 종래의 현시 문학은 설화적이고 비약적 스토리와 비현실적 상황으로 전개되었던 반면에, 힐데가르트의 현시 작품은 내용적으로 치밀하게 구성되어 있었을 뿐만 아니라, 작품의 영감도 환영이나 황홀경에서 나온 것이 아니었다.[46] 또한 힐데가르트의 현시 작품은 그림으로 말하는 독특한 서술 형식과 함께 내용적으로는 하느님과 인간이 참여하는 정통적인 구원사의 구조를 갖추고 있었다.

당시 힐데가르트가 그림으로 표현한 세계관의 강력한 독창성을 거세게 비난하는 사람들도 있었다. 하지만 오늘날 '자연환경'과 '모든 인종'의[47] 위기를 맞이하고 있는 인류에게는 어떻게 살아야 하는가에 대한 결정적인 대답이 될 수도 있다. 힐데가르트는 과연 세계를 어떻게 보았는가?

힐데가르트는 「덕행별곡」이라는 음악 드라마에서 정화의 길을 가는 '영혼'으로 하여금 다음과 같이 노래하게 했다. "하느님이 세계를 창조하셨으니, 나는 세계를 해치지 않고 오로지 사용하기만을 원한다네."[48] 자연환경은 근본적으로 하느님의 성스런 작품이다. 그러니 인간에게 환경을 훼손할 권리라고는 전혀 없다. 우주 속에서 잠시 지구촌을 여행하는 모든 인간은 오로지 지구를 소중히 사용하고 모든 인종과 다음 세대에 온전히 물려

---

46 Dinzelbach, P., Visio(n)sliteratur, in: *Lexikon des Mittelalters VIII*, J.B., Metzler, 1999, 1736 참조.

47 판 데모스pan demos는 '모든 민족이나 인종'을 뜻하는 그리스어이며, 영어로 '펜데믹 pandemic'은 모든 민족이 감염될 수 있는 전염병을 의미한다. 지역에 제한된 질병 '에피데믹 epidemic'의 반대말이다.

48 Hildegard von Bingen, *Wisse die Wege: Liber scivias*, 525쪽; St. Hildegard von Bingen, 『덕행별곡Ordo virtutm』, 현익현 옮김, Hildegard출판사, 1912, 25쪽 악보와 가사 참조.

줄 심각한 의무를 가질 뿐이다. 이러니 현대 독일의 녹색주의자die Grünen들이 힐데가르트를 환경시대의 수호성녀로 모시는 것도, 전 세계의 대체의학이 힐데가르트에게서 다양한 치유의 근거를 찾아보려 하는 것도 결코 우연이 아닐 것이다.

힐데가르트 전집은 핵심을 이루는 세 권의 현시 작품과 나머지 네 종류의 저술들로 양분된다. 힐데가르트의 작품들은 "오페라 힐데가르디스Opera Hildegardis"로 편집되어 그리스도교사상 일체를 집대성한 미네Migne의 『라틴 교부총서』에 당당하게 포함되어 있다. 즉 여성으로서는 최초로 엄연히 교부 중의 한 사람으로 인정받았다는 뜻이리라. 여기서는 그녀의 작품을 일곱 가지 제목으로 나누어 소개할 것이다.

『길을 알라Liber scivias』1141~1151

『길을 알라』는 힐데가르트의 첫 현시 작품이며, 10년에 걸쳐 저술된 대표작이다. 『길을 알라』는 그녀의 현시가 하느님의 영감으로부터 비롯되었다는 사실을 기록한 증거이자, 가톨릭교회가 공식적으로 인정한 신학저술이다. 현시의 핵심은 "살아 있는 빛"의 체험을 진술하는 가운데 성서의 의미를 밝혀내는 것이다. 이 저술은 인간을 향한 하느님의 길과 하느님을 향한 인간의 길을 일치시키는 구원사적 구조를 갖추고 있으며, 내용적으로는 신학을 바탕으로 인간학, 우주론, 교리학을 담고 있다. 힐데가르트는 이 저술로 인해 살아 있을 때부터 교회 안팎으로 널리 명성을 떨쳤다.

『덕행서Liber vitae meritorum』1158~1163

직역하면 '삶의 의무에 관한 책'이며, 도덕과 악덕이 대화를 나누는 드라마의 형식으로 구성되어 있다. 35가지의 도덕과 악덕이 우주와 구원의 역사, 인간의 도덕적 행위가 맺고 있는 결코 분리될 수 없는 상관관계에 대해 치열하게 토론을 벌이는 내용이다. 이 인생 드라마는 인간의 개별적 결단이 곧 선과 악 사이에서 벌어지는 우주적 대결의 장면이라는 것을 보여 준다. 현시의 중심은 커다란 남자vir의 형상으로, 시작도 끝도 없이 우주를 초월하는 하느님을 상징한다. 이런 현시의 그림은 결국 하느님의 실재, 피조물의 현실, 구원사의 실현을 보여 준다.

『하느님의 업적Liber divinorum operum』1163~1170

글자 그대로 '신적 업적의 책'은 우주론적 현시 작품으로서 하느님과 세계 그리고 인간의 관계를 규정하고 있다. 『하느님의 업적』은 힐데가르트의 주저 가운데 하나이자 핵심적 세계관을 포함하고 있다. 그녀는 10회에 걸친 현시를 통해 세계의 창조에서 종말에 이르는 과정과 성서의 창세기에서 종말론적인 묵시록에 이르는 구원의 역사를 기록했다. 여기서 힐데가르트는 요한복음 서언을 해설하면서 인간을 살아 있는 우주의 중앙에 놓는 새로운 관점을 제시했다.

『원인과 치료Causae et curae』1150~1158

힐데가르트는 1150년에서 1160년 사이에 주로 전통의술과 자연요법에 관한 연구에 몰두했다. 힐데가르트의 의학적 연구 결과는 원래 『약물의 순도와 합성Liber simplicis et compositae medicinae』이라는 제목으로 필사되었으나, 『원인과 치료』 및 『자연학Physica』이라는 책으로 나누어져 출판되었다. 전자는 성의학, 생리학, 병리학에 대한 괄목할 만한 연구다. 힐데가르트는 수많은 질병의 종류를 정리하고 발병 원인과 징후를 서술한 다음에 자연요법과 자연 치료제를 통한 처방전을 기록했다. 그녀는 여기서 인간과 세계가 상호 질서 지우는 구조를 기초로 삼았다. 즉 하느님의 법칙 아래 있는 모든 것은 서로에 대해 대답하기 때문에 또한 서로를 치료할 수 있다는 것이다. 자연의 질병에는 자연이 대답한다는 이 하나의 원칙은 인간의 생활 방식과 치료에 대해 많은 것을 시사한다. 결국 모든 존재자는 내적 관계를 맺고, 상호 의무 속에 있으며, 상호 부합의 구조 속에 있으며, 더 나아가 상호 계약 속에 있으며, 결국 상호 의존한다는 것이다.

『자연학 Physica』1150~1158

『자연학』은 필사본 『약물의 순도와 합성』 가운데 특히 자연의 치유 능력에 대한 연구서이며, 아픈 사람뿐만 아니라 건강한 사람에게도 영향을 끼치는 자연의 신비한 작용에 대한 연구서이다. 힐데가르트는 9장에 걸쳐 약초, 화학원소, 나무, 보석, 물고기, 새, 육지동물, 파충류, 광물에 대해 탐구했다. 물론 그녀는 민간요법뿐만 아니라 로마시대의 학자 플리니우스Plinius, 23경~79의 『자연사Naturalis historia』와 같은 자연요법에 대한 이전의 연구서들을 활용하여 자신의 책으로 집대성했다. 이런 과정에서 힐데가르트는 보석치료와 반려동물을 통한 치유법을 찾아내기도 했고, 금잔화와 엉겅퀴의 의학적 약효를 최초로 알아내기도 했다.[49] 특히 볼 수 있는 사물이 볼 수 없는 사물에 대해 지시하는 새로운 특성들을 끊임없이 추적하고 밝혀냈다.

『작곡집 Symphoniae』1151~1170

힐데가르트의 노래 모음집은 직접 작사, 작곡한 77곡을 수록하고 있다.

---

49 Niedenthal, T., Wie die Heilkunst in die Klöster kam, In: Walter, R., *Gesundheit aus Klöstern*, Freiburg, 2013, 7쪽.

이런 가곡들도 힐데가르트의 현시 사상과 영적 치유의 가락을 담고 있다. 영성적 뮤지컬에 해당하는 「덕행별곡Ordo virtutum」은 당시 독일 루페르츠베르크 수녀원의 성당을 축성할 때 초연되기도 했다.[50] 그녀는 가곡 이외에도 교회에서 부르는 후렴, 응송, 찬미가, 부속가, 기리에, 알렐루야 등을 작곡했다. 힐데가르트의 음악은 그레고리안 성가에서 특별한 지위를 차지한다. 특히 그 선율은 지상과 천상을 아우르듯 폭넓은 음역을 넘나들면서 4도 또는 5도 음정으로 도약하며 진행되는 특징을 가지고 있다.

『서간집Epistolae』1147~1179

힐데가르트의 서간들은 현시의 예언적 특성을 드러낼 뿐만 아니라 그녀를 유럽의 예언가로 만드는 데 결정적 역할을 하기도 했다. 그러나 여기서 예언이란 단순히 미래를 알려 주는 예측이나 예고의 차원을 말하는 것이 아니다. 그녀의 예언은 유럽의 지도자와 지성들에게 당시의 징후와 인류의 나아갈 바를 제시했다. 또한 힐데가르트의 다방면에 걸친 서간은 개인적 소식뿐만 아니라, 외교적이거나 정치적인 사안들도 담고 있었다. 현대의 연구는 지금까지 증명된 방대한 분량의 서간을 통해 힐데가르트가 주로 누구에게 대답했는지를 밝혀내고 유럽 역사의 고증 자료로 삼고 있다.

힐데가르트의 수취인에는 에우제니오 3세, 아나스타시우스 4세Anastasius Ⅳ, 하드리아노 4세Hadrianus Ⅳ, 알렉산더 3세Alexander Ⅲ와 같은 교황들이 있었으며, 마인츠, 쾰른, 잘츠부르크Salzburg의 대주교들도 있었다. 예를 들어, 교황 에우제니오 3세는 힐데가르트에게 보낸 서간에서 다음과 같은 찬사의 말을 남겼다. "딸이여, 당신의 존경 어린 명성이 널리 널리 퍼져 나가

50 St. Hildegard von Bingen, 『덕행별곡 Ordo virtutum』 참조.

기에, 우리는 기뻐하며 주님과 함께 축하를 드립니다. 당신은 수많은 이를 위해 '삶 속에 삶의 향기odor vitae in vitam'가 되었습니다.[51] 하느님을 믿는 백성들은 침이 마르도록 당신을 칭찬합니다."[52]

이외에도 힐데가르트는 바르바로사Barbarossa 황제, 즉 당대의 패권자 프리드리히 1세Friedrich I 황제의 정치를 강력하게 비판했다. 나아가 그녀는 독일 호엔슈타우펜 왕조의 콘라트 3세Konrad III, 영국과 프랑스 지역의 왕비 알리에노르Aliénor, 그녀의 남편인 영국왕 헨리 2세Henry II, 그리스 여왕 베르타Bertha, 당대의 수도원 문화를 이끌던 성 베르나르두스St. Bernardus 수도원장 등과도 편지를 교환했다. 이 서간들은 지금까지 온전히 남아 있다. 이로써 힐데가르트는 중세시대 전체에 걸친 최고의 증인이 되었으며, 그것도 여성 증인이 되었다.

5
힐데가르트의 사상

누구에게나 죽음의 순간은 일생의 마침표에 속하며, 마침표에는 일생이 집약되어 있다. 힐데가르트는 1179년 9월 17일 자신의 수녀원 루페르츠베르크에서 생을 마감했다.[53] 전기 작가는 그녀가 죽을 때 십자가 모양의 빛줄기가 나타났다는 기적을 전했다. 이러한 현상을 통해 사랑하는 성녀

---

51 고린토 II, 2, 16 참조하라. 교황 에우제니오 3세는 '삶의 향기'라는 아름다운 숙어를 성서에서 인용했다.

52 Hildegard von Bingen, *Briefwechsel*, 33쪽; Schrader, M., und Führkötter, A., *Die Echtheit des Schrifttum der heiligen Hildegard von Bingen*, 117쪽 이하.

53 Kern, U., Hildegard von Bingen, 같은 책, 322쪽.

를 충만한 빛으로 드러내고자 했던 하느님의 뜻을 전하려는 것이리라.

세기를 뛰어넘는 힐데가르트의 사상 또한 이 빛의 충만 속에서 이해될 수 있을 것이다. 그녀의 사상은 당대에는 시대적 징표였지만, 현대에 와서는 시대를 밝히는 빛으로 작용할 수 있을 것이다. 하지만 그녀의 사상은 거의 한 밀레니엄이 지나간 20세기 중반부터 비로소 학문적으로 연구되고 소개되기 시작하여 금세기로 이어지고 있다.[54]

21세기의 시대적 특징은 다음과 같이 요약될 수 있을 것이다. 대륙을 넘나드는 자유무역이 활성화될수록 그만큼 빈부의 격차는 심해질 것이다. 다른 한편 전 지구적 유통으로 인해 화석 에너지는 더욱 고갈되어 갈 것이다. 또한 전자기술이나 인공지능의 극단적 발전으로 인류는 더욱더 진보할 것이라는 기대에 휩싸일 것이다. 다른 한편 지구의 전반적 생태는 피폐해지고, 기술에 대한 끝없는 기대와 욕망은 미래에 대한 불안과 절망을 안겨줄 것이다. 또한 지구는 지리적으로 다양한 교통망을 통해 조직화될 뿐만 아니라, 인터넷을 통해 정보로도 조직화될 것이다. 다른 한편 인간은 극도로 민감한 조직화 속에서 그리고 더 밀집된 군중 속에서 더욱 고독해질 것이다. 지구촌 어디든 갈 수 있는 상황에서 가고 싶고 보고 싶은 욕구마저 의미를 상실하는 내면적 우울과 영적 빈곤에 허덕이게 될 것이다.

그렇다면 12세기에 힐데가르트가 생각하고 본 것들이 21세기의 시대적 현상에 대해서도 비전을 제시할 수 있을까? 과연 12세기의 세계를 바라본 힐데가르트의 비전이 21세기에 접어든 인간과 사회의 병폐도 치유할 수 있

---

54 Koch, J., Der heutige Stand der Hildegard—Forschung, *Historische Zeitschrift*, 186, 1958, 558~572쪽의 연구 상황과 번역서들을 참조하라. 크리스티안 펠트만, 『빙엔의 힐데가르트』, 이종한 옮김, 분도출판사, 2017; 힐데가르트 폰 빙엔, 『세계와 인간』, 이나경 옮김, 올댓컨텐츠, 2011.

을까? 힐데가르트의 사상 가운데서 특히 21세기가 망각하고 있는 인간 자신에 대한 사상은 어떻게 전개되었을까? 유명세와는 달리 힐데가르트의 라틴어 원전은 근래에 와서야 번역되기 시작했으며, 원전에 담긴 사상은 여전히 수수께끼로 남아 있다. 따라서 여기서는 원전을 부분적으로 소개하는 가운데 최소한의 해석을 곁들이는 방법을 취하고자 한다.

자신과 맺는 관계로서의 자아自我-scivias

인간은 자아 밖에 존재하는 모든 사물과 어떻게 접촉하고 어떻게 정보를 얻는가? 자아는 곧 자아와 자아 밖의 것이 맺는 관계를 통해 우선적으로 이해되어야 할 것이다. 즉 자아 밖의 모든 사물은 최우선적으로 인간의 육체에 장착된 감각에 노출되면서 영혼과 연결된 통로를 찾는다. 힐데가르트는 이러한 인간의 영혼과 감각에 대해 투박한 용어를 사용하면서 거침없는 필체로 말했다. 이런 용어들은 한 세기 뒤 스콜라철학의 황금시대에 이르러 철학, 인간학, 심리학 등의 학술용어로 정립되었다. 그렇다면 힐데가르트는 자아를 어떻게 이해했는가?

Scivias I, 4, 18

인간은 자아 내에 세 갈래 길을 가지고 있다. 어떤 것들인가? 영혼, 육체, 감각들이다. 이들 안에서 인간적 삶이 이루어진다. 어떤 방식으로? 영혼은 육체를 살아 있게 하면서 감각에 숨을 불어 넣는다. 반면에 육체는 자신에게 영혼을 끌어들이고 감각들을 열어 준다. 감각들은 영혼과 접촉하고 육체를 유도한다. 마치 불꽃이 어둠에 빛을 쏟아 붓는 것과 같이, 영혼은 육체에 생명을 부여한다. 영혼은 양팔처럼 이성과 의지라는 두 가지 큰 힘을 가지고 있지만, 움직이기 위해 양팔을 가진 것은 아니었을 것이다. 마치 태양이 광휘

로 자신을 나타내듯이, 영혼도 이러한 힘들로 자신을 볼 수 있게 만들기 때문이다.[55]

우주 가운데서 인간은 천상적이며 동시에 지상적이요, 영혼과 육체의 신비적 통일이요, 그래서 하느님의 모상imago Dei이다. 모상으로서의 인간은 삼위일체의 하느님을 닮았기 때문에, 힐데가르트는 인간학에도 트리니타스trinitas, 즉 '삼위성'을 적용했다. 인간의 삼위성을 이해하려면, 인간의 영혼과 육체, 감각이 맺고 있는 관계를 알아야 할 것이다.

여기서 힐데가르트는 영혼, 육체, 감각의 삼위성을 영역이나 분야로 규정한 것이 아니라, 그야말로 소통을 가능케 하는 세 갈래의 '길via'로 이해했다. 세 갈래의 '길'에서 "인간적 삶이 이루어지므로", 결국 힐데가르트의 인간학은 이 길에 집중하면서 시작되었다. 첫 번째 길, 즉 영혼은 육체를 살아 있게 하며 감각에 숨을 불어 넣는 원리이며, 영혼의 두 팔은 이성intellectus과 의지voluntas이다. 두 번째 길, 즉 육체는 영혼을 끌어들이는 동시에 감각의 문을 열어 주는 기능을 한다. 세 번째 길, 즉 감각은 영혼과 육체를 접촉하면서 매개의 역할을 한다. 그런 다음 힐데가르트는 영혼의 기능으로서 이성과 의지에 대해 세밀하게 다루어 나갔다.

Scivias I, 4, 19. 이성intellectus

이성은 마치 육체의 팔처럼 영혼에 끼워져 있다. 손가락과 함께 손이 결합된 팔이 육체에서 뻗어 나오는 것처럼, 이성 역시 의심의 여지없이 영혼으로부터 나온다. 물론 이성은 인간의 행동 하나하나를 인지하도록 하는 나머지

55 Hildegard von Bingen, *Wisse die Wege: Liber scivias*, 75쪽.

영적 힘과의 공조 아래서 영혼으로부터 나온다. 이성은 다른 영적 힘들 이전에 인간의 행위에 무엇이 있는지, 그 행위가 선한지 악한지를 인식하며, 그리하여 사람들은 마치 선생님을 통해 [배우듯] 이성을 통해 모든 것을 파악한다. 마치 사람들이 모든 북데기로부터 밀알을 추려 내듯이, 이성도 그렇게 가려내기 때문이다. 여기서 이성은 그것들이 유익한지 아니면 해로운지, 또는 사랑스러운 것인지 미운 것인지, 살리는 것인지 죽이는 것인지 엄밀하게 조사한다. 소금이 빠진 음식은 싱거운 맛이 나듯이, 이성이 없는 나머지 영적 힘들은 둔하며 통찰력이 없다. 그러면서도 이성은 마치 어깨와 같이 육체에 존재하기도 한다. 즉 육체에서 어깨가 강한 것처럼, 이성은 나머지 영적 힘들의 진수이다. 이성은 하느님 안에 있는 신성과 인성도 인식하며, 이는 팔을 구부리는 것에 상응한다. 이렇게 이성은 작용에 있어서 구부린 손이 보여 주는 올바른 신앙을 가지고 있다. 그러면 이성은 이런 신앙과 함께 손가락과 같은 분별력discretio을 가지고 다양한 행위를 판단한다. 그러나 이성 자신은 다른 영적 능력처럼 그렇게 작용하지 않는다. 이는 무엇을 의미하는가?[56]

힐데가르트가 영혼의 능력에 대해서 말할 때는 아직 그리스 아리스토텔레스Aristoteles의 『영혼론De anima』이 유럽에 번역되기 전이었다. 아라비아인 아베로에스Averroes가 12세기에 저술한 『영혼론주해서』는 1230년경에 비로소 미카엘 스코투스에 의해 라틴어로 번역되었기 때문이다.[57] 그 후 1254~1257년 사이에 유럽인으로는 처음으로 알베르투스 마그누스Albertus

56 Hildegard von Bingen, 같은 책, 75쪽.

57 미카엘 스코투스Michael Scotus(1180경~1235경)는 신성 로마제국 프리드리히 2세 황제 궁전의 석학으로 번역 활동을 했다.

Magnus가 아리스토텔레스의『영혼론』에 대한 주해서를 저술했다.[58] 이어서 그의 제자 토마스 아퀴나스가 비로소 본격적으로『영혼론』에 대해 주해를 했다.[59] 따라서 힐데가르트는 후대의 스콜라철학을 훨씬 앞질러서 아리스토텔레스–토마스 계열의 실재주의적 영혼론을 전개한 것이다.

영혼은 기능이며, 이성과 의지라는 두 가지의 그러나 다른 정신적 기능이다. 그래서 힐데가르트는 이성과 의지의 기능을 육체에 달려 있는 두 팔에 비유한 것이다. 이성은 제일 먼저 자기 행위가 '무엇임'을 이해하며, 무엇보다도 선한 행위인지 악한 행위인지를 파악한다. 즉 이성은 사물의 선과 악이 아니라, 행위의 선과 악, 즉 좋은 행위와 나쁜 행위를 파악한다. 힐데가르트는 이렇게 이성이 파악한 것이 나머지 정신적 능력의 진수가 된다는 것이다.

Scivias I, 4, 20. 의지voluntas

의지는 활동에 열을 올리고, 기분은 그것을 받아들이고, 이성은 이를 드러낸다. 그러나 이성은 선과 악을 인식하기 때문에 일을 인식하며, 천사 또한 마찬가지의 인식을 가지므로, 선을 사랑하고 악을 미워한다. 또 육체가 심장을 가진 바와 같이, 영혼은 이성을 가진다. 이성이 영혼의 일부에서 자기 힘을 발휘하는 바와 같이, 의지도 영혼의 일부에서 힘을 발휘한다. 어떤 방식으로? 의지는 영혼 안에 큰 힘을 가지고 있다. 얼마나? 영혼은 집의 한 귀퉁이에, 즉 심장의 성채에 서 있으며, 이는 마치 한 남자가 집 전체를 살펴보고 가정사를 관리하기 위해 자기 집 모퉁이에 서 있는 것과 같다. 그는 이 집에

---

58 Albert der Große, *De anima*, hrsg., Clemens Stroick, Bd. 7/1 Editio Coloniensis, Münster, 1968 참조.

59 Thomas de Aquino, Sentencia libri De anima 참조.

무엇이 필요한지 지적하고 가리키려고 오른손을 들어 올리고 동쪽으로 돌아 선다. 육체 전체의 길을 통해 일출을 바라보는 영혼 또한 이렇게 한다. 영혼은 동시에 혈맥과 골수를 연결하고 육체 전체를 움직이게 하는 데 의지를 오른팔로 사용한다. 왜냐하면 의지는 선하든 악하든 모든 일에 작용하기 때문이다.[60]

의지는 이성과는 전혀 다르지만 영혼의 정신적 기능이요, 능력이요, 힘이다. 의지는 자아가 필요로 하는 것을 지적하고 선택하는 정신적 능력이다. 영혼은 의지를 오른팔로 사용하여 육체 전체를 움직이게 한다. 그렇지만 의지는 선하거나 악한 모든 행위에 작용한다. 선한 행위와 악한 행위의 파악은 이성에 달려 있는 반면, 모든 행위의 수행이나 거부는 의지에 달려 있다. 즉 의지는 이성이 좋거나 나쁜 것으로 제시하는 것에 대해 행하거나 말거나, 나아가 이것을 행하거나 저것을 행하거나 결정하는 정신행위이다.

Scivias I, 4, 24. 감각능력sensus

감각능력이란 내적 영혼의 힘들이 하는 일들과 결합하는 것이며, 그럼으로써 그 영혼의 힘들은 감각능력을 통해 모든 일의 결실에 알려져 있다. 그리고 감각능력은 영적 힘들 아래 놓여 있다. 왜냐하면 감각능력은 영적 힘들의 그늘이며 온전히 그들의 결정에 따라 움직인다. 또한 인간이 되기 전 나머지 영적 힘들이 감추어져 있는 동안에, 외적 인간은 먼저 어머니의 육체 안에서 감각능력과 함께 깨어난다. 이는 무엇을 의미하는가? 여명은 대낮의 빛을 예고하고, 감각의 작용 또한 그렇게 이성과 함께 모든 영적 힘을 볼 수 있게 만

60 Hildegard von Bingen, *Wisse die Wege: Liber scivias*, 75~76쪽.

든다. 율법과 예언자들이 하느님의 두 가지 계명에 달려 있는 바와 같이,[61] 인간의 감각작용 또한 영혼과 영적 힘들 안에 살아 있다. 이는 무엇을 뜻하는가?

율법은 인간의 구원을 위해 확립되어 있고, 예언자들은 하느님의 비밀을 알려 준다. 그래서 인간의 감각능력 또한 해로운 모든 것을 자신으로부터 격리시키면서 영혼의 내면을 드러나게 한다. 왜냐하면 영혼은 감각능력을 내쉬기 때문이다. 어떻게? 영혼은 생생한 얼굴로 인간을 살아 있게 하며 보기, 듣기, 맛보기, 냄새 맡기, 만지기라는 놀라운 능력을 갖춰 주며, 그럼으로써 인간은 감각능력과 접촉하는 가운데 모든 사물에 대해 깨어나게 된다. 물론 육체가 영혼의 그릇인 바와 같이, 감각작용 또한 모든 영적 능력의 표현이다. 어떤 방식으로? 감각작용은 모든 영적 힘을 포괄한다. 이는 무엇을 의미하는가? 인간은 얼굴로 알려진다. 인간은 눈으로 보고, 귀로 들으며, 말하기 위해 입을 열며, 손으로 만지며, 발로 걷는다. 이 때문에 감각능력은 마치 보석과 같이 또는 상자에 봉인된 값진 보물과 같이 인간에게 존재한다. 상자를 보면서 그 안에 있는 보물을 짐작하듯이, 감각능력들에서 영혼의 나머지 능력들을 인식한다.[62]

감각은 무슨 일을 하는가? 감각은 영혼을 건드리며 접촉한다. 인간의 감각과 육체는 이미 영혼과의 접촉성 그 자체를 통해 고귀하다. 힐데가르트

61 마태오복음, 22, 40 참조.

62 Hildegard von Bingen, *Wisse die Wege: Liber scivias*, 77~78쪽. 여기서 힐데가르트는 감각의 라틴어 단수 'sensus'를 사람이 가진 오감의 내적 작용을 위한 통합 개념으로 사용한다. 즉 인간의 감각능력 내지는 감각작용은 영혼 아래 자리 잡은 오감의 통합능력을 뜻한다.

는 여기서 더 나아가 영혼이 감각을 육체에 불어넣는다고 선언했다. 따라서 인간의 감각 내지는 감각성은 영적 사실로 파악된 동시에, '하느님의 모상' 안에 받아들여진 셈이다.

'모상' 개념은 성서의 창조론에 나오는 명제에 기초한다. "인간은 하느님의 모상과 유사성을 향해 만들어졌다."[63] 철학사에서 처음으로 '하느님의 모상' 개념이 내포하는 인간학적 의미와 서술 방식에 주의를 기울인 것은 7세기경의 요하네스 다마스케누스Johannes Damascenus, 650경~754다.[64] 그는 모상의 의미를 "이성, 정신, 자유결단"의 종합으로 규정하거나, 아니면 "이성과 자유결단"이나 "정신과 자유결단"으로 규정했다.[65] 13세기의 토마스 아퀴나스는 모상의 "이성intellectus과 자유결단liberum arbitrium"이라는 의미에 자기 행위에 대한 '권리potestas'라는 의미를 덧붙여, 본격적 인간학 연구의 기초로 삼았다.[66] 그러나 불행하게도 인간을 '하느님의 모상'으로 보는 힐데가르트의 인간학은 남성 중심의 철학사에서 간과되어 왔다.

힐데가르트에 의하면, 감각은 모태에서 영혼보다 먼저 깨어나며, 태어난 뒤에는 영혼과 모든 영적 힘 안에 살아 있다. 감각능력은 단순히 영혼에 종속된 하부 기능이 아니라, 해로운 모든 것을 자신으로부터 격리시키는 가운데 영혼의 내면을 드러나게 하는 영혼의 날숨이다. 영혼이 담겨 있

---

63 창세기, 1, 26.

64 Johannes Damascenus, *De duabus in Christo voluntatibus*, cap.30, PG 95, 168BC.

65 Meany, J.J., *The image of God in man according to the doctrine of S. John Damascene*, Manila, 1954, 25~26쪽 참조.

66 Thomas de Aquino, Summa theologica, I, q.93, a.9, c.a.: et secundum hoc Damascenus dicit quod id quod est secundum imaginem, intellectuale significat, et arbitrio liberum per se potestativum, quod autem secundum similitudinem, virtutis, secundum quod homini possibile est inesse, similitudinem.

는 그릇이 인간의 몸이라면, 영혼의 능력은 감각작용을 통해 표현된다. 이와 같이 힐데가르트는 감각과 감각능력을 '하느님의 모상' 안으로 온전히 승격시킨 셈이다.

사랑의 의미

힐데가르트는 세계 창조의 의미와 완성을 한마디로 사랑에 두었다. 사랑은 신적 창조의 내적 연대성이기 때문이다. 힐데가르트는 초월적 하느님을 세상의 모든 사물 안에서 서로 연결되도록 이어 주는 잠재력의 관점에서 바라보았다. 그리고 그 연결의 힘은 다름 아닌 사랑이었다. 오직 사랑을 통해 하느님의 초월성과 인간의 내면성은 조화를 이루기 때문이었다.

힐데가르트의 전망에 의하면, 고통스런 삶을 살아가는 과정에서 범하게 되는 개인들의 죄를 파헤치고 비난하는 경향에 대항하여 세상을 창조한 분이 창조와 함께 이 세상에 채워 둔 것이 다름 아닌 사랑이다. 그녀의 전망은 초월적인 하느님뿐만 아니라 우주 안에 숨 쉬고 있으면서 인간의 내면에 잠재하는 하느님을 직시했다.

삼위일체설에 따라서 아버지 성부와 성자 예수 그리스도, 성령은 하나이다. 마찬가지로 열정적 사랑이란 이 세상 모든 것을 분리시켜서 보는 것이 아니라, 하나로 일치시켜 상호 작용하고 있는 것으로 직시하는 것이다. 사랑은 우주 안에 전체적으로, 우주의 모든 사물에 개별적으로 작용하면서 우주의 완성을 추구하는 힘이다. 힐데가르트는 위대한 여성철학자답게 사랑을 지상에 던져진 남성과 여성의 사랑으로 과감하게 구체화시켰다.

힐데가르트는 구원의 역사에서 가장 결정적 사건을 남성과 여성의 사랑으로 보았다. 특히 그녀가 말하는 사랑은 그야말로 당시까지 아무도 공개적으로 다루지 않았던 섹슈얼리티sexuality까지 포함하고 있었다. 그녀는 사랑을 몸과 마음의 통일체인 남성과 여성의 전인적 행위로 보았기 때문에, 사랑의 실천은 단적으로 '섹슈얼리티'를 포함했다.[67] 힐데가르트는 그리스도교 수도자였음에도 불구하고, 인간학적 근거에서 성sex의 문제에 특별한 관심을 가졌다. 실례로 대표작의 하나인 『원인과 치료』에서 말하는 사랑의 개념은 정신적 사랑을 위시하여, 매우 구체적이고 현실적인 섹슈얼리티, 즉 남녀의 육체적 결합을 통한 성적 희열까지 적극적으로 포함하고 있다.

독일의 힐데가르트 연구자이면서 의사인 H. 쉬페르게스Schipperges는 힐데가르트 원전에 나오는 라틴어 '딜렉티오dilectio'를 독일어로 'Liebe', 곧 '사랑'으로 번역했다.[68] 나아가 독일 힐데가르트 수녀원에서 편찬한 『힐데가르트전집』의 독일어 번역자 리하O. Riha는 '딜렉티오'를 'Ergötzen', 즉 '희열'로 번역하면서, 기쁨 및 관심과 결합된 사랑Liebe을 의미한다고 덧붙였다.[69] 따라서 힐데가르트가 말하는 사랑은 적어도 『원인과 치료』에서는 '희열'로, 그것도 육체적이고 성적인 즐거움을 포함하는 '희열'로 번역되고 이해되어야 할 것이다.

---

67 섹스sex는 일반적으로 생물학적 성性의 구별이나 직접적인 성행위를 의미한다. 반면에 19세기 이후로 현대 서양어에서 사용되는 섹슈얼리티sexuality는 "성적인 것 전체"를 가리킨다. 곧 인간의 성적 욕망이나 심리, 이데올로기, 제도나 관습에 의해 규정되는 사회적인 요소들까지 포괄한다. H. 쉬페르게스는 힐데가르트가 말하는 "인간의 성sex에 대한 포괄적 이해"를 독일어로 'Sexualität'로 표현하므로, 여기서는 영어 '섹슈얼리티'를 그대로 사용할 것이다.

68 Schipperges, H., *Hildegard von Bingen: Ein Zeichen fuer unsere Zeit*, 115쪽: Als Gott den Adam schuf, hatte Adam eine grosse "Liebe" in seinem Schlafe…; *Die Welt der Engel bei Hildegard von Bingen*, Salzburg, 1963; *Das Menschenbild Hildegards von Bingen*, Leipzig, 1962.

69 Hildegard von Bingen, *Ursprung und Behandlung der Krankheiten: Causa et curae*, ed. O. Riha, Beuron, 2011, 153쪽.

인간의 성적 질서와 섹슈얼리티

힐데가르트에 있어서 인간의 섹슈얼리티는 종족 번식의 계기와 직접적 관계를 맺고 있으며, 다른 한편 최초의 인간 아담과 하와가 에덴동산에서 저지른 원죄와 관련되어 있다. 섹스가 생물학적 번식과 성서적 원죄에 관련되는 한 이런 현상의 가치판단에는 어떤 명백한 양자택일이 요구될 수밖에 없다. 즉 섹슈얼리티가 종교적 질서의 관점과 생물학적 번식의 관점에서 달리 이해되더라도, 원초적 상태에 기초하는 인간의 욕망과 쾌락은 엄연히 "죄악의 맛"을 가지고 있다.[70]

『원인과 치료』의 인간학이 남성과 여성이라는 성sex의 질서와 관련해서는 당대의 그리스도교적 전통을 따르고 있다는 사실을 부정할 수 없다. 그리스도교의 전체적이고 일반적 관점에 따르면, 에덴동산에서 아담은 원천적 피조물이며, 하와는 아담으로부터 나온 파생적 피조물이다. 나아가 하와는 먼저 뱀에게 굴복한 다음에 아담을 유혹한 존재이다. 또한 대체로 남성에 비해 여성이 보다 다정하고 가냘프고 투명하다. 하느님은 처음부터 거칠고 차가운 진흙으로 남자를 빚은 반면에, 아담의 따뜻한 갈비뼈를 가지고 여자를 만들었기 때문이다. 그리고 출산의 고통은 하와에 대한 처벌에서 초래된 일이었다.

힐데가르트는 성적 비교에서 중세시대의 다른 의학이나 자연요법과 마찬가지로 남성의 육체적 우월성을 의심하지 않았다. 그렇더라도 힐데가르트에게는 남다른 차이가 발견된다. 그녀는 여성의 몸에 특별한 관심을 가지고 주의를 기울였다. 그녀는 여성이 생리와 수정, 임신과 출산, 그리고 산욕을 겪는 동안 몸에서 일어나는 변화를 관찰했을 뿐만 아니라 이를 상

---

70 Hildegard von Bingen, 같은 책, 153쪽.

세히 기록했다. 힐데가르트는 당시까지의 여성에 대한 지식과는 전혀 다른, 매우 독창적이며 파격적인 여성 보고서를 남겼다. 이러한 여성의 생리적이고 성적인 분야에 대한 힐데가르트의 관찰과 기록은 현대의 킨제이 Kinsey보고서를 수백 년이나 추월하는 성-보고서라고 할 수 있다.[71]

힐데가르트는 오로지 영적 현시 능력만으로 시대적 역할을 한 것은 아니었다. 그녀는 시대적 감정이입의 능력을 통해 당대의 삶에 대한 깊은 관심과 공감능력을 발휘했다. 고대와 중세의 거의 모든 저자는 여자든 남자든 대체로 남성의 성에 대해서만 관심을 가졌다. 서양의 역사에서 힐데가르트만이 처음이자 유일하게 여성의 성적 조건과 특성에 대한 유형론을 과감하면서도 적나라하게 서술했다. 힐데가르트의 『원인과 치료』는 그 모든 의학적 가치에도 불구하고, 결과적으로는 여성과 남성의 섹슈얼리티, 즉 단순한 성욕과 성적 희열을 차별화시켜 진술했다. 이런 의미에서 힐데가르트는 인류 역사에서 그야말로 여성성과 섹슈얼리티를 최초로 탐구한 여성철학자로 볼 수 있다.

성의 철학

힐데가르트의 관점에 따르면, 인간은 구체적으로 성性적 희열이나 쾌락에서 비롯되는 존재이다. "인간의 제일 처음은 희열로부터 발생하며, 그 희열은 뱀이 첫 번째 사과 속에 심어 인간에게 불어넣었던 것이다. 그다음부터 남자의 피가 흥분되었기 때문이다. 따라서 바로 이 피가 차가운 거품을 여자에게 보내며, 그 거품은 모태의 따뜻한 살 속에서 응고하며 피와

71 Hildegard von Bingen, 같은 책, 14쪽.

같은 형태로 자라난다."[72] 현대 생리학과는 거리가 먼 용어가 사용되고 있지만, 태초에 성적 희열이 있었고, 그 희열의 매개로부터 인간이 생겨났다는 것이다.

현대에 이르러 힐데가르트는 다양한 분야에 걸친 수많은 연구자의 관심을 끌고 있다. 그중에 폭넓은 해석자로 등장한 H. 쉬페르게스는 힐데가르트가 서술한 성의 철학을 마치 선언문처럼 다음과 같이 요약했다.[73]

1. 섹슈얼리티는 원초적 상태에 속한다. 즉 섹슈얼리티는 원초적 성향constitutio prima이며, 신비적 출생genitura mystica이다. 한 처음에 인간은 남자와 여자로 이 세상에 던져졌다.
2. 남자와 여자는 사랑의 계약으로 창조되었다. 이 계약을 위한 표현은 똑같이 가장 중요하게 설정된 의식, 즉 성행위이다.
3. 성적 결합의 의미는 생물학적 번식과 함께 파트너의 인간적 삶을 꽃피우는 데 있다. 남자와 여자는 서로의 "파트너를 통한 파트너의 작품이다opus alterum per alterum." 한 쪽은 다른 쪽 안에서 실현된다! 한 사람이 다른 사람 안에서 이루어진다.
4. 섹슈얼리티는 정신의 최고 절정까지 도달한다. 섹슈얼리티는 온전히 그리고 완전히 인간에게 속한다. 또한 "이성도 성욕의 뿌리에서 꽃 핀다in lumbis rationalitas floret."
5. 남자와 여자는 모상imago이요, 신성이 가진 삼위일체의 내적 삶을 위한 모상이다. 삼위일체는 매우 구체적으로 충동Libido, 능력potentia, 행위actus로

---

72 Hildegard von Bingen, 같은 책, 82쪽.

73 Schipperges, H., *Hildegard von Bingen*, 115쪽 이하.

실행되며, 이는 다시 '성욕concupiscentia', '정력fortitudo', '몰입studium'과 일치한다.

힐데가르트는 인류로 하여금 사상적으로도 성에 대해 눈을 뜨게 했지만, 그녀가 말하는 성의 철학은 현대에 이르기까지 사장되어 있었다. 그녀가 중세에 직접 설명한 성에 대한 철학적 보고서를『원인과 치료』의 단락에 따라 소개하면 대체로 다음과 같다.

[138] 둘이 하나 될 때까지 여자가 남자에게 봉사하는 바와 같이, 이제 여자는 둘이 한 몸이 된 만큼 남자의 정자를 여자의 피와 결합시키게 된다.
[139] 남자의 정자가 제자리에 떨어지면, 여자의 피는 모든 사랑의 의지로 정자를 받아들여 마치 숨을 들이쉬듯 자기 안으로 끌어들인다. 이러한 방식으로 여자의 피와 남자의 정자는 뒤섞인다. 그다음에 피의 융합이 일어나며, 이 융합을 통해 여자의 조직은 따뜻해지면서 자라날 수 있으며 전개될 수 있다. 이런 만큼 현실적으로 여자는 남자로부터 그리고 남자와 함께 하나의 유일한 몸이다.

그러나 남자의 몸은 여자의 열기와 체액에 의해 안팎으로 끓어올라서 여자의 거품과 체액으로부터 나오는 어떤 것을 자기 안에 끌어들인다. 남자의 의지에서 나오는 강한 힘을 통해 그의 피는 녹아서 흩어져 흘러내리고 또 맷돌을 돌리는 듯 여자의 거품과 체액에서 나오는 어떤 것을 자신 안에 받아들여서, 결국 그의 몸은 그녀와 함께 또 그녀로부터 또 하나의 몸이 생겨날 정도로 여자의 그 무엇과 혼합된다. 남자와 여자는 이러한 방식으로 하나의 몸이 되기 때문에, 여자는 남자로부터 쉽게 태아를 받아들이지만, 그녀가 수태할 번식력이 있을 때에만 그렇다. 그러나 남자와 여자가 이러한 방식으로 하나의 몸이 되고 또 하나의 몸으로 존재한다는 이 사실은 남자 측에서는 감추어져 있었으며, 남자 측에서 취한 여자가 그의 몸이 되었던 그곳에, 또 그 때문에 남자와 여자는 그녀의 피와 체액 안에서 하나 되는 임신으로 더욱 쉽게 흘러 들어 갔다. 어머니의 배에서 아이를 나오게 하는 영원의 힘은 이런 방식으로 남자와 여자를 하나의 몸으로 만든다.[74]

사랑은 생물학적으로 이해하든, 정신적으로 이해하든 인생에서 대단히 모험적 사건이다. 힐데가르트는 성적 결합의 사건을 남자와 여자가 이루는 하나의 몸으로 거듭하여 강조했다. 남녀의 성적 결합은 여기서 단순한 육체적 결합을 넘어서서 영적 결합을 지향하고 있다. 따라서 여자는 근본적으로 또 최종적으로는 "사랑의 의지로" 남자의 정자를 받아들인다는 것이다.

현실의 인생사에서 남자와 여자가 맺는 부부의 관계 또한 어느 한 쪽이 다른 쪽에게 무엇을 행하고 있는지 근본적으로 인지하기는 어렵다. 그러나 이러한 부부라는 기본적 체험이 천부적으로 타고난 것이 아니라, 인간에게 선택의 대상으로 선물처럼 맡겨진 것이라면, 어떤 전문가라 하더라도 이러한 "신적 사랑의 비밀"에 대해 온전히 알 수 있는 사람은 아무도 없을 것이다.

힐데가르트는 창조와 창조주를 반복하여 신부와 신랑에 비유했다. 또 이 비유에 따라서 결혼식과 행복을 그림으로 나타냈다. 결혼이란 단순히 한 사람이 다른 사람과 함께 사는 것이 아니다. 결혼을 통해 한 사람이 다른 사람을 구현해 내고, 말 그대로 한 사람이 다른 사람을 실현해 내야 한

74 Hildegard von Bingen, *Ursprung und Behandlung der Krankheiten*, 89쪽 이하.

다는 것이다.[75] 부부뿐만 아니라 모든 사람이 다른 모든 사람에 대해 한 사람이 다른 사람들과 함께 사는 것일 뿐만 아니라, 서로가 서로를 사람다운 사람으로 키워 내고 실현해 내야 한다.

[283] 하느님이 하와를 창조하고,[76] 아담과 함께 잠자도록 했을 때, 아담은 잠자리에서 큰 희열을 느꼈다. 그리고 하느님은 희열을 느끼도록 남자의 형상을 창조했으므로, 여자는 남자의 희열이다. 또한 여자가 만들어졌을 때, 하느님은 즉시 남자에게 여자를 통해, 곧 자신의 희열을 통해 아들을 생산하도록 번식력을 주었다. 물론 아담은 하와를 보자마자 지혜로 가득 채워졌으니, 그것은 자신의 자식을 생산하게 될 어머니를 보았기 때문이다. 그러나 하와가 아담을 보았을 때는 그녀가 하늘에서 보게 될 바와 같이 그렇게 아담을 바라보았으며, 또한 천상을 그리워하는 영혼이 위를 지향하는 바와 같이 그렇게 아담을 바라보았으니, 그녀의 희망은 남자를 지향하기 때문이었다. 또 그 때문에 다른 어떤 것도 아닌 바로 그 남자와 여자로부터 나오는 것이 유일한 희열이 될 것이요, 또 그래도 좋을 것이다.

쉽게 끌 수 있는 장작불과 같은 여자의 희열에 비해, 남자의 희열은 거의 해소할 수 없을 만큼 불타오르는 산불과 같은 격정의 열기이다. 그러나 높이 타오르는 불꽃과 같은 남자의 희열에 비하면 여자의 희열은 태양으로부터 나와 열매를 맺게 하는 부드러운 온기와 같다. 그것은 그녀 자신이 후대에 부드러운 열매를 맺기 때문이다.

하와가 아담으로부터 나왔을 때, 아담 안에 있던 큰 희열과 그때에 잠자던

75 Schipperges, H., *Hildegard von Bingen*, 117쪽 참조.

76 라틴어 원전에는 아담으로 되어 있으나, 이는 오타인 것으로 간주된다. 근래 독일어 번역에서도 아담을 오류로 보고 하와로 번역하고 있으므로, 여기서도 '하와'로 교정하여 번역한다.

자리의 달콤함은 그녀의 원죄로 인해 달콤함의 반대로 바뀌어 버렸다. 그런데도 남자는 큰 달콤함을 여전히 자신 안에 느끼고 또 가지고 있기 때문에, 마치 "사슴이 샘물로 가듯" 재빨리 남자는 여자에게 달려가고, 여자도 남자에게 달려가니, 이는 마치 곡물을 타작해 내려면 농장의 타작마당을 수없이 두드려서 뒤흔들고 달구어야 하는 것과 비슷하다.[77]

창조의 순간부터 여자는 남자를 위한 지혜의 샘이요, 기쁨의 물결이며, 창조적 능력으로 완성시켜야 할 운명의 한몫이었다. 또한 남자는 여자의 희망이요, 지향이며, 오직 여자만이 완성시킬 수 있는 운명의 한몫이었다. 힐데가르트는 성적 관계에 있어서도 남자의 리비도를 타오르는 불꽃으로 나타내며, 여자의 리비도를 열매를 맺게 하는 햇볕의 부드러운 온기로 표현했다. 이러한 남녀 사이에서 나의 너와 너의 나는 몸의 만남을 통해 참으로 존재한다.

따라서 힐데가르트는 어떤 철학자도 시도하지 않았던 몸의 만남을 세밀하면서도 대담하게 그려 냈다. 즉 힐데가르트는 남자와 여자가 성관계에서 나누어 갖는 쾌감의 양상을 진술하는 장면에서 성적 쾌감의 상대적 의미를 반추시켰다. 물론 약 천 년이라는 시간적·문화적·언어적 격차가 너무 크다는 사실을 염두에 두고, 힐데가르트가 그려 내는 성적 쾌감의 순간에 귀를 기울여야 할 것이다.

[143] 남자의 간과 복부에 있는 혈관들이 그의 생식기에서 만난다. 그리고 남자의 골수로부터 쾌감의 기운이 내려오면, 그 기운은 요부로 가서 피 속의 쾌

77 Hildegard von Bingen, *Ursprung und Behandlung der Krankheiten*, 153쪽.

락의 맛을 자극한다. 요부 자리는 상당히 좁고 팽팽하며 잠겨 있기 때문에, 남자 안에 있는 그 기운이 넓게 퍼지지 않고 거기서 쾌감으로 강하게 타올라서, 남자는 자신의 격정 속에서 분출하는 가운데 정자와 정액을 쏟아 내기를 억제할 수 없을 정도가 된다. 그 때문에 요부의 쪼임으로 인해 쾌감의 불꽃이 드물기는 하지만 여자보다 남자 안에서 더욱 강하게 타오른다. 강한 바람과 회오리를 통해 강물에서 솟아오르는 풍랑을 만난 배와 같이 위험에 처해서, 때로는 거의 멈출 수도 없고 거스를 수도 없다. 그래서 남자의 본성은 쾌감의 폭풍 속에서 무겁게 짓눌리고 억눌릴 수 있다. 그러나 부드러운 기운을 통해 일어나는 물결과 완만한 회전에 의해 솟아오르는 소용돌이 속에 있는 조각배는 피곤할지언정 멈추게 될 것이다. 여자의 본성은 쾌감의 측면에서는 그렇게 멈출 수도 있을 것이다. 왜냐하면 여자는 남성적 쾌감의 본성에 비해 쉽게 누를 수 있기 때문이다. 남자의 쾌감은 때로는 사그라지고 때로는 솟구쳐 오르는 불과 같다. 오래도록 타오르는 불은 또한 오래도록 사용될 것이기 때문이다. 남자의 쾌감은 때로는 솟아오르고 때로는 가라앉으리니, 그 안에서 쾌감이 항상 불타오른다면, 남자는 견뎌 낼 수 없을 것이기 때문이다.[78]

힐데가르트는 쾌감의 순간에 대해 설명한 다음에, 성적 쾌감을 느끼는 남자들의 유형에 대해 긴 지면을 할애하여 상세하게 기록했다. 즉 그녀는 성적 쾌감의 양상을 통해 남자들의 유형론을 전개해 나갔다. 그런 다음 다시 여자의 쾌감에 대해 똑같은 방식으로 매우 세밀하게 묘사해 나갔다.

[150] 여자의 쾌감은 대지가 열매를 맺도록 그 따스함으로 부드러우면서도 다

78 Hildegard von Bingen, 같은 책, 91쪽.

정스럽게 지속적으로 파고드는 태양에 비유할 수 있다. 여자가 강력하게 계속하여 타올라 사그라진다면, 결실을 낳기보다는 오히려 결실을 해치게 될 것이다. 그래서 여자의 쾌감은 자식을 받아들이고 잉태하기 위해 부드럽고 다정하면서도 오래 가는 따뜻함을 가지고 있다. 그녀가 끝없이 쾌락에 머무른다면 수정과 잉태에는 적합하지 않을 것이다.

물론 여자의 쾌감은 상승하면 더욱 부드러워진다. 여자의 불꽃은 남자의 불꽃만큼 강하게 타오르지 않기 때문이다. 남자 안에 있는 욕구의 폭풍이 거세지면, 그 폭풍은 남자 안에서 바퀴처럼 회오리친다. 그의 허리는 마치 골수로 불꽃을 일으키는 기계와 같아서, 그 기계는 바로 이 불꽃을 남자의 생식기로 보내 강하게 타오르게 한다. 그러나 쾌락의 기운이 여자의 골수로부터 빠져나오면, 그 기운은 여자의 배꼽에 달려 있는 자궁으로 떨어져 들어가서 여자의 피를 쾌감으로 자극한다. 자궁은 여자의 배꼽 둘레에 넓고 또 그만큼 열린 공간을 가지고 있기 때문에, 이 기운을 배 안으로 퍼트리며 거기에서 더욱 부드럽게 또 그 촉촉함으로 인해 더 자주 쾌감으로 불타오른다. 또한 여자는 두려움과 부끄러움으로 인해 남자보다 더 쉽게 쾌감을 억제할 수 있다. 그래서 남자가 사정하는 것에 비하면 여자는 드물게 분비물을 사정하며, 그 양에 있어서도 남자의 정액을 빵 한 덩어리라고 하면 여자의 분비물은 한 입에 지나지 않는다.

그렇지만 만족한 다음에도 여자의 분비물이 배출되지 않는 일이 자주 일어난다. 여자의 분비물은 희고 기름진 자궁의 혈관과 섞여 있다가 결국에는 월경과 함께 배출되기 때문이다. 남아 있던 것은 월경과 함께 배출되기도 하고, 때로는 그녀 안에 나뉘어 해체되기도 하며, 남자의 애무 없이 여자가 쾌감으로 흥분하면 아무것도 없이 녹아 버린다. 그러나 출산력이 있는 여자의 본성은 남자의 본성보다 더 차갑고 피에 가깝다. 또 그녀의 힘은 남자의 힘보다 나약하므로, 여자는 쾌감에서 남자보다 부드럽다. 왜냐하면 여자는 오로지 자식을 받고 잉태하기 위한 그릇이기 때문이다. 또 이 때문에 그녀의 기운은 바람과 같고 그녀의 혈관은 열려 있으며, 그녀의 관절은 남자의 관절보다 쉽게 풀린다. 그렇지만 생식력이 있는 남자가 여자와 떨어져 있으면 상당히 허약해지지만, 번식력이 있는 여자가 남자 없이 있는 것만큼 약해지지는 않는다. 남자는 여자보다 더 많은 정액을 분출하기 때문이다. 번식력이 없는 여자는 남자가 없으면 건강하고, 남자를 가지면 오히려 약해진다.[79]

힐데가르트는 에로스적 쾌감의 원초적 가치로부터 인간의 상대적 존재 이유를 밝혀 낸 셈이다. 성숙한 여자는 남자와 함께할 때 건강하며, 성숙한 남자는 여자가 없으면 태양이 없는 낮과 같다는 것이다. "남자들은 여자와 함께하는 공동체에서는 태양이 빛나는 밝은 대낮처럼 기뻐한다."[80] 힐데가르트는 사랑이 인간의 본성적인 것 그 이상이며, 에로스 역시 단순한 섹스보다 더 행복한 것이라고 제시했다. 힐데가르트는 에로스를 동반하는 사랑을 생물학적으로뿐만 아니라 정신적으로도 실현해야 할 인간의 인간다운 실존으로 인정했다.

79 Hildegard von Bingen, 같은 책, 97쪽 이하.

80 Hildegard von Bingen, 같은 책, 94쪽.

{ 힐데가르트 원전 출처 }

Haug, F., *Epistolae Sanctae Hildegardis secundum codicem Stuttgartensem*, rev. bén. 43: Brepols, 1931, 59–71. [=Haug]

Kaiser, P., *Hildegardis causae et curae*, Leipzig: Teubner, 1903. [=Kaiser]

Migne, J.–P., *Patrologia Latina*, Tom. 197, Santae Hildegardis Opera omnia, Paris, 1986. [=PL]

Pitra, J.B., *Analecta Sanctae Hildegardis Opera Spicilegio Solesmensi parata*, ed. Typis Sacri Montis Casinensis, Tom. VIII, 1882, Farnborough/Hampshire, 1966 재인쇄. [=Pitra]

Roth, F.W.E., *Die Vision der heiligen Elisabeth von Schönau*, Brünn, 1884. [=Roth]

Schrader, M., u. Führkötter, A., *Die Echtheit des Schrifttum der heiligen Hildegard von Bingen*, Köln/Graz: Bohlau, 1956. [=Schader]

{ 힐데가르트 라틴어 작품 목록 }

『길을 알라Liber scivias』(Liber visionum ac revelationum) [PL]
『하느님의 업적Liber divinorum operum』(De operatione Dei) [PL]
『덕행서Liber vitae meritorum』 [Pitra]
『약물의 순도와 합성Liber simplicis et compositae medicinae』(Liber subtilitatum diversarum naturarum creaturarum):
『자연학Physica』(Liber simplicis medicinas) [PL]
『원인과 치료Causae et curae』(Liber compositae medicinae) [Kaiser]
『38 문제에 대한 대답Solutiones triginta octo quaestionum』 [PL]
『작곡집Symphoniae』 (Symphonia harmoniae caelestium revelationum) [Pitra]
『서간집Epistolae』:
「서간Liber epistolarum」 [PL]
「신서간집Novae epistolae」 [Pitra]
「기타 신서간전집Epistolarum altera series nova」 [Pitra]
「슈투트가르트사본 서간집Epistolae secundum codicem Stuttgartensem」 [Haug]
『성서해설Expositio Evangeliorum』 [Pitra]
『성 베네딕트규칙 해설Explanatio regulae S. Bebedicti』 [PL]
『성 아타나시오의 상징 해설Explanatio symbole S. Athanasii』 [PL]
『성 루페르트의 삶Vita S. Ruperti』 [PL]
『성 디시보드의 삶Vita S. Disibodi』 [PL]
「덕행별곡Ordo virtutum」 [Pitra]
「미지의 언어Lingua ignota」 [Roth]
「미지의 문자Littera ignota」 [Pitra]

{ 참고문헌 }

크리스티안 펠트만, 『빙엔의 힐데가르트』, 이종한 옮김, 분도출판사, 2017.

토마스 아퀴나스, 『대이교도대전 I』, 신창석 옮김, 분도출판사, 2015.

힐데가르트 폰 빙엔, 『세계와 인간』, 이나경 옮김, 올댓컨텐츠, 2011.

St. Hildegard von Bingen, 『덕행별곡Ordo virtutm』, 현익현 옮김, Hildegard출판사, 1912.

Albert der Große, *De anima*, hrsg., Clemens Stroick, Bd. 7/1 Editio Coloniensis, Münster: Aschendorff, 1968.

Altenburg, T., *Soziale Ordnungsvorstellungen bei Hildegard von Bingen*, Stuttgart: Hiersemann, 2007.

Augustinus, *De trinitate*. PL 42.

———, *Tractatus in Johannis Evangelium*, PL 35.

Benedictus XVI, Litterae Apostolicae, quibus sancta Hildegardis Bingensis, monialis professa Ordinis Sancti Benedicti, Doctor Ecclesiae universalis renuntiatur. Libreria Editrice Vaticana, 2012.

———, PROMULGAZIONE DI DECRETI DELLA CONGREGAZIONE DELLE CAUSE DEI SANTI, Vaticana, 2012.

Dinzelbacher, P., *Deutsche und Niederländische Mystik des Mittelalters*, Berlin/Boston/Zürich: De Gruyter, 2012.

———, Vision(n)sliteratur, in: *Lexikon des Mittelalters VIII*, J.B. Metzler, Stuttgart/Weimar: Artemis, 1999.

Flanagen, S., *Hidegard of Bingen: A visionary life*, London: Routledge, 1989.

Hagenmeyer, H., *Epistulae et chartae ad historiam primi belli sacri spectantes quae supersunt aevo aequales ac genuinae, Die Kreuzzugsbriefe aus den Jahren 1088–1100*, Innsbruck, 1901.

Hauck, A., *Kirchengeschichte Deutschlands, IV*, Leipzig: J.C. Hinrich, 1904.

Hildegard von Bingen, *Briefwechsel, übers. von Adelgundis Führkötter OSB*, Salzburg: Otto Müller, 1990.

———, *Ursprung und Behandlung der Krankheiten: Causae et curae*, ed. O. Riha, Eibingen: Beuron, 2011.

———, *Wisse die Wege: Liber scivias*, ed. Abtei St. Hildergard, Eibingen: Beuron, 2013.

Hoffmann, G., *Frauen machen Geschichte: Von Kaiserin Theophanu bis Rosa Luxemberg*, Bergisch Gladbach: Lübbe, 1991.

Johannes Damascenus, *De duabus in Christo voluntatibus*, cap. 30, in: Migne, J.-P.,

Patrologia Graeca[=PG], 95, Paris, 1886.

Kern, U., Hildegard von Bingen, in: *Theologische Realenzyklopädie[CLE]*, hrsg. von Gerhard Müller, Bd.16, Zürich: De Gruyter, 1986.

Koch, J., Der heutige Stand der Hildegard-Forschung, *Historische Zeitschrift*, 186, Oldenbourg, 1958.

Meany, J.J., *The image of God in man according to the doctrine of S. John Damascene*, Manila: San Jose Seminary, 1954.

Meyer, U.I., *Die Welt der Philosophin 1. Teilband Antike und Mittelalter*, Aachen: ein-FACH, 1995.

Niedenthal, T., Wie die Heilkunst in die Klöster kam, In: Walter, R., *Gesundheit aus Klöstern*, Freiburg: Herder, 2013.

Pernoud, R., *Hildegard von Bingen*, Freiburg: Herder, 1994.

Schipperges, H., *Das Menschenbild Hildegards von Bingen*, Leipzig: St. Benno, 1962.

————, *Die Welt der Engel bei Hildegard von Bingen*, Salzburg: Otto Müller, 1963.

————, *Hildegard von Binen: Ein Zeichen für unsere Zeit*, Frankfurt: Knecht, 1981.

Schrader, M., Führkötter, A., *Die Echtheit des Schrifttums der heiligen Hildegard von Bingen*, Köln/Graz: Böhlau, 1956.

Thomas de Aquino, *S. Thomae opera omnia*, P. Robertus Busa S.I. u.a., ed., Stuttgart-Bad Cannstadt: Frommann-Holzboog, 1980.

————, In metaphysica.

————, Sententia libri De anima.

————, Summa contra gentiles.

————, Summa theologica.

Thorau, P., Kreuzzüge, in: *Enzyklopädie des Mittelalters II*, Hrsg., G. Melville und M. Staub, Darmstadt: Wissenschaftliche Buchgesellschaft, 2017.

Wydra, T., *Margarethe von Trotta-Filmen, um zu überleben,* Berlin: Henschel, 2000.

제5장

예수성심의 신학자, 제르트루다

성녀 제르트루다 Santa Gertrudis

[미겔 카브레라Miguel Cabrera(1695~1768) 작품, 댈러스미술관 소장, https://collection.dma.org/artwork/5328501]

성녀 헬프타의 제르트루다Sancta Gertrudis Magna de Helfta, 1256~1302는 중세 독일의 가장 위대한 여성신비가요, 영성 지도자이자 여성철학자이다. 그녀는 독일 여성신비주의의 산실인 헬프타Helfta를 대표하며, 예수성심에 대한 공경과 영성을 통해 가톨릭 영성사에서 '예수성심의 신학자'로 자리매김하고 있다. 그녀의 영성은 예수성심에 대한 강렬한 사랑의 체험과 헌신에 기초하기 때문이다. 가톨릭 성녀로서의 제르트루다 축일은 11월 16일이다.[1] 또한 제르트루다는 페루Peru와 스페인 안틸라La Antilla의 수호성녀이기도 하다.

제르트루다는 1256년에 태어났으며, 1261년 헬프타의 시토회의 수녀원에 들어갔다. 그녀는 베네딕트Benedict와 베르나르두스Bernardus 성인들의 영성을 수련했다. 타고난 재능과 지적 열망으로 일찍부터 라틴어에 능통했으며, 음악, 문학, 문법학, 예술에서도 탁월한 능력을 발휘했다. 그녀는 생의

---

1 Martyrologium Romanum[로마순교록], Ex decreto Sacrosancti Oecumenici Concilii Vaticani II instauratum auctoritate Ioannis Pauli PP. II promulgatum. Città del Vaticano, 2004: 16 Novembris, Sanctae Gertrudis Virginis, cujus natalis sequenti die recensetur.

중반이던 1281년 1월 27일 그리스도 발현의 신비를 체험했으며, 이후로 중병에 시달리면서도 신비적 내적 상태로 일관된 영성수련을 삶의 마지막까지 강행했다.

제르트루다의 학문적 대표작으로는 자신의 신비체험을 기록한 『신적 사랑의 전령Legatus divinae pietatis』과 기도문을 동반한 명상법 『영성수련Exercitia spiritualia』을 들 수 있다. 그 외에도 제르트루다는 탁월한 라틴어와 독일어 실력으로 성서와 교부들의 문헌과 관련한 다양한 단편을 저술한 것으로 알려져 있다.[2]

제르트루다는 공식적으로 성인품에 오르지는 않았지만, 사후 약 삼백 년이 지난 1606년 교황청은 가톨릭교회의 전례에 사용되는 기도, 독서, 찬미가에서 제르트루다를 공경해도 된다고 공식적으로 허용했다. 그 후 1677년 교황 인노첸시오 11세Innocentius XI, 1611~1689 때 제르트루다의 이름이 『로마순교록』에 기록되었다.[3] 또다시 세월이 흐른 뒤 1738년에 교황 클레멘스 12세Clemens XII, 1652~1740는 수 세기를 지나면서도 끊임없이 부상하는 제르트루다의 영성을 재평가하여 "위대한 제르트루다Gertrudis Magna"라는 칭호를 부여했다.[4] 1302년 11월 16일 헬프타 수녀원에서 중병을 앓던 제르트

2 Köpf, U., Gertrud (die Große) von Helfta, in: *Theologische Realenzyklopädie*, Bd. 12, 1984, 539쪽.

3 『로마순교록Martyrologium Romanum』은 로마 가톨릭이 공인하는 순교자와 성인들의 인명록으로, 교황 그레고리우스 13세가 1584년에 출판한 이후로 여러 번 개정되어 오늘에 이른다.

4 교황 클레멘스 12세가 붙여 준 호칭 "위대한 제르트루다"는 라틴어로는 Gertrudis Magna, 독일어로는 Gertrud die Grosse로 불린다. 이외에도 제르트루다는 서양의 다양한 언어권에서 유명한 관계로 거트루드, 게르투르다, 게르투르데스, 게르투르디스, 게르트루다, 제르뜨루다, 제르뜨루디스, 제르트루디스, 젤뚜르다, 젤뜨루다, 젤투르다, 젤트루다 등으로 호칭되기도 한다.

루다는 "아! 신랑이 온다"라고 외치고, 생을 마감했다.[5] 이때 제르트루다 수녀의 나이는 45세였다.

1
사랑의 생애

성녀 제르트루다의 생애를 한마디로 압축한다면, '사랑caritas의 힘'이라고 말할 수 있다. 사랑은 수도자로서의 일생뿐만 아니라 그녀의 신비주의 사상을 관통하는 핵심 개념이기 때문이다. 또한 당대가 필요로 하던 사랑의 힘을 가진 성녀였기 때문에, 후일 여성으로서는 드물게 "위대한 제르트루다"라는 호칭을 얻었을 것이다. 그녀가 추구한 사랑의 힘은 정신적으로 피폐한 현대인의 가슴도 따뜻하게 적실 수 있을 것이다. 그렇다면 그녀는 도대체 어떤 정신적 삶을 살아갔기에 생애 자체를 통해 '사랑의 힘'을 드러낸 것일까?

신학적 관점에서 보면, 제르트루다의 일생은 예수성심에 대한 강렬한 사랑의 체험과 헌신이었다. 그래서 제르트루다는 그리스도교 영성사에서 예수성심에 대한 공경의 선구자였으며, '예수성심의 신학자'로서 독일 신비주의에 위대한 공헌을 했다. 신비주의적 관점에서 그녀의 생애는 1281년 예수 발현의 체험을 기점으로 양분된다. 신비체험 이전의 생애는 수도생활과 수업 시대였으며, 신비체험 이후의 생애는 하느님과의 영적 체험을

5 Bautz, F.W., Gertrud von Helfta, in: *Biographisch-Bibliographisches Kirchenlexikon II*, Herzberg, 1990, 231~232쪽 참조; Martyrologium Romanum[로마순교록]: Helpithi, in Saxonia, item natalis sanctae Gertrudis, Virginis, ex Ordine sancti Benedicti, quae dono revelationum clara exstitit. Ipsius tamen festivitas pridie hujus diei celebratur.

계속하는 가운데 성서와 교부들의 저서, 전례를 중심으로 명상과 저술에 몰입한 시대였다.

탄생과 수녀원학교 입학

중세의 성인 및 위대한 철학자들의 출생이나 가문에 대해서는 비교적 상세하게 알려져 있는 편이지만, 제르트루다의 출생에 대한 정보는 지금까지도 베일에 가려져 있다. 그녀가 일생을 수녀원에서 보냈을 뿐만 아니라 여성이었기 때문에 더욱 그럴 것이다. 제르트루다의 위대성에 비해 별반 알려진 것이 없다고들 하지만, 신빙성 있는 문헌들은 적어도 다음과 같은 최소한의 사실들을 전하고 있다.

제르트루다는 1256년 1월 6일 독일 튀링겐Thüringen 지방에서 태어났다. 튀링겐은 마르틴 루터의 종교개혁 이후로는 열성적 개신교 지역으로 널리 알려진 곳이다. 제르트루다가 태어난 날은 가톨릭 전례에서 동방박사들이 아기 예수의 탄생을 경축하러 온 '주님 공현대축일' 또는 '삼왕의 날'이었다.[6] 성서에 등장한 세 사람의 동방 '박사들', 곧 마기Magi란[7] 그리스어 마고이magoi의 번역으로, 원래 현자, 꿈의 해석자 또는 점성술사를 의미한다. 또한 '주님 공현대축일'의 공현epiphanīa이란 그리스어 에피파네이아epipháneïa의 번역으로, 예수의 탄생을 '드러낸다'는 의미를 가지고 있다. 또한 제르트루다가 태어난 날은 연중 해가 가장 짧은 날이었기 때문에, 예언과 해몽, 마술이 감도는 '별의 날'이었으며, 다양한 민속 축제가 거행되기도 하

6 '주님 공현대축일'은 카스파르Caspar, 멜키오르Melchior, 발타사르Balthasar라는 이름으로 알려진 세 명의 동방박사가 별의 인도로 아기 예수를 찾아가 경배한 일을 경축하는 날이다. 가톨릭은 주님 공현대축일을 매년 1월 2일에서 8일 사이의 주일에 지낸다.

7 마태오복음, 2, 1–12 참조.

는 동짓날이었다. 제르트루다 역시 자신의 생일에 특별한 의미를 두고 살았다고 한다.[8] 그녀는 별이 가장 오랫동안 빛나는 동짓날의 의미를 알고부터 자신의 신비주의적 삶을 예감했을 것이다.

제르트루다는 아주 일찍 다섯 살이 되던 해에 헬프타의 수녀원학교에 입학했다. 어떤 연유로 매우 어린 나이에 수녀원으로 보내졌는지에 대해서는 제대로 알려져 있지 않다. 대체로 다른 성인들의 사례에 비추어 보면 세 가지 추측이 가능하다. 첫째로, 당시 교황과 황제가 전쟁으로 대치하던 상황이었기 때문에, 귀족의 자녀들은 교황 편에 서 있던 수도원의 담장 안에 볼모로 잡혀 있곤 했다. 둘째로, 제르트루다는 일반 가정에서 감당할 수 없는 병약한 어린이였을 수도 있다. 당시 수녀원은 환자를 치료하는 병원의 역할도 하고 있었기 때문에, 그녀는 일찍이 치료받으러 수녀원에 갔을 수 있다. 셋째로, 학교에 입학한 것이라기보다는 어쩌면 집 없는 아이가 되어, 그 시대의 풍습에 따라 수녀원에 보내진 것으로 볼 수도 있다. 당시 수녀원은 사회복지시설도 겸하고 있었으므로, 지역에서 발생한 고아들을 돌보기도 했다.

어쨌든 헬프타 수녀원에서 시작되는 제르트루다의 생애는 예사롭지 않은 운명을 예고하고 있었다. 이 수녀원의 정식 명칭은 '헬프타 성모 마리아 수녀원'이었으며,[9] 1229년에 부르카르트 1세Burchard I 백작과 그의 부인 엘리자베스에 의해 설립되었다. 또한 헬프타 수녀원은 유럽의 대수도원으로 퍼져 나가던 수녀원학교와 카타리나병원도 함께 운영하고 있었다. 헬프타 수녀원은 독일 베네딕트회의 개혁으로 설립된 시토회Cîteaux, 즉 독일어로

---

8 마르트 룰만 외, 『여성철학자』, 「헬프타의 대성인 게르트루드」, 이한우 옮김, 푸른숲, 2005, 124쪽.

9 독일어 정식 명칭은 'Kloster Sankt Marien zu Helfta'다.

는 치스터친저회Zisterzienser 소속이었다. 독일 작센 지방에 속하는 헬프타는 후에 16세기 종교개혁가 마르틴 루터가 태어나고 죽은 루터의 도시 아이슬레벤이 되었다.[10] 헬프타 수녀원은 설립 후 5년이 지난 뒤 인근의 로스도르프Rossdorf로 갔다가, 물 부족으로 인해 1258년 다시 아름다운 분지인 헬프타로 돌아와 자리를 잡았다.

헬프타 수녀원의 어린 제르트루다

헬프타에는 구름처럼 흘러내리는 구릉지를 따라 물이 풍부한 계곡과 비옥한 땅이 겹겹이 펼쳐져 있었다. 수녀들의 공동체는 비로소 풍요와 안식을 누리면서 기도생활뿐만 아니라 환자들을 치료하는 의료활동과 여성들을 가르치기 위한 교육활동을 시작했다. 사방에서 모여든 수녀들은 성 베네딕트의 규범을 따르면서도 개혁적인 공동체의 기반을 닦아 나갔다. 중세 여성들의 신앙운동이 제대로 빛을 발하던 황금기가 도래한 것이다.

제르트루다는 1261년에 헬프타의 수녀원에 들어온 셈이었다. 그렇다면 장차 여성신비주의의 중심에 서게 될 어린 제르트루다는 어떤 교육을 받았고 또 어떻게 생활했을까? 실제로 그녀의 대표작 『신적 사랑의 전령』 제1권은 그녀의 인격을 소개하면서 수녀원에 들어오던 어린 시절을 처연하리만큼 짤막하게 기술하고 있다.

> 하느님은 올바른 이들의 공동체를 은총으로 받아들이시고, 텃밭 가운데서 교회 정원의 한 송이 백합과 같이 제르트루다를 선택하시어 빛나게 하셨

---

10 제2차 세계대전이 끝난 1946년 루터의 도시 아이슬레벤이라는 의미인 'Lutherstadt Eisleben'이라고 명명되었다.

다.[11] 그분은 다섯 살의 소녀를 세상의 풍파로부터 가려내시어 성스런 영성의 침상에 신부로 삼으려던 것이었다. 그분은 그녀의 빛나는 순수성에 여러 가지 꽃의 신선한 아름다움을 보태어 찬란하게 했다. 이에 그녀는 모든 사람의 눈에 우아하게 보였으며, 모든 사람의 가슴은 그녀에 대한 사랑으로 설레었다. 그녀는 물론 나이와 몸에 따라 다정하면서도, 그녀의 생각에서는 사랑스럽고 튼실하며, 듣는 모든 것에 대해 놀라워하며, 그 모든 것을 배우고자 했다. 그녀는 학교에서는 민첩한 파악력과 지적 재능으로 인해 모든 지혜와 학습 능력에 있어서 모든 또래 여학생들과 수녀원의 동료들을 능가했다. 그리하여 제르트루다는 순수한 마음으로 자유교양artes liberales을 배우려는 기쁜 목마름을 가지고 어린 시절과 젊은 시기를 보냈으며, 종종 무슨 일을 저지르곤 하는 그런 시절에도 오랜 동안 아버지의 자비로 보호를 받았다.[12]

제르트루다는 백합과 같은 순백의 신부로 선택받은 운명이었다. 순결의 꽃 백합은 성서와 중세 여성신비주의에서 그리스도의 신부를 상징한다. 어린 신부는 수녀원의 울타리 안에서 매우 단순한 생활을 했을 것이다. 제르트루다는 수녀원학교에서도 외롭고 특별한 학생으로 기억되고 있었다. 그녀는 또래의 놀이에는 재미를 붙이지 못했으며, 늘 생각에 잠기기를 좋아했다고 한다. 또한 생기발랄하고 명석하기로 소문난 학교 시절을 보냈다고 한다. 그렇다면 그녀의 재능을 알아본 스승도 있었을 것이다. 제르트루

11 아가서, 6.1 이하: 아가서는 솔로몬이 부르는 사랑의 노래이다. 여기서 신부는 자신의 신랑이 발삼밭에서 백합을 따고 있을 거라고 노래한다.

12 Gertrud von Helfta, *Botschaft von Gottes Güte,* Bd. 1, Buch 1, Lateinisch-Deutsch, Heiligenkreuz, 2014, 68~71쪽; 원전으로는 Sancta Gertrudis Magna [de Helfta]: *Legatus divinae pietatis et Exercitia spiritualia*. ed. Solesmensium, O.S.B., monachorum et opera [Louis Paquelin], Paris, 1875 참조.

다가 예리한 호기심과 기쁜 마음으로 배움의 길을 걸어가도록 하고, 나아가 위대한 여성철학자로 우뚝 서게 한 스승들은 누구였을까?

신비주의 산실에서 만난 선각자들

어린 제르트루다는 수녀원에 와서 철 따라 숨 쉬는 자연의 아름다움을 발견했다. 그러나 그녀의 운명에서 헬프타가 베푼 것은 자연환경만이 아니었다. 헬프타 수녀원은 베긴네Begine 운동의 물결을 타고 일찍부터 청빈하고 겸손한 복음적 삶을 실천하고 있었기 때문에, 주변에 신앙적 적대감을 불러일으키기도 했다. 베긴네의 사회적 지위는 지역이나 공동체에 따라 다르긴 했지만, 여전히 교회법적으로 불확실한 상태였다. 그러나 베긴네들의 열성적 사회 활동과 엄격한 생활 방식은 수도회에 입회하는 것이 어려웠던 당시의 수많은 의식적 여성에게 영성적 지도와 물질적 배려를 제공하는 기반을 다지고 있었다.[13]

베긴네들의 자의식과 청빈정신, 신비주의 영성이 이곳 헬프타 수녀원에도 작용하고 있었으니, 이 수녀원의 정원은 신비주의 여성철학자 제르트루다를 낳기 위한 산실로 준비된 곳이었다.[14] 제르트루다는 영성의 정원에서 이제 갓 피어나는 한 송이 백합이었던 것이다. 세기를 뛰어넘는 여성신비가들이 이곳에서 명상하며 직접 가르치고 있었던 것이다.

어린 제르트루다의 교육을 맡은 사람은 먼저 하케보른의 메히틸드

---

13 Elm, K., Beg(h)inen, in: *Lexikon des Mittelalters 1*, Stuttgart/Weimar, 1980, 1800쪽.

14 Ringler, S., *Aufbruch zu neuer Gottesrede: Die Mystik der Gertrud von Helfta*, Matthias-Grünewald-Verlag, 2008. 가톨릭 성인과 신비가들에 대해서는 이명곤, 『성인들의 눈물—종교철학 명상록』, 한국학술정보, 2018을 참조.

Mechthild von Hackeborn다.[15] 그녀는 베긴네 운동을 통해 태어난 초기의 위대한 여성신비가 가운데 한 사람이다.[16] 메히틸드는 말년에 제르트루다도 집필에 참여한 것으로 보이는 『특별한 은총론』을 동료 수녀들과 함께 저술했다.[17] 메히틸드는 이 책에서 그리스도의 사랑스런 신부를 주제로 한 신비주의를 전개하고 있었으니, 제르트루다의 신비주의에 결정적 영향을 끼쳤을 것이다.

메히틸드는 아름다운 목소리와 함께 탁월한 음악적 재능을 타고난 것으로 알려졌다. 그녀는 재능을 살려 수녀원의 성가대를 이끄는 동시에 수녀원학교에서 음악을 가르치고 있었다.[18] 그녀 역시 일곱 살에 수녀원학교에 입학하여 수련기를 보냈으며, 이제 지도자가 된 것이었다. 메히틸드는 어린 제르트루다의 독특한 개성을 인정하여 개방적이면서도 인간적으로 음악과 라틴어를 가르쳤다.[19] 제르트루다 역시 음악에 대한 감수성을 갖추고 있었으므로, 전례에서 선창자이던 메히틸드의 뒤를 이어 제2대 선창자가 되었다. 나아가 메히틸드는 영성수련에 있어서도 제르트루다보다 먼저 비슷한 신비체험을 하고 있었기 때문에, 그녀에게 특별한 정신적 삶을 준비시키면서 신비주의를 위한 소위 영재교육을 시킬 수 있었다.

---

15 헬프타의 메히틸드Mechthild von Helfta라고도 불리는 시토회 수녀이자 가톨릭 성녀이다.

16 Unger, H., *Die Beginen: Eine Geschichte von Aufbruch und Unterdrueckung der Frauen*, Freiburg, 2005, 23쪽.

17 Mechthild von Hackeborn, *Der heiligen Mechtildis: Buch besonderen Gnade: Liber specialis gratiae*, Aus dem Lateinischen nach der Ausgabe der Benediktiner von Solesmes von J. Müller, Regensburg, 1880.

18 Korntner, B., *Mystikerinnen im Mittelalter: Die drei Frauen von Helfta und Marguerite Porète—zwischen Anerkennung und Verfolgung*, München, 2012, 93쪽.

19 Gertrud von Helfta, *Botschaft von Gottes Güte*, Bd. 1, 25쪽.

제르트루다는 영적으로 성장하는 가운데 또 한 사람의 어머니 같은 지도자를 만났으니, 1251년부터 1292년까지 수녀원을 책임졌던 수녀원장 하케보른의 제르트루드Gertrud von Hackeborn다.[20] 그녀는 원래 귀족가문 태생으로 메히틸드 수녀의 언니이자 수녀원의 실질적 설립자 가운데 한 사람이다. 그녀는 수녀원 안에 여성을 위한 당대 제일가는 학교schola를 설립하고 신비주의의 터전을 닦고 있었다. 하케보른의 제르트루드는 헬프타를 교육과 영성의 산실로 이끌어 가는 선각자 역할을 했으며, 수녀원학교를 '독일 여성신비주의의 왕관'으로 만들기 위한 기초를 다졌다.

하케보른의 제르트루드는 고도의 고전 교육을 받았는데, 수녀원의 원장으로서 다른 수녀들에게도 기본적으로 신앙뿐만 아니라 학문에도 정진할 것을 강조했다. 수녀들에게 학문적 소양을 닦도록 하는 것도 당시에는 개혁의 일환이었다. 하케보른의 제르트루드는 수녀원장인 자신과 구별하기 위해 "어린 제르트루다"라고 부르던 제르트루다에게도 학문의 중요성을 몸소 실천하면서 일깨웠다. 그러니까 어린 제르트루다는 학문의 기본을 세워 준 영적 어머니를 만난 것이었다. 명민한 소녀 제르트루다는 어디서 어떻게 태어났는지는 몰랐지만, 헬프타에서 운명에 맞춘 것 같은 어머니의 품과 학문적 삶의 모델을 찾아낸 것이었다.

헬프타 수녀원을 신비주의의 절정으로 끌어올린 또 한 명의 여성이 수녀원에 들어왔다. 메히틸드 수녀로 수녀원장의 동생과 같은 이름이었기 때문에, 서로 구별하기 위해 마그데부르크의 메히틸드Mechthild von Magdeburg라 불렀다. 마그데부르크 출신의 메히틸드 수녀는 그들 가운데서 나이도 가장

20 수녀원장은 헬프타의 제르트루다와 이름이 같지만, 구분하기 위해 여기서는 독일명 제르트루드로 명명하겠다.

많았지만, 그만큼 오랜 영성수련의 경력을 쌓고 있었다. 그녀는 도미니코회 계통의 베긴네 생활을 마치고 1270년에 헬프타 수녀원으로 옮겨 온 것으로,[21] 일찍부터 힐데가르트 폰 빙엔의 신비주의 영향을 받고 있었다.

마그데부르크의 메히틸드는 여기서 일곱 권으로 된 신비주의 저서 『신성이 흐르는 빛』을 저술했다.[22] 그녀는 이 저술에서 자신의 현시와 신비체험, 기도와 명상, 비유와 강의, 영성적 산문과 운문을 두루 섭렵하면서 자신의 신비주의를 전개했다. 특히 그리스도에 대한 사랑을 인격화하는 전형적 신랑과 신부의 신비주의를 선보였다.[23] 이는 제르트루다가 수련한 신비주의의 전조에 해당한다. 그렇다면 마그데부르크의 메히틸드가 노래한 시가의 그리스도, 곧 신랑에 대한 인격적 사랑의 노래를 들어 보자.

신랑은 신성한 입술로 그녀의 입술을 누르니,
네게 좋아라, 좋은 그 이상이라, 찬란한 시간이여!
신랑은 애정의 침실에서 온 힘을 다해 사랑하네
그녀는 가장 높은 절정에 오르네
그의 오른편에 들어가
깊은 신음 소리를 지르네.[24]

---

21 Keul, H., *Verschwiegene Gottesrede: Die Mystik der Begine Mechthild von Magdeburg*, Innsbruck, 2004, 109쪽.

22 Mechthild von Magdeburg, *Das fließende Licht der Gottheit*, Einsiedeln/Zürich/Köln, 1955.

23 Dinzelbacher, P., *Christliche Mystik im Abendland: ihre Geschichte von den Anfängen bis zum Ende des Mittelalters,* Paderborn/München/Wien/Zürich, 1994, 208쪽 참조.

24 Mechthild von Magdeburg, *Das fließende Licht der Gottheit*, 110쪽.

마그데부르크의 메히틸드 역시 신랑과 신부의 희열이 넘치는 신비주의의 길을 개척하면서 위대한 영성적 업적을 남겼다. 하느님의 섭리로 예정된 것인지는 몰라도, 헬프타 수녀원은 "독일 수녀원들의 왕관"[25]으로 자리매김했다. 결국 '위대한 제르트루다'를 중심으로 위의 세 명의 여성신비가들은 헬프타 수녀원에 모여 인류 역사에서도 전무후무한 중세 여성신비주의의 절정을 성취하게 되었다.

신비주의를 위한 기초교육

여성 선각자들에게 둘러싸인 제르트루다는 15살까지 당시 여성으로서 유일하게 접할 수 있던 수녀원학교의 교육제도에 따라 기본교육을 받았다. 결국 위대한 정신을 길러낸 것은 아름다운 자연과 어머니의 부드러운 영적인 품, 그리고 눈높이의 가르침이었다. 이는 제르트루다가 받은 수녀원학교의 교육과정을 통해서도 여실히 드러난다. 제르트루다의 교육에 대한 진술을 통해 중세 여성들을 위한 학교의 교육과정과 가치관을 미루어 짐작할 수 있을 것이다.

제르트루다는 스스로 자유교양 수업에 너무나 함몰되어 있었을 때에는 하느님과 동떨어진 '비유사성의 영역'[26] 안에 있었다는 사실과 그때까지는 정신의 예리함이 영성적 빛을 지향하는 것을 등한시하고 있었다는 사실도 인지하

---

25 독일어로 "Krone der deutschen Frauenklöster"는 영성사에서 헬프타 수녀원의 별칭이 되었다.

26 라틴어로 'regio dissimilitudinis'이며, 원죄 이전의 아담이 낙원에서 누리던 '유사성의 영역regio similitudinis', 즉 하느님과 유사하게 죄에 물들지 않던 영역에 대립되는 신학개념이다. Kopf, U., *Religiöse Erfahrung in der Theologie Bernhards von Clairvaux*, Tübingen, 1980, 75쪽 참조.

고 있었다. 또한 그녀는 인간적 지혜에 대한 너무나 큰 갈망과 그에 따른 즐거움으로 참된 지혜에 대한 고귀한 향취를 빼앗기고 있었다는 것을 인지하고 있었다. 그 당시에 그녀에게는 외적인 모든 것이 아주 빨리 지겨워졌다. 이는 잘된 일이었으니, 이때부터 주님은 그녀를 기뻐 날뛰게 할 환희의 장소로, 시온산으로 인도하셨으며, 그곳에서 주님은 그녀에게서 업보와 함께 옛 인간을 벗겨 버리고, 하느님을 향해 창조되고 또 참된 정의와 성스러움 안에 있는 새로운 인간을 입히셨기 때문이다.[27]

제르트루다의 수업 시대는 역설적으로 하느님과 멀어질 만큼 자유교양에 푹 빠져 있었던 것으로 보인다. 제르트루다는 자유교양 수업을 신학 전문용어로 '비유사성의 영역'에 대한 탐구와 인간적 지혜라고 표현했다. '비유사성의 영역'이란 하느님의 모상에 대한 대립개념으로, 낙원에서 추방된 후 죄를 범하는 인간상의 영역을 말한다.

원죄로 타락한 인간의 과제는 하느님의 집으로 되돌아가는 것이요, 하느님의 모상을 실현하는 것이다. 그런데도 제르트루다는 수업 시대에 인간적 지혜에 너무 탐닉하고 있었다는 사실을 고백한 셈이다. 따라서 그녀가 말하는 인간적 지혜란 참된 지혜를 배우고 새로운 인간으로 갈아입기 위한 준비 과정으로, 구체적으로는 학교에서 배우던 자유교양을 지칭한다.

그렇다면 실제로 수녀원학교의 자유교양이란 어떤 과목이었는가? 자유교양이란 정확히 '7 자유기예septem artes liberales'로, 자유 시민의 소양을 위한 필수 과목이었다. 자유교양은 고대 그리스에서 노예나 천민들이 갖추어야 할 기술과 소양을 가르치는 노예의 교양artes sordidae에 대립되는 과목

27 Gertrud von Helfta, *Botschaft von Gottes Güte*, Bd. 1, Buch 1, 71쪽 이하.

명칭이었다. 그리스에서 중세로 유입된 자유인의 고등교육을 위한 기초교양은 문법, 수사학, 변증법의 3학trivium, 그리고 수학, 기하학, 음악학, 천문학의 4학quadrivium, 합해서 7과목으로 구성되어 있었다.

수녀원학교에서 가르친 3학은 언어와 문법 과목으로 라틴어, 논리와 논술, 그리고 철학을 기반으로 했으며, 4학은 기술과 예술 분야의 소양을 망라하여 가르쳤다. 결국 수녀원학교는 성서와 교부들의 문헌을 해석하고 철학을 탐구하기 위한 도구로 자유교양을 가르쳤던 것이다. 학문적으로 우수했던 어린 제르트루다는 자유교양을 마치자 문법학자에서 곧장 여성신학자로 올라섰으며, 결코 지치는 기색 없이 모든 성서에 대해 명상했다고 기록되어 있다.[28] 제르트루다가 남성 수도자였다면 자유교양을 배운 전력으로 당연히 대학에 진학했겠지만, 그녀는 헬프타에서 여성신비가의 길을 택한 것이었다.

결국 제르트루다의 수업 시대는 위대한 여성 스승들의 가르침뿐만 아니라 당시 수녀원학교에서 제공할 수 있던 첨단 인문학을 최대한 활용했다고 볼 수 있다. 제르트루다는 자유교양을 통해 여성으로서는 접하기 어려운 고난이도의 철학과 신학을 탐구할 수 있었다. 근래의 연구에 의하면, 제르트루다는 스콜라철학의 대표자인 토마스 아퀴나스Thomas Aquinas의 철학과 신학에 대해서도 인지하고 있었던 것으로 알려지고 있다.[29] 제르트루다는 특히 라틴어에 능통하여 후일 수녀원의 필사실scriptorium에서 라틴어 문서를 다루고 필사하는 소임을 수행했다. 그녀는 다른 수녀들을 위해 라틴

28 Gertrud von Helfta, 같은 책, Bd. 1, Buch 1, 73쪽: Unde exhinc de grammatica facta theologa…….

29 Spitzlei, Sabine B., *Erfahrungsraum Herz: Zur Mystik des Zisterzienserinnenklosters Helfta im 13. Jahrhundert*, Stuttgart-Bad Cannstatt, 1991, 55쪽 이하.

어를 번역하거나 요약할 수 있는 능력을 최대한 발휘했다.[30]

나아가 제르트루다의 작품으로 미루어 볼 때, 그녀는 라틴어로 저술된 스콜라철학 및 신학 저서를 이해하고 해설하는 대학자의 역할을 수행한 것으로도 추측된다. 하지만 그녀의 수업 시대는 지성을 통한 자유교양과 철학에 깊이 몰두하면서 자연스럽게 영성생활과는 어느 정도 소원해진 결과를 초래했다.

수도자의 길과 학문의 길

1271년 15살이 되던 해에 제르트루다는 정식으로 서원을 하고 수도자의 길을 본격적으로 걷기 시작했다. 그녀는 수녀원학교의 교육과정을 마친 즉시 자신의 고유한 결정에 따라 헬프타의 수녀원에 정식으로 입회한 것이다. 당대의 다른 의식적 여성들의 선택과 마찬가지로 그녀도 평범한 여자의 길을 버렸으며, 온전한 자기 자신으로서 하느님의 특별한 소명에 따라 살고자 하는 수도자의 길을 선택했다. 물론 수녀원의 역사가 시작되던 시기였기 때문에, 제르트루다가 입회한 헬프타 수녀원이 공식적으로 어느 수도회에 소속되어 있었는지에 대한 의문은 여전히 남아 있다.

이미 언급한 바와 같이, 13세기 여성들의 중세 황금기에는 새로운 수녀원들이 유럽 전역에 걸쳐 설립되고 있었지만, 정치적·종교적으로 복잡한 과정을 거치면서 설립과 폐쇄를 반복하곤 했다. 예를 들어, 헬프타 수녀원은 회색의 수녀복을 입던 시토회 수녀들이 베네딕트수도회와 같이 「베네딕트 규범」에 따라 생활하면서 지역 교구의 주교로부터 법적 허가를 받아

30 Bangert, M., Die sozio—kulturelle Situation des Klosters St. Maria in Helfta, in: *"Vor dir steht die leere Schale meiner Sehnsucht": Die Mystik der Frauen von Helfta*, Leipzig, 1998, 36쪽.

설립된 것으로 추정된다. 따라서 헬프타 수녀원은 법적으로 베네딕트수도회에 속하면서 개혁적이던 시토회의 영성을 따랐기 때문에, 엄격한 봉쇄수도원인 트라피스트 수녀원과 같았다.[31] 이러한 수녀원의 역사가 가진 통합적 특성은 지나온 과정 그대로 받아들이는 것이 좋을 것이다.

중세의 여성이 수도자의 길을 간다는 것은 그 자체로 특별했다. 중세시대가 어떤 관점에서는 여성에게 속박의 시대도 될 수 있었는데, 수도자의 길은 여성 자신의 해방과 개혁을 위한 유일한 의식적 선택일 수도 있었다. 수도자의 길이란 곧 여성으로서는 거의 불가능에 가까웠던 학문의 길을 선택하는 것이요, 사회 통념이던 필부의 길 대신에 충만한 자아실현의 길을 선택하는 것이요, 세속적 부귀를 꿈꾸는 대신에 청빈한 삶을 통해 종교적 구원의 길을 선택하는 것이었다.

젊은 제르트루다 수녀의 재능과 호기심은 여전히 영성생활보다는 일반학문에 심취해 있었다. 여기서 일반 학문이란 오늘날의 대학에서 전개되는 그야말로 학문을 말하지만, 당시에는 그리스도교 신학에 비해 세속적으로 비치던 '인간적 지혜'나 '비유사성의 영역', 그리고 새로운 물결이던 아리스토텔레스 계열의 자연철학을 의미했다.

13세기는 아리스토텔레스의 자연철학이 그리스 문화권으로부터 아라비아 문화권을 거쳐 비로소 서유럽에 활발하게 전해지던 시기다. 일찍이 로마 가톨릭 교황청은 이러한 자연철학이 신학 중심의 유럽대학에 전해지는 것을 금지시켰다. 그러나 교황의 금지령에도 불구하고 그리스에서 넘어온 자연철학은 당시 개혁수도회의 수도자들, 참신한 성직자들과 철학자들

---

31 Brem, H., Altermatt, A., *Neuerung und Erneuerung. Wichtige Quellentexte aus der Geschichte des Zisterzienserordens vom 12. bis 17. Jahrhundert*, Langwaden, 2003, 74~78쪽 참조.

사이에 과학적이고 이성적인 사고를 급속도로 유포시키고 있었다. 심지어 나폴리대학과 같이 황제가 설립한 신생 대학은 학생들을 끌어 모으기 위해 자신들의 대학에서는 아리스토텔레스를 자유로이 공부할 수 있다는 선전을 공공연히 하고 있었다. 물론 이러한 자연과학적 호기심을 도발하는 선전은 대학가에 충분한 효력을 발휘했다.[32]

지성적 열정으로 불타던 젊은 제르트루다 수녀 역시 모든 것을 이성에 따라 판단하는 가운데 종교적 영성생활을 소홀히 하는 시기를 맞이했던 것이다. 그리스도교 안에서는 초대교회 때부터 신앙과 이성은 갈등을 불러일으키는 동시에 조화를 추구해 왔다. 이런 갈등과 조화의 역사는 어쩌면 그리스도교 역사의 특성이기도 하다.

신앙과 이성의 갈등은 개인의 학문적이고 영적인 발전 과정에도 여실히 나타났다. 학문의 길에 접어든 제르트루다 수녀의 내면에서 일어난 이성적 갈망 역시 그리스도교적 영성과 갈등을 불러일으키게 되었다. 나아가 이러한 갈등은 예수 그리스도에 대한 열정을 약화시키면서 그녀에게 정신적인 고통을 안겨 주고 있었다.

제르트루다 수녀는 특별히 1280년에 극도의 정신적 고통에 시달리는 위기를 맞이했다고 고백했다. 그녀는 어느 날 갑자기 의문에 빠졌다. 인간적 지혜에 너무 깊이 심취하는 것은 결국 달콤한 천상의 지혜가 설 자리를 앗아 가는 것이 아닐까? 그날 이후 제르트루다는 자신의 판단에 따라 외적인 모든 것을 무시하고 오로지 영성생활에 전념하겠다는 결단을 내렸다. 그때 수녀원에는 그녀가 영적인 기로에 내몰릴 것을 준비라도 한 듯이 당대의 든든한 영적 스승들이 대기하고 있었다.

32 요셉 피퍼, 『토마스 아퀴나스—그는 누구인가』, 신창석 옮김, 분도출판사, 2005, 82쪽.

1281년 제르트루다는 드디어 '예수성심신학'의 핵심이 될 신비체험을 하게 된다. 체험 이후 제르트루다의 삶은 봉쇄 수녀원의 의미와 규칙에 걸맞게 저술과 기도에 몰두했다. 그렇지만 그녀의 영성생활은 개인적 신심활동에 그치는 것이 아니었다. 그녀의 신비주의적 삶은 미사, 공동기도, 수녀원의 일과에서 맞이하는 각종 전례, 성서를 비롯한 영적 독서, 그리고 공동체의 저술활동을 통해 이루어졌다. 또한 제르트루다의 신비체험은 밀실이나 사적 공간이 아니라 공동체의 전례 시간 도중에 하느님의 모습을 보는 현시visio로 일어났으며, 삼위일체의 포옹이나 입맞춤을 겪었으며, 미사 도중에 신비적 탈혼과 계시의 조명을 체험하고 사랑의 상처를 입기도 했다.

제르트루다는 신비체험 이후에도 전적으로 수녀원의 전례와 규칙에 따라 살았으며, 일상의 생활 속에서 그리스도를 찾아냈다. 그녀는 전례와 성서 읽기, 저술 활동 안에서 자신의 신심을 드러내는 풍부한 표상과 주제를 발견했다. 그녀의 개인적인 기도와 전례 사이에는 어떤 충돌도 일어나지 않았다. 그녀는 수녀원의 전례 행사를 그리스도와 일치할 수 있는 분명한 길로 받아들였다. 따라서 제르트루다는 여타의 신비주의자들에게서 발견되는 감정과 열정, 상상과 환희에 매달리는 모습을 보이지 않았다. 그녀는 하느님을 만나기 위한 필수 조건으로 신덕의 실천을 통한 그리스도와의 친교를 역설했다. 또한 그녀는 자신의 내적 경험을 항상 성서에 비추어 해석했으며, 과장된 감정이나 추리에 빠지지 않도록 각별히 주의했다.

제르트루다는 영성사에서 예수성심의 공경을 처음으로 실천했으며, 후대에 '예수성심의 신학자'로 자리를 굳혔다. 그녀가 실천한 대표적 덕목은 순명이다. 순명은 단순히 수녀원의 규칙을 지키고 위계질서에 순종하는 것 그 이상을 말한다. 그녀의 순명은 그리스도를 따르는 것이었으며, 영성생활에 완전히 헌신하는 것이었으며, 하느님을 비추는 촛불로 스스로를 불태우는 온전한 겸손으로 나타났다.

수많은 가톨릭교회의 성인, 성녀 가운데 '위대한magna'이라는 별칭이 헌정된 성인은 그렇게 많지 않다. 그런 만큼 여성에게 '위대한'이란 별칭을 붙이는 것은 사실상 거의 없는 일이었다. 독일 출신의 성녀들 가운데 '위대한'이라는 별칭이 붙는 성녀는 제르트루다가 유일하다.

중세 독일 지역 출신의 가톨릭 성인으로 '위대한'이라는 호칭이 헌정된 성인으로는 알베르투스 마그누스가 있다. 그는 아리스토텔레스철학을 수용하는 과정에서 이룩한 학문적 업적을 이유로 '알베르투스 마그누스Albertus Magnus', 즉 '위대한 알베르투스'로 명명되었다. 그러므로 '제르트루디스 마그나Gertrudis Magna'라는 여성형 호칭은 제르트루다가 비록 여성이었지만 남성철학자 알베르투스 마그누스에 버금갈 만큼 위대하다는 사실을 은연중에 공표하는 셈이었을 것이다.

2
신비체험과 신비주의 저술

제르트루다의 저술들은 무엇보다도 자신이 경험한 신비체험을 수녀원의 전례, 가톨릭 교의와 교리, 성서, 신학 및 스콜라철학, 그리고 「베네딕트 규범」과 밀접하게 융화시키는 과정에서 탄생했다.[33] 게다가 그녀의 신비체험을 기다리던 헬프타 수녀원도 새로운 유형의 여성 철학자이자 신비가를 배출하기 위한 만반의 준비를 갖추고 있었다. 따라서 수녀 제르투르다의 신비

33 Ankermann, M., Der "Legatus divinae pietatis"—Gestaltete Mystik?, in: *Freiheit des Herzens: Mystik bei Gertrud von Helfta*, hg., M. Bangert, Münster, 2004, 53쪽.

체험과 신비주의 저술을 다루기 전에 몇몇 사실을 되짚어 봐야 할 것이다.

먼저 선각자 하케보른의 제르트루드는 헬프타 수녀원을 설립하여 신비주의의 산실로 이끄는 수녀원장이 되어 있었다. 또한 수녀원장의 여동생 하케보른의 메히틸드는 헬프타의 수련장으로 스스로 여성철학자의 반열에 오르면서 제르트루다의 기본교육을 맡고 있었다. 끝으로 신비주의의 길을 앞서가던 마그데부르크의 메히틸드가 수녀원에 합세하여 영적 기로에 선 제르트루다의 마지막 보루가 되었다. 헬프타 수녀원은 하케보른의 제르트루드, 하케보른의 메히틸드, 마그데부르크의 메히틸드라는 당대의 여성신비주의 선각자 삼인방이 모여 '위대한 제르트루다'를 낳기 위한 산실을 차려 놓은 셈이었다.

신비체험의 시작

이성과 신앙의 겨루기로 씨름하던 제르트루다 수녀는 1281년 초에 비로소 그녀만의 특별한 신비체험을 맞이하기에 이른다. 그녀가 이성적 탐구에 몰두하다가 돌연 영성적 갈등에 빠져 헤매던 어느 날이었다. 제르트루다는 이때의 신비체험을 바탕으로 『신적 사랑의 전령』 제2권을 집필하기 시작했다. 이 책은 다섯 권으로 구성된 제르트루다의 주저지만, 제2권만 그녀가 직접 집필한 것이다. 그만큼 첫 번째 신비체험은 그녀의 신비주의 전체에 핵심적 사건이 되었다. 제르트루다는 첫 번째 신비체험의 장면 전체를 다음과 같이 회고했다.

내가 26살이 되던 해, 마리아의 정결례[34] 전이던 1월 27일 월요일, 저녁기

34 가톨릭에서 성모 마리아가 모세의 율법에 따라 몸을 정화하는 정결례를 치르고 성전에서 아

도를 한 다음 황혼이 시작될 때였다 …… 그 시간에 나는 수녀원의 침방 가운데 서서 마주 오던 선배 수녀님께 수녀원의 관례에 따라 인사하느라 숙였던 머리를 다시 들어 올렸다. 거기서 나는 상큼하고 호감이 가는 16살쯤 되는 소년이 내 옆에 서 있는 것을 보았다. 그는 내가 어린 시절에 나의 외적인 눈에 쏙 들어서서 가져 봤으면 했던 그 소원에 딱 들어맞는 모습이었다. 그는 나에게 매혹적이고 부드럽게 다음과 같이 말했다. "이제 곧 너의 구원이 오리라. 왜 슬픔을 참고 있느냐? 네가 고통을 씻어 내도록 충고할 사람이 아무도 없느냐?" 그 소년이 이 말을 했을 때, 나는 몸으로는 이미 말한 그 자리에 서 있다는 것을 알고 있었을지라도, 습관적으로 미지근한 기도를 진행하던 성가대석에, 그것도 구석에 있다는 생각이 들었다. 그리고 거기서 다음과 같은 말을 들었다. "내가 너를 구원하고 해방시킬 것이다. 두려워하지 말라."[35] 이 말을 듣고 있을 때, 그가 이런 약속을 굳건히 하려는 듯 날씬하고 부드러운 오른손으로 나의 오른손을 잡는 것을 보았다. 그리고 그는 이렇게 덧붙였다. "너는 나의 원수들과 함께 땅을 핥아먹으면서 가시 사이로 꿀까지 맛보았으니, 이제야말로 나에게로 돌아오라. 그러면 나는 소용돌이치는 나의 신적 쾌락에 너를 취하게 하리라!"

이렇게 말했을 때, 나는 그와 나 사이에, 즉 그의 오른편과 나의 왼편에 넘겨다볼 수 없는 긴 울타리를 보았는데, 그 위로는 소년한테로 넘어 갈 수 있는 통로라고는 하나도 열리지 않을 만큼 그렇게 두터운 가시 울타리가 있었다. 내가 어쩔 줄 몰라 죽을 지경으로 거기에 서 있는 동안에, 그는 곧바로

기 예수를 하느님께 봉헌한 것을 기념하는 날이다. 현재는 예수 성탄 대축일부터 40일째 되는 2월 2일로 주님 봉헌 축일이라고 하지만, 6세기까지는 시메온Simeon 예언자가 메시아 아기 예수를 봉헌 전 성전에서 만난 것을 기념하던 '만남의 축제' 날이었다.

35 시편, 71, 9 참조.

나를 붙잡아 들어 올려서는 자신의 옆에 세웠다.

그러나 나는 그의 오른편에서 모든 종류의 글을[36] 없애 버린 그 상처의 숭고한 기념비를 인지했기에, 결국 나는 찬미 찬양하고 기도하면서 당신의 지혜로운 자비와 자비로운 지혜에 감사드리고 있었다. 그래서 나의 창조주이자 구원자이신 당신은 나의 딱딱한 목덜미를 눕힐 부드러운 당신의 멍에를 찾아 주셨고, 나의 아픔에 가장 적합하고 가장 따스한 마실 것을 준비해 주셨다. 그 순간부터 조금 전만 해도 거의 견딜 수 없을 것처럼 보였던 당신의 멍에는 달콤하게 또 당신의 짐은 가볍게 느낄 만큼 새로운 마음의 기쁨이 들떠 올라, 나 역시 당신 향유의 감미로운 향기를 따라 올라가기 시작했다.[37]

제르트루다의 신비체험은 대림절에, 가톨릭 전례에서 십자가에 못 박혀 죽은 다음 부활할 그리스도를 기다리는 시기에 이루어졌다. 제르트루다가 소년을 만나는 체험은 루가복음에서 사람의 아들, 즉 예수 그리스도가 오는 것을 보는 성서의 장면과 비슷하다. "이런 일들이 일어나기 시작하거든 몸을 일으켜 머리를 들어라. 너희가 구원을 받을 때가 가까이 온 것이다."[38] 제르트루다도 머리를 들어 올리면서 16살의 예수 그리스도를 만난 것이었다. 소년 그리스도는 그녀에게 말했다. "내가 너를 구원하고 해방시킬 것이다. 두려워하지 말라." 이 선언 역시 주님께서 백성들을 구하러 오신다는 가톨릭 전례의 대림절 노래요, 구약성서 이사야서의 노래이다. "예루살렘에 사는 시온의 백성들아 너희는 다시는 울지 않아도

36 골로사이서, 2, 14 참조.

37 Gertrud von Helfta, *Botschaft von Gottes Güte*, Bd. 1, Buch 2, 164~169쪽.

38 루가복음, 21, 28.

되리라."[39]

제르트루다는 성서를 근거로 소년을 당연히 예수 그리스도로 받아들였다. 그리고 그리스도의 이 말은 이성적 탐구에만 몰두하던 그녀에게 은근한 책망이 되었고, 동시에 영적 갈등을 겪고 있던 메마른 영혼에 가뭄의 단비와도 같은 위로가 되었다. 소년 그리스도와의 만남은 제르트루다의 영적 삶을 근본적으로 변화시켰다. 이성적 탐구와 영성적 체험이 갈등을 넘어서서 조화를 이룰 수 있다는 새로운 현실이 도래한 것이었다. 이때부터 그녀는 그리스도에게 돌아가 신적 쾌락voluptas divina의 격랑 속으로 흘러들어 갔다. 신비체험 이후로 제르트루다는 단순히 탁월한 지식을 가진 영성 수련자를 넘어서서 여성임에도 불구하고 엄연히 신학자로 인정받게 되었다.[40]

신비주의 저술활동의 시작

신비체험 이후 제르트루다는 천상적 기쁨의 나라로 가고자 했으며, 이제 옛 사람을 벗어 버리고 새 사람으로 갈아입고자 했다. 새 사람은 하느님의 모습을 닮고자 했으며, 올바른 진리의 성스러움 속에 살고자 했다. 이렇게 제르트루다는 최초의 여성신학자로 거듭났다. 그녀는 하느님의 말씀이 가슴에 와 닿는 순간까지 모든 성서를 줄기차게 연구해 들어갔다. 결국 제르트루다는 모든 물음을 성서에 따라 풀어 나갔으며, 성서를 증거로 세상의 모든 오류를 벗기려는 저술활동에 돌입했다.

제르트루다는 신적 관조와 성서 연구에 점점 더 깊이 심취했다. 사람들은 이러한 열성에 감탄했다. "마치 샘물이 솟구치듯 흘러나왔다." 게다가

---

39 이사야, 30, 19.

40 Gertrud von Helfta, *Botschaft Von Gottes Güte*, Bd. 1, Buch 1, 70쪽: de grammatica facta theologa.

그녀는 아름다운 달변의 소유자였다. 그녀의 말은 강력한 설득력과 영향력, 호소력을 발휘했다. 과연 샘물처럼 솟구치는 열정은 어떤 힘을 가지고 어디로 흘러가는 강이 되었는가?

여성철학자 제르트루다의 탄생 시기는 철학사에서 13세기 서양의 중세 황금시대를 관통했다. 그리스도교 신앙과 이성의 종합을 시도한 토마스 아퀴나스가 인생의 완숙기를 맞이하던 바로 그때 제르트루다가 태어난 것이다. 제르트루다의 생애는 13세기 스콜라철학과 신비주의의 황금 시대를 누빈 셈이다. 더 정확히 말하면, 그녀는 도미니코회 소속 스콜라철학의 대표자 토마스 아퀴나스, 프란치스코회의 신비가 보나벤투라Bonaventura와 동시대 여성철학자로 살았다.

제르트루다는 어쩌면 여성이었기 때문에 토마스 아퀴나스나 보나벤투라처럼 구체적 출생지나 일대기가 알려지지 않았는지도 모른다. 그렇지만 그녀의 저술만큼은 당대의 기라성 같은 철학자들의 작품과 동등하게 기록되고 보존되었다. 사랑에 대한 제르트루다의 관조는 출판을 거듭하여 현대에 이르기까지 신비주의 세계에서 보석과 같이 찬란한 빛을 발하고 있다.

한편 제르트루다의 이성적 탐구는 아우구스티누스, 베르나르두스, 생빅토르 후고의 스콜라철학에 심취해 있었으나, 그녀의 영성적 몰입은 예수 그리스도와의 친교와 일치를 체험하기에 이르렀다. 제르트루다는 그리스도와의 일치를 통해 자신의 죄에 대한 용서를 청했고, 하느님과의 영원한 친교를 통해 영혼의 평화를 얻게 되었다.

드디어 제르트루다는 그리스도를 영적 신랑으로 체험하는 단계를 맞이했다. 하느님과 온화한 대화를 나누면서 삼위일체의 삶을 체험한 것이었다. 제르트루다는 스콜라철학자들의 이성과 하느님의 계시를 자신 안에 조화시키는 그녀만의 새로운 사랑의 현실을 창조해 냈다. 결국 제르트루다는 영성의 역사에서 이성과 계시의 조화라는 자신만의 새롭고 고유한 관조의 세계를 끝까지 성취한 것이었다.

제르트루다는 신비체험을 하고 9년이 되던 해에 대표작을 집필하기 시작했다. 『신적 사랑의 전령』 제2권의 서언에서 그녀는 삼인칭을 사용하여 신비체험의 장면을 다음과 같이 돌이켜 보았다. '그녀'는 곧 제르트루다 자신이다.

> 은총을 받은 지 9년째 되던 해에 2월에서 4월이 지나갔을 때, 그녀는 푸른 성목요일에 수녀원의 어느 아픈 수녀 옆에서 성체가 오기를 기다리며 서 있었다. 이때에 가슴 속에서 그녀의 사랑과 함께 강력한 성령의 인도로 은밀히 속삭이는 가운데 느꼈던 바를, 그를 칭송하는 감사의 마음으로 충만하여 옆구리의 칠판을 꽉 붙잡고서 손수 다음과 같은 말로 써내려 갔다.[41]

그러니까 제르트루다는 1289년 4월, 그리스도 '최후의 만찬'을 기념하는 성목요일에 자신의 신비적 체험과 영적 수련에 대해 서술하기 시작한 것이다. 그녀는 이 삼인칭의 서언에 이어서 『신적 사랑의 전령』 제2권 제1장부터는 '나와 당신' 사이의 대화 형태로 써내려 갔다. 따라서 제르트루다의 저술은 영적 탐구의 결실이라기보다는 그녀가 신비체험을 통해 하느님과 주고받은 은밀하고 신비로운 사랑의 대화를 기록으로 남긴 것이라고 볼 수 있다.

41 Gertrud von Helfta, 같은 책, Bd. 1, Buch 2, prologus, 164~165쪽.

독자들에 대한 당부의 말

제르트루다는『신적 사랑의 전령』제2권의 에필로그에 해당하는 제24장에서 자신의 저술을 추천하면서 독자들을 위한 당부의 말을 덧붙였다. 중세 저술에서 독자를 배려하는 후기는 매우 드문 편이다. 그러나 제르트루다는 글을 읽는 독자들이 내면으로부터 위대한 경험을 할 것을 진심으로 기원하는 마음으로 글을 썼다. 그녀는 글을 쓰는 목적을 뚜렷하게 밝히고 싶었던 것이다. 그녀의 저술 의도는 다음과 같이 분명하면서도 섬세하다.

굽어보소서. 가장 사랑하는 주님, 저는 지금까지 저술한 글과 마찬가지로 앞으로의 글에서도, 당신께서 보잘것없고 또 너무나 형편없는 저에게 맡기신 가장 소중한 친교의 달란트로, 당신의 사랑에 대한 사랑으로, 당신에 대한 찬미가 드높아지도록 서술하겠나이다. 제가 확실히 희망하는 바와 같이, 저에게는 당신의 의지에 대한 동의, 그리움, 그리고 영혼들의 열정 이외에는 무엇을 말하거나 글쓰기 위한 그 어떤 다른 동기도 나를 움직이지 않았노라고 당신의 은총 앞에서 감히 분명하게 고백하나이다. 부디 찬미받으소서. 당신이야말로 이 일이 진실한 그리움에서 일어났다는 것에 대한 증인이시므로, 찬미와 감사를 받으소서. 당신의 무한한 자비가 보잘것없는 저를 버리지 않으셨기 때문입니다.

이 글을 읽는 몇몇 독자는 당신의 감미로운 사랑에 기뻐하고 또 그럼으로써 그들의 내면으로 침잠하여 보다 위대한 경험을 하도록 저 역시 갈망하고 있으며, 그럼으로써 당신 또한 찬미받으실 것입니다. 마치 학생들이 알파벳을 통해 논리에 도달하는 바와 같이, 독자들 또한 이런 식으로 그려 낸 표상을 통해 자신 안에서 만나manna를 맛보도록 인도될 것입니다. 이 만나는 어떤 육체적 표상들이 뒤섞여 전해질 수 있는 것이 아니라, 오로지 만나를 먹고서도 여전히 배고픈 자에게만 전해질 수 있습니다. 전능하신 하느님, 모든 선한 은사를 베풀어 주시는 분이여, 이렇게 추방된 길 전체에 걸쳐서 우리가 당신의 감미로운 성령을 통해 [너울을] 벗은 얼굴로 주님의 영광을 바라보고 주님과 같은 모상imago으로 분명한 데서 더 분명하게 변모할 때까지,[42] 당신의 은총으로 충만한 만나와 함께 우리 가까이 오소서.

그동안 당신의 진실한 약속과 제가 의도하는 겸허한 청원에 따라 이 저술을 겸양으로 읽는 모든 사람에게 당신 은총과 함께하는 기쁨을 베풀어 주시고, 저의 결핍과 그들 자신의 정진을 향한 통회를 불쌍히 여기소서. 그럼으로써 사랑이 이글거리는 그들의 금향로에서 나오는 사랑스런 향기가[43] 저의 배은망덕하고 나태한 결함을 충분히 채울 만큼 당신을 향해 올라가도록 하소서.[44]

제르트루다는 여기서 무엇을 당부하고자 하는가? 그녀는 자신에게 맡겨진 친교familiaritas로 독자들과 만나고자 했다. 달란트talentum라는 말은 원래 유대인들의 '맡겨진 땅'이나 그리스의 '화폐단위'를 뜻했으나, 점차 '신이 내린 재능'을 의미하게 되었다. 여기서는 마태오복음에 나오는 달란트, 즉 주인이 종들에게 각자의 능력에 따라 맡긴 재능을 암시한다.[45] 제르트루다는 자신의 저술 능력을 다른 사람들과 마음을 나누기 위한 친교의 달란트로 여긴 것이다. 자신의 글을 통해 친교의 재능을 충분히 발휘함으로써 하

42 고린토 II, 3, 18: 우리는 모두 얼굴의 너울을 벗어 버리고 거울처럼 주님의 영광을 비추어 줍니다.

43 묵시록, 8, 3-4 참조.

44 Gertrud von Helfta, *Botschaft von Gottes Güte*, Bd. 1, Buch 2, 278~281쪽.

45 마태오복음, 25, 14-30 참조.

느님의 사랑을 드러내겠다는 다짐을 한 셈이다. 결국 제르트루다는 하느님의 사랑이 보잘것없는 자신을 결코 버리지 않았다는 사실을 알림으로써 독자들 또한 하느님의 위대한 사랑을 경험하기를 희망했다.

얼굴의 너울은 하느님을 알아보지 못하는 인간적 아둔함이나 결함을 뜻한다. 신약성서 고린토 후서는 모세도 얼굴에 너울을 쓰고 있었고, 유대인들도 마음에 너울을 쓰고 있었다는 것을 지적하고 있다. 그래서 유대인들은 구세주 예수 그리스도를 알아보지 못했다고 한다. 제르트루다는 그리스도야말로 진정한 '하느님의 모상Imago Dei'이라는 것을 믿었다. 그녀는 고통 속에서 이 세상을 여행하는 모든 사람의 인생길도 그리스도의 삶을 닮아 그리스도와 같은 모상이 될 때까지 점점 더 분명하고 영광스런 모상으로 변모해야 한다고 믿었다.

제르트루다는 독자들에게 당부하면서 하느님께도 당부와 같은 물음을 던졌다. 어떻게 하면 자신의 결함과 부족함을 인정하면서도 내면적으로 하느님을 신뢰하면서 사랑으로 살아갈 수 있는가? 어떻게 스스로의 결핍을 알면서도 하루하루의 삶에서 자기 완전성을 향해 정진할 수 있는가? 여기에는 결핍존재인 인간과 모상의 완성, 곧 인생의 완성에 대한 희망이 대비되고 있다. 즉 인생의 여행길 전체에 걸쳐서 결핍존재와 완전한 삶이 긴장관계를 형성하고 있다. 제르트루다는 자신의 인간적 결핍과 독자들의 정진을 향한 통회를 빌면서 간절한 마음을 담아 마무리했다. "저의 결핍과 그들 자신들의 정진을 향한 통회를 불쌍히 여기소서."

3
신비주의 작품과 영성수련

제르트루다는 자신의 저술가적 능력을 의식하고 있었던 것으로 짐작된다. 그녀는 신비체험을 의도적 순서에 따라 치밀하게 구성했다. 또한 그녀의 저술 작업은 신학적이고 철학적인 의미를 고도의 심미적 문장으로 표현했다.[46] 제르트루다는 신비적 명상을 중세 초기 아우구스티누스의 언어에서나 찾을 수 있는 내밀한 고백과 13세기에 사용되던 은밀한 사랑의 언어로 풀어냈다.

제르트루다의 글쓰기에는 신비적 체험과 신학적 성찰, 예술적 형식이 하나로 용해되어 있다. 따라서 제르트루다의 신비주의 저술에서 신비와 신학, 예술을 분리해 내는 것은 사실상 불가능하다.[47] 여기서는 먼저 제르트루다의 신비주의 작품을 소개한 다음에, 그리스도를 신랑으로 맞아 정진하는 그녀의 영성수련에 대해 집중적으로 살펴볼 것이다.

신비주의 작품

제르트루다의 대표적 신비주의 작품은 『신적 사랑의 전령』과 『영성수련』이다.[48] 그녀의 작품은 요한 란스페르시우스J. Lanspersius에 의해 1536년 독일 쾰른에서 최초로 출판되었다.[49] 아이러니하게도 이때는 중세가 아니라 소위 '마녀사냥'이 전 유럽을 휩쓸던 르네상스 시대였다.

---

46 Ankermann M., Der "Legatus divinae pietatis"—Gestaltete Mystik?, 같은 책, 54쪽.

47 Ringler, S., *Exercitia spiritualia/Geistliche Übungen*, Humberg, 2007, 13쪽.

48 Köpf, U., Gertrud (die Große) von Helfta, 같은 책, Bd. 12, 539쪽.

49 Köpf, U., Gertrud (die Große) von Helfta, 같은 책, Bd. 12, 540쪽.

제르트루다의 『신적 사랑의 전령』은 주로 사랑의 신비적 체험에 대한 역사와 핵심적 정보를 담고 있다. 이 저서는 전체 다섯 권으로 되어 있으며, 각 권은 다시 여러 장으로 나누어져 있다. 또한 이들 각 권은 서로 다른 필자에 의해 기록된 특이한 문헌정보를 가지고 있다.

『신적 사랑의 전령』 제1권은 제르트루다를 지켜본 수녀원의 동료 수녀가 제르트루다에 대해 소개하는 내용이다. 여기서 제르트루다는 삼인칭으로 호칭되는 가운데 객관성을 획득하고 있다. 제2권은 제르트루다가 1281년 1월 27일부터 체험한 예수 그리스도의 사랑과 은총에 대해 고백하는 내용이며, 1289년부터 자신의 펜으로 직접 기록한 것이다.[50] 앞서 언급한 바와 같이 제르트루다는 일인칭으로 등장하며, 하느님을 당신이라고 호칭한다. 제3권부터 제5권까지는 동료 수녀들이 제르트루다가 불러 준 내용들을 받아 쓰고 편집한 것이다. 제르트루다는 지병으로 너무나 허약해져서 죽을 때까지 더 이상 집필할 수 없었기 때문이다. 제3~5권은 그녀의 자필 원고는 아니지만, 공동체 안에서 이루어지는 영적 활동에 대한 것이다. 따라서 내용적으로 제르트루다의 영성을 말하는 것임에는 의심의 여지가 없다.

『영성수련』은 하느님과의 신비적 일치를 지향하는 일곱 개의 명상으로 구성되어 있으며, 명상의 실천적 태도와 기도문을 포함하고 있다. 제르트루다의 영성은 특히 "하느님은 사랑이시다"는 말씀을 수련의 실마리로 삼아 전개되었다.[51] 또한 일곱 개의 명상은 "네 삶의 끝까지"라는 말로 시작

50 Dinzelbacher, P., *Mittelalterliche Visionsliteratur, Eine Anthologie*, Darmstadt, 1989, 164쪽.

51 요한 I 서, 4, 16.

된다. 삶의 끝은 영성 수련exercitia의 기본 동기인 동시에,[52] 중세 신비주의적 관점에서 죽음에 대한 그리움을 의미하기도 한다.[53]

『영성수련』은 다음과 같은 주제의 수련으로 구성되어 있으며, 세례를 시작으로 하여 삶과 죽음, 영원성에 대해 명상하는 내용이다.

첫째, 세례에서 받아들인 무류로[54] 돌아가기 위한 수련

둘째, 영성적 회귀로의 수련

셋째, 영적 약혼과 축성을 위한 수련

넷째, 하느님 앞에서의 서원을 위한 수련

다섯째, 하느님 사랑을 위한 수련

여섯째, 찬미와 감사를 위한 수련

일곱째, 죄를 사하고 죽음을 준비하기 위한 수련

제르트루다는 또한 스승 하케보른의 메히틸드의 신비체험을 기록한『특별한 은총Liber specialis gratiae』을 남기기도 했다. 이 책은 7부 265장으로 구성되어 있으며, 처음에는 독일어로 기록되었으나 후일 라틴어로 옮겨져 전해지고 있다. 또한 제르트루다는 또 다른 스승 마그데부르크의 메히틸드 수녀가 수련 과정에서 남긴 말과 기도문도 기록한 것으로 전해진다. 이러한 다양한 소품은 헬프타의 신비가들이 수행하던 영적 삶의 증거를 정리하려는 의지의 결실이었다. 제르트루다는 수녀원의 공동체 생활에서 이루

52 Ut in fine vitae tuae…….

53 Gertrud von Helfta, *Geistliche Übungen*, übers. Sr. J. Schwalbe und M. Zieger, St. Ottilien, 2008, 11쪽.

54 가르침에서 오류를 범할 수 없음을 뜻하나, 여기서는 죄 없는 순수함을 의미한다.

어진 미사, 전례, 일과기도, 예수 그리스도의 고통과 영광에 대한 명상, 특히 예수성심에 대한 명상을 실천하거나 기도문으로 쓰는 가운데 자신의 신비적 체험을 준비했던 것이다. 이외에도 그녀는 독일어와 라틴어로 다양한 작품을 썼다고 알려졌지만, 온전히 전해지지는 않고 있다.

제르트루다의 저술들은 15세기부터 필사되기 시작했으며, 16세기부터는 다양한 언어로 번역, 편찬, 출판되어 역사적 관심을 끌게 되었다. 그중에서도 가장 유명한 판본은 마르틴 코케멘시스Martinus L. Cochemensis, 1634~1712가 전집의 형태로 편찬한 판본이다. 이렇게 출판된 제르트루다의 저술들은 오늘날까지도 신비주의 연구에 지대한 영향을 끼치는 고전의 반열에 속한다.

사랑의 영성수련

제르트루다의 신비주의는 실천적 영성수련을 통해 구축되었다. 모세에게 하느님은 야훼, 즉 "나는 존재하는 바로 그다"를 의미하는 존재의 하느님이었다. 중세 초기의 아우구스티누스에게 하느님은 "은총으로 용서하는 분"이라는 용서의 하느님이었다. 제르트루다의 하느님은 오롯이 "너를 사랑하는 분"이라는 사랑의 하느님으로 드러났으며, 영성수련의 핵심 역시 하느님에 대한 사랑의 관조였다. 그녀는 어쩌면 그 시대가 특별히 필요로 하던 영적 사랑의 힘을 가진 성녀였기 때문에, 그 사랑 덕분에 '위대한 제르트루다'로 불리었을 것이다. 제르트루다가 추구한 사랑의 위대한 힘은 영적으로 목마른 현대인의 가슴도 적실 수 있을 것이다. 그렇다면 그녀의 신비주의는 어떻게 "사랑의 힘"을 드러낸 것일까?

제르트루다의 영성수련에서는 현대의 영성수련과는 다른 점을 발견할 수 있다. 그것은 하느님과 예수 그리스도에 대한 수련자의 영적 사랑이 매우 직설적이고 관능적으로 표현되었다는 사실이다. 즉 하느님과 그리스도에 대한 사랑의 표현은 우회적이거나 상징적이거나 엄숙하거나 제한적이지 않았다. 사랑의 행위 그 자체도 매우 직설적이고 무제한적이고 사실적이며, 지극히 감미로운 언어로 표현되었다. 그녀의 사랑은 부끄러운 것도 아니요, 숨겨야 될 것도 아니며, 침묵 속에 이루어지는 것도 아니었다. 당시 영성수련을 행하던 여성신비가들은 그리스도의 아름다운 영적 신부로서, 영적 아내로서 신랑에 대한 사랑을 숨김없이 드러내고 있었다.

구약성서의 아가서와 시편에 나오는 신랑과 신부의 관계로부터 영감을 받으려는 신비주의적 노력은 그리스도교 영성사에서 오랜 전통을 가지고 있다. 일찍이 바오로 사도는 신약성서의 「고린토인들에게 보낸 편지」에서 사랑caritas을 그리스도교 영성의 가장 위대한 이념으로 소개한 바 있다.[55] 물론 바오로가 전하는 사랑은 남자와 여자의 사랑을 넘어서서 모든 이에 대한 사랑으로 확장되었다. 아가서의 에로틱한 사랑과 바오로의 모든 것을 지향하는 사랑은 제르트루다의 신비체험에 상상할 수 있는 모든 경계를 넘어서서 하나의 사랑으로 응집되는 기초를 제공했다.

신랑과 신부의 신비적 일치

그리스도교 문화 자체에서도 아가서에 등장하는 남녀 한 쌍의 여과되지 않은 농밀한 표현과 감각적 친밀성은 수도생활의 금욕주의적 가치에 대한 도전이 되기도 했다. 그러나 12세기 수도원 문화는 성서를 글자 그대로 이해하는 집착에서 벗어나 진취적 해석을 시도하고 있었다. 특히 제르트루다는 신랑과 신부의 간절한 노래로 구성된 아가서를 추상적인 비유로 이해

55 고린토 I, 13, 1–13.

하는 동시에 직관적 체험으로 받아들였다. 진취적이던 제르트루다의 영성은 그리스도를 영적 신랑으로 맞이하는 신부의 신비체험에서 절정에 달했으며, 이러한 신비체험은 그녀의 신비주의를 상승시키는 극적인 역할을 수행했다.

신랑은 당연히 예수 그리스도였으며, 아름다운 신부는 영적이고 신비적 삶을 추구하는 한 수련가의 영혼이었다. 이 둘의 사랑은 농밀하고 감각적인 친밀성으로 반짝거렸으며, 이런 친밀성은 아무런 거리낌도 없는 비유요 상징이었으며, 결국 신비적 일치로 전개되었다. 아가서의 비탄과 열락은 밀고 당기는 영성수련을 하는 제르트루다의 영혼에 엄밀하고도 달콤한 명상을 요구했다. 또한 신랑과 신부의 에로티시즘은 내밀하고 감각적인 수행과정을 통해 영적 보석이 되어 빛났다.

특별한 양식의 영성수련은 제르트루다의 신비주의를 내밀한 방식으로 개척해 나갔다. 그 과정에서 영성수련에 임하는 모든 개별적 영혼은 그리스도와 혼인 관계에 있다는 영적 현실이 특별히 강조되었다. 나아가 제르트루다는 자신을 신랑 그리스도의 정결한 신부로 한정했다. 그녀는 신랑과 신부의 관계를 통해 영적 만남을 추구했으며, 이런 혼인 관계를 근거로 내밀하고 관능적인 영적 수련을 감행했다. 제르트루다는 영적 신랑에 대한 사랑을 불태우는 가운데 자기 영혼의 구원을 향해 정진했던 것이다. 또한 그리스도교의 전통에서도 지상의 교회는 하느님과 그리스도에 대해 아름답고 정숙한 신부의 관계를 맺고 있다는 비유를 강조해 왔다.

4
신적 현시visio에 대한 기록

제르트루다의 신적 관조는 어떻게 이루어졌는가? 특히 기록으로 온전히 남아 있는『신적 사랑의 전령』에서 신적 현시는 어떻게 이루어졌는가? 그리스도교 여성신비주의의 핵심은 내밀할 뿐만 아니라 지극히 개인적인 현시와 체험이다. 이러한 신비주의 현시에 대해 일반적 해설을 가하는 것은 무리일지 모르기 때문에, 여기서는 원문을 발췌하여 번역하면서 최소한의 설명과 약간의 참고 사항을 덧붙이고자 한다.

앞에서도 언급했듯이, 현존하는『신적 사랑의 전령』가운데 제르트루다가 직접 쓴 것으로 인정되는 것은 제2권뿐이다. 따라서 친필 원고로 알려진 것을 선택할 필요가 있을 것이다. 이러한 문헌은 중세 독일 여성 신비주의를 이해하는 데 필수적일 뿐만 아니라, 제르트루다의 신비체험을 접할 수 있는 기회를 제공하기 때문이다. 여기서는 다양한 주제의 신비주의 명상을 선별하여 가능하면 현장감이 살아나도록 소개할 것이다.

얼굴에 얼굴을 맞대고 보다

제르트루다는『신적 사랑의 전령』제2권 제21장에서 당신이라 부르는 신랑을 만난다. 그녀는 신비체험 장면에 대해 현시라는 단어를 직접 사용했으며, 다양한 인용을 불러들여 다음과 같이 기록했다.

> [1] 내가 사순절 동안에 당신의 친근한 자비와 놀라운 은총으로 받았던 것을 감사할 줄도 모르고 마치 잊어버린 것처럼 그냥 넘어가고자 했다면, 당신의 친밀한 부드러움으로 아무런 대가 없이 베풀어 주신 은혜에 대해 기억하

는 것을 나의 큰 불찰로 인해 잘못 받아들인 셈입니다. 그러므로 두 번째 일요일[56] 미사의 행렬 앞에서 "나는 얼굴에 얼굴을 맞대고 주님을 볼 것입니다"라는 후렴을 노래했을 때,[57] 나의 영혼은 놀랍고도 가늠할 수 없는 광채lumen로 빛났으며,[58] 하느님 계시의 빛 속에서 나의 얼굴에 바짝 갖다 대는 얼굴이 나타났으니, 그것은 베르나르두스Bernardus가 말하던 바와 같았습니다.[59] "만들어진 것이 아니라 만드시는 분이시여, 육체의 눈을 움직이게 하는 것이 아니라 마음의 얼굴을 기쁘게 하면서, 겉모습이 아닌 사랑의 선물로 보답하라." 태양처럼 빛나는 당신의 눈동자를 나의 눈으로 마주 보고 있었으니, 당신을 보는 것이야말로 꿀이 흘러내리는 현시visio였으며, 그때 당신은 나의 영혼뿐만 아니라 오직 당신만이 알고 있는 내 몸의 모든 부분과 함께 나의 심장까지 뒤흔든 가장 내밀한 행복이었습니다. 이로 인해 나는 살아 있는 한 당신께 진실로 봉사할 것입니다![60]

제르트루다는 첫 번째([1]) 단락에서 사순절 둘째 주일에 만난 하느님의 광채를 회상하고 있다. "빛나는 광채lumen illuminans"로 하느님을 표현한 것은 성서의 시편 제12장과 제17장에서 유래한다. 나아가 교부학의 대가 아우구스티누스 역시 "빛나는 광채"에 대한 성찰을 전한 바 있었다.[61] 제르트

56 가톨릭 전례에서 사순절 제2주일을 말하며, 사순절은 예수 그리스도의 부활절을 준비하기 위한 이전 40일 동안의 참회 기간이다.

57 vidi dominum facie ad faciem: 창세기, 32, 30; 이사야, 6, 5 참조.

58 출애굽기, 40, 33.

59 Bernardus, 31. Ansprache zum Hohelied 6, in: *Bernhard von Clairvaux, Sämtliche Werke V, Lateinisch—Deutsch*, Innsbruck, 1990, 495쪽 참조.

60 Gertrud von Helfta, *Botschaft von Gottes Güte*, Bd. 1, Buch 2, 252~257쪽.

61 Augustinus, A., Soliloquia I, 1, c.3, Migne, J.-P., Patrologia Latina[=PL], 32, 873;

루다는 이 광채를 상기하면서 베르나르두스의 아가서 해설을 인용했다.[62] 신비적 경험의 최고 유형은 감각적 지각과 이성적 사유를 초월한다는 것을 강조하려는 것이다. 나아가 그녀의 현시는 마이스터 에크하르트가 말하는 바와 같이 길 없는 길 내지는 방법 없는 방법으로 이루어졌다는 것을 보여 준다.

현시의 의미는 언어로 표현하기 어렵기 때문에, 오히려 그림과 같은 장면으로 드러내는 것이 수월할 것이다. 이 장면은 제르트루다의 현시가 성 베르나르두스의 체험과 일치한다는 것을 묘사한 것이다. 얼굴에 얼굴을 맞대고 볼 것이라는 노래가 들려왔을 때, 제르트루다는 태양처럼 빛나는 신적 눈동자를 자신의 눈으로 보았다고 기록하고 있다. 이것이 바로 현시이다. 쿠르트 루의 해석에 따르면, 그리스도에 의한 '회두의 현시'와 여기에 나온 '하느님의 광채에 대한 현시'야말로 제르트루다가 체험한 신비주의의 핵심이며, 그녀는 이 현시에서 신비로운 일치의 은총을 통해 참으로 살아났다.[63]

제르트루다의 현시는 인간의 감각적 지평과 정신적 지평 사이의 유비analogia를 통해 표현되었다.[64] 그녀는 현시의 내적이고 비언어적이고 말할

아우구스티누스, 『신국론 I』, 10, c.2, 성염 역주, 분도출판사, 2004 참조.

62 아가서, 6장 참조. 아가서는 구약성서 가운데 가장 에로틱한 "노래 중의 노래canticum canticorum"로서 남녀가 벌이는 섬세한 애정을 표현하는데, 신비주의에서도 매우 중요한 명상 자료이다. 제르트루다는 신부가 그리운 신랑을 찾는 아가서 제6장의 장면을 비유하면서 자신의 현시를 들려준다.

63 Ruh, K., Gertrud von Helfta: Ein neues Gertrud-Bild, in: *Zeitschrift für deutsches Altertum und deutsche Literatur 121*, 1992, 17쪽.

64 1:2=3:6이라는 수학적 비례에 제르트루다의 현시를 맞추어 본다면, 신적 계시의 빛lux divinae revelationis이 영혼anima과 맺는 관계는 태양의 빛lumen이 육체의 눈oculus corporis과 맺는 관계와 유비를 이룬다.

수 없는 정신적 의미를 깨닫고 이를 그려내고 서술하기 위해, 외적이고 접촉 가능하고 전달할 수 있는 감각적 의미나 사태로 변환시켰다. 무엇보다도 현시는 말 그대로 '본다'의 명사형 '봄'을 의미한다. '본다'는 행위는 시각적으로 보는 행위와 정신적으로 보는 행위라는 두 가지 차원에서 이루어진다. 여기서 제르트루다는 순수 정신적으로 본 것을 시각적 차원으로, 신비적으로 깨달은 바를 감각적 차원으로 변환시켜 서술한 것이다.

그리스도교의 영성에 나타난 이러한 유비적 서술은 일찍부터 교부시대의 오리게네스Origenes와 아우구스티누스가 사용했으며, 스콜라철학에 와서는 베르나르두스가 더욱 심화시켰다. 특히 아우구스티누스의 『고백록』에 나오는 유비적 서술은 유명하다. 아우구스티누스는 신적 사랑의 대상을 감각적으로 표현했다가 부정한 뒤에 또다시 불러들여 유비적 표현으로 받아들였다. 이런 유비를 표본으로 삼아 본다면, 제르트루다의 유비적 서술도 이해될 수 있을 것이다. 다음은 아우구스티누스의 유비적 표현이다.

> 내가 '사랑한다' 일렀으니 대체 무엇을 사랑한다는 것이오니까? 그것은 몸의 고마움이 아닙니다. 때의 아름다움이 아닙니다. 그것은 이 눈에 즐거운 빛살의 흼도 아니요, 온갖 노래의 달콤한 가락도 아니요, 꽃과 향유와 향료의 꽃다운 내음도 아닙니다. 만나manna와 꿀도 아닙니다. 안아서 흐뭇한 몸뚱이도 아닙니다. 내가 하느님을 사랑한다 할 제 이런 따위를 사랑하는 것이 아니오이다. 하오나 그 어느 빛, 그 어느 소리, 그 어느 음식과 포옹도 내가 사랑하고 있사오니, 이는 곧 내가 하느님을 사랑할 때입니다. 나의 속에 있는 인간의 빛과 소리와 향내와 음식과 포옹, 내 영혼에 공간이 담지 못하는 것이 비치고, 시간이 앗아 갈 수 없는 것이 소리 하고, 불어도 흩어지지 않는 것이 향내 뿜고, 먹어도 줄지 않는 것이 만나고, 흐뭇해도 풀려나지 않는 것이 부둥

키는 것—이것이 바로 하느님을 사랑할 때 내가 사랑하는 것입니다.[65]

장미의 기억

제르트루다는 이쯤에서 다시 한 번 '현시'를 직접 언급하면서 장미에 대한 이야기를 풀어 나간다. 게다가 그녀는 자신이 쓰는 글을 독자들이 읽을 것이라는 사실을 염두에 두고 장미 이야기를 시작하는 것처럼 보인다.

> [2] 장미는 겨울철보다는 봄철에 푸르고 피어나고 향기를 품기 때문에, 또 달리 마음에 듭니다. 장미가 오랫동안 말라 있으면, 사람들은 그냥 달콤한 향기가 난다고만 말합니다. 그렇지만 나에게는 그전에 체험했던 향기에 대한 기억이 조금의 쾌감을 일깨우는 것처럼 보일 뿐입니다. 따라서 보잘것없는 나이지만 잘할 수만 있다면, 너무나 행복하던 현시에서 느꼈던 것을 당신의 사랑에 대한 찬미와 비교하면서 서술할 수 있기를 바랍니다. 혹시라도 어느 한 독자가 비슷하거나 또는 더 위대한 것을 받아들이게 된다면, 그 사람은 그런 기억에 대해 고마워할지도 모릅니다. 그리고 태양의 거울speculo solari에 내 망각의 어둠이 비추인다면, 나 또한 자주 기억하고 감사하는 가운데 이런 어둠을 어느 정도는 물리칠 것입니다.[66]

제르트루다는 두 번째 단락([2])을 시적 표현으로 장식했다. 중세 라틴어 원문으로 음미할 수 있다면 더욱 아름답게 들릴 것이다. 제르트루다는 라

---

65 아우구스티누스, 『고백록』, 최민순 옮김, 성바오로출판사, 1982, 219쪽. 여기서는 의도적으로 시적 표현과 예스러움이 돋보이는 최민순의 번역을 인용한다.

66 Gertrud von Helfta, *Botschaft von Gottes Güte*, Bd. 1, Buch 2, 254~255쪽.

틴어의 마술사였기 때문이다.[67] 그녀는 라틴어 단어와 용법을 활용하여 놀이하듯이, 가락을 타면서 노래하듯이 말한 것이다. 그녀는 장미rosa 한 송이를 노래하면서 현시의 순간을 더욱 빛나게 했다. 현시의 현장 자체에 비해 그 기억은 마른 장미에 지나지 않을 것이지만, 그래도 기록을 통해 독자들에게 전달될 수 있다는 것이다. 또한 태양의 거울로 망각을 물리치는 가운데 현시의 순간을 더욱 새롭게 한다는 것이다. 또한 장미는 죽음을 상징한다. 봄철의 푸른 장미와 겨울철의 마른 장미는 죽음을 경계로 한 생명의 이편과 저편을 보여 주는지도 모른다.

하느님의 빛을 보다

제르트루다는 여기서부터 현시의 핵심이자 전령인 빛에 대해 서술하기 시작한다. 하느님의 눈동자로부터 나와서 그녀의 눈동자로 들어온 빛은 그녀를 투명하게 만들었다. 이 빛은 신비주의에서 무엇을 말하는가?

[3] 아무 소용도 없는 나이지만, 앞서 말한 대로 당신께서 넘치는 모든 행복과 함께 그리운 얼굴을 저에게로 돌렸을 때, 가늠할 수 없는 부드러운 빛lux suavis이 어떻게 당신의 신성한 눈동자로부터 나와 저의 눈으로 들어오는가를 감지했습니다. 그 빛은 나의 모든 내면을 관통하면서 모든 정도를 넘어서는 놀라운 힘을 내 몸 전체에 발휘하는 것처럼 보였습니다. 먼저 그 빛은 저의 뼈에서 모든 골수를 없애는 것처럼 보였으며, 그다음에는 심지어 살과 함께 몸 전체가 없어져 다름 아닌 하느님의 광채가 투영되는 것처럼 느껴질 정도였습니다. 하느님의 광채는 말할 수 있는 그 모든 것을 초월할 만큼 즐거운

---

67 Gertrud von Helfta, 같은 책, Bd. 1, 36쪽.

방식으로 자체 내에 노니면서 나의 영혼에 상상할 수 없는 평온한 기쁨을 드러내었습니다.[68]

세 번째 단락([3])에서 제르트루다는 신적 눈동자에서 나온 '부드러운 빛 lux suavis'이 자신의 눈으로 들어오는 것을 느꼈다. 이 빛은 외적 시각으로 들어오는 빛을 말한 것이 아니다. 철학과 심리학, 특히 인식론적 표현에서도 자주 사용되는 내적 시각을 일컫는다. 예를 들면, "생각이 반짝하면서 떠올랐다"고 말할 때, 그것은 반짝임을 제공하는 빛을 의미할 것이다. 제르트루다는 내적 경험을 서술할 때 '느끼다sentire'라는 말을 사용하곤 했다. '느끼다'라는 동사는 원래 감각적 지각을 통한 감응을 의미하지만, 여기서는 감각을 초월한 정신적·영성적·내적 깨달음을 의미한다. 따라서 제르트루다가 느낀 '부드러운 빛'은 신비주의적 깨달음의 방식을 가장 극적으로 그려 내면서 선명하게 표현한 것이다. 그 빛은 모든 육체적 차원을 벗겨 버리고 신적 기쁨을 드러내기 때문이다.

말할 수 없는 것에 대해 말해 보기

신비주의는 근본적으로 언어에 담을 수 없는 것인지도 모른다. 현시, 즉 본 것이라고 해서 모두 말할 수 있는 것도 아니요, 보이는 그대로 전달할 수 있는 것은 더더욱 아니다. 그러나 제르트루다는 말할 수 없는 것에 대해 말하는 것이야말로 자신을 기쁘게 만들기 때문에 말해 본다는 것이다. 그녀는 말할 수 없는 것에 대해 다음과 같이 말한다.

---

68 Gertrud von Helfta, 같은 책, Bd. 1, Buch 2, 254~255쪽.

[4] 내가 말하고 싶은 대로 말한다면, 가장 달콤한 이런 현시에 대해 더 이상 무엇을 말하오리까? 나에게 보이는 그대로 진실을 말한다면, 오 하느님, 내 영혼의 유일한 구원이신 당신의 은총이 체험을 통해 그리로 인도하지 않았더라면, 내 생애의 모든 날에 걸쳐서 모든 언어로 말한다는 것은, 심지어 천상의 영광 속에서 당신을 바라보는 빛나는 방식에 대해 말한다는 것은 결코 스스로도 받아들일 수 없었을 것입니다. 그래도 이렇게 말하는 것은 저를 기쁘게 합니다. 즉 인간적인 것과 마찬가지로 신적인 것에 대해서도, 당신 눈의 능력이 제가 짐작하는 것보다 훨씬 더 이런 현시의 경험을 능가한다면, 나는 진실로 말하고자 합니다. 즉, 신적 능력이 현시를 멈추지 않는다면, 그 현시는 어떤 영혼에게도 육체에 남아 있는 것이 허락되지 않을 것이며, 허락되더라도 그 또한 영혼에게는 오직 한순간에 지나지 않을 것입니다. 탐구할 수 없는 당신의 전능이 나에게 잘 알려져 있더라도, 그런 만큼 당신의 전능은 흘러넘치는 자비로부터[69] 나머지 사랑의 징표와 함께 포옹과 입맞춤과 같은 현시를 장소에 따라 시간에 따라 사람에 따라 가장 합당하게 다스릴 줄 아시며, 이는 내가 이미 경험한 바와 같습니다. 이에 대해 항상 흠숭할 만한 삼위일체와 마주하는 사랑의 일치 속에서 당신에게 감사를 표합니다. 게다가 내가 앉아서 당신에 대해 내면으로 성찰하거나 성무일도를 낭독하거나 죽은 자를 위해 철야기도를 드릴 때, 당신은 종종 단 한 편의 시편을 낭송하는 동안 무려 열 번이나 그 이상으로 나의 입술을 누르셨으니, 나는 모든 향수와 한 잔의 꿀을 능가하는 입맞춤을 경험했습니다. 마찬가지로 나는 자주 나를 향한 당신의 다정한 눈길을 알아챘으며, 나의 영혼 안에 강력한 내적 포옹을 느꼈습니다. 그리고 진실로 고백합니다만, 이 모든 일이 얼마나 놀랍고 행복했는지, 나는

69 이는 부활절 다음의 두 번째 일요일에 바치는 성무일도 기도문에 나오는 말이다.

앞에서 말한 대로 그런 예사롭지 않은 눈길처럼 강한 인상을 받은 적이 한 번도 없습니다. 당신 홀로 그런 인상을 알고 있는 것 같은 그런 눈길이나 또 다른 것을 위해 다정함을 드러내는 일은 당신에게 속하며,[70] 그 다정함은 하늘보다도 높은 모든 신성의 창고에서 한 사람 또 한 사람에게 모든 개념을 초월하는 구원을 보여 줍니다.[71]

네 번째 단락([4])에서 제르트루다는 본 것을 말하고자 하는 의지를 단호하고 분명하게 선언하면서 자신의 현시 그 자체에 대해 말하고 있다. 게다가 그녀는 현시를 연인끼리 할 수 있는 장면처럼 보여 주며, 현시의 순간을 부드럽고 관능적인 모든 언어를 동원하여 표현하고 있다. 그 순간은 다정한 눈길을 나누는 강한 내적 포옹이요, 향기가 나고 꿀이 흐르는 입맞춤이라고 그녀는 말한 것이다. 제르트루다는 앞에서 살펴본 아우구스티누스의 하느님에 대한 사랑보다 더 에로틱하게 현시를 표현한 셈이다.

현시의 관능적 표현을 문학적으로 보면, 그 기원은 훨씬 더 올라간다. 구약성서의 아가서와 이사야 예언서에서는 하느님과 인간의 관계를, 신약성서에서는 그리스도와 교회의 관계를 사랑의 관계로 표현했다. 하느님은 그 자체로 사랑이며, 절대적으로 '사랑하는 분amator'이며, 인간에게 자비pietas를 베푸는 분이다.[72] 사랑에 대한 제르트루다의 관능적 서술은 감각적 관능에 대한 유비와 정신적 상징을 의미한다. 제르트루다의 현시에 나타나는 온갖 사랑의 유희는 닫힌 공간이 아니라 동료 수녀들과 같이 있는

70 필립보서, 4, 7을 참고하라.

71 Gertrud von Helfta, *Botschaft von Gottes Güte*, Bd. 1, Buch 2, 254~257쪽.

72 요한 I 서, 4, 8: "하느님은 사랑이시기 때문입니다."

공적 장소에서 일어났으며, 천상의 영원한 환희를 공동의 구원으로 받아들였다. 그래서 그녀는 고백한 것이다. "나는 모든 향수와 한 잔의 꿀을 능가하는 입맞춤을 경험했습니다."

5
신비주의 명상

『신적 사랑의 전령』 제2권은 제르트루다가 직접 기록했지만, 제3권부터는 동료 수녀들이 제르트루다의 현시에 대해 집필한 것으로 알려져 있다. 따라서 신랑 그리스도를 대하는 신부 제르트루다의 태도나 표현이 그렇게 다정하거나 농밀하게 보이지는 않는다. 나아가 명상의 자료는 그리스도교 신비주의에 등장하는 성서 이야기나 그리스도교 전통과 밀접하게 관련되어 있다.

사랑의 나무에 대한 명상

제르트루다의 『신적 사랑의 전령』 제3권 제15장의 현시에 대한 단상은 "나무를 든 그리스도"로 시작된다. 앞의 제2권 제1장에서 제르트루다가 직접 진술한 아름다운 소년이 예수 그리스도로 다시 나타난 것이다. 이번 현시에서 그리스도는 호두나무를 들고 등장하며, 첫 번째 단락은 다음과 같이 전개된다.

[1] 다음 날 미사 중에 성체를 들어 올리는 순간, 제르트루다는 졸리기라도 하는 듯 거의 생각을 놓고 있었다. 갑작스런 요령 소리에 정신을 차리자, 주님이신 예수님이 보였다. 그분은 왕으로서 방금 땅에서 잘라 낸 것 같은 나무

한 그루를 양 손에 잡고 있었는데, 그럼에도 그 나무에는 매우 아름다운 열매들이 가득했고, 잎에서는 찬란하게 빛나는 별과 같은 광채가 나오고 있었다. 예수님이 이 나무를 온 하늘의 성채를 위해 흔드는 동안, 제르트루다는 그 열매로 인해 매우 즐거웠다. 잠시 뒤에 주님은 그 나무를 곧장 작은 정원 한 가운데에, 즉 그녀의 가슴에 심으셨다. 그녀는 열매가 풍성하게 열리도록 노력해야 했으며, 나무 아래에서 휴식을 취하는 동안에는 강건해져야 했다. 그녀는 나무를 받아들이고 세우자마자, 곧장 많은 열매가 열리도록 어릴 적에 그녀를 괴롭혔던 한 여자를 위해 기도하기 시작했다. 그녀의 내면 깊숙이 느꼈던 쓰라린 고통을 다시 한 번 견디게 해달라고 기도했으니, 그럼으로써 하느님의 은총이 그녀의 원수 같은 여자에게도 보다 풍성하게 나눠질 것이었다. 이때 제르트루다는 갑자기 그 나무의 꼭대기에 아름답게 채색된 잎들이 있는 것을 알아챘으니, 그녀가 선한 의지를 실행actus에 옮긴다면 그 잎들은 열매를 무르익게 할 것이었다. 그 나무는 사랑을 의미했으니, 사랑은 단순히 선량한 과업의 열매뿐만 아니라 선량한 의지의 잎에도, 심지어 건강한 작용을 하는 반짝이는 잎에도 넉넉하기 때문이었다. 한 사람이 다른 사람에게 연민을 가지고 함께하는 사람들의 재난을 힘닿는 대로 덜어 준다면, 천상의 백성들도 매우 기뻐할 것이다. 성체를 들어 올리던 그 시간에 제르트루다는 또한 어제 주님의 가슴에서 쉴 때 보았던 빨간 장미 색깔에 황금 자수를 놓은 놀라운 보물을 받았다.[73]

나무의 상징은 인류의 사상사에서 오랜 유래를 가지고 있다. 특히 그리스도교 성서에는 구약의 창세기부터 인간의 운명과 선악을 결정하는 나무

73 Gertrud von Helfta, *Botschaft von Gottes Güte*, Bd. 2, Buch 3, 72~75쪽.

의 상징이 등장한다. 창세기에서 하느님은 아담과 하와를 지어 낸 다음에, 에덴동산 한가운데 생명의 나무와 선과 악을 알게 하는 나무를 함께 돋아나게 했다.[74] 그러나 아담과 하와는 뱀의 유혹으로 선악과를 따먹어 버렸다. 만약 그들이 그 옆에 있는 생명의 나무 열매까지 먹는다면 영원히 살게 될 것이었다. 이에 하느님은 인간을 에덴동산에서 추방한 다음에, 거룹들로[75] 하여금 '생명의 나무'를 지키게 했다.[76] 이것이 그리스도교의 원죄 이야기다. 아담과 하와가 에덴동산에서 쫓겨난 이후로 생명의 나무는 인간에게 영원히 금지되었지만, 다양한 그리스도교 계열의 신흥 종교들은 실제로 이 생명나무의 상징을 지금까지도 자주 활용하고 있다.

고대 그리스 문화에서도 철학philosophia 개념의 등장과 함께 나무 이야기가 나오기 시작한다. 플라톤platon의 『티마이오스Timaios』에서 소위 '생명나무'가 처음으로 등장했으며, 이 나무는 이성적 영혼과 육체로 결합된 인간을 해명하는 유비의 원형이 되었다.[77]

제르트루다는 앞의 명상에서 생명의 나무를 성령의 그림으로 우화화했다.[78] 그녀가 일찍부터 수녀원학교에서 그리스철학을 접한 사실을 상기해야 할 것이다. 따라서 제르트루다의 신비적 우화를 이해하려면, 먼저 플라톤이 소개한 생명의 나무를 살펴볼 필요가 있을 것이다. 플라톤은 영혼을 하늘의 식물이라고 말한다.

74 창세기, 2, 9.

75 창세기에 나오는 에덴동산을 지키는 불의 천사들이다.

76 창세기, 3, 22-24 참조.

77 플라톤, 『티마이오스』, 박종현·김영균 공역, 서광사, 2000, 90a, 250쪽.

78 Dinzelbacher, P., *Mittelalterliche Visionsliteratur*, 165쪽.

신이 각자에게 영혼을 수호신으로 주었는데, 이 영혼은 우리가 우리 몸의 꼭대기에 거주하고 있다고 말하는 바로 그것이요, 우리를 땅에 속하는 식물phyton이 아니라 하늘에 속하는 식물로서 영혼이 최초의 지상에서 천상의 동류한테로 이끌고 가는 바로 그것이라고 말해 지당합니다. 왜냐하면 영혼이 최초의 탄생을 보게 된 곳인 거기에 우리의 신적 부분to theion이 우리의 머리 또는 뿌리를 의존케 함으로써 우리의 전신을 바로 서게 하기 때문입니다.[79]

플라톤의 비유에 의하면, 나무는 인간의 영혼을 상징하며, 영혼은 땅이 아니라 천상에 속하는 나무다. 그러나 나무는 땅에 뿌리를 내리고 살아간다. 마찬가지로 인간도 제대로 살아가려면 머리나 영혼을 뿌리로 삼아 천상caelum으로 뻗어야 제대로 성장할 수 있을 것이다. 그러므로 영혼은 땅이 아니라 천상에 뿌리를 내려야 올바른 가치를 누릴 수 있고 의미 있는 존재로 설 수 있다. 곧 영혼은 생명의 나무라는 것이다. 결국 플라톤은 나무의 비유를 통해 인간의 지성nous을 신적인 것으로 강조했다.

제르트루다 역시 예수가 생명의 나무를 천상의 성채를 향해 흔드는 것을 바라보고 있었다. 성채 또한 그리스철학에서 유래하는 오래된 비유이다. 플라톤의 『티마이오스』에 따르면, 창조와 제작의 신인 데미우르고스가 인간을 만들 때 정신적 부분, 즉 지성을 인체의 꼭대기에 해당하는 머리의 두뇌 속에 두었다. 지성은 '국가polis'의 '꼭대기akro'라는 의미로 '아크로폴리스akro-polis', 즉 '성채'에 해당하는 것으로 비유되었다.[80]

명상에서 예수 그리스도는 성채를 향해 흔들던 그 나무를 제르트루다의

---

79 플라톤, 『티마이오스』, 90a, 251쪽.

80 플라톤, 같은 책, 70a, 197쪽 참조.

가슴에 심었다. 제르트루다는 나무 아래서 쉬는 동안 힘을 되찾고 과거에 자신을 괴롭혔던 여자를 위해 용서의 기도를 올렸으므로, 결국 선한 의지로 행위를 한 것이다. 이 나무는 사랑의 나무이다. 의지의 잎은 반짝거리며 넉넉해졌고, 열매는 무르익어 풍성해졌다. 인간은 자신을 위해 마음대로 생각하던 방식을 하느님을 위해서는 중단해야 한다.

사랑의 나무에 달린 잎과 열매는 인간의 정신 행위 내지는 사고 행위를 말한다. 특히 잎은 행위의 올바른 선택이나 결단을 의미하고, 열매는 결단을 통한 행위의 업적을 의미한다. 제르트루다는 원수를 용서하는 기도를 올림으로써 황금으로 수놓은 놀라운 보물을 받았다. 용서야말로 행위의 결실을 맺는 삶의 업적이라는 사실을 보여 준 셈이다. 따라서 용서야말로 인생을 참으로 위대하게 만드는 것이리라.

호두와 사과에 대한 명상

제르트루다의 『신적 사랑의 전령』 제3권 제15장의 두 번째 단락도 나무에 대한 이야기로 이어진다. 같은 날의 명상이라고는 하지만, 여기서 시간적 순서는 별로 중요하지 않을 것이다. 마치 중세 장원의 잘 다듬어진 어느 정원에서 일어나는 일상의 풍경처럼 이제는 청년이 된 그리스도가 다시 나타난 것이다. 그리고 그 청년이 제르트루다에게 호두를 따달라고 하면서 이야기는 시작된다.

> [2] 주님은 같은 날 오후의 기도 시간에 피어나는 듯 싱그러운 청년의 모습으로[81] 제르트루다에게 나타나서 나무의 호두를 따서 자신에게 건네주기를 청

81 Gertrud von Helfta, *Botschaft von Gottes Güte*, Bd. 1, Buch 2, 165쪽 참조.

했다. 게다가 그 청년은 그녀를 높이 들어 나뭇가지에 올려놓았다.[82] 이에 그녀는 다음과 같이 말했다. "나의 사랑하는 청년이여, 왜 당신은 나에게 이런 것을 청합니까? 나는 도덕적으로 미약하며 나약한 여성에 속합니다. 오히려 당신이 나에게 호두를 건네는 것이 더 맞을 것입니다!" 그는 말했다. "아니오. 신랑은 때때로 신부를 방문하러 들르기 때문에 조심스러워하지만, 신부는 자기 부모의 집에 사는 사람으로서 자유로이 행동할 수 있습니다. 그래도 신부가 어쩌다 조심스러워하는 신랑을 도와주면, 그는 신부를 받아들이는 한 망설이지 않고 모든 것에 대해 넉넉하게 보답할 것입니다." 그럼으로써 그는 몇몇 사람이 늘어놓은 변명이 얼마나 비이성적인가를 그녀로 하여금 깨닫게 했다. 즉, 내가 이것이나 저것을 하도록 하느님이 원했다면, 족히 나에게 그러한 은총을 주셨을 것이다. 인간이 이 세상의 삶에서 자신의 방식대로 생각하는 것을, 말하자면 하느님을 위해 중단하고 자신의 이익이나 의지에 아무것도 동의하지 않는 것이야말로 오로지 옳을 뿐이다. 이것이야말로 장차 그 인간에게 큰 보상이 될 것이다. 제르트루다가 청년에게 호두를 건네고자 했을 때, 그는 그녀에게 올라가 앉아서는, 호두를 쪼개고 껍질을 벗겨 자신에게 먹여 달라고 청했다. 그럼으로써 그는 인간이 자기 방식대로 생각하던 것을 원수에게 선한 일을 행하기 위해 중단하더라도 또다시 그 일을 완성할 기회를 찾지 않는다면, 그것으로 충분하지 않다는 것을 깨닫게 했다. 이 모든 일은 그녀를 박해하던 이들에게 그녀가 호두나무의 열매를 통해 선을 행하도록 하려는 목적을 가지고 있었기 때문이다.[83] 따라서 주님은 떫고 딱딱한 껍질을 가진 호두를 사과와 함께 보여 주었다. 왜냐하면 원수에 대한 사랑은 하느님

82 Gertrud von Helfta, 같은 책, Bd. 1, Buch 2, 167쪽 참조.

83 루가복음, 6, 27.

을 맛보는 기쁨과 결합되어 있어야 하며, 심지어 그 안에서 그리스도를 위해 죽음까지도 감내할 준비가 되어 있어야 하기 때문이었다.[84]

제르트루다는 호두 이야기를 통해 용서의 의미를 심화시키고자 한다. 인간이 삶에서 자신의 방식대로만 생각하는 것을 중단해야 하는 두 가지 이유를 들고 있는 셈이다. 인간이 하느님이 원하는 것을 행하기 위해 자신의 생각을 멈춘다면, 그것은 옳다. 그러나 인간이 원수에게 선한 일을 행하기 위해 자신의 생각을 멈추기만 한다면, 그것만으로는 충분하지 않을 것이다. 여기서도 호두는 용서의 열매이고, 사과는 기쁨의 열매이다. 따라서 진정한 용서는 호두처럼 깨기 어렵지만, 사과처럼 부드러운 기쁨을 준다는 것이다. 용서도 사랑의 일종이다. 원수를 사랑하는 행위는 곧 신적인 것을 맛보는 기쁨이 된다는 것이다.

삶과 죽음에 대한 신비주의 명상

왜 살아 있는 모든 사람은 죽음을 두려워하는가? 삶과 죽음은 어떻게 다른가? 인간이 살아가면서 느끼는 불안, 두려움, 공포는 죽음을 담보로 한 것이다. 살아 있는 한 사람은 죽을까봐 불안하고, 죽을까봐 두려워하고, 죽을까봐 공포에 떨고 있다. 왜 인간에게 죽음은 모든 불안과 두려움과 공포의 담보가 되는가? 왜 인간은 다른 생명체들처럼 자신의 죽음을 자연스럽게 받아들이지 못하는가? 아니 죽음은 과연 인간에게도 자연스러울 수 있는가?

제르트루다의 신비주의에서 '삶'과 '죽음'의 주제는 매우 중요한 계기로

84 Gertrud von Helfta, *Botschaft von Gottes Güte*, Bd. 2, Buch 3, 74~75쪽.

작용했다. 그녀는 삶과 죽음이 동일하지만 다른 모습이라는 것을 보여 주고자 했다. 『신적 사랑의 전령』 제3권 제56장은 "살고 죽는 데에 대한 제르트루다의 준비"라는 제목으로 전개된다. 제르트루다가 남긴 죽음에 대한 신비주의 명상이 여기서 절정에 이르는 것을 볼 수 있다.

[1] 어느 날 밤 제르트루다는 여러 가지 방식으로 주님에게 애교를 부리고 있었다. 다른 무엇보다도 비록 그녀가 이미 오랜 시간 동안 병들어 누워 있으면서도, 그녀의 질병이 죽음으로 끝날지 아니면 회복될지 감히 알려고 하지 않은 것은 도대체 어디서 비롯되었는가를 주님에게 물어보았다. 제르트루다는 삶과 죽음에 똑같이 사로잡혀 있었다. 주님은 이렇게 대답했다. "신부가 화관을 엮도록 장미송이를 모을 수 있는 정원으로 신랑이 그녀를 데려간다면, 그 신부는 신랑과 행복하게 담소하는 가운데 즐거워하느니라. 신랑은 신부에게 어떤 장미꽃을 더 따고 싶은지 결코 묻지 않을 것이다. 장미정원에 도착하면, 신부는 오히려 신랑이 따오는 장미 송이 모두를 차별하지 않고, 화관을 충분히 엮을 때까지 그냥 따오는 대로 꽂을 것이다. 마찬가지로 나의 뜻을 가장 큰 행복으로 여기는 진실한 영혼은 장미정원에서 기뻐하듯이 그렇게 나의 뜻에도 기뻐할 것이다. 그러니 내가 현재 그녀의 삶을 끝내기보다는 오히려 그녀에게 건강을 돌려주고 싶어 한다면, 그녀는 확실히 이런 뜻을 받아들일 것이다. 그녀는 나의 아버지 같은 사랑을 충분히 신뢰하여 자신을 맡기기 때문이다."[85]

제르트루다는 여기서 살아 있는 사람이 자신의 건강한 삶과 죽음을 어

---

85 Gertrud von Helfta, 같은 책, Bd. 2, Buch 3, 248~251쪽.

떻게 받아들여야 하는가를 상징적이지만 아주 분명하게 말한 셈이다. 우리의 삶도 한 송이 장미꽃이요, 죽음도 한 송이 장미꽃이다. 삶은 빨간 장미요, 죽음은 하얀 장미다. 살아 있다는 것은 실존적으로 죽어 가고 있다는 것을 의미한다. 살아 있다고 불리는 모든 것은 죽어 가고 있는 그동안에만 유일하게 살아 있는 셈이기 때문이다. 죽음을 포함하고 있는 인생 전체는 하느님의 선물이요, 화관이다. 그 화관을 충분히 아름답게 엮기 위해서는 빨간 장미송이뿐만 아니라 하얀 장미송이도 필요하다. 우리의 삶은 빨간 장미든 하얀 장미든 두려워하지 말고 사랑의 화관을 꾸미는 데 정성을 다해야 하지 않겠는가.

죽음의 신비에 대한 명상

제르트루다는 특히 『영성수련』 제7장의 명상을 죽음의 준비를 위해 할애했다.[86] 그녀에게 '죽음의 신비mors mystica'는 '삶의 방식modus vivendi'과 대비를 이루며 명상의 실천적 대상이 되었다. 제르트루다는 여기서 삶 속의 죽음을, 죽음 속의 삶을 의인화시켜서 삶과 죽음의 실존을 다음과 같이 찬미했다.

> 너 너무나 사랑스러운 죽음이여, 너는 나의 가장 행복한 해방이어라. 그렇다, 오 죽음이여, 바로 너에게서 나의 영혼은 스스로를 위한 둥지를 찾을 수 있다. 오 죽음이여, 네 생명의 흐름이 나를 완전히 감싸고 있었더라도, 너는 영원한 삶을 위한 열매를 이 세상에 가져오도다. 오 죽음이여, 너 영원한 생

86 Gertrud von Helfta, *Geistliche Übungen*, 119쪽 이하 참조. 라틴어 대역판으로는 Gertrud von Helfta, *Exercitia spiritualia/Geistliche Übungen*, Lateinisch und Deutsch, Hrsg., übers. und komm. von S. Ringler, Elberfeld, 2006.

명이여, 그래도 나로 하여금 너의 날개 밑에서 항상 희망으로 들뜨게 하라. 오, 구원을 가져오는 죽음이여, 그래도 나의 영혼은 네가 베푸는 것들과 함께 머물 수 있으리라. 오 고귀한 죽음이여, 나의 가장 사랑스러운 소장품은 바로 너이니라. 그렇더라도 내 일체의 삶을 네 안으로 거둬들이고, 네 안으로 나의 죽음을 흐르게 하라.

오 죽음이여, 너는 강력하노니, 네가 돌봐 주는 방패 아래 나 자신의 죽음은 보호되고 안전하리라. 오 죽음이여, 넘치는 삶이여, 너의 날개 밑으로 나를 녹아들게 하라. 오 죽음이여, 삶의 물방울이여, 그래 너의 너무나 달콤한 생명력의 불꽃이 내 안에서 영원히 피어나도다. 죽음이여, 열매를 맺는 자여. 죽음이여, 최상의 완성이며, 내 구원의 대전이여,[87] 너는 그 사랑스러운 약속으로 나를 얻었으니, 나를 위해 새로운 화해를 맺은 가장 확실한 계약이로다. 오 승리의 죽음이여, 달콤한 이여, 삶을 일구는 이여, 네 안의 너무나 커서 하늘과 땅 그 어디서도 찾을 수 없을 만큼 자비로운 사랑이 나에게 빛나도다.[88]

제르트루다의 죽음에 대한 명상은 상징성이 강하기 때문에 해석에 특별한 주의를 요한다. 그녀의 신비주의에서 죽음에 대한 찬미는 죽기 위한 것이 아니라 영원히 행복하게 살기 위한 것이었다. 그녀의 죽음은 삶을 내포하고 있기 때문이다. 영원한 생명이란 죽지 않는 것이 아니라 죽은 다음에 이루어지는 전혀 새로운 존재방식이다. 그래서 죽음은 구원을 맞이하기 위한 대전제요, 영원한 생명을 누리기 위한 관문이다.

---

87 여기서 '대전Summa'은 중세에 개발되고 널리 보급된 학술적 저술 양식을 일컫는다.

88 Gertrud von Helfta, *Geistliche Übungen*, 133쪽 이하.

'성 베네딕트 나무'에 대한 명상

제르트루다는 이성적으로 이해될 수 없는 진리를 상징적 장면으로 그려 독자들이 스스로의 눈으로 직관하기를 바랐다. 그래서 그녀는 장면을 보여 주는 가운데 이성에 호소하는 것이 아니라, 인간의 심층적 본성과 영성적 감각에 말을 건넸다. 『신적 사랑의 전령』 제4권 제11장은 "우리의 복된 아버지 베네딕트"라는 제목으로 다음과 같이 제르트루다의 말을 전한다.

> [1] 우리의 아버지 성 베네딕트의 찬란한 축일에 제르트루다가 공경하올 위대한 아버지 하느님께 특별히 엄숙하게 새벽기도를[89] 올리고 있을 때, 그녀는 정신 속에서 영광스런 아버지가 찬란하고 항상 평온한 삼위일체의 정면에 명예로우면서도 그 모습도 아름답게 들여다보려고 서 있는 것을 보았다. 그의 하나하나의 마디(관절)로부터 놀랍게 자라나는 가지들에서 가장 아름다운 장미들이 싹터 나오는 것처럼 보였으며, 그 힘찬 꽃잎과 향기는 경이를 자아냈다. 그 마디마디가 가장 사랑스러운 장미정원처럼 피어났으니, 장미 송이송이마다 한가운데서 새로운 장미가 솟아 나왔으며, 거기에서 또 다른 장미 송이가 싹터 나왔기 때문이다. 한 송이에서 수많은 장미 송이가 나왔으며, 하나하나는 그다음 것보다 훨씬 더 사랑스럽고 튼튼하게 피어올랐다. 그의 은혜 속에 갖가지 장미들이 피어나면서 앞을 다투어 향기를 뿜어냈다. 성스러운 아버지는 창대하고 아름다웠으니, 다름 아닌 은총과 이름으로 축복받은 분이었다. 그는 항상 흠숭하올 삼위일체와 천상의 모든 군대에 상상할 수 없이 놀라운 기쁨을 청했으니, 그렇게 위대한 자신의 행복을 찬미하도록

89 수도원과 같은 가톨릭 공동체에서 하루를 시작하면서 제일 처음 드리는 아침기도 Matutinum의 전례를 말한다.

이끌었다. 그리고 자신의 마디마디로부터 자라나는 장미 꽃잎들을 통해 자신의 육체를 길들이는 가운데 정신에 예속된 하나하나의 수련이 표현되었으며, 또 그 자신의 가장 성스러운 삶 전체에 걸쳐 드러난 모든 도덕적 업적뿐만 아니라 심지어 그의 모범과 그의 가르침을 통해[90] 그를 닮으려는 모든 이의 업적도 표현되었으니, 소명을 받고 세속을 떠난, 규칙적 분별의 길을 따라, 왕도를 따라 그를 추종하던, 이미 천상 조국의 항구에 정박하거나 또는 여전히 세상의 끝에[91] 도달하게 될 모든 이의 업적도 표현되었다. 이렇게 존경하올 아버지는 그들 한 사람 한 사람으로부터 유일한 영예를 얻고, 그로 인해 모든 성인이 일제히 그의 광채와 행복을 함께 기뻐하며, 끝없이 주님을 찬미하고 있었다.[92]

[2] 복되신 베네딕트 성인 또한 목자의 지팡이와 같이 모든 면에 걸쳐 매우 값비싼 반짝이는 보석으로 기묘하게 장식된 우아한 왕장을 들고 있었다. 그는 왕장을 손으로 잡고 있었기 때문에, 자신을 향한 면의 왕장 보석에서는 온갖 행복이 미소 짓고 있었으며, 그들은 성인의 규칙이 가진 엄격함으로 개선되고 정화되었다. 그럼으로써 그 또한 신적 자비의 헤아릴 수 없는 기쁨으로 채워졌다. 반대로 주님을 향해 보고 있는 [왕장의] 다른 면에서는 하느님의 정의를 나타내는 장식이 빛났으며, 주님은 그 장식을 통해 넘치는 축복과 함께 거대한 수도회의 품격을 들어 올렸던 사람들 가운데 몇몇에 대해서는 그 자신들의 죄를 근거로 정당한 판단을 통해 비판했으며, 영원한 벌에 맡기었다. 주님에 의해 수도회의 품격이 높이 올라갈수록, 또한 그만큼 무가치하게 사

90 가톨릭기도서, 3월 21일, 베네딕트 축일의 응답송을 참조하라.

91 마태오복음, 28, 20 참조.

92 Gertrud von Helfta, *Botschaft von Gottes Güte*, Bd. 3, Buch 4, 118~121쪽.

는 사람은 더욱 정당한 비판을 받게 되었다.

[3] 제르트루다가 복되신 아버지에게 온전히 그의 영예에 속하는 시편 한 곡을 봉헌했을 때, 그 연주자는 일어나서 쾌활한 표정으로 주님의 온몸에 꽃을 바쳤다. 이미 말한 바와 같이, 이 꽃들은 헌신적 마음으로 아버지와 같은 보호 아래 서 있던 모든 이와 그의 성스런 규칙의 지도에 따라 그의 흔적을 뒤따르는 모든 이의 구원으로 인해 피어나는 것처럼 보였다.[93]

이 명상에서 신비롭게 등장하는 아버지는 모든 수도원의 아버지로, 수도생활의 규칙을 남긴 성 베네딕트를 말한다. 대부분 이러한 상징적 장면이나 그림을 보면 곧장 요한 사도의 묵시록이나 묵시문학이 떠오를 것이다. 그러나 이 장면은 초자연적이고 기적적인 의미를 드러내기보다는 그림 속에 숨어 있는 진리를 엿보게 한다. 어떤 장면들은 도중에 단절되기도 하며, 또는 비약적으로 전개되어 기묘하게 연출되기도 한다. 단순한 그림 속에 숨은 진리는 결코 단순하지 않기 때문이다.

『신적 사랑의 전령』 제4권 제39장 [1] 단락에서는 제대 위로 들어 올린 빵, 즉 성체에서 아름다운 나뭇가지들이 뻗어 나온다. 제4권 제4장 [2] 단락에서는 살아 있는 황금의 철자가 성서의 글귀를 쓰기도 한다. "태초에 말씀이 계셨다."[94] 제4권 제11장 [1] 단락에서도 제르트루다는 자신에게 전례와 규칙의 모범을 보여 준 성 베네딕트를 돌연 한 그루의 나무에 비유했다. 그녀의 정신 속에 서 있는 아버지가 바로 '성 베네딕트 나무'이며, 그 가지에서 장미 송이들이 싹트고 있었던 것이다.

93 Gertrud von Helfta, 같은 책, Bd. 3, Buch 4, 121~123쪽.

94 요한복음, 1, 1.

아름답고 오묘하게 전개되는 장면 하나하나는 신비주의의 내밀한 상징으로 나타난 그대로 두어야 할 것이다. 다만 '성 베네딕트 나무'에 피는 장미꽃들은 전례와 규칙에 따라 자신의 육체를 길들이면서 정신을 단련하던 영성수련의 도덕적 업적을 상징하는 것으로 볼 수 있다.

삶 속의 죽음에 대한 실존 명상

제르트루다는 명상 생활 속에서도 죽음을 고대하고 있었던 것으로 추정된다. 그녀는 처절한 고통 가운데 죽음에 대한 명상을 수행해 나갔다. 『신적 사랑의 전령』 제5권 제23장에는 이런 장면이 이야기처럼 차분하게 기록되어 있다. 중세 여성신비주의의 절정은 죽음의 명상에서 가장 잘 드러난다.

> [2] 어느 다른 일요일 제르트루다가 다시 육체로부터 떠나고 싶은 열망에 골몰하고 있었을 때, 주님은 다음과 같이 덧붙였다. "네가 청춘의 나이일 때부터 현재까지 우선적으로 명상할 수 있었던 모든 것을 네가 떠남으로써 충족되도록 한다면, 너의 열망이 없을 때도 오로지 너에게만 순수한 선의로 베풀었던 그 은총에 비하면 그것은 아직 너무 부족하다." 그리고 주님은 계속 말씀하셨다. "지금 벌써 육체를 떠나든지, 또는 더 오랫동안 지병에 싸여 있든지, 네가 원하는 바를 선택하라. 나는 네가 오랜 투병으로 소홀히 한 먼지를 싫어한다는 것을 이미 알고 있노라." 제르트루다는 하느님의 저 크신 위엄에 순종하며 말했다. "나의 주님, 당신 뜻대로 이루어지소서." 그러자 주님께서 말씀하셨다. "옳다. 나도 그 선택을 인정할 것이다. 그러므로 네가 나에 대한 사랑으로 이 불쌍한 육체로 지속하는 순례에 동의한다면, 결국 나는 너의 죽음 다음에 영원한 녹색의 찬란한 아름다움으로 너를 인도하게 될 때까지, 나

는 둥지의 비둘기처럼 네 안에 머물며,[95] 너를 나의 무릎에 따뜻하게 감쌀 것이다."[96] 그런 다음 그녀의 열망은 한동안 잦아졌다. 그리고 얼마 뒤 그녀는 자기 자신으로 되돌아올 때마다 다음과 같은 말이 거듭 반복되는 것을 들었다. "바위틈에 숨은 나의 비둘기여!"[97]

[3] 그 뒤에 제르트루다가 다시 그리움에 넘쳐 죽음이 빨리 오기를 고대하고 있었을 때, 주님은 이렇게 대답하셨다. "거기서는 신랑도 더 이상 신부의 패물을 늘릴 수 없을 뿐만 아니라, 앞으로는 신부도 거기서 신랑을 위한 선물을 준비하는 것이 전혀 허용되지 않는다는 사실을 안다면, 도대체 어떤 신부가 그렇게 그리워하며 서둘러 그곳으로 가려 하겠느냐?" 물론 죽음 다음에는 어떤 영혼의 업적도 늘어나지 않을 것이며, 앞으로 그녀가 주님을 위해 인내할 수 있는 것이라고는 아무것도 없을 것이다.[98]

제르트루다는 알려진 바와 같이 오랜 투병 생활을 계속하고 있었으며, 고통 가운데서 죽음을 기다리고 있었다. 삶 속에서 이미 죽음을 갈망하고 있었다. 그녀는 실제로 생명이 위급한 상황에서 죽음과 맞바꾸고 싶은 그 무언가를 명상하고 있었던 것이다. 그러나 주님은 명상하는 바를 죽음을 통해 얻는 것은 너무나 부족하다는 사실을 일깨워 주었다. 특히 제르트루다의 삶에 순수하게 베풀었던 하느님의 은총에 비교한다면, 단순히 죽음

95 요한복음, 15, 4: 너희는 나를 떠나지 마라. 나도 너희를 떠나지 않겠다. 포도나무에 붙어 있지 않는 가지가 스스로 열매를 맺을 수 없는 것처럼 너희도 나무에 붙어 있지 않으면 열매를 맺지 못할 것이다.

96 열왕기 하, 12, 3 참조.

97 아가서, 2, 14: columba mea in foraminibus petrae.

98 Gertrud von Helfta, *Botschaft von Gottes Güte*, Bd. 4, Buch 5, 172~173쪽.

에 이르는 것은 너무나 부족하다는 것이다.

삶이란 죽어 가는 도상이요, 더구나 참된 삶이란 죽어 가는 도상의 실존을 자각하면서 사는 것이다. "나는 살아 있다"는 실존 자체는 이미 죽음을 내포하고 있기 때문이요, 지금 죽어 가고 있는 것만이 진실로 살아 있는 것이기 때문이다. 제르트루다는 투명한 실존적 명상을 통해 이러한 인생의 현실을 더욱 적나라하게 체험하고 있었다. 결국 그녀는 주님의 뜻대로 이루어지기를 간절히 바랐다. 그녀는 죽음의 명상이 자신의 뜻에 달린 것이 아니라는 사실을 깨닫고, 하느님의 뜻에 온전히 맡겼던 것이다.

인간은 잠을 자는 동안에는 어떤 선행도 할 수 없지만, 당연히 악행도 할 수 없다. 꿈을 꾸는 것 이외에는 그야말로 아무것도 할 수 없다. 잠보다 훨씬 깊은 죽음 그다음에는 더더욱 아무것도 이룩할 수 없을 것이다. 즉 죽음이란 신랑이든 신부든 서로서로 아무런 패물도 더 이상 준비할 수 없는 그런 곳이다. 죽음이란 아무것도 일어날 수 없는 그런 곳이다. 죽음이란 더 이상 삶의 업적을 쌓을 수도 없는 곳이요, 더 이상 잃을 수도 없는 곳이다. 제르트루다는 명상을 통해 죽음에 대한 인간적 갈망과 오류를 깨끗이 벗어 던졌다. 그녀는 다시 한 번 죽음에 대해 몰입했으며, 다음과 같이 전해지고 있다.

[1] 한번은 제르트루다가 영성체를 모시면서 체력이 너무 약해졌을 때, 지속적으로 병약하여 육체로 제물을 갚아야 하는가를 주님에게 물었다. 그러자 그녀는 다음과 같은 대답을 얻었다. "어떤 젊은 여인이 신랑의 소식이 자주 오고 또 미래의 혼인과 관련된 예물을 염려하는 것을 본다면, 그녀 또한 결혼과 관련된 것들을 준비하는 것이 마땅할 것이다. 이와 비슷하게 너 또한 병들었다는 것을 느끼면 죽음 이전에 준비하기를 바라는 그런 어떤 것들을 결

코 등한시해서는 안 될 것이다." 이에 제르트루다는 말했다. "그러면 당신이 오시어 나를 이 육체의 감옥으로부터 해방시켜 주시리라 고대할 만한 시간을 나는 어떻게 미리 알 수 있습니까?" 그러자 주님이 말했다.[99] "나는 하늘 궁전의 두 천사장으로 하여금 황금나팔로 네 두 귀에 멋진 멜로디를 울리게 할 것이다. **보라 신랑이 온다, 그를 마중하러 나오라.**"[100]

제르트루다는 [1] 단락에서 신부가 신랑을 맞이하는 혼인잔치에 죽음을 비유하고 있다. 이는 마태오복음에 나오는 천국에 관한 이야기에서 유래하며, 그리스도교 명상의 전통적 비유에 속한다. 이 세상의 삶이 의미를 가지려면, 죽은 다음의 존재방식도 의미가 있어야 한다는 것이다. 죽은 다음에 모든 것이 헛되고 무의미하다면, 삶 또한 그만큼의 의미를 상실하고 무의미해지기 때문이다.

[2] 그러자 제르트루다가 물었다. "주님, 당신에게, 나의 하나뿐인 가장 달콤한 이에게 데려갈 왕도를 달린다면, 나의 마차는 무엇이 될 것입니까?" 주님이 대답했다. "너에 대한 내적 사랑으로부터 신적 그리움의 강력한 견인마차를 보내 너를 나에게로 인도하게 할 것이다." 그러자 제르트루다는 이렇게 덧붙여 물었다. "나의 주님, 나는 어떤 안장을 받습니까?" 주님이 말했다. "나의 가장 관대한 자비 가운데 선한 모든 것을 희망하는 너의 충분한 믿음이 너를 위한 마차의 안장이 될 것이다." 그녀는 또 물었다. "나는 어떤 고삐로 몰게 됩니까?" 주님은 응답했다. "가슴 전체로 나의 포옹에 뛰어드는 불타는 너의

---

99 마태오복음, 25, 6: Ecce sponsus venit, exite obviam ei. 제르트루다는 "신랑이 온다" 라고 외치며 생을 마쳤다.

100 Gertrud von Helfta, *Botschaft von Gottes Güte*, Bd. 4, Buch 5, 174~175쪽.

사랑이 고삐 역할을 할 것이다." 그러자 제르트루다는 말했다. "마구에 무엇이 더 필요한지 모르겠으며, 또 고대하던 이 길에서 어떻게 앞으로 나아갈지도 더 이상 알지 못하겠습니다." 이에 주님이 말했다. "네가 지금 경험할 수 있는 것이 무엇이든, 끊임없이 더 많이 찾아내는 즐거움을 누리게 될 것이다. 나의 선택받은 자에게 마련해 준 대로, 한 인간의 감각들이 그렇게 많은 즐거움을 찾아낼 수 있던 적은 단 한 번도 없었다는 것에 대해 나는 기뻐한다.[101]

[2] 단락에서 제르트루다는 하나뿐인 달콤한 이에게 가는 길에 집중하고 있다. 이 길은 무엇을 의미하며, 어디로 가는 길인가? 물론 이 길은 죽은 다음에 떠나는 길이다. 죽음 이후에 영혼이 가지고 갈 수 있는 것이란 도대체 무엇인가? 죽음 저편에는 무엇이 마련되어 있는가? 마지막 문장을 장식하는 하느님의 대답을 보면, 하느님은 선택받은 자에게selectis 즐거움을 찾아내도록 감각을 마련해 주었다고 한다.

제르트루다는 명상 기록에서 자주 '선택받은 자'로 불리었으며, 즐거움을 찾도록 마련해 준 감각은 지혜의 길로 대두되었다. 하느님의 지혜는 창조 이전부터 사랑하는 사람을 위해 마련해 두었던 것이며, 구약성서의 이사야가 예언한 것을[102] 신약성서의 '하느님의 지혜'에 대한 설명에서 인용하는 말이다. 즉 "여기서 말하는 지혜는 하느님의 심오한 지혜입니다."[103] 바오로 사도가 인용하는 구절은 다음과 같다.

---

101 Gertrud von Helfta, 같은 책, Bd. 4, Buch 5, 174~177쪽.

102 이사야, 64, 3; 52, 15를 참조하라.

103 고린토 I, 2, 7.

눈으로 본 적이 없고

귀로 들은 적이 없으며

아무도 상상조차 하지 못한 일을

하느님께서는

당신을 사랑하는 사람들을 위해 마련해 주셨다.[104]

이어서 제르트루다는 지혜의 길을 달리기 위한 방편에 대해 물었다. 마차, 안장, 고삐는 지혜로 가는 방편을 상징한다. 마차는 하느님이 "선택받은 자"에게 지혜의 길을 열어 주기 위해 마련해 주는 신적 은총gratia을 의미한다. 안장은 지혜의 길을 달려갈 수 있는 확고한 믿음fides을 의미하는데, 믿음이란 지혜의 길을 가고 있는 자기 자신에 대한 확신과 동시에 당도할 수 있다는 굳건한 믿음을 말한다. 그리고 마차를 운전하는 고삐는 불타는 사랑amor을 의미한다. 지혜를 향해 내달리는 말을 조절할 수 있는 것은 오직 사랑의 힘이라는 뜻이다. 곧 인간은 오로지 하느님의 은총으로 지혜를 향해 달려갈 마차에 초대받을 수 있으며, 마차에 오르더라도 믿음으로 안전을 유지할 수 있으며, 결국 사랑의 고삐로 스스로 운전하는 가운데 비로소 지혜의 즐거움을 누릴 수 있다는 것이다.

제르트루다의 신비주의는 영적 신랑과 신부를 은유로 삼은 삶vita의 여정에서 '죽음의 신비mors mystica'를 극적으로 주제화했다. 중세의 신부신비주의Brautmystik 명상에서 결혼은 곧 죽음을 의미하며, 제르트루다는 『영성수련』에서 결혼을 재촉하곤 했다. "오 사랑이여, 나의 결혼식을 서둘러 주세요, 그런 즐거움을 경험하고 싶어서 천 번이나 죽기를 원했습니다. 그렇지

---

104 고린토 I, 2, 9.

만 결혼으로 얻고자 하는 것은 나 자신의 안락이 아니라 당신 맘에 드는 안락입니다."[105] 제르트루다는 1288년부터 병상에 누워 '당신'이라 부르는 신랑을 고대하고 있었다. "아 당신은 당신답게 나를 온전히 휘감아 삼켜야 할 불꽃입니다. 바다의 물방울 하나가 충만한 대해의 심연으로 가라앉듯, 나도 당신의 사랑이 살아 넘치는 홍수 속으로 가라앉으렵니다."[106] 제르트루다는 후일 자신의 축일이 된 1302년 11월 16일, 명상과 고난의 삶을 마쳤다기보다는 신랑의 품속으로 영원히 돌아갔다.

---

105 Gertrud von Helfta, *Exercitia spiritualia/Geistliche Übungen*, 166쪽.

106 Gertrud von Helfta, 같은 책, 134쪽.

{ 제르트루다 원전 출처 }

Gertrud von Helfta, *Botschaft von Gottes Güte,* Bd. 1–4, Lateinisch–Deutsch, Heiligenkreuz: Be & Be–Verlag, 2014.

Gertrud von Helfta, *Exercitia spiritualia/Geistliche Übungen,* Lateinisch und Deutsch, Hrsg., übers. und komm. von S. Ringler, Elberfeld: Humberg, 2006.

Gertrud von Helfta, *Geistliche Übungen*, übers. Sr. J. Schwalbe und M. Zieger, St. Ottilien: EOS Klosterverlag, 2008.

Sancta Gertrudis Magna [de Helfta]: *Legatus divinae pietatis et Exercitia spiritualia*. ed. Solesmensium, O.S.B., monachorum cura et opera [Louis Paquelin], Paris, 1875, Revelationes Gertrudianae ac Mechtildianae I.

{ 참고문헌 }

마르트 룰만 외, 『여성철학자』, 이한우 옮김, 푸른숲, 2005.
아우구스티누스, 『고백록』, 최민순 옮김, 성바오로출판사, 1982.
———, 『신국론』, 성염 역주, 분도출판사, 2004.
요셉 피퍼, 『토마스 아퀴나스—그는 누구인가』, 신창석 옮김, 분도출판사, 2005.
이명곤, 『성인들의 눈물—종교철학 명상록』, 한국학술정보, 2018.
플라톤, 『티마이오스』, 박종현·김영균 공역, 서광사, 2000.

Ankermann, M., Der "Legatus divinae pietatis"—Gestaltete Mystik?, in: *Freiheit des Herzens. Mystik bei Gertrud von Helfta*, hrsg., M. Bangert, Münster: LIT-Verlag, 2004.

Augustinus, A., Soliloquia I, 1, c.3, Migne, J.-P., Patrologia Latina[=PL], 32.

Bangert, M., Die sozio—kulturelle Situation des Klosters St. Maria in Helfta, in: *"Vor dir steht die leere Schale meiner Sehnsucht": Die Mystik der Frauen von Helfta*, Leipzig: Benno-Verlag, 1998.

Bautz, F.W., Gertrud von Helfta, in: *Biographisch-Bibliographisches Kirchenlexikon II*, Herzberg: Traugott Bautz, 1990.

Bernardus, 31. Ansprache zum Hohelied 6, in: *Bernhard von Clairvaux, Sämtliche Werke V, Lateinisch—Deutsch*, Innsbruck: Tyrolia-Verlag, 1990.

Brem, H., Altermatt, A., *Neuerung und Erneuerung. Wichtige Quellentexte aus der Geschichte des Zisterzienserordens vom 12. bis 17. Jahrhundert*, Langwaden: Bernardus-Verlag, 2003.

Dinzelbacher, P., *Christliche Mystik im Abendland: ihre Geschichte von den Anfängen bis zum Ende des Mittelalters*, Paderborn/München/Wien/Zürich: Schöningh, 1994,

———, *Mittelalterliche Visionsliteratur, Eine Anthologie*, Darmstadt: Wissenschaftliche Buchgesellschaft, 1989.

Elm, K., Beg(h)inen, in: *Lexikon des Mittelalters 1*, Stuttgart/Weimar: Artemis, 1980.

Keul, H., *Verschwiegene Gottesrede. Die Mystik der Begine Mechthild von Magdeburg*, Innsbruck: Tyrolia-Verlag, 2004.

Köpf, U., Gertrud (die Große) von Helfta, in: *Theologische Realenzyklopädie*, Bd. 12, Zürich: De Gruyter, 1984.

———, *Religiöse Erfahrung in der Theologie Bernhards von Clairvaux*, Tübingen: Mohr Siebeck, 1980.

Korntner, B., *Mystikerinnen im Mittelalter. Die drei Frauen von Helfta und*

Marguerite Porète—zwischen Anerkennung und Verfolgung, Akademische Verlagsgemeinschaft München, 2012.

Martyrologium Romanum[로마순교록], Ex decreto Sacrosancti Oecumenici Concilii Vaticani II instauratum auctoritate Ioannis Pauli PP. II promulgatum. Città del Vaticano, 2004.

Mechthild von Hackeborn, *Der heiligen Mechtildis: Buch besonderen Gnade: Liber specialis gratiae*, Aus dem Lateinischen nach der Ausgabe der Benediktiner von Solesmes von J. Müller, Regensburg: G.J. Manz, 1880.

Mechthild von Magdeburg, *Das fließende Licht der Gottheit*, Einsiedeln/Zürich/Köln: Benziger, 1955.

Ringler, S., *Aufbruch zu neuer Gottesrede: Die Mystik der Gertrud von Helfta*, Matthias-Grünewald-Verlag, 2008.

———, *Exercitia spiritualia/Geistliche Übungen*, Humberg, 2007.

Ruh, K., Gertrud von Helfta: Ein neues Gertrud-Bild, in: *Zeitschrift für deutsches Altertum und deutsche Literatur 121*, 1992.

Spitzlei., Sabine B., *Erfahrungsraum Herz: Zur Mystik des Zisterzienserinnenklosters Helfta im 13. Jahrhundert*, Stuttgart-Bad Cannstatt: Frommann-Holzboog, 1991.

Unger, H., *Die Beginen: Eine Geschichte von Aufbruch und Unterdrueckung der Frauen*, Freiburg: Herder, 2005.

인명 찾아보기

{ ㅂ }

{ ㅅ }

{ ㅇ }

{ ㅌ }

{ ㅍ }

{ ㅎ }

신창석申昌錫

광주가톨릭대학교와 경북대학교 대학원을 거쳐 독일 프라이부르크Freiburg대학교 철학부에서 토마스 아퀴나스의 인간행위론 연구로 1992년에 철학박사 학위를 취득하였다. 1993년 교육부·한국학술진흥재단의 재외한국인 초빙교수Brain pool로 귀국하여, 현재까지 대구가톨릭대학교 철학전공 교수로 재직 중이다.

2002년에는 독일어 저서 『신의 모상과 인간의 본성』(Chang-Suk Shin, Imago Dei und Natura hominis: Der Doppelansatz der thomistischen Handlungstheorie, Würzburg: Königshausen u. Neumann, 1993)이 독일 프라이부르크대학교의 철학부와 신학부 교재로 선정된 바 있다. 2008년에는 번역·해설서인 프란체스코 삼비아시의 『영언여작』(공역, 2007, 일조각)이 대한민국학술원 우수학술도서로 선정되었다.

그 외의 저서로는 『성공적 행위를 위한 테마철학』(대구가톨릭대학교출판부, 2001), 『씨앗은 꽃에 대한 기억이므로』(도서출판 사남, 2005), 『예술에 대한 철학적 담론』(대구가톨릭대학교출판부, 2008) 등이 있다. 역서로는 『토마스 아퀴나스, 그는 누구인가』(분도출판사, 1995), 『스콜라철학의 기본개념』(분도출판사, 1997), 『중세철학이야기』(서광사, 1998), 『철학의 거장들 1』(공역, 한길사, 2001), 『인식의 근본문제』(가톨릭출판사, 2007), 『대이교도대전 1』(분도출판사, 2015) 등이 있다.

연구논문으로는 「토마스 아퀴나스에 있어서 학문론의 철학적 근거: 추상과 분리—Expositio super librum Boethii de trinitate, q.5, a.3, c.a.에 대한 문헌반성적 해설—」(『중세철학』 창간호, 1995), 「제일철학의 아포리아」(『철학연구』 제58집, 1996), 「영혼과 육체의 상호작용에 대한 형이상학적 근거」(『철학논총』 제27집, 2002)를 비롯하여 약 70여 편을 발표하였다.

중세 여성철학자 트리오

1판 1쇄 펴낸날 2021년 1월 30일

지은이 | 신창석
펴낸이 | 김시연

펴낸곳 | (주)일조각
등록 | 1953년 9월 3일 제300-1953-1호(구 : 제1-298호)
주소 | 03176 서울시 종로구 경희궁길 39
전화 | 02-734-3545 / 02-733-8811(편집부)
02-733-5430 / 02-733-5431(영업부)
팩스 | 02-735-9994(편집부) / 02-738-5857(영업부)
이메일 | ilchokak@hanmail.net
홈페이지 | www.ilchokak.co.kr

ISBN 978-89-337-0785-2 93160
값 35,000원